Habersack · Examens-Repetitorium Sachenrecht

UNIREP JURA

Herausgegeben von Prof. Dr. Mathias Habersack

Examens-Repetitorium Sachenrecht

von

Dr. Mathias Habersack

o. Professor an der Ludwig-Maximilians-Universität München

10., neu bearbeitete Auflage

C.F. Müller

Mathias Habersack, Jahrgang 1960, Studium der Rechtswissenschaften in Würzburg und Heidelberg, 1990 Promotion, 1995 Habilitation, jew. in Heidelberg. Vom 1.4.1996 bis 31.3.2000 ordentlicher Professor an der Universität Regensburg, von 1.4.2000 bis 30.9.2007 an der Universität Mainz, von 1.10.2007 bis 31.3.2011 an der Eberhard Karls-Universität Tübingen; seit 1.4.2011 Inhaber des Lehrstuhls für Bürgerliches Recht und Unternehmensrecht an der Ludwig-Maximilians-Universität München.

Ausgewählte Veröffentlichungen: Vertragsfreiheit und Drittinteressen, 1991; Die Mitgliedschaft – subjektives und „sonstiges" Recht, 1996; Kommentierung der §§ 358–360, 759–811 BGB im Münchener Kommentar zum BGB (aktuell: 9. Aufl. 2021 ff.), der §§ 1204–1296 BGB in der 14. Auflage des Soergel, der §§ 123–129, 137 und 143–152 HGB im Großkommentar zum HGB (aktuell: 6. Aufl. 2021 ff.), der §§ 9–12, 30–32, 34 im Großkommentar zum GmbHG (aktuell: 3. Aufl. 2019 ff.), der §§ 95–116, 221 AktG im Münchener Kommentar zum AktG (aktuell: 6. Aufl. 2023 f.); ferner Emmerich/Habersack, Aktien- und GmbH-Konzernrecht, 10. Auflage 2022; Emmerich/Habersack, Konzernrecht, 12. Aufl. 2023; Habersack/Henssler, Mitbestimmungsrecht, 4. Aufl. 2018; Habersack/Verse, Europäisches Gesellschaftsrecht, 5. Aufl. 2019.

Bibliografische Information der Deutschen Nationalbibliothek

Die Deutsche Nationalbibliothek verzeichnet diese Publikation in der Deutschen Nationalbibliografie; detaillierte bibliografische Daten sind im Internet über <https://portal.dnb.de> abrufbar.

Print: ISBN 978-3-8114-6221-2
ePub: ISBN 978-3-8114-9068-0

E-Mail: kundenservice@cfmueller.de
Telefon: +49 6221 1859 599
Telefax: +49 6221 1859 598

www.cfmueller.de

Satz: preXtension, Grafrath
Druck: CPI books, Leck

Vorwort

Auch die neunte Auflage des Buches ist auf erfreuliche Resonanz gestoßen. Die Notwendigkeit einer Neuauflage habe ich dazu genutzt, das Buch durchgängig zu aktualisieren und an zahlreichen Stellen zu ergänzen. So waren nicht wenige höchstrichterliche Grundsatzentscheidungen zu berücksichtigen, etwa zum Bestimmtheitsgrundsatz, zum Besitzschutz bei digitalem Fernzugriff auf eine Sache, zur Frage einer Eigentumsbeeinträchtigung durch Eintragung eines Kunstwerks in die „Lost Art"-Datenbank, zur Frage des Abhandenkommens des für eine Probefahrt genutzten Kraftfahrzeugs und zum gutgläubigen Zweiterwerb einer Vormerkung. Aus dem Kreis der Reformgesetze ist das am 1. Januar 2024 in Kraft getretene Gesetz zur Modernisierung des Personengesellschaftsrechts hervorzuheben, das an die Stelle der bislang in § 899a BGB vorgesehenen „Objektpublizität" die Möglichkeit der Registrierung der Gesellschaft bürgerlichen Rechts in einem Gesellschaftsregister geschaffen hat.

Konzeption und Zielsetzung des Werkes sind freilich unverändert geblieben und ergeben sich aus dem umseitig abgedruckten Vorwort zur 1. Auflage. Die Neuauflage befindet sich auf dem Stand vom Dezember 2023. Zu danken habe ich *Julia Husmann*, *Friederike Lutz* und *Samy Sharaf* für tatkräftige Unterstützung bei Erstellung der Neuauflage.

München, im Januar 2024 *Mathias Habersack*

Aus dem Vorwort zur 1. Auflage

Das vorliegende Buch dient der Vorbereitung auf die juristischen Staatsexamina. Es setzt Grundkenntnisse im Sachenrecht voraus und will somit das einführende Lehrbuch nicht ersetzen. Bezweckt ist eine gezielte Wiederholung und Vertiefung der examensrelevanten Bereiche des Sachenrechts. Im Vordergrund stehen der Erwerb, der Verlust und der Schutz des Eigentums, Sicherungsrechte an beweglichen Sachen (neben dem Pfandrecht also der Eigentumsvorbehalt und das Sicherungseigentum), das allgemeine Grundstücksrecht und die Grundpfandrechte. Ein besonderes Augenmerk gilt den Bezügen des Sachenrechts zu den – auch im Examen immer mehr an Bedeutung gewinnenden – Vorschriften des AGB-Gesetzes und des Verbraucherkreditgesetzes, ferner den im Zusammenhang mit Sicherungsrechten besonders gefragten Rechtsbehelfen in der Zwangsvollstreckung und in der Insolvenz.

Was die Art der Darstellung betrifft, so sind, der Konzeption der Reihe Unirep Jura entsprechend, allgemeine („lehrbuchartige") Ausführungen und der Veranschaulichung dienende, auf das jeweilige Problem zugeschnittene Fälle miteinander verzahnt. Die (insgesamt 63) Fälle sind häufig den einschlägigen höchstrichterlichen Entscheidungen entnommen und verschaffen dem Leser somit zugleich einen Überblick über die Entscheidungspraxis des BGH; die wichtigsten Entscheidungen des BGH („leading cases") sind zudem durch Fettdruck hervorgehoben. Gleichwohl handelt es sich bei dem Buch nicht um eine Fallsammlung. Dem Leser werden zwar Hinweise zu Aufbau und Methode der Fallösung an die Hand gegeben. Doch dienen die Fälle lediglich der Verdeutlichung und Umsetzung des jeweiligen Sachproblems. Der Leser soll erfahren, daß sich die zahlreichen Einzelfragen, die die sachenrechtlichen Vorschriften und Institute aufwerfen, in aller Regel auf allgemeine Prinzipien und Grundlagen des Sachenrechts zurückführen lassen. Auch für das Sachenrecht gilt: Nur die Beherrschung der Prinzipien und Grundbegriffe ermöglicht die im Examen abverlangte Bewältigung unbekannter Fragestellungen und Sachverhalte. Aus diesem Grunde habe ich mich dazu entschlossen, in einem ersten Kapitel diese Begriffe und Prinzipien in abstrakter Form darzustellen; dieses Kapitel will ebenso durchgearbeitet werden wie die nachfolgenden, um Beispielsfälle angereicherten Kapitel.

Regensburg, im Juli 1999 *Mathias Habersack*

Inhaltsverzeichnis

Vierter Teil
Mobiliarsicherheiten

Fünfter Teil
Allgemeines Grundstücksrecht

Sechster Teil
Grundpfandrechte

Abkürzungsverzeichnis

aA	anderer Ansicht
aaO	aaO
Abs.	Absatz
AcP	Archiv für die civilistische Praxis
AG	Aktiengesellschaft
AGB	Allgemeine Geschäftsbedingungen
AGBG	Gesetz zur Regelung des Rechts der Allgemeinen Geschäftsbedingungen
AktG	Aktiengesetz
allg.	allgemein
allgM.	allgemeine Meinung
Alt.	Alternative
AnfG	Gesetz über die Anfechtung von Rechtshandlungen eines Schuldners außerhalb des Insolvenzverfahrens
Anh.	Anhang
Anm.	Anmerkung
A.T.	Allgemeiner Teil
Aufl.	Auflage
BayObLG	Bayerisches Oberstes Landesgericht
BB	Betriebs-Berater (Zeitschrift)
Bd.	Band
BeckRS	BGB
BGH	Bundesgerichtshof
BGHZ	Entscheidungen des BGH in Zivilsachen
BKR	Zeitschrift für Bank- und Kapitalmarktrecht
BVerfG	Bundesverfassungsgericht
BVerfGE	Entscheidungen des Bundesverfassungsgerichts
DB	Der Betrieb (Zeitschrift)
ders.	derselbe
dies.	dieselbe(n)
DNotZ	Deutsche Notar-Zeitschrift
EGInsO	Einführungsgesetz zur Insolvenzordnung
Einl.	Einleitung
ErbbauRG	Gesetz über das Erbbaurecht
ESG	EU
f., ff.	folgend(e)
FamFG	Gesetz über das Verfahren in Familiensachen und in den Angelegenheiten der freiwilligen Gerichtsbarkeit
Fn.	Fußnote
GbR	Gesellschaft bürgerlichen Rechts
GG	Grundgesetz für die Bundesrepublik Deutschland
ggf.	gegebenenfalls
GmbH	Gesellschaft mit beschränkter Haftung

GmbH-Rdsch.	GmbH-Rundschau (Zeitschrift)
GoA	Geschäftsführung ohne Auftrag
GWR	Gesellschafts- und Wirtschaftsrecht (Zeitschrift)
Halbs.	Halbsatz
HGB	Handelsgesetzbuch
hL	herrschende Lehre
hM	herrschende Meinung
Hs	Halbsatz
InsO	Insolvenzordnung
iVm	in Verbindung mit
JA	Juristische Arbeitsblätter (Zeitschrift)
jew.	jeweils
JR	Juristische Rundschau (Zeitschrift)
Jura	Juristische Ausbildung (Zeitschrift)
JuS	Juristische Schulung (Zeitschrift)
JZ	Juristenzeitung
Kfz	Kraftfahrzeug
KG	Kommanditgesellschaft
KO	Konkursordnung
Lit.	Literatur
MDR	Monatsschrift für Deutsches Recht
MünchKomm	Münchener Kommentar zum BGB
Nachw.	Nachweise
NJW	Neue Juristische Wochenschrift
NJW-RR	NJW-Rechtsprechungs-Report Zivilrecht
Nr.	Nummer
NZG	Neue Zeitschrift für Gesellschaftsrecht
NZM	Neue Zeitschrift für Miet- und Wohnungsrecht
OHG	Offene Handelsgesellschaft
OLG	Oberlandesgericht
Pkw	Personenkraftwagen
RG	Reichsgericht
RGZ	Entscheidungen des Reichsgerichts in Zivilsachen
Rn.	Randnummer
Rpfleger	Der Deutsche Rechtspfleger (Zeitschrift)
S.	Satz; Seite
s.	siehe
umstr.	umstritten
unzutr.	unzutreffend
UWG	Gesetz gegen den unlauteren Wettbewerb

VerbrKrG	Verbraucherkreditgesetz
vgl.	vergleiche
WEG	Gesetz über das Wohnungseigentum und das Dauerwohnrecht (Wohnungseigentumsgesetz)
weit.	Nachw. weitere Nachweise
ZfIR	Zeitschrift für Immobilienrecht
ZfPW	Zeitschrift für die gesamte Privatrechtswissenschaft
ZGR	Zeitschrift für Unternehmens- und Gesellschaftsrecht
ZGS	Zeitschrift für das gesamte Schuldrecht
ZHR	Zeitschrift für das gesamte Handelsrecht und Wirtschaftsrecht
ZIP	Zeitschrift für Wirtschaftsrecht
ZJS	Zeitschrift für das juristische Studium – www.zjs-online.com
ZPO	Zivilprozessordnung
z.T.	zum Teil
ZUR	Zeitschrift für Umweltrecht
zutr.	zutreffend

Verzeichnis des abgekürzt zitierten Schrifttums

Anders/Gehle, ZPO, 81. Aufl. 2023 (zitiert: Anders/Gehle/*Bearbeiter*)
Baur/Stürner, Lehrbuch des Sachenrechts, 18. Aufl. 2009
Berger, Sachenrecht, 4. Aufl. 2022
Brox/Walker, Zwangsvollstreckungsrecht, 12. Aufl. 2021
Bülow, Recht der Kreditsicherheiten, 10. Aufl. 2021
Erman, Handkommentar zum BGB, Band 1 und 2, 17. Aufl. 2023 (zitiert: Erman/*Bearbeiter*)
Gernhuber/Coester-Waltjen, Familienrecht, 7. Aufl. 2020
Gottwald, Prüfe dein Wissen – Sachenrecht, 17. Aufl. 2021
Grüneberg, BGB, 82. Aufl. 2023 (zitiert: Grüneberg/*Bearbeiter*)
Grunewald/Riesenhuber, Bürgerliches Recht, 10. Aufl. 2023
Gursky, 20 Probleme aus dem Eigentümer-Besitzer-Verhältnis, 9. Aufl. 2015
Hattenhauer, Grundbegriffe des Bürgerlichen Rechts, 1982
Heck, Grundriß des Sachenrechts, 1930
Jauernig, BGB, 19. Aufl. 2023 (zitiert: Jauernig/*Bearbeiter*)
Lange/Schiemann, Fälle zum Sachenrecht, 6. Aufl. 2008
Larenz/Canaris, Lehrbuch des Schuldrechts, Bd. II/2: Besonderer Teil, 13. Auflage 1994
Löhnig/Fischinger, Einführung in das Zivilrecht, 21. Aufl. 2023
Lüke, Sachenrecht, 4. Aufl. 2018
Medicus/Petersen, Allgemeiner Teil des BGB, 11. Aufl. 2016
Medicus/Petersen, Bürgerliches Recht, 29. Aufl. 2023
Müller/Gruber, Sachenrecht, 2016
Münchener Kommentar zum BGB, 9. Aufl. 2021 ff. (zitiert: MünchKomm/*Bearbeiter*)
Musielak/Mayer, Examenskurs BGB, 4. Aufl. 2019
Neuner, Allgemeiner Teil des Bürgerlichen Rechts, 13. Aufl. 2023 (zitiert: *Neuner* A.T.)
Neuner, Sachenrecht, 6. Aufl. 2020
Prütting, Sachenrecht, 37. Aufl. 2020
Reinicke/Tiedtke, Kreditsicherung, 5. Aufl. 2006
Schapp/Schur, Sachenrecht, 4. Aufl. 2010
Soergel, BGB, 14. Aufl. 2021 ff. (zitiert: Soergel/*Bearbeiter*)
Staub, HGB, 6. Aufl., 2021 ff. (zitiert: Staub/*Bearbeiter*)
Staudinger, Kommentar zum Bürgerlichen Gesetzbuch mit Einführungsgesetz und Nebengesetzen, 13. Bearbeitung 1993 ff. (zitiert: Staudinger/*Bearbeiter*)
Stein/Jonas, ZPO, 23. Aufl. 2018 ff. (zitiert: Stein/Jonas/*Bearbeiter*)
Thomas/Putzo, ZPO, 44. Aufl. 2023 (zitiert: Thomas/Putzo/*Bearbeiter*)
Ulmer/Brandner/Hensen, AGB-Recht, 13. Aufl. 2022 (zitiert: U/B/H/*Bearbeiter*)
Vieweg/Lorz, Sachenrecht, 9. Aufl. 2022
Wellenhofer, Sachenrecht, 38. Aufl. 2023
Westermann, Sachenrecht, 8. Aufl. 2011, begründet von *H. Westermann*, fortgeführt von *H. P. Westermann, Gursky* und *Eickmann* (zitiert: Westermann/*Bearbeiter*)
H. P. Westermann/Staudinger, BGB-Sachenrecht (Schwerpunkte), 14. Aufl. 2024
Wieling, Sachenrecht, Bd. I: Sachen, Besitz und Rechte an beweglichen Sachen, 2. Aufl. 2006
Wieling/Finkenauer, Sachenrecht, 6. Aufl. 2020
Wilhelm, Sachenrecht, 7. Aufl. 2021
Wolff/Raiser, Sachenrecht, 10. Aufl. 1957
Zöller, ZPO, 34. Aufl. 2022 (zitiert: Zöller/*Bearbeiter*)

Erster Teil

Grundlagen

§ 1 Begriff und Gegenstand des Sachenrechts

I. Wesen der Sachenrechte

1. Sachenrechte als Herrschaftsrechte

Das Sachenrecht als Teil des Bürgerlichen Rechts verdankt seinen Namen dem Umstand, 1
dass es vor allem (Rn. 21 f.) die **Rechtsverhältnisse an Sachen** regelt. Der Gegenstand der sachenrechtlichen Vorschriften, die „Sache" (Rn. 5 ff.), ist es also, der die Eigenständigkeit des Sachenrechts begründet. Da die Sache ein real, also auch außerhalb des Rechts existierendes Gebilde ist und sich dadurch insbesondere von der Forderung unterscheidet, steht jede Rechtsordnung vor der grundsätzlichen Frage, ob sie subjektive Rechte einzelner Rechtssubjekte an diesen Gegenständen anerkennt. Wird dies bejaht, so ist des Weiteren zu regeln, unter welchen Voraussetzungen diese Rechte an Sachen entstehen, erlöschen und übertragen werden. Ferner muss geregelt werden, welchen Inhalt die einzelnen Rechte haben; insbesondere bedarf es der Abgrenzung zu konkurrierenden Rechten. Schließlich fragt sich, ob und, wenn ja, auf welche Weise die Rechte an Sachen geschützt sind.

Verschiedentlich wird gesagt, das Sachenrecht sei das Recht, das die Güter zuordne, sei 2
also Zuordnungsrecht[1]. In der Tat kommt dem Sachenrecht diese Aufgabe zu. Indes begegnet die Zuordnung von Rechtsobjekten auch außerhalb des Sachenrechts. So regelt das Schuldrecht, welcher Person die Forderung „zusteht"; es weist also dem Gläubiger die Forderung zu. Das Erbrecht beantwortet unter anderem die Frage nach dem Schicksal des Nachlasses; es ordnet denselben dem oder den Erben zu. Das Immaterialgüterrecht schließlich handelt von der Zuordnung geistiger Werke. Die Zuordnung von Gegenständen ist demnach mitnichten ein Charakteristikum gerade des Sachenrechts[2]. Kennzeichnend für das Sachenrecht ist vielmehr die – durch den zugeordneten Gegenstand bedingte – Art der Zuordnung und damit der **Inhalt des subjektiven Rechts**: Die Zuordnung bezieht sich auf Sachen und erfolgt mit Wirkung gegenüber jedermann, also „absolut".

➔ **Definition:** Das Sachenrecht regelt mit anderen Worten „Herrschaftsrechte" an Sachen, Rechte also, die den Inhaber berechtigen, auf eine Sache einzuwirken und Dritte von der Einwirkung auf diese Sache auszuschließen. Nicht die Zuordnung als solche, sondern die Zuordnung von Sachen ist Aufgabe des Sachenrechts.

2. Sachenrechte im System der subjektiven Rechte

Die deutsche Rechtsordnung kennt neben den Sachenrechten noch andere Herrschafts- 3
rechte. Von besonderer Bedeutung sind die **Immaterialgüterrechte**, also das Patentrecht, das Urheberrecht, Marken und geschäftliche Bezeichnungen. Von den Sachenrech-

1 Westermann/*H. P. Westermann* § 2 I; *Wilhelm* Rn. 1 ff.; *Wellenhofer* § 1 Rn. 2 f.

2 Ablehnend auch Staudinger/*C. Heinze* Einl. Sachenrecht Rn. 11; s. ferner *Haas/Müller* ZIP 2003, 49, 54 f.; weiterführend *M. Becker*, Absolute Herrschaftsrechte, 2022, passim; *Füller*, Eigenständiges Sachenrecht?, 2006, S. 8 ff., 27 ff.

ten unterscheiden sie sich allein dadurch, dass sie sich auf einen unkörperlichen Gegenstand, etwa das Geisteswerk oder die Erfindung, beziehen und diesen mit Wirkung gegenüber jedermann dem Berechtigten zuweisen. Sie sind somit zwar absolute Rechte, aber keine „dinglichen" Rechte. Entsprechendes gilt für die **Mitgliedschaft**[3]. Was dagegen das Leben, die Gesundheit, die Freiheit und das Persönlichkeitsrecht betrifft, so handelt es sich um Ausprägungen der Persönlichkeit selbst; da diese nicht Gegenstand eines subjektiven Rechts sein kann, handelt es sich bei den genannten Positionen nicht um Herrschaftsrechte, sondern um **Rechtsgüter**[4]. Den Rechtsgütern nahe stehend sind schließlich die **Familienrechte**[5].

4 Sämtliche Herrschaftsrechte sind also dadurch gekennzeichnet, dass sie ihrem Inhaber einen außerhalb des subjektiven Rechts bestehenden Gegenstand, ein Rechtsobjekt[6] – sei es eine Sache oder einen anderen Gegenstand (Rn. 5 ff.) – zuordnen und ihn berechtigen, auf diesen Gegenstand einzuwirken und Dritte von der Einwirkung auszuschließen. Die **Forderung** erschöpft sich dagegen in sich selbst[7]; eine unmittelbare Subjekt-Objekt-Beziehung fehlt ihr selbst dann, wenn man zwischen Forderung und Anspruch unterscheiden und als Gegenstand der Forderung den Anspruch ansehen wollte[8]. **Gestaltungsrechte** schließlich verleihen dem Inhaber die Befugnis, ein Rechtsverhältnis zustandezubringen oder auf ein bestehendes Rechtsverhältnis einzuwirken. Sie begegnen sowohl innerhalb als auch außerhalb des Sachenrechts. Auch soweit sie, wie die **dinglichen Aneignungsrechte**[9], darauf gerichtet sind, ein Herrschaftsrecht an einer Sache zu begründen, erfolgt doch die Zuordnung des Gegenstands erst aufgrund der Ausübung des Gestaltungsrechts.

II. Rechtsobjekt und Verfügungsobjekt

1. Sachen und andere Rechtsobjekte

a) Grundsatz

5 Die Vorschriften der §§ 854 ff. regeln die Rechtsverhältnisse an Sachen und knüpfen damit an die Definitionsnorm des § 90 an.

➔ **Definition:** Sachen im Rechtssinne sind danach nur körperliche Gegenstände; grundsätzlich kann deshalb nur an ihnen Eigentum, ein beschränktes dingliches Recht oder Besitz bestehen.

Der Begriff der Sache wirft freilich eine Vielzahl von Fragen auf[10]. Dies gilt weniger für die – Symbolcharakter aufweisende – Sondervorschrift des § 90a, wonach **Tiere** zwar

3 Umstr.; s. für die Vereinsmitgliedschaft BGHZ 110, 323; *K. Schmidt* JZ 1991, 157 ff.; allg. *Habersack*, Die Mitgliedschaft – subjektives und „sonstiges" Recht, 1996, S. 62 ff., 127 ff. mit weit. Nachw.

4 *Medicus/Petersen* Rn. 615; Jauernig/*Kern* § 823 Rn. 2 ff.

5 Näher zu deren Rechtsnatur *Gernhuber/Coester-Waltjen* § 3 II 13, 14.

6 Näher zum Begriff des Gegenstands in Rn. 5 ff.

7 Zur Unterscheidung zwischen absoluten und relativen Rechten s. *D. Schwab* Rn. 187 ff.; *Neuner* A.T. § 20 Rn. 53 ff.

8 Näher dazu *Neuner* A.T. § 20 Rn. 29 f.

9 Zur Qualifizierung als Gestaltungsrecht s. MünchKomm/*Oechsler* § 958 Rn. 9 mit weit. Nachw.

10 S. noch Rn. 9 ff.; näher zum Begriff der Sache MünchKomm/*Stresemann* § 90 Rn. 8 ff.; *Baur/Stürner* § 3 Rn. 2 ff.; historisch-dogmatische Analyse bei *Hattenhauer* S. 40 ff.; speziell zur Frage der Sacheigenschaft abgetrennter Körperteile **BGHZ 124, 52**, *Taupitz* NJW 1995, 745 ff., jew. mit weit. Nachw.; allgemein zum Zusammenhang zwischen Sachbegriff und Eigentum *Wiegand*, Festschrift für Westermann, 2009, S. 731 ff.

keine Sachen sind, indes den für Sachen geltenden Vorschriften unterliegen und somit ebenfalls einen Gegenstand dinglicher Rechte bilden. Schon die Frage, ob **Daten** eigentumsfähig sind, ist freilich nicht leicht zu beantworten. Klar ist zunächst, dass der Datenträger (etwa ein USB-Stick) Sacheigenschaft hat; auch können Daten, soweit sie, wie namentlich „Software", das Resultat geistiger Leistung sind, immaterialgüterrechtlichen Schutz genießen[11]. Hingegen fehlt es Daten als solchen (mögen sie auf einem körperlichen Datenträger oder in der Cloud gespeichert sein) – ebenso wie beispielsweise **elektrischer Energie**[12] – de lege lata[13] an der im Rahmen des § 90 unerlässlichen Körperlichkeit[14]. Einen Schutz des Rechts an Daten nach § 823 Abs. 1 muss dies zwar nicht ausschließen[15]; für die Anerkennung von Dateneigentum im sachenrechtlichen, auf die Möglichkeit der Zuordnung eines körperlichen und damit beherrschbaren Gegenstands abstellenden Sinne ist hingegen kein Raum. Davon betroffen sind auch **digitale Wertpapiere**und auf Blockchain-Transaktionen zurückgehende **Kryptotoken** (insbesondere BitCoins)[16]. Sie lassen sich de lege lata schon deshalb nicht als Wertpapiere qualifizieren, weil es ihnen an der Verkörperung eines Rechts in einer Urkunde (die nach §§ 929 ff. übertragen und nach Maßgabe der §§ 932 ff. auch vom Nichtberechtigten erworben werden kann, s. Rn. 353a) fehlt[17]. Davon unberührt bleibt die Möglichkeit, digitale Wertpapiere durch Fiktion zu Sachen zu erklären und in einem elektronischen Wertpapierregister zu erfassen, wie dies nunmehr durch das eWpG geschehen ist[18].

Von den körperlichen sind die **unkörperlichen Gegenstände** zu unterscheiden. Bei ihnen handelt es sich vor allem[19] um die bereits erwähnten geistigen Werke und Daten. Wie die Sachen existieren auch diese Gegenstände außerhalb der Rechtsordnung; auch insoweit steht die Rechtsordnung vor der Frage, ob und, wenn ja, unter welchen Voraussetzungen sie Rechte (nämlich die Immaterialgüterrechte) anerkennt, die sich auf diese unkörperlichen Gegenstände beziehen[20]. Man kann die körperlichen und unkörperlichen **6**

11 Näher BGHZ 102, 135, 139 ff.

12 Zur fehlenden Sacheigenschaft s. MünchKomm/*Stresemann* § 90 Rn. 24 (mit zutr. Hinweis auf § 2 ProdHaftG und § 248c StGB).

13 Zu Überlegungen de lege ferenda s. *Paulus*, Festschrift für K. Schmidt, 2019, Band II, S. 119, 123 ff.; zu insolvenzrechtlichen Fragen, insbesondere zur Zugehörigkeit von Daten zur Insolvenzmasse, s. *Paulus/Berg* ZIP 2019, 2133 ff.

14 Vgl. für „elektronische Vervielfältigungsstücke" BGHZ 207, 163 Rn. 20; allg. MünchKomm/*Stresemann* § 90 Rn. 25; s. aber auch *Adam* NJW 2020, 2063 ff.; *Amstutz* AcP 218 (2018), 438, 470 ff.; *Bydlinski* AcP 198 (1998), 287, 304 ff.; *Kornmeier/Baranowski* BB 2019, 1219 ff.; zu Internetdomains s. *Krebs/Becker* JZ 2009, 932 ff.

15 Dazu MünchKomm/*Wagner* § 823 Rn. 378 ff.

16 S. namentlich *Omlor* ZHR 183 (2019), 294, 308; *Skauradszun* AcP 221 (2021), 353 ff.; *Walter* NJW 2019, 3609, 3611; speziell zu Non-Fungible-Tokens *Richter* NJW 2022, 3469 ff.; aA *John* BKR 2020, 76, 78 ff. Zur Zwangsvollstreckung in Kryptowerte s. *Blaschczok* NJW 2023, 3199 ff.; *Skauradszun* WM 2020, 1229 ff.

17 Näher zu Begriff und Kennzeichen des Wertpapiers MünchKomm/*Habersack* Vor § 793 Rn. 7 ff.; zu Rektapapieren s. noch Rn. 194; zu den Eigentum- und Besitzverhältnissen an den bei einer Wertpapiersammelbank verwahrten Sammelurkunden im Allgemeinen und Globalurkunden im Besonderen s. BGH ZIP 2015, 2286 Rn. 12 ff.; *Habersack/Mayer* WM 2000, 1678 ff.; *Habersack/Ehrl* ZfPW 2015, 312, 340 ff.

18 Dazu MünchKomm/*Habersack* Vor § 793 Rn. 6, 39 f., § 793 Rn. 64 ff.; *Bartlitz* ZGR 2023, 178 ff.; zum Pfandrecht an einem elektronischen Wertpapier *Skauradszun* AcP 222 (2022), 736 ff.; Überlegungen zum digitalen Mobiliarpfand bei *Bülow* WM 2019, 1141 ff.

19 Näher zur Gruppe der unkörperlichen Gegenstände MünchKomm/*Stresemann* § 90 Rn. 4 ff.; zur Frage, ob auch Rechte zur Gruppe der Gegenstände gehören können, s. Rn. 10 ff.; dazu, dass die *Persönlichkeit* und ihre Ausprägungen nicht zur Gruppe der Gegenstände gehören, s. bereits Rn. 3.

20 Vgl. *Neuner* A.T. § 26 Rn. 6 ff.; vgl. aber auch *Medicus/Petersen* A.T. Rn. 1174, *Prütting* Rn. 7, die den Sachen die „nichtkörperlichen Rechte" gegenüberstellen.

Gegenstände auch als Rechtsobjekte bezeichnen und dadurch zum Ausdruck bringen, dass sie Gegenstand eines Rechts sind[21]. Davon zu unterscheiden sind die Verfügungsobjekte, also die Gegenstände, über die verfügt wird (Rn. 13).

7 Aus Gründen, die noch zu erörtern sein werden (Rn. 14 ff.), beziehen sich die dinglichen Rechte und der Besitz stets nur auf die **einzelne Sache**[22]. **Sachgesamtheiten** und das **Vermögen als solches** können mit anderen Worten nicht Gegenstand von Sachenrechten sein[23]. Auch der in §§ 1085 ff. geregelte „Nießbrauch an einem Vermögen" ist keine Ausnahme, stellt doch § 1085 S. 1 ausdrücklich klar, dass die Bestellung in der Weise zu erfolgen hat, dass der Nießbraucher den Nießbrauch an den einzelnen zu dem Vermögen gehörenden Gegenständen erlangt.

8 Die Rechtsprechung qualifiziert freilich den **„eingerichteten und ausgeübten Gewerbebetrieb" als „sonstiges Recht"** im Sinne des § 823 Abs. 1 und spricht somit dem Unternehmer den deliktischen Schutz auch insoweit zu, als nicht die Verletzung eines Einzelnen, seinerseits nach § 823 Abs. 1 geschützten Gegenstands, sondern ein Eingriff in das Unternehmen als solches in Frage steht[24]. Indes versteht sich diese – von Teilen des Schrifttums zu Recht kritisierte[25] – Rechtsprechung als Ergänzung der auf ein Wettbewerbsverhältnis abstellenden und deshalb als lückenhaft empfundenen Vorschriften des UWG; das vermeintliche subjektive Recht am Unternehmen wird geschaffen, um es sodann mit Verhaltensgeboten zu umgeben. Damit wird freilich der genuine Anwendungsbereich des § 823 Abs. 1 verlassen. Diese Vorschrift ist nämlich, wie sich ihrer Entstehungsgeschichte entnehmen lässt[26], im Sinne einer „Verweisungsnorm" konzipiert: Sie nimmt auf von der Rechtsordnung anerkannte Herrschaftsrechte Bezug und spricht diesen deliktischen Schutz zu[27], vermag aber nicht selbst „sonstige Rechte" zu begründen. Ein auf § 823 Abs. 1 gründender Schutz des Unternehmens bildet mithin einen Fremdkörper und vermag nichts daran zu ändern, dass Herrschaftsrechte nur an einzelnen Gegenständen bestehen.

b) Rechtsbesitz

9 Was den in §§ 1029, 1090 Abs. 2 geregelten „Rechtsbesitz" betrifft[28], so bestätigt er den Grundsatz, dass Besitz und dingliche Rechte nur an Sachen bestehen können. Denn nach den genannten Vorschriften finden zwar die Vorschriften der §§ 858 ff. über den Besitzschutz zugunsten des Besitzers des begünstigten Grundstücks entsprechende Anwendung, soweit dieser in der Ausübung der Dienstbarkeit gestört wird. Doch liegt dem die Vorstellung zugrunde, dass der Besitzer des begünstigten Grundstücks nicht auch Besitzer des belasteten Grundstücks ist; denn andernfalls bedürfte es nicht einer Vorschrift, die einen Teil der Vorschriften über den Besitz für entsprechend anwendbar erklärt.

---

21 Näher *Neuner* A.T. § 24 Rn. 2 ff.

22 Zur Sonderrechtsfähigkeit von unwesentlichen Bestandteilen und von Zubehör s. *Medicus/Petersen* A.T. Rn. 1195 ff.

23 Das Erbrecht ist dagegen subjektives, auf den Nachlass als solchen bezogenes Recht, s. *Dörner*, Festschrift für Ferid, 1988, S. 57, 61 ff.

24 RGZ 58, 24, 28 ff.; **BGHZ 3, 270, 278 ff.**; BGHZ 55, 153, 161; BGH NJW 1992, 41, 42; BGH WM 1998, 2534, 2536 f.; eingehend *K. Schmidt* JuS 1993, 985 ff.

25 S. namentlich Larenz/*Canaris* § 81 II.

26 Vgl. Motive zu § 704 Abs. 2 des ersten Entwurfs, in *Mugdan*, Die gesamten Materialien zum Bürgerlichen Gesetzbuch für das deutsche Reich, Neudruck 1979, Bd. II, S. 405 f.; s. ferner RGZ 57, 353, 356 f.

27 Näher *Habersack* (Fn. 3), S. 127 ff.

28 Näher zu ihm Westermann/*Gursky* § 26.

c) Die Belastung eines Rechts

Die Belastung eines Rechts begegnet inner- und außerhalb des Sachenrechts und wirft im vorliegenden Zusammenhang die Frage auf, ob das belastete Recht nunmehr seinerseits als (unkörperliches) Rechtsobjekt und damit als mit den Sachen auf einer Stufe stehender Gegenstand zu qualifizieren ist. Die Frage stellt sich für die Pfand- und Nutzungsrechte an beweglichen und unbeweglichen Sachen, aber auch für die in §§ 1068 Abs. 1, 1273 Abs. 1 vorgesehene Belastung eines „Rechts" mit einem Nießbrauch oder Pfandrecht. Die Tatsache, dass das Recht als solches „belastet" wird, könnte zu der Annahme verleiten, dass dieses Recht unverändert an dem Rechtsobjekt fortbesteht und als Vollrecht seinerseits Rechtsobjekt eines weiteren Rechts sei. Als zutreffend erscheint indes die Annahme, die Belastung eines Rechts führe zu einer **Abspaltung** und Verselbständigung bestimmter Befugnisse des Vollrechtsinhabers und damit letztlich zu einer Aufteilung der in dem (unbelasteten) Recht verkörperten Befugnisse[29]. Im Ergebnis stellt sich somit die Belastung als **Teilübertragung des Rechts** dar; dies entspricht auch der Regelungstechnik des BGB, das in §§ 1032, 1069, 1205, 1274 die Vorschriften über die Übertragung des Vollrechts für entsprechend anwendbar erklärt und in § 873 einheitliche Voraussetzungen für die Vollübertragung und die Belastung aufstellt. Die Belastung ist somit zwar Verfügung über das Vollrecht (Rn. 13); Letzteres ist jedoch nicht das Rechtsobjekt des beschränkten Rechts. 10

So verkörpert etwa das Eigentum der mit einem Pfandrecht belasteten Sache weiterhin die **Veräußerungs- und Nutzungsbefugnis**; die **Verwertungsbefugnis** geht dagegen auf den Pfandgläubiger über. Dabei bleibt es auch für den Fall, dass der Eigentümer sodann sein Eigentum aufgibt: Ungeachtet der Dereliktion besteht das beschränkte dingliche Recht fort (Rn. 253), da es Recht an der Sache und nicht Recht an einem Recht ist. Entsprechendes gilt für das Pfandrecht an einer Forderung. Auch seine Bestellung hat man sich als Abspaltung der Verwertungsbefugnis von der Forderung und Verselbständigung in der Person des Pfandgläubigers vorzustellen. Der Pfandgläubiger erlangt dadurch ein eigenes Forderungsrecht, welches zwar den Beschränkungen der §§ 1281 ff. unterliegt, aber seinerseits nach Maßgabe dieser Vorschriften das fortbestehende Forderungsrecht des Gläubigers beschränkt. Das Pfandrecht an einer Forderung existiert also nicht als Recht an der Forderung, sondern tritt als selbständiges Recht neben dieselbe. Auch insoweit gilt, dass die Aufhebung des Forderungsrechts die Rechtsposition des Pfandgläubigers unangetastet lässt; § 1276 sagt dies ausdrücklich. 11

Auf der Grundlage der hier vertretenen Ansicht ist nicht das Eigentum, sondern die Sache Rechtsobjekt des beschränkten dinglichen Rechts; das Eigentum ist dagegen Verfügungsobjekt (Rn. 13) und wird durch die Begründung des beschränkten dinglichen Rechts „belastet" (Rn. 10, 57). Das beschränkte dingliche Recht ist deshalb ebenso wie das Eigentum **Recht an einer Sache** und damit „Herrschaftsrecht" (Rn. 2, 57 f.). Für den Nießbrauch und das **Pfandrecht an der Forderung** gilt dagegen, dass sie ebenso wenig wie die Forderung selbst einen Gegenstand zuordnen und deshalb nur als relatives Recht qualifiziert werden können[30]. Wenn in §§ 1068 Abs. 1, 1273 Abs. 1 davon die Rede ist, dass Gegenstand eines Nießbrauchs oder Pfandrechts „auch ein Recht" sein kann, so darf 12

29 Näher *Baur/Stürner* § 60 Rn. 1, 3; *Wieling* § 1 II 2, 3; s. ferner *Habersack* (Fn. 3), S. 109 ff.; *E. Herrmann*, Kernstrukturen des Sachenrechts, 2013, S. 94 ff.; krit. und für eine Vergemeinschaftung der Befugnisse *R. Hauck*, Nießbrauch an Rechten, 2015, S. 87 ff.

30 So auch *Baur/Stürner* § 60 Rn. 3, § 62 Rn. 1.

dies mithin nicht in dem Sinne verstanden werden, dass das Vollrecht selbst Objekt des beschränkten Rechts sei.

2. Verfügungsobjekte

13 Von den Rechtsobjekten sind die Verfügungsobjekte zu unterscheiden[31].

➔ **Definition:** Unter einem Verfügungsobjekt versteht man ein Recht oder Rechtsverhältnis, das Gegenstand rechtsgeschäftlicher Verfügungen sein kann.

Paradigma ist das **Eigentum** (Rn. 47 ff., Rn. 63): Es bildet als solches den Gegenstand der Übereignung wie auch einer Belastung; mit Vornahme der Verfügung ist das Eigentum oder ein verselbständigter Teil der Eigentümerbefugnisse (Rn. 10 f.) auf den Erwerber übergegangen, dem nunmehr das **Rechtsobjekt** (die Sache) vollumfänglich oder in bestimmter Hinsicht **zugeordnet** ist. Ordnet das Recht, wie etwa die Forderung, seinem Inhaber kein Rechtsobjekt zu, so kann es gleichwohl Gegenstand von Verfügungen sein. Auch hieran wird deutlich, dass die Verfügungsobjekte, anders als die Rechtsobjekte, ihre Existenz der Anerkennung durch die Rechtsordnung verdanken; sie existieren nicht real, sind also außerhalb der Rechtsordnung nicht existent[32].

§ 2 Die sogenannten Sachenrechtsgrundsätze

I. Der absolute Charakter der Sachenrechte als Ausgangspunkt

14 Wie das Schuldrecht ist auch das Sachenrecht durch eine Reihe von **Strukturprinzipien** gekennzeichnet, die allesamt darauf zurückzuführen sind, dass die Rechte an Sachen dem Rechtsinhaber eine Sache mit dinglicher Wirkung zuordnen und somit „Herrschaftsrechte" sind (Rn. 2). Schon dieser Zusammenhang mit der absoluten Wirkung des Rechts deutet darauf hin, dass die Geltung der im Folgenden darzustellenden Grundsätze keineswegs zwangsläufig auf das Sachenrecht beschränkt ist.[1] Mit gewissen Abstufungen begegnen diese Grundsätze vielmehr in sämtlichen Fällen, in denen die Rechtsordnung absolute Rechte anerkennt, bisweilen auch darüber hinaus (Rn. 16 f.). Zudem gilt es zu beachten, dass es sich um „Grundsätze" handelt, Regeln also, die mitnichten strikte Geltung beanspruchen, sondern durch Gesetzes- und Richterrecht durchbrochen sind. Die im Folgenden darzustellenden Grundsätze werden schließlich durch den Grundsatz der **Übertragbarkeit** von Sachenrechten und durch den **Trennungs- und Abstraktionsgrundsatz** ergänzt; diese Grundsätze sollen allerdings im Zusammenhang mit dem dinglichen Rechtsgeschäft dargestellt werden (Rn. 19 ff., 27 ff.).

---

31 *Neuner* A.T. § 24 Rn. 4 f.; s. zum Folgenden auch (grundsätzlich zustimmend) *Wendehorst*, in: Alexy (Hrsg.), Juristische Grundlagenforschung, 2005, S. 71, 78 ff.; ferner *Hauck* (Fn. 29), S. 87 ff., 108 ff.

32 Vgl. *Neuner* A.T. § 24 Rn. 1 ff.

1 Allg. zur Rolle der Dogmatik im Sachenrecht *Westermann*, Festschrift für Canaris, 2017, S. 617 ff.; eingehend zu den im Folgenden darzustellenden Sachenrechtsprinzipien und mit konsequenter Einordnung des Sachenrechts in das allgemeine Vermögensrecht *Füller*, Eigenständiges Sachenrecht?, 2006, S. 112 ff., 526 ff.; „Grundfragen europäischen Sachenrechtsverständnisses" erörtert *v. Bar* JZ 2015, 845 ff.

II. Die einzelnen Grundsätze

1. Typenzwang und Typenfixierung

Ist es ein Kennzeichen des Herrschaftsrechts, dass es absolut wirkt, also von jedermann zu respektieren ist, so versteht es sich von selbst, dass solche Rechtspositionen nicht beliebig geschaffen werden können. Das Gesetz stellt vielmehr nur eine **begrenzte Anzahl von Sachenrechten** zur Verfügung und legt zudem den wesentlichen Inhalt dieser Rechte **zwingend** fest[2]. Nur unter diesen Gegebenheiten erscheint es ihm als akzeptabel, dass jedermann die Sachenrechte anderer zu respektieren hat. Freilich hat der Grundsatz des Typenzwangs nicht zuletzt durch die Herausbildung des Sicherungseigentums und des Anwartschaftsrechts eine nicht unerhebliche Relativierung erfahren (Rn. 204 ff., 241 ff.). Zudem darf der Grundsatz nicht im Sinne einer zwingenden Geltung des gesamten Sachenrechts missverstanden werden. Jenseits eines Kernbereichs der sachenrechtlichen Regeln, der vor allem die Entstehung, die Übertragung und den Inhalt des dinglichen Rechts umfasst, gibt es zahlreiche Vorschriften, die abdingbar sind. Dies gilt insbesondere für einen Teil der Vorschriften, die das Schuldverhältnis zwischen dem Eigentümer und dem Inhaber eines beschränkten dinglichen Rechts regeln (Rn. 37, 58), ferner für Vorschriften aus dem Bereich des Nachbarrechts[3]. Auch in Fällen dieser Art wirkt aber die vom Gesetz abweichende Vereinbarung grundsätzlich nur inter partes; ein Einzelrechtsnachfolger braucht sich somit die Inhaltsänderung des Eigentums oder des beschränkten dinglichen Rechts grundsätzlich nicht entgegenhalten zu lassen. 15

2. Spezialität

Aus Gründen der Rechtsklarheit können **dingliche Rechte nur an einzelnen Sachen** bestehen. Das Gesetz bringt diesen Grundsatz der Spezialität etwa in § 929 S. 1 zum Ausdruck, wonach es zur Übertragung des Eigentums an *einer* beweglichen Sache der Einigung und der Übergabe bedarf; noch deutlicher ist die schon erwähnte Vorschrift des § 1085 S. 1 (Rn. 7). Der Grundsatz der Spezialität begegnet freilich, soweit man ihn auf das Innehaben eines Rechts bezieht, auch außerhalb des Bereichs der Herrschaftsrechte; auch das Forderungsrecht steht als einzelnes Recht dem jeweiligen Gläubiger zu[4]. Von wesentlicher Bedeutung ist der Spezialitätsgrundsatz für den Bereich der **Verfügungsgeschäfte**: sie sind unmittelbar auf die Änderung der Rechtslage an einem Recht gerichtet und müssen sich deshalb, damit das Schicksal der subjektiven Rechte für jedermann klar ist, stets auf ein einzelnes Recht beziehen[5]. Auch der so verstandene Spezialitätsgrundsatz beansprucht freilich für sämtliche Verfügungsgeschäfte und damit etwa auch für die Übertragung oder Belastung einer Forderung Geltung. Er ist also mitnichten ein Grundsatz allein des Sachenrechts, mag ihm auch insoweit angesichts der Publizitätserfordernisse (Rn. 18, 23 ff.) besondere Bedeutung zukommen. 16

---

2 Westermann/*H. P. Westermann* § 2 III; *Westermann/Staudinger* Rn. 7 f.; *Wilhelm* Rn. 13 ff.; *Berger* § 1 Rn. 39 ff.; *Füller* (Fn. 1), S. 370 ff.

3 Näher Staudinger/*C. Heinze* Einl. Sachenrecht Rn. 116.

4 *Baur/Stürner* § 4 Rn. 18.

5 *Baur/Stürner* § 4 Rn. 17, 19; Westermann/*H. P. Westermann* § 2 II 1; aus der neueren Rechtsprechung etwa BGH NJW 2002, 3021: Sachenrechtliches Bestimmtheitsgebot schließt es nicht aus, dass die Beteiligten die Bestimmung des Ausübungsbereichs einer Dienstbarkeit der tatsächlichen Ausübung überlassen.

17 Vom Spezialitätsgrundsatz wird bisweilen der **Bestimmtheitsgrundsatz** unterschieden[6]. Danach soll die Wirksamkeit einer Verfügung voraussetzen, dass der Gegenstand der Verfügung bestimmt oder doch bestimmbar bezeichnet ist. Indes wird genau dies durch den Spezialitätsgrundsatz erreicht. Muss sich nämlich das Verfügungsgeschäft auf ein einzelnes Recht beziehen, so ist damit zugleich gewährleistet, dass der Eintritt der Rechtsänderung für jedermann erkennbar ist. Der Spezialitätsgrundsatz zielt also auf die Bestimmtheit oder Bestimmbarkeit von Verfügungsgeschäften, weshalb er zwar auch als Bestimmtheitsgrundsatz bezeichnet werden kann, sich von diesem aber nicht unterscheidet.

3. Publizität

18 Mit Rücksicht auf den absoluten Charakter des dinglichen Rechts ist das Sachenrecht bestrebt, die **dingliche Rechtslage** und jede **Änderung** derselben **nach außen sichtbar** zu machen. Es ist dazu ohne weiteres in der Lage, handelt es doch von körperlichen und damit „greifbaren" Gegenständen (Rn. 5 ff.). Der Grundsatz der Publizität soll also sicherstellen, dass die Rechtsverhältnisse an Sachen, die wegen des absoluten Charakters der dinglichen Rechte von jedermann zu beachten sind, nach außen erkennbar sind[7]. Publizitätsmittel sind der **Besitz** und die **Eintragung in das Grundbuch**. Das Gesetz weist diesen Publizitätsmitteln **drei Funktionen** zu[8]:

- So ist die Publizität der Rechtsänderung grundsätzlich Teil des Verfügungstatbestands, so dass für die Offenkundigkeit einer jeden Änderung der dinglichen Rechtslage gesorgt ist (Rn. 23 ff.).
- Zudem stellen §§ 891, 1006, 1065, 1227 die Vermutung auf, dass derjenige, der in seiner Person den Publizitätstatbestand erfüllt und somit nach außen als Berechtigter erscheint, auch tatsächlich Inhaber des jeweiligen dinglichen Rechts ist.
- Schließlich knüpft das Gesetz an die Verwirklichung des Publizitätstatbestands die Möglichkeit des gutgläubigen Erwerbs vom Nichtberechtigten (Rn. 147 ff.). Bei Auseinanderfallen von materieller Rechtslage und Besitz oder Grundbuch besteht also die Gefahr des Rechtsverlusts; dadurch wird das Publizitätsprinzip immerhin mittelbar abgesichert[9].

§ 3 Das dingliche Rechtsgeschäft

I. Systematik

1. Die Abtretung als Grundtypus des Verfügungsgeschäfts

19 Aufgrund der das deutsche Zivilrecht prägenden Trennung zwischen Verpflichtungs- und Verfügungsgeschäft (Rn. 27 ff.) bedarf es zur Änderung in der Rechtszuständigkeit eines gesonderten Rechtsgeschäfts. Für die Übertragung einer Forderung enthalten §§ 398 ff. Regeln, die nach § 413 grundsätzlich, d.h. vorbehaltlich besonderer Vorschriften, auch

---

6 So *Berger* § 1 Rn. 47 f.; für Identität dagegen Jauernig/*Berger* vor § 854 Rn. 5; Westermann/*H. P. Westermann* § 2 II 1; s. ferner *dens.*, Festschrift für Georgiades, 2006, S. 465 ff.

7 Näher zum Publizitätsgrundsatz *Picker* AcP 188 (1988), 511 ff.; *Martinek* AcP 188 (1988), 573 ff.; *Einsele* JZ 1990, 1005 ff.; *Füller* (Fn. 1), S. 244 ff.

8 *Baur/Stürner* § 4 Rn. 9 ff.

9 So zu Recht Westermann/*H. P. Westermann* § 2 I 2.

auf die Übertragung anderer Rechte Anwendung finden. Von §§ 398 ff., 413 abweichende Vorschriften enthält das Gesetz insbesondere für **Verfügungen über Rechte an Sachen**; Verfügungen über solche Rechte, sogenannte dingliche Rechtsgeschäfte, sollen grundsätzlich unter Wahrung des Publizitätsgrundsatzes (Rn. 18, 23 ff.) erfolgen. Nach §§ 929 S. 1, 873 Abs. 1 setzt deshalb die Übertragung des Eigentums neben der Einigung – sie entspricht der Einigung im Sinne der §§ 398 S. 1, 413 – die Verlautbarung der Rechtsänderung durch Übertragung des Besitzes oder durch Eintragung in das Grundbuch voraus.

Die besonderen Vorschriften über die Übertragung von Sachenrechten treten an die Stelle der §§ 398 ff. Letztere werden also nicht lediglich ergänzt, sondern völlig verdrängt. So tritt an die Stelle des § 399 die allgemeine Vorschrift des § 137 S. 1, wonach durch Rechtsgeschäft keine „res extra commercium“ geschaffen werden kann (Rn. 143). Ausnahmen von dem Grundsatz der Übertragbarkeit der Sachenrechte sind nur insoweit anzuerkennen, als das Gesetz, wie in §§ 1059, 1092 Abs. 1, § 12 WEG geschehen, dies ausdrücklich bestimmt, ferner in den Fällen, in denen ein Recht als **subjektiv-dingliches** (§§ 1018, 1110) oder **akzessorisches** (Rn. 62) Recht nicht selbständig übertragen werden kann. Für die schuldnerschützenden Vorschriften der §§ 404 ff. ist im Zusammenhang mit der Übertragung von Sachenrechten schon aufgrund des absoluten Charakters dieser Rechte kein Raum (Rn. 14). „Drittschutz“ soll insoweit vielmehr durch den Publizitätsgrundsatz und die Möglichkeit des gutgläubigen Erwerbs bei fehlender Publizität der Rechtsänderung verwirklicht werden (Rn. 23 ff.). 20

2. Übertragung und Belastung von Rechten im Besonderen

Der Kreis der Verfügungsgeschäfte geht deutlich über die Übertragung eines Rechts hinaus. 21

➔ **Definition: Verfügung** ist jedes Rechtsgeschäft, das unmittelbar auf ein bestehendes oder als bestehend gedachtes[1] Recht einwirkt, neben der Übertragung also die Belastung, die Aufhebung und die Inhaltsänderung eines Rechts.

Für andere als auf Rechtsübertragung gerichtete Verfügungsgeschäfte hat das BGB auf allgemeine Vorschriften nach Art der §§ 398 ff., 413 (Rn. 19 f.) verzichtet. Es regelt vielmehr Voraussetzungen und Rechtsfolgen solcher Rechtsgeschäfte im Zusammenhang mit dem jeweiligen Verfügungsgeschäft und unterscheidet zudem zwischen den verschiedenen Verfügungsgegenständen.

Auch die Vorschriften über die **Belastung von Rechten** lassen freilich das Bestreben des Gesetzgebers nach Schaffung allgemeiner Regeln, von denen es sodann Ausnahmebestimmungen für besondere Belastungsgegenstände gibt, deutlich erkennen. So finden die §§ 1204 ff. über das Pfandrecht an beweglichen Sachen nach § 1273 Abs. 2 S. 1 auch auf das „Pfandrecht an Rechten“ (Rn. 10 f.) entsprechende Anwendung, soweit nicht die §§ 1274 ff. besondere Vorschriften enthalten. Die Vorschriften der §§ 1274 ff. verstehen sich ihrerseits als allgemeine Vorschriften. Für das „Pfandrecht an einer Forderung“ gelten nämlich die Sondervorschriften der §§ 1280 ff., die, soweit sie lückenhaft sind, durch die allgemeinen Vorschriften der §§ 1273 ff., 1204 ff. ergänzt werden. Ganz ähnlich ist die Systematik der §§ 1030 ff. betreffend den Nießbrauch. Die Regelungstechnik des Ge- 22

1 Zutr. *Löhnig/Fischinger* Rn. 104.

setzgebers bringt es allerdings mit sich, dass die **Vollübertragung der Forderung im Allgemeinen Schuldrecht**, die **Belastung der Forderung** dagegen **im Sachenrecht** geregelt ist. Schon dies zeigt, dass es sich unter systematischen Gesichtspunkten angeboten hätte, in den Allgemeinen Teil des BGB einen Abschnitt über Verfügungsgeschäfte aufzunehmen.

II. Charakteristika des dinglichen Rechtsgeschäfts

1. Mehraktiger Verfügungstatbestand

23 Der Gesetzgeber des BGB war darauf bedacht, Verfügungen über Rechte an Sachen dem Publizitätsgrundsatz zu unterstellen: Die Erfüllung eines Publizitätstatbestands gehört grundsätzlich zu den **Wirksamkeitsvoraussetzungen des Verfügungsgeschäfts**. So bedarf nach §§ 873 Abs. 1, 875 ff. jede Verfügung über ein Recht an einem Grundstück der Eintragung der Rechtsänderung in das Grundbuch. Die Übereignung oder Belastung einer beweglichen Sache setzt nach §§ 929 S. 1, 1032 S. 1, 1205 Abs. 1 S. 1 grundsätzlich deren Übergabe voraus. Aneignung und Dereliktion schließlich sind nach §§ 958 f. an die Erlangung bzw. Aufgabe des Besitzes gebunden.

24 Die Entscheidung für einen mehraktigen Verfügungstatbestand wirft eine Reihe von **Folgefragen** auf. Klar ist zunächst, dass nur das rechtsgeschäftliche Element und die Verwirklichung des Publizitätstatbestands zusammen die Rechtsänderung herbeizuführen vermögen, wobei allerdings die Reihenfolge unerheblich ist. Vorbehaltlich des § 878 (Rn. 297 f.) muss zudem die **Verfügungsbefugnis des Veräußerers** noch im Zeitpunkt der Vollendung des gesamten Verfügungstatbestands bestehen. Kommt es nach Abgabe der Einigungserklärung zum Eintritt des Todes oder der Geschäftsunfähigkeit einer Partei, so finden §§ 130 Abs. 2, 153 Anwendung. Was die Frage der **Bindung an die Einigung** betrifft, so stellt § 873 Abs. 2 für Verfügungen über Rechte an Grundstücken klar, dass beide Parteien an die Einigung gebunden sind, wenn die Erklärungen in bestimmter Form verlautbart wurden. Fehlt es an den Voraussetzungen des § 873 Abs. 2, so kann jede Partei ihre Einigungserklärung widerrufen, solange nicht der Publizitätstatbestand verwirklicht und damit der Verfügungstatbestand komplettiert ist. Der Widerruf mag dann zwar dem Verpflichtungsgeschäft zuwiderlaufen (Rn. 27 ff.); die dingliche Einigung ist jedoch auch dann entfallen, wenn nach der Erklärung des Widerrufs der Publizitätstatbestand verwirklicht wird. Ist umgekehrt die Einigung bindend, so kann der Veräußerer, solange er noch Eigentümer ist, sein Grundstück gleichwohl anderweit veräußern oder belasten[2].

25 Hinsichtlich der Frage der Bindung des Veräußerers einer **beweglichen** Sache bleibt das Gesetz eine eindeutige Antwort schuldig. Die hM geht jedoch zu Recht davon aus, dass eine Bindung angesichts der Wertung des § 873 Abs. 2 und des Wortlauts des § 929 S. 1, der ein Einigsein im Zeitpunkt der Übergabe verlangt („einig sind"), nicht in Betracht kommt[3]. Der Veräußerer kann mithin seine Einigungserklärung noch bis zur Übergabe der Sache widerrufen. Dem kommt vor allem im Zusammenhang mit dem „nachträglichen" Eigentumsvorbehalt Bedeutung zu: Haben sich Verkäufer und Käufer zunächst unbedingt über den Übergang des Eigentums geeinigt, so kann der Veräußerer gleichwohl

2 BGHZ 83, 395, 398 f.

3 BGH NJW 1979, 213, 214; *Baur/Stürner* § 5 Rn. 36; *Medicus/Petersen* Rn. 36; aA *Heck* § 55.7; *Wieling* § 1 III 2b; eingehend *Lipp*, Festschrift für Schapp, 2010, S. 363 ff. (380 f.).

bis zur Übergabe seine Erklärung widerrufen[4] und die aufschiebend bedingte Übereignung anbieten. Nimmt der Käufer diesen Antrag an, so hat er nur aufschiebend bedingt Eigentum erworben (Rn. 239).

Solange der mehraktige Erwerbstatbestand nicht vollendet ist, hat der Veräußerer sein Recht nicht verloren und der Erwerber das Vollrecht nicht erworben. Unter Umständen ist aber der **Erwerber** bereits **Inhaber eines Anwartschaftsrechts** (Rn. 54 ff.). So verhält es sich insbesondere in dem Fall, dass zwar die Auflassung des Grundstücks erfolgt ist, die Eintragung in das Grundbuch aber noch aussteht (Rn. 299 ff.), ferner in dem Fall, dass die Hypothek zwar bestellt, die gesicherte Forderung aber noch nicht entstanden ist (Rn. 372). Aber auch das Anwartschaftsrecht des Vorbehaltskäufers beruht darauf, dass der mehraktige Erwerbstatbestand noch nicht voll verwirklicht ist: Zwar ist die Übergabe bereits erfolgt, die Wirkungen der Einigung sind aber durch Aufnahme einer Bedingung hinausgeschoben (Rn. 230 ff.). **26**

2. Verpflichtungs- und Verfügungsgeschäft

a) Das Trennungsprinzip

Das BGB unterscheidet, wie schon die Existenz seiner §§ 398, 873, 929 belegt, zwischen Verpflichtungs- und Verfügungsgeschäften[5]. Während das Verpflichtungsgeschäft anspruchs- und pflichtenbegründend und zudem nur **inter partes** wirkt, wird durch das Verfügungsgeschäft auf ein bestehendes oder als bestehend gedachtes Recht **unmittelbar eingewirkt**. Die Eigenständigkeit des Verfügungsgeschäfts bringt es mit sich, dass die Wirksamkeit der Verfügung von der **Berechtigung des Verfügenden** abhängt. Sofern nicht die fehlende Berechtigung durch die Vorschriften über den gutgläubigen Erwerb überspielt wird oder der Verfügende durch den Berechtigten zur Verfügung ermächtigt worden ist (Rn. 140 ff., 147 ff.), bewendet es also bei dem Grundsatz „nemo plus iuris ad alium transferre potest quam ipse habet". **27**

Die Trennung zwischen Verpflichtungs- und Verfügungsgeschäft ist keineswegs so lebensfremd, wie es auf den ersten, durch das Bild vom Zeitungskauf geprägten Blick erscheinen mag[6]. So begegnet es außerhalb der Geschäfte des täglichen Lebens durchaus häufig, dass die Erfüllung hinausgeschoben wird, etwa weil sich der Schuldner die zu liefernde Sache erst noch beschaffen muss. Zudem ermöglicht es das Trennungsprinzip, einerseits einen unbedingten Kaufvertrag zu schließen, andererseits die Wirkungen der dinglichen Einigung hinauszuschieben, indem der Eigentumsübergang unter die Bedingung der vollständigen Kaufpreiszahlung gestellt wird (Rn. 230 ff.). **28**

b) Das Abstraktionsprinzip

Mit der Trennung zwischen Verpflichtungs- und Verfügungsgeschäft ist noch nichts darüber ausgesagt, in welchem Verhältnis beide Geschäfte zueinander stehen. Das BGB hat sich, wie sich wiederum den §§ 398, 873, 929 entnehmen lässt, für das Abstraktionsprin- **29**

4 Der Widerruf ist Willenserklärung und bedarf nach § 130 Abs. 1 des Zugangs beim Partner der Einigung, so wohl auch BGH NJW 1979, 213, 214 (Widerruf muss dem anderen Teil erkennbar sein).

5 Eingehende rechtsvergleichende Darstellung bei *Stadler*, Gestaltungsfreiheit und Verkehrsschutz durch Abstraktion, 1996, S. 24 ff.; s. ferner *Maurer*, Die Prinzipien der Abstraktion, Kausalität und Trennung, insbesondere bei Verfügungen, 2003, S. 15 ff.; zum Einfluss *v. Savignys* auf die Ausbildung des Trennungs- und Abstraktionsgrundsatzes s. *Wiegand* AcP 190 (1990), 112, 114 ff.

6 Näher zum Folgenden Westermann/*H. P. Westermann* § 3 I; ferner *Westermann/Staudinger* Rn. 10 ff.

zip entschieden: Die Wirksamkeit des Verfügungsgeschäfts ist allein von dessen Voraussetzungen abhängig[7]. Was die Übertragung eines Rechts betrifft – für die Belastung gilt Entsprechendes (Rn. 57 ff.) –, so bedarf es also lediglich der Einigung über den Rechtsübergang sowie gegebenenfalls der Verlautbarung desselben. Nicht erforderlich ist dagegen, dass sich die Parteien über den Zweck der Verfügung verständigen[8]; die Verfügung ist vielmehr „zweckfrei" und selbst dann wirksam, wenn die Parteien bei Vornahme des Verfügungsgeschäfts bewusst von dem Pflichtenprogramm abweichen[9]. Vor allem aber setzt die Wirksamkeit des Verfügungsgeschäfts nicht die Existenz eines wirksamen Verpflichtungsgeschäfts voraus[10]. **Verpflichtungs- und Verfügungsgeschäft** sind vielmehr **jeweils für sich** auf ihre Wirksamkeit zu überprüfen; insbesondere hat die Unwirksamkeit des einen nicht zwangsläufig die Unwirksamkeit des anderen zur Folge.

30 Mit dem Abstraktionsprinzip hat der Gesetzgeber für **Verkehrsschutz** sorgen wollen: Mängel des Verpflichtungsgeschäfts sollen nicht auf das Verfügungsgeschäft durchschlagen. Der Erwerber wird vielmehr auch dann Inhaber des Rechts, wenn es an einem Rechtsgrund für den Erwerb (an einer **„causa"**) **fehlt**; er kann als Berechtigter über das wirksam erworbene Recht verfügen, so dass es eines Rückgriffs auf die – ohnehin nur für Sachenrechte bestehende – Möglichkeit des gutgläubigen Erwerbs nicht bedarf. Ist somit die causalose Verfügung, sofern sie nicht ihrerseits unter einem Mangel leidet (Rn. 31), wirksam, so bedeutet dies freilich nicht, dass der Erwerb von Bestand ist. In **Ermangelung eines „Behaltensgrundes"** ist der Erwerber vielmehr nach **§ 812 Abs. 1 S. 1 Fall 1** verpflichtet, das erlangte Recht zurückzugewähren; zur Erfüllung dieser Verpflichtung bedarf es eines actus contrarius und damit eines erneuten Verfügungsgeschäfts. Gerade in diesem Erfordernis liegen die aus Sicht des Veräußerers bestehenden Gefahren des Abstraktionsgrundsatzes begründet. Solange nämlich der Erwerber seiner Verpflichtung zur Rückgewähr nicht nachgekommen ist, unterliegt das Recht dem Zugriff seiner Gläubiger und des Insolvenzverwalters. Der Veräußerer hat somit nicht nur den Verlust seines auf Rückgewähr gerichteten Primäranspruchs, sondern vor allem den Ausfall mit seinem Wertersatzanspruch aus § 818 Abs. 2 zu befürchten. Er trägt mit anderen Worten das **Risiko der Insolvenz des Erwerbers**. Nicht zuletzt aus diesem Grund ist das Abstraktionsprinzip Gegenstand rechtspolitischer Kritik[11].

c) Fehleridentität

31 Das Abstraktionsprinzip besagt, dass die Unwirksamkeit des Verpflichtungsgeschäfts nicht zwangsläufig die Unwirksamkeit des Verfügungsgeschäfts nach sich zieht. Indes kann das Verfügungsgeschäft an dem gleichen oder an einem anderen Mangel leiden und deshalb aus diesem Grund (also nicht aufgrund der Unwirksamkeit des Verpflichtungsgeschäfts) unwirksam sein. So verhält es sich etwa bei Geschäftsunfähigkeit des Verkäufers, bei der Anfechtung wegen Willensmängeln, die, wie in den Fällen des § 123, auch noch bei Vornahme des dinglichen Rechtsgeschäfts fortbestehen, ferner in den Fällen, in

---

7 Näher zum Inhalt des Abstraktionsprinzips *Jauernig* JuS 1994, 721 ff.

8 Sogenannte „inhaltliche" Abstraktheit, s. *Berger* § 1 Rn. 21; Jauernig/*Berger* vor § 854 Rn. 13 mit weit. Nachw.; eingehend *Maurer* (Fn. 5), S. 33 ff.

9 Zum sogenannten „nachträglichen" Eigentumsvorbehalt s. bereits Rn. 25, ferner Rn. 239.

10 Sogenannte „äußerliche" Abstraktheit, s. die Nachw. in Fn. 8.

11 Vgl. Westermann/*H. P. Westermann* § 3 III; mit guten Gründen das Abstraktionsprinzip befürwortend aber *Baur/Stürner* § 5 Rn. 43, § 51 Rn. 44; eingehend *Stadler* (Fn. 5), S. 202 ff., 719 ff.; *Hager*, in: 50 Jahre BGH, Festgabe aus der Wissenschaft, 2000, Bd. 1, S. 777, 780 ff.; *Bezzenberger/Nicolas-Maguin*, Liber amicorum O. Seul, 2014, S. 21 ff.

denen sowohl das Verpflichtung- als auch das Verfügungsgeschäft gesetzes- oder sittenwidrig sind[12]. Eine „Durchbrechung" des Abstraktionsprinzips liegt in keinem dieser Fälle vor.

d) Durchbrechungen des Abstraktionsprinzips

Mit Ausnahme der Auflassung (Rn. 289 ff.) sind die **Verfügungsgeschäfte bedingungsfreundlich**, so dass ihre Wirksamkeit unter eine Bedingung gestellt werden kann, selbst wenn diese einen Bezug zum Verpflichtungsgeschäft hat. 32

➔ **Definition:** Eine Bedingung im Rechtssinne liegt allerdings nur vor, wenn der Eintritt der Rechtswirkungen des Rechtsgeschäfts von einem **künftigen, objektiv ungewissen Ereignis** abhängt[13].

So verhält es sich etwa bei dem **Eigentumsvorbehalt**; bei ihm ist der Übergang des Eigentums von der vollständigen Zahlung des Kaufpreises und damit von einem Ereignis abhängig gemacht, das zwar einen Bezug zum Kaufvertrag aufweist, dessen Eintritt jedoch objektiv ungewiss ist.

Eine Bedingung im Sinne des § 158 liegt dagegen nicht vor, wenn der Eintritt der Wirkungen des dinglichen Geschäfts vom Vorliegen eines wirksamen Verpflichtungsgeschäfts abhängig gemacht wird. Denn das „Ereignis" – die Wirksamkeit des Verpflichtungsgeschäfts – ist gegenwärtig und objektiv gewiss; allenfalls besteht in der Person der Parteien Ungewissheit. Die Frage, ob die Wirksamkeit bedingungsfreundlicher Verfügungsgeschäfte unter eine entsprechende „unechte" Bedingung gestellt werden kann, ist umstritten. Die hM bejaht zwar die Frage, verlangt aber zu Recht, dass die Parteien über die Gültigkeit des Verpflichtungsgeschäfts im Ungewissen waren[14]. Die nicht auf konkrete Anhaltspunkte gestützte, nur im Wege der ergänzenden Vertragsauslegung gewonnene Annahme eines „stillschweigend vereinbarten" Bedingungszusammenhangs steht dagegen im Widerspruch zum gesetzlichen Regelfall der Abstraktion; für sie ist mithin schon in Ermangelung einer Vertragslücke kein Raum[15]. 33

Eine über den in Rn. 33 angesprochenen Bedingungszusammenhang hinausgehende Verknüpfung zwischen Verpflichtungs- und Verfügungsgeschäft ist dagegen nicht möglich. Insbesondere die Annahme einer zwischen Verpflichtungs- und Verfügungsgeschäft bestehenden **Geschäftseinheit im Sinne des § 139** kommt nicht in Betracht[16]. Für sie bestünde ohnehin nur in den Fällen ein Bedürfnis, in denen die „Bedingungslösung" (Rn. 32) ausscheidet, sei es, dass es sich um eine bedingungsfeindliche Auflassung han- 34

12 Dies ist häufig bei Sicherungsgeschäften der Fall, s. noch Rn. 219 ff., 267 ff., aber auch **BGH NJW-RR 2000, 1431, 1433** (Sittenwidrigkeit des Darlehens lässt Wirksamkeit des Grundpfandrechts unberührt; dazu noch Rn. 188, 346a; dazu, dass die gesicherte Forderung nicht Rechtsgrund für die Bestellung des Sicherungsrechts ist, s. Rn. 188 ff., 209 ff., 346); allgemein zur Frage der Sittenwidrigkeit des Verfügungsgeschäfts MünchKomm/*Armbrüster* § 138 Rn. 292 ff.; zur Sittenwidrigkeit des Verfügungsgeschäfts des Bewucherten s. BGH NJW 1982, 2767; BGH NJW 1990, 384, 385.

13 Allg. zum Begriff der Bedingung Jauernig/*Mansel* § 158 Rn. 1.

14 Westermann/*H. P. Westermann* § 3 IV 2; *Baur/Stürner* § 5 Rn. 53; Jauernig/*Berger* vor § 854 Rn. 16, der zudem eine „eindeutige Vereinbarung" fordert.

15 Vgl. die Nachw. in Fn. 14.

16 So auch die hL, s. *Baur/Stürner* § 5 Rn. 55, 56; Jauernig/*Mansel* § 139 Rn. 3; *ders.* JuS 1994, 721, 724; *Wieling/Finkenauer* § 1 III 3 c cc Rn. 29; aA für Fälle außerhalb des Grundstücksrechts (dazu Fn. 17) BGH NJW 1988, 2364 („höchst selten vorkommend") Staudinger/*C. Heinze* § 929 Rn. 27; Westermann/*H. P. Westermann* § 3 IV 3. – Allg. dazu, dass auch mehrere selbständige Rechtsgeschäfte eine Geschäftseinheit im Sinne des § 139 bilden können, Jauernig/*Mansel* § 139 Rn. 2.

delt oder konkrete Anhaltspunkte für die Ungewissheit der Parteien fehlen. In beiden Fällen aber stünde die Anwendung des § 139 im Widerspruch zu den Wertungen des allgemeinen Zivilrechts. So ist § 925 Abs. 2 Ausdruck eines besonderen Bedürfnisses nach Rechtssicherheit und Abstraktion; die auf den mutmaßlichen oder ausdrücklich verlautbarten Parteiwillen gestützte Annahme einer Geschäftseinheit würde diesem Ziel des Gesetzgebers zuwiderlaufen[17]. Was sonstige Verfügungen anbelangt, so muss sich bei Fehlen konkreter Anhaltspunkte für das Vorliegen einer unechten Bedingung die Entscheidung des Gesetzgebers für den **Vorrang des Verkehrsschutzes** durchsetzen.

III. Das Verhältnis des Sachenrechts zum Allgemeinen Teil und zum Schuldrecht

1. Allgemeiner Teil

35 Es liegt im Wesen eines „vor die Klammer gezogenen" Allgemeinen Teils, dass seine Vorschriften auch auf die nachfolgenden Bücher und damit **auch auf das Sachenrecht Anwendung** finden, soweit dieses nicht besondere Vorschriften enthält. Die Vorschriften des Allgemeinen Teils sind denn auch für das Sachenrecht von besonderem Interesse. Dies gilt zunächst für die §§ 90 ff., die den Begriff und die einzelnen Arten der Sache definieren und damit den Gegenstand der Sachenrechte festlegen (Rn. 5 ff.). Vor allem aber besteht jedes Verfügungsgeschäft zumindest aus einer Willenserklärung, deren Wirksamkeit sich wiederum nach den entsprechenden Vorschriften der §§ 104 ff., 116 ff. beurteilt (Rn. 31). Die meisten sachenrechtlichen Verfügungsgeschäfte setzen zudem eine dingliche Einigung voraus; diese ist Vertrag, auf den grundsätzlich (s. aber Rn. 24 f.) die §§ 145 ff. Anwendung finden. Stellvertretung ist zwar auch im Rahmen sachenrechtlicher Rechtsgeschäfte möglich; ein etwa erforderlicher Publizitätsakt muss allerdings in der Person des Vertretenen verwirklicht werden[18].

2. Schuldrecht

36 Was das Verhältnis von Schuld- und Sachenrecht betrifft, so liegt dem Gesetz zwar die Vorstellung zugrunde, dass das Sachenrecht eine gegenüber dem Schuldrecht selbständige Materie ist[19]. Auch das Sachenrecht gewährt jedoch neben sogenannten dinglichen Ansprüchen (Rn. 64 ff.) eine Reihe von Ansprüchen, die schuldrechtlichen Charakter haben und vom jeweiligen dinglichen Recht getrennt werden können. So regeln §§ 987 ff. das gesetzliche Schuldverhältnis zwischen dem Eigentümer und dem nichtberechtigten Besitzer (Rn. 99 ff.). Ebenfalls schuldrechtlichen Charakter haben die – der Sache nach einen Fall der Geschäftsführung ohne Auftrag regelnden – Vorschriften der §§ 965 ff. Des Weiteren wird durch die Bestellung eines beschränkten dinglichen Rechts ein **„Begleitschuldverhältnis"** zwischen dem Eigentümer der Sache oder Besteller des beschränkten dinglichen Rechts auf der einen Seite und dem Erwerber dieses Rechts auf der anderen Seite begründet (Rn. 58). Schon diese Beispiele[20] machen deutlich, dass die Fra-

17 BGH NJW 1979, 1495, 1496; BGH NJW 1985, 3006, 3007; BayObLG Rpfleger 1969, 48.

18 Die Übergabe kann jedoch auch durch Hinzuziehung eines Besitzdieners oder Besitzmittlers auf Seiten des Erwerbers bewirkt werden, s. Rn. 43.

19 Vgl. *Wiegand* AcP 190 (1990), 112 ff.

20 Weitere „schuldrechtliche" Regeln (oder Verweisungen auf solche) enthalten insbesondere §§ 922 S. 4, 951, § 1008 iVm. §§ 741 ff.

ge der Anwendbarkeit der §§ 241 ff. weder mit einem klaren „ja“ noch mit einem klaren „nein“ beantwortet werden kann.

Es ist vielmehr zu differenzieren[21]: Die **ergänzende Anwendung schuldrechtlicher Vorschriften** kommt vor allem im Zusammenhang mit den erwähnten (Rn. 36) Schuldverhältnissen und Ansprüchen mit schuldrechtlichem Charakter in Betracht. Entsprechendes gilt für die dinglichen Ansprüche (Rn. 64 ff., 72 ff.). Soweit es dagegen um den Inhalt, die Entstehung und die Übertragung von Sachenrechten geht, ist die genuine Regelungsaufgabe sachenrechtlicher Vorschriften betroffen (Rn. 1). Für die Anwendung der konzeptionell völlig anders gelagerten schuldrechtlichen Vorschriften ist insoweit kein Raum (s. bereits Rn. 19 f.). Nach zutreffender Ansicht gilt dies auch für die Vorschrift des § 328 über den **Vertrag zugunsten Dritter**: Die für eine analoge Anwendung – und nur sie kommt in Betracht – erforderliche Regelungslücke ist nicht erkennbar[22]. 37

Auch das in §§ 305 ff. geregelte **AGB-Recht** ist auf Verfügungsgeschäfte anwendbar[23]. 38
Von Bedeutung ist dies allerdings nur insoweit, als das Sachenrecht dispositive Vorschriften enthält[24]; mit zwingendem Recht unvereinbare Abreden sind dagegen stets und ohne Rücksicht auf das Vorliegen von AGB unwirksam. Insbesondere Bestimmungen in AGB über die Einräumung und den Zweck von Sicherheiten bewegen sich jedoch außerhalb des Bereichs des zwingenden Rechts und werfen deshalb die Frage ihrer Vereinbarkeit mit § 307 auf (Rn. 220 ff.).

§ 4 Grundbegriffe

I. Besitz

1. Begriff, Rechtsnatur und Funktionen

Anders als das Eigentum und die beschränkten dinglichen Rechte ist der Besitz ein tat- 39
sächliches Verhältnis, das zwar grundsätzlich an die **tatsächliche Sachherrschaft** anknüpft, indes unter dem besonderen Schutz der Rechtsordnung steht und an das das Gesetz sonstige rechtliche Folgen knüpft. Der Besitz ist mithin durchaus eine rechtliche Kategorie und eine **Rechtsposition**; dies zeigen nicht zuletzt die Kategorien des Erbenbesitzes im Sinne des § 857 (Rn. 171), des mittelbaren Besitzes, der Besitzdienerschaft und des Organbesitzes (Rn. 41 ff.). Der Besitz ist allerdings **kein dingliches Recht**[1].

21 Vgl. zum Folgenden insbesondere Staudinger/*C. Heinze* Einl. Sachenrecht Rn. 171 ff.; s. ferner *Baur/Stürner* § 5 Rn. 25 f.; *Müller/Gruber* Rn. 617 ff.; *Wieling* § 1 I 3.

22 BGHZ 41, 95, 96; BGH NJW-RR 1986, 848 f.; BGH NJW 1993, 2617; Staudinger/*C. Heinze* Einl. Sachenrecht Rn. 173; aA Westermann/*H. P. Westermann* § 2 II 2 c; *Heck* § 10, 7; für die Übereignung beweglicher Sachen *Baur/Stürner* § 5 Rn. 28; für Rechte, aufgrund derer eine Leistung aus einem Grundstück verlangt werden kann, Wolff/*Raiser* § 38 II 3.

23 Unstreitig, s. statt aller U/B/H/*Habersack*, § 305 Rn. 15.

24 Vgl. BGHZ 76, 371, 374.

1 Vgl. BGHZ 32, 194, 204 f.; MünchKomm/*F. Schäfer* § 854 Rn. 1 ff., dort auch zur Frage, ob der Besitz ein subjektives Recht ist; zum Schutz des berechtigten unmittelbaren Besitzes nach § 823 Abs. 1 s. BGH NJW 2019, 1669 Rn. 7; BGHZ 32, 194, 204 f.; *Medicus/Petersen* Rn. 607 ff.; zum Erbenbesitz *Ebenroth/Frank* JuS 1996, 794 ff.; *Petersen* Jura 2002, 160, 163; zu den Anforderungen an den Besitzwillen s. **BGHZ 101, 186**; OLG Oldenburg JZ 2021, 580 (mit Besprechung von *Finkenauer* in JZ 2021, 566).

Die Erhebung dieses tatsächlichen Phänomens in den Stand einer Rechtsposition ist vor dem Hintergrund der dem Besitz zukommenden Funktionen zu sehen. Die **Publizitätsfunktion** des Besitzes haben wir bereits kennen gelernt (Rn. 18; s. ferner Rn. 147 ff.). In gewissem Zusammenhang damit steht die sogenannte **Erhaltungsfunktion**[2]: Sie begegnet im Rahmen obligatorischer Rechte und verleiht diesen eine über das jeweilige Schuldverhältnis hinausreichende Wirkung. So verhält es sich namentlich bei §§ 566, 986 Abs. 2 (Rn. 89 ff.), §§ 57 ff. ZVG, § 108 InsO.

40 Von besonderer Bedeutung ist schließlich die **Schutzfunktion des Besitzes**: Indem der Besitz als solcher, also unabhängig von einem Recht zum Besitz an der Sache, als Rechtsposition anerkannt wird und Schutz genießt[3], soll dem Faustrecht eine Absage erteilt und eine Friedensordnung geschaffen werden[4]. Die rechtliche Anerkennung des Besitzes dient demnach dem Erhalt des Rechtsfriedens: Jeder, der ein Recht zum Besitz an der Sache zu haben meint, soll zur Durchsetzung dieses Rechts die Gerichte in Anspruch nehmen. Nur daraus erklärt sich, dass auch der Dieb zumindest das **Selbsthilferecht des § 859** hat und sich somit gegenüber **verbotener Eigenmacht** zur Wehr setzen kann. Denn zwar hat er keinerlei Besitzrecht; sein Besitz ist vielmehr fehlerhaft im Sinne der §§ 858 Abs. 2, so dass ihm nach §§ 861 Abs. 2, 862 Abs. 2 gegenüber dem Bestohlenen weder ein Herausgabe- noch ein Beseitigungsanspruch zusteht. Auch der wahre Eigentümer soll jedoch, nachdem er seinen Besitz verloren hat, diesen nicht eigenmächtig zurückerobern.

40a Auch jenseits von Fällen des Diebstahls sind freilich die Grenzen zwischen verbotener Eigenmacht und (Mit-)Besitz fließend, wie sich am Beispiel des **digitalen Fernzugriffs** auf vernetzte Sachen zeigt. So hat der BGH zwar in der Fernabschaltung einer Autobatterie durch deren Vermieter eine verbotene Eigenmacht erblickt. Hingegen hat er offengelassen, ob der Vermieter allein aufgrund der Sperrmöglichkeit als Mitbesitzer der Batterie anzusehen ist und deshalb nach § 866 Besitzschutz nur gegen vollständige Entziehung des Besitzes, nicht aber gegen eine (bei Sperrung anzunehmende) Besitzstörung besteht[5].

2. Besitzdiener und Besitzmittler

41 Nach § 855 ist derjenige, der die tatsächliche Sachherrschaft für einen anderen ausübt und dabei dessen Weisungen unterliegt, nicht selbst Besitzer. Besitzer ist vielmehr der andere, der sogenannte Besitzherr; ihm wird die Sachherrschaft durch den sogenannten **Besitzdiener** vermittelt.

Die Vorschrift des § 855 versteht sich nicht als Durchbrechung, sondern als Bestätigung der in § 854 erfolgten Anknüpfung an die tatsächliche Sachherrschaft: Unterliegt jemand im Umgang mit einer Sache den Weisungen eines anderen, so ist er trotz der gegebenen unmittelbaren Beziehung zur Sache nicht Inhaber der Sachherrschaft. Vielmehr ist es der

2 *Baur/Stürner* § 6 Rn. 3.

3 Näher zum Besitzschutz *Petersen* Jura 2002, 160 f.; *Baur/Stürner* § 9; Westermann/*Gursky* §§ 20 ff.; *Wilhelm* Rn. 514 ff.; zu den Ansprüchen aus §§ 861, 862, 1007 s. noch Rn. 69, 83 ff.

4 Näher zur „Friedenstheorie" und zu ihrem Verhältnis zu der von *Heck* (§ 3,7) begründeten „Kontinuitätstheorie" MünchKomm-*Schäfer* § 854 Rn. 17 ff.; Staudinger/*Gutzeit* vor §§ 854 ff. Rn. 17 ff.

5 **BGH NJW 2022, 3575 Rn. 18 ff.**, dort auch zur AGB-rechtlichen Beurteilung von die Fernsperrung erlaubenden Klauseln; s. ferner OLG Düsseldorf ZIP 2021, 2541; näher zur Frage eines Besitzschutzanspruchs bei digitalen Eingriffen in vernetzte Sachen *Kuschel* AcP 220 (2020), 99 ff.; *Casper/Grimpe* ZIP 2022, 661 ff.; *Duden* NJW 2023, 18 ff.; allg. zum Verhältnis zwischen § 859 und § 229 *Stamm,* Festschrift für Vieweg, 2021, S. 603 ff.

Besitzherr, der kraft seiner in einem sozialen Abhängigkeitsverhältnis gründenden **Weisungsbefugnis** das Verhalten des Besitzdieners steuert und dadurch auf die Sache einwirkt. Nach § 860 darf allerdings der Besitzdiener die Gewaltrechte des § 859 für den Besitzherrn ausüben. Die Abgrenzung zwischen Besitzdienerschaft und Besitz bereitet bisweilen Schwierigkeiten. Zu Recht hat allerdings der BGH entschieden, dass es zu einem Besitzverlust führt und insbesondere Besitzdienerschaft zu verneinen ist, wenn ein Kraftfahrzeug zu einer unbegleiteten und auch nicht anderweitig überwachten **Probefahrt** eines Kaufinteressenten auf öffentlichen Straßen für eine gewisse Dauer überlassen wird; wird das Fahrzeug nicht zurückgegeben, ist es deshalb nicht abhandengekommen[6].

Anders als der Besitzdiener unterliegt der **Besitzmittler** im Umgang mit der Sache keinen Weisungen. Nach § 868 ist er deshalb Besitzer. Da allerdings der Besitzmittler sein Recht zum Besitz aus der Rechtsstellung eines anderen, des „mittelbaren Besitzers", ableitet und zudem nur auf Zeit zum Besitz der Sache berechtigt ist[7], ist seine Besitzposition in sachlicher und zeitlicher Hinsicht derjenigen des anderen untergeordnet; der Besitzmittler hat nur einen **Ausschnitt aus der Rechtsstellung des Oberbesitzers** inne. 42

Nach §§ 868, 869 soll deshalb auch der andere „Besitzer" und damit insbesondere zur Geltendmachung der Besitzschutzansprüche berechtigt sein. Der Vorschrift des § 934 (Rn. 167 f.) lässt sich diesbezüglich entnehmen, dass auch der mittelbare Besitz „tatsächliche Sachherrschaft" (wenn auch in „vergeistigter" Form) ausübt und somit die Qualifizierung des mittelbaren Besitzers als Besitzer keineswegs Fiktion ist, sondern dem Umstand Rechnung trägt, dass der mittelbare Besitzer kraft der Verpflichtung des Besitzmittlers auf die Sache einwirken kann[8].

Besitzdienerschaft und mittelbarer Besitz ermöglichen den **Besitz- und Eigentumserwerb unter Hinzuziehung Dritter**. In Ermangelung rechtsgeschäftlichen Handelns kommt zwar bei Erwerb des Besitzes Stellvertretung grundsätzlich[9] nicht in Betracht. Die Übergabe der Sache an einen Besitzmittler oder Besitzdiener des Erwerbers erfüllt jedoch die Voraussetzungen einer Übergabe an den Erwerber. Für den Fall der Besitzdienerschaft folgt dies schon daraus, dass die Aushändigung der Sache an den Besitzdiener dem Besitzherrn unmittelbaren Besitz verschafft. Erlangt dagegen der Besitzmittler die tatsächliche Gewalt, so wird er selbst unmittelbarer Besitzer; doch stellt auch dies eine Übergabe im Sinne des § 929 an den mittelbaren Besitzer dar (Rn. 164). 43

3. Juristische Personen, Personengesellschaften, Gemeinschaften

Juristische Personen und Personengesellschaften sind als solche nicht handlungsfähig. Sie nehmen vielmehr durch ihre Organe am Rechtsverkehr teil[10]. Auch zur Ausübung tatsächlicher Sachherrschaft sind die juristische Person und die Personengesellschaft auf das Handeln natürlicher Personen angewiesen. Gleichwohl nötigt dies nicht dazu, die für die juristische Person oder für die Personengesellschaft handelnden Organwalter als Besitzer anzusehen. Jedenfalls für die **juristische Person** ist es vielmehr weitgehend aner- 44

6 **BGH NJW 2020, 3711 Rn. 21 ff.**; so auch OLG Celle NJW 2023, 229, dort auch zur Rechtslage bei eingebauter SIM-Karte.
7 Zu den Anforderungen an das Besitzmittlungsverhältnis s. noch Rn. 208, ferner Jauernig/*Berger* § 868 Rn. 3 ff.
8 Näher Westermann/*Gursky* § 16 Rn. 5 f; Soergel/*Wendelstein* § 868 Rn. 2; dagegen namentlich MünchKomm/*F. Schäfer* § 868 Rn. 5 f.
9 Anders verhält es sich in den Fällen der §§ 854 Abs. 2, 868, 870.
10 Näher dazu *K. Schmidt*, Gesellschaftsrecht, 4. Aufl. 2002, § 14.

kannt, dass sie selbst Besitzer derjenigen Sachen ist, über die die Mitglieder des Geschäftsführungsorgans, also die Geschäftsführer der GmbH oder die Vorstandsmitglieder der AG, im Rahmen ihres Aufgabenbereichs die tatsächliche Sachherrschaft ausüben[11]. Die tatsächliche Sachherrschaft, die die Organwalter infolge ihrer organschaftlichen Stellung ausüben, wird also der juristischen Person zugerechnet. Endet allerdings die Organstellung, so erlangt der Organwalter an den Sachen, die in seiner tatsächlichen Gewalt verbleiben, unmittelbaren Besitz.[12]

45 Entsprechendes gilt für die **Personenhandelsgesellschaften**[13] und für die **Außengesellschaft bürgerlichen Rechts**[14]. Denn Personenhandelsgesellschaft und Außengesellschaft bürgerlichen Rechts verfügen, wie nun § 705 Abs. 2 idF des MoPeG[15] unmissverständlich und über §§ 105 Abs. 3, 161 Abs. 2 HGB auch für OHG und KG zum Ausdruck bringt, über Rechtsfähigkeit. Sie nehmen als solche, wenn auch durch ihre Organwalter handelnd, am Rechtsverkehr teil, so dass es nur konsequent ist, ihnen die durch die Organwalter ausgeübte tatsächliche Sachherrschaft als eigene zuzurechnen und damit sie selbst (und nicht die Gesellschafter oder die geschäftsführenden Gesellschafter) als Besitzer anzusehen. Die Gesellschaft selbst hat also die Ansprüche aus §§ 859, 861 f., 1007. Ändert einer ihrer Organwalter erkennbar seinen Willen dahin, dass er nunmehr für sich selbst besitzen möchte, so begeht er gegenüber der Gesellschaft verbotene Eigenmacht.

46 Die **Erbengemeinschaft** und die **eheliche Gütergemeinschaft** sind dagegen keine rechtsfähigen, von der Person der Miterben oder der Ehegatten zu unterscheidenden Gemeinschaften[16]. Bei ihnen steht vielmehr der Gedanke des gesamthänderisch gebundenen Sondervermögens der Erben oder Ehegatten im Vordergrund (Rn. 50); ein Gesellschaftsvertrag, der als Organisationsvertrag die als solche am Rechtsverkehr teilnehmende Gesellschaft hervorbringt und mit Organen ausstattet, fehlt bei ihnen. Nach zutreffender Ansicht sind deshalb die Ehegatten bzw. Miterben im Regelfall Mitbesitzer der zum Gesamtgut oder zum Nachlass gehörenden Sachen[17]. Entsprechend verhält es sich bei Miteigentum im Sinne der §§ 1008 ff. (Rn. 48 f.)[18]. Die **Gemeinschaft der Wohnungseigentümer** ist dagegen rechtsfähig (Rn. 49) und deshalb wie eine Gesellschaft besitzfähig.

---

11 BGHZ 56, 73, 77; BGH ZIP 2003, 2247, 2250; Staudinger/*Gutzeit* § 854 Rn. 58 ff.; MünchKomm/*F. Schäfer* § 854 Rn. 41 ff.; näher *Petersen* Jura 2002, 255, 256 f.; *M. Brand*, Der Organbesitz, 2015, S. 5 ff., 93 ff.

12 **BGH ZIP 2003, 2247, 2250**, dort auch zur Zulässigkeit der Drittwiderspruchsklage der Ein-Personen-GmbH gegen Gläubiger ihres Alleingesellschafters.

13 BGHZ 86, 300, 307; BGHZ 86, 340, 344; Staub/*C. Schäfer* § 105 Rn. 322 mit weit. Nachw.; *Flume*, Allgemeiner Teil des Bürgerlichen Rechts, Bd. I/1, S. 79 ff.; aA – für Mitbesitz der geschäftsführenden Gesellschafter oder „gesamthänderischen Mitbesitz“ aller Gesellschafter – die ältere Ansicht, s. *Steindorff*, Festgabe für Kronstein, 1967, S. 151, 156 ff. mit weit. Nachw.

14 BGH WM 1985, 997, 999; *Flume* (Fn. 13); MünchKomm/*C. Schäfer* § 713 Rn. 27 ff.; *K. Schmidt* (Fn. 10) § 60 II 3; *Petersen* Jura 2002, 255, 257; Staudinger/*Gutzeit* § 866 Rn. 15 f. mit weit. Nachw.; aA – für Mitbesitz der Gesellschafter – noch BGHZ 86, 300, 307; BGHZ 86, 340, 344.

15 Gesetz zur Modernisierung des Personengesellschaftsrechts v. 10.8.2021 (BGBL. I S. 3436); grundlegend *Flume* ZHR 136 (1972), 177 ff.; sodann BGHZ 146, 341, 343 ff. = NJW 2001, 1056; BGH NJW 2003, 1445, 1446 (entsprechende Anwendung des § 31); BGH NZG 2006, 939 f. (GbR als Grundstückseigentümer); *Ulmer* ZIP 2001, 585, *K. Schmidt* (Fn. 10) § 8 III, § 60 I, *Habersack* BB 2001, 477, jew. mit weit. Nachw.; eingehend *A. Dieckmann*, Gesamthand und juristische Person, 2019, insbes. S. 249 ff. aA namentlich *Zöllner*, Festschrift für Gernhuber, 1993, S. 563 ff. – Zur Grundbuchfähigkeit der GbR s. § 47 Abs. 2 GBO, ferner BGH NJW 2009, 594; dazu noch Rn. 315.

16 AA aber für die Erbengemeinschaft *Grunewald* AcP 197 (1997), 305 ff.; dagegen die hM, s. BGH NJW 2002, 3389; *Ulmer* AcP 198 (1998), 113, 124 ff. mit weit. Nachw.

17 MünchKomm/*F. Schäfer* § 854 Rn. 49; MünchKomm/*Münch* § 1450 Rn. 21; zur Rechtslage bei Einzelverwaltung des Gesamtguts s. MünchKomm/*Münch* § 1422 Rn. 15.

18 MünchKomm/*F. Schäfer* § 866 Rn. 7.

II. Eigentum

1. Begriff

Nach § 903 S. 1 ist das **Eigentum** umfassendes Sachherrschaftsrecht: Dem Eigentümer wird eine Sache dergestalt zugeordnet, dass er – vorbehaltlich eigentumsbeschränkender Gesetze und Rechte Dritter – mit dieser nach Belieben verfahren und andere von jeder Einwirkung ausschließen kann kann[19]. Wie alle dinglichen Rechte bezieht sich das Eigentum auf **eine Sache** (Rn. 1 ff.). Eigentum an Forderungen, sogenanntes „geistiges" Eigentum und öffentliches Eigentum[20] sind dem BGB fremd. Der zivilrechtliche Eigentumsbegriff weicht mithin ganz erheblich von dem Eigentumsbegriff des Art. 14 GG ab. Letzterer sichert nicht nur Sacheigentum, sondern im Grundsatz sämtliche privaten subjektiven Vermögensrechte, und zwar sowohl im Sinne einer Institutsgarantie als auch eines Freiheitsrechts des Bürgers gegen den Staat[21]. **47**

2. Erscheinungsformen

a) Allein- und Miteigentum

Der gesetzliche Regelfall ist das Alleineigentum. Es ist dadurch gekennzeichnet, dass die Sache einer (natürlichen oder juristischen) Person zugeordnet ist. Davon zu unterscheiden ist das Miteigentum. Bei ihm kommt es zu einer **ideellen Teilung** des Eigentums: Das Eigentumsrecht steht mehreren Personen nach Bruchteilen zu, die allesamt Eigentümer sind, in der Ausübung der Eigentümerbefugnisse aber den Beschränkungen der §§ 1008 ff., 741 ff. unterliegen. Jeder Miteigentümer kann über seinen ideellen Anteil verfügen, diesen also übertragen und belasten[22]; zu einer Verfügung über das gemeinschaftliche Eigentum bedarf es dagegen nach § 747 S. 2 des Zusammenwirkens aller Miteigentümer. **48**

Miteigentum begegnet in der Praxis vor allem in Form des **Wohnungseigentums**, das sich nach § 1 Abs. 2 und 5 WEG aus dem Miteigentum am Grundstück und den Gemeinschaftsanlagen sowie aus dem Sonder- bzw. Alleineigentum an der Wohnung[23] zusammensetzt. Die Gemeinschaft der Wohnungseigentümer ist **Bruchteilsgemeinschaft**, für die das WEG eine Reihe von Sonderregeln gegenüber §§ 741 ff. enthält; zugleich ist sie, wie nunmehr § 10 Abs. 6 bis 8 WEG klar zum Ausdruck bringt, rechtsfähig, soweit sie bei der Verwaltung des gemeinschaftlichen Eigentums am Rechtsverkehr teilnimmt[24]. Zudem sehen §§ 31 ff. WEG mit dem sogenannten Dauerwohnrecht ein besonderes beschränktes dingliches Recht vor, dem insbesondere im Zusammenhang mit der Begründung von **Teilzeit-Wohnrechten**[25] Bedeutung zukommt. **49**

---

19 Für eine historisch-dogmatische Analyse des Eigentums s. *Hattenhauer* S. 115 ff.; speziell zu § 903 S. 1 und dem dieser Vorschrift zugrunde liegenden Objekt- bzw. Sachbezug *Zech* AcP 219 (2019), 492, 547 ff.

20 Dazu BVerfGE 42, 20, 28 ff.

21 Näher dazu Westermann/*H. P. Westermann* § 27; *Wilhelm* Rn. 242 ff.

22 Vgl. §§ 1066, 1095, 1106, 1114, 1192, 1258; zum gutgläubigen Erwerb von Miteigentum s. *Witt* AcP 217 (2017), 107 ff.

23 Das Gesetz weicht insoweit von §§ 93, 94 ab, wonach wesentliche Bestandteile nicht sonderrechtsfähig sind.

24 Näher *Wicke* ZHR 187 (2023), 544 ff.; grundlegend BGHZ 163, 154, 159 ff. = ZIP 2005, 1233; dazu einerseits *Häublein* ZIP 2005, 1720 ff., andererseits *Bork* ZIP 2005, 1205 ff.; für Qualifizierung als „dingliche Gesellschaft" *M. Junker*, Die Gesellschaft nach dem Wohnungseigentumsgesetz, 1993, S. 75 ff. mit weit. Nachw.

25 Das Verpflichtungsgeschäft ist nunmehr in §§ 481 ff. geregelt; zu dem außer Kraft getretenen Gesetz über die Veräußerung von Teilzeitnutzungsrechten an Wohngebäuden (Teilzeit-Wohnrechtegesetz) v. 20.12.1996 und der Time-Sharing-Richtlinie 94/47/EG vom 26.10.1994 (ABl. EG Nr. L 280 S. 82) s. *Martinek* NJW 1997, 1393 ff.

b) Gesamthandseigentum

50 Von dem Miteigentum streng zu unterscheiden ist das Gesamthandseigentum. Es begegnet im Zusammenhang mit der ehelichen Gütergemeinschaft und der Erbengemeinschaft. Seine Anordnung trägt der **Zweckbindung** des jeweiligen Vermögens Rechnung. Der Unterschied zwischen Bruchteils- und Gesamthandsgemeinschaft besteht zunächst darin, dass sich die gesamthänderische Bindung nicht auf einen einzelnen Gegenstand, sondern auf das **Gesamthandsvermögen als solches** (also sowohl auf Sachenrechte als auch auf sonstige Rechte) bezieht. Zudem kommt es nicht zu einer ideellen Teilung einzelner Rechte; das Gesamthandsvermögen steht vielmehr den Gesamthändern in ihrer Verbundenheit zu. Eine Verfügung über ideelle Anteile an einzelnen Gegenständen des Gesamthandsvermögens kommt deshalb nicht in Betracht; das in § 2033 Abs. 2 ausgesprochene Verbot einer Verfügung über den Anteil an den einzelnen Gegenständen des Vermögens ergibt sich vielmehr schon daraus, dass es solche Anteile gar nicht gibt[26].

51 Zumindest bis zum Inkrafttreten des MoPeG (Rn. 45) galt auch für die **Außengesellschaft bürgerlichen Rechts** und die **Personenhandelsgesellschaften,** dass ihr Gesellschaftsvermögen gesamthänderischer Bindung unterlag. Allerdings waren diese Gesellschaften schon seinerzeit mehr als ein gesamthänderisch gebundenes Sondervermögen der Gesellschafter, vielmehr rechtsfähige und am Rechtsverkehr durch ihre Organe teilnehmende Gebilde (Rn. 45). Das MoPeG hat zwar die das Gesamthandsprinzip zum Ausdruck bringenden Vorschriften der §§ 718 f. alte Fassung ersatzlos gestrichen, die Frage nach der Rechtsnatur der rechtsfähigen Personengesellschaften damit indes nicht beantwortet und das Gesamthandsprinzip insoweit keineswegs zwangsläufig „abgeschafft"[27]. Insoweit ist bedeutsam, dass es den Personengesellschaften auch unter Geltung des MoPeG an einer vollständigen Verselbständigung gegenüber ihren Mitgliedern fehlt, kann doch die Gesellschaft nach wie vor nicht ihr eigener Gesellschafter sein und bei Wegfall des vorletzten Gesellschafters nicht fortbestehen (§ 712b). Umgekehrt verfügt der einzelne Gesellschafter als solcher unzweifelhaft nicht über eine unmittelbare Berechtigung hinsichtlich des Gesellschaftsvermögens, sondern allein über seine Mitgliedschaft und damit über ein Bündel von Teilhabe- und Vermögensrechten sowie damit korrespondierenden Pflichten. In der Summe ergibt dies das Bild einer „kollektiven Einheit" oder „Gruppe", deren vermögensrechtliche Basis entgegen der Annahme des Reformgesetzgebers letztlich doch das Gesamthandsprinzip bildet[28].

c) Treuhandeigentum

52 Keine sachenrechtlichen Besonderheiten weist das Treuhandeigentum auf[29]. Der Treuhandeigentümer ist vielmehr, was seine dingliche Berechtigung betrifft, Eigentümer im Sinne des § 903. Aufgrund des Treuhandverhältnisses unterliegt er zwar **schuldrechtli-**

---

26 Zur davon zu unterscheidenden Übertragung der Mitgliedschaft in der Gesellschaft bürgerlichen Rechts und der Handelsgesellschaft s. § 711, ferner *Habersack*, Die Mitgliedschaft – subjektives und „sonstiges" Recht, 1996, S. 104 ff.

27 So aber *Bachmann* NZG 2020, 612, 615; dagegen *Habersack* ZGR 2020, 539, 548 f.; *K. Schmidt* ZHR 185 (2021), 16, 28; zum Sach- und Streitstand s. MünchKomm/*C. Schäfer* § 705 Rn. 201.

28 S. neben den Nachw. in Fn. 27 namentlich *Flume* (Fn. 13), S. 55 f.

29 Eingehend zur Treuhand *Henssler* AcP 196 (1996), 37 ff.; *Grundmann*, Der Treuhandvertrag, 1997, passim; aus der Rechtsprechung vgl. namentlich BGH ZIP 2003, 1404, 1405 (keine geteilte Berechtigung von Treuhänder und Treugeber an aus Eigen- und Treugut bestehenden Vermögensgegenständen); zur Treuhand am Gesellschaftsanteil s. *Geibel*, Treuhandrecht als Gesellschaftsrecht, 2008, passim; zur Frage eines Besitzmittlungsverhältnisses zwischen fremdnützigem Treuhänder und Treugeber s. BGH WM 1961, 150, 151, aber auch BGH WM 1969, 656; näher *Fleckner* ZIP 2013, 389 ff.

chen Bindungen gegenüber dem Treugeber. Wie schuldrechtliche Bindungen im Allgemeinen wirkt aber auch die Treuhandabrede grundsätzlich nur inter partes; unbeteiligte Dritte brauchen sich eine Verletzung der Treuhandabrede nicht entgegenhalten zu lassen. Das „Können" des Treuhänders geht mithin über das „Dürfen" hinaus. So ist es dem Treuhänder regelmäßig verboten, über das Eigentum zu verfügen; eine gleichwohl vorgenommene Verfügung ist jedoch, wie § 137 ausdrücklich hervorhebt, wirksam und verpflichtet den Treuhänder allenfalls zum Ersatz des dem Treugeber entstandenen Schadens[30]. In der Zwangsvollstreckung und in der Insolvenz setzt sich allerdings der Anspruch des Treugebers auf Rückgewähr des Treuguts zumeist auch gegenüber den Gläubigern des Treuhänders durch (Rn. 223 ff.); es kommt somit zu einer **„Verdinglichung" des obligatorischen Rechts**.

Die Rechtspraxis unterscheidet zwischen der **uneigennützigen** (= fremdnützigen) und der **53**
eigennützigen Treuhand. Letztere ist dadurch gekennzeichnet, dass das Treuhandgut in bestimmter Hinsicht auch den Interessen des Treuhänders dient. So verhält es sich insbesondere bei der **Sicherungsübertragung** von Eigentum oder sonstigen Rechten (Rn. 204 ff.); das Treuhandgut dient in diesem Fall der Sicherung eines Anspruchs des Treuhänders.

III. Anwartschaftsrecht

1. Begriff und Erscheinungsformen

Der Rechtsbegriff des Anwartschaftsrechts[31] ist dem BGB nicht bekannt. Man ver- **54**
steht darunter rechtlich gesicherte Erwerbspositionen, die zwar weniger als das Vollrecht, aber doch schon mehr als eine bloße Erwerbsaussicht sind[32]. Sie begegnen nicht nur[33], aber vor allem im Sachenrecht und sind dadurch gekennzeichnet, dass der Erwerbstatbestand zwar eingeleitet, aber noch nicht vollendet ist (Rn. 26).

Die Voraussetzungen, unter denen eine ungesicherte Erwerbsaussicht, wie sie etwa der Käufer nach Abschluss des Kaufvertrags hat, zum Anwartschaftsrecht erstarkt, sind von der Art des angestrebten Vollrechts abhängig. Allgemein lässt sich von einem (unter dem Schutz der Rechtsordnung stehenden, übertragbaren und pfändbaren) Anwartschaftsrecht nur unter der Voraussetzung sprechen, dass von dem mehraktigen Entstehungstatbestand (Rn. 26) eines Rechts schon so viele Erfordernisse erfüllt sind, dass der Veräußerer die Rechtsposition des Erwerbers nicht mehr einseitig zerstören kann[34], der Erwerb des Vollrechts also nur noch vom Willen des Erwerbers abhängt.

2. Folgeprobleme

Die Anerkennung des Anwartschaftsrechts wirft eine Reihe von Folgeproblemen auf, die **55**
im jeweiligen Sachzusammenhang darzustellen sind (Rn. 241 ff., 299 ff.). Hier soll allein auf die Parallelität dieser Folgeprobleme hingewiesen und dadurch die Grundsatzproble-

30 S. ferner BGH WM 1999, 23, 24 f.: keine Verfügung eines Nichtberechtigten im Sinne von § 816 Abs. 1.

31 Eingehend zum Anwartschaftsrecht *Raiser,* Dingliche Anwartschaften, 1961; *Marotzke,* Das Anwartschaftsrecht – ein Beispiel sinnvoller Rechtsfortbildung?, 1977; *Eichenhofer* AcP 185 (1985), 162 ff.; *Mülbert* AcP 202 (2002), 912 ff.; aus der Ausbildungsliteratur namentlich *Schwerdtner* Jura 1980, 609 ff., 661 ff.; *Krüger* JuS 1994, 905 ff.; *Lux* Jura 2004, 145 ff.; *Neuner* Rn. 388 ff., 452 ff..

32 So treffend *Baur/Stürner* § 3 Rn. 46.

33 Auch der Nacherbe hat nach Eintritt des Erbfalls, aber vor Eintritt des Nacherbfalls ein Anwartschaftsrecht, s. BGHZ 87, 367, 369.

34 Vgl. BGHZ 83, 395, 399; BGHZ 114, 161, 167; Westermann/*H. P. Westermann* § 4 II 2.

matik, die sich mit der Anerkennung des Anwartschaftsrechts verbindet, angedeutet werden[35].

1. So fragt sich zunächst, ob und, wenn ja, nach welchen Regeln das Anwartschaftsrecht übertragen werden kann – bewendet es bei §§ 398 ff., 413 oder gelangen die Vorschriften über das Vollrecht zur Anwendung?
2. Des Weiteren fragt sich, ob und, wenn ja, nach welchen Regeln das Anwartschaftsrecht durch die Gläubiger des Anwartschaftsberechtigten gepfändet werden kann.
3. Ist das Vollrecht nach §§ 823 Abs. 1, 985, 1004 geschützt, so ist schließlich zu entscheiden, ob das Anwartschaftsrecht seinerseits absoluten Schutz genießt.

56 Die hM tendiert dazu, zumindest die Fragen 1 und 3 in dem Sinne zu beantworten, dass das Anwartschaftsrecht dem Vollrecht gleichsteht. Sie kommt damit im Ergebnis zu einer **Erweiterung des numerus clausus** der Sachenrechte (Rn. 15) und nimmt damit zwangsläufig die Probleme in Kauf, vor denen der Rechtsverkehr durch den **Typenzwang** gerade geschützt werden soll. Die Rechtszuständigkeit hinsichtlich einer Sache wird durch die Anerkennung eines Anwartschaftsrechts, das stets in Konkurrenz zu dem einstweilen noch fortbestehenden Vollrecht tritt, verdoppelt[36]. Dritte sehen sich deshalb mit einer Verdoppelung der delikts- und sachenrechtlichen Schutzmechanismen konfrontiert; zudem gilt es, die sich aus dieser Verdoppelung resultierenden Konkurrenzprobleme zu lösen[37].

IV. Beschränkte dingliche Rechte

1. Begriff und Rechtsnatur

57 Beschränkte dingliche Rechte verkörpern vom Eigentum abgespaltene, im Vergleich zum Eigentum **inhaltlich beschränkte** Befugnisse. Man bezeichnet sie auch als verselbständigte Eigentumssplitter[38]. Die ihnen eigene Beschränkung bezieht sich also nur auf den Inhalt, nicht dagegen auf die dinglichen Wirkungen: Auch beschränkte dingliche Rechte sind „Herrschaftsrechte", die allerdings dem Rechtsinhaber nicht die inhaltlich unbeschränkten Befugnisse des Eigentümers (Rn. 47), sondern nur einen verselbständigten Teil derselben zuweisen, dies freilich gegenüber jedermann und damit auch im Verhältnis zum Eigentümer. Wie alle dinglichen Rechte beziehen sich auch die beschränkten dinglichen Rechte auf eine Sache als Rechtsobjekt (Rn. 10 ff.). Da allerdings die in dem beschränkten dinglichen Recht verkörperte Befugnis vom Eigentum abgespalten wird, ist es das Eigentum (und nicht die Sache), das durch das beschränkte Recht „belastet" wird[39]. Die Begründung des beschränkten dinglichen Rechts, die **„Teilübertragung" des Eigentums** (Rn. 10), bezeichnet man als **„Belastung"**. Das Eigentum ist mithin Verfügungsobjekt, nicht aber Rechtsobjekt (Rn. 12 f.).

58 Durch die Begründung eines beschränkten dinglichen Rechts kommt es zu einer Aufteilung der im Eigentum verkörperten Befugnisse und damit zu einer Zuordnung ein- und

35 Vgl. zum Folgenden auch *Baur/Stürner* § 3 Rn. 46; Staudinger/*C. Heinze* Einl. Sachenrecht Rn. 68.

36 Vgl. **BGHZ 114, 161, 164**: „Diese Rechtsfortbildung trägt mit Recht dem Umstand Rechnung, dass im Falle mehraktiger Eigentumsübertragung der objektive Sachwert bereits auf zwei Personen verteilt ist, die beide – wenngleich in unterschiedlicher Weise – unmittelbar sachzuständig sind."; vgl. dazu auch *Wiegand*, Festschrift für Westermann, 2009, S. 731, 735 ff.

37 S. dazu für den deliktischen Schutz BGHZ 114, 161, 165 ff. mit Hinweis auf § 432 analog.

38 Jauernig/*Berger* vor § 854 Rn. 6; instruktiv *Herrmann*, Kernstrukturen des Sachenrechts, 2013, S. 94 ff.

39 Zutr. Jauernig/*Berger* vor § 854 Rn. 6.

derselben Sache zu mehreren Berechtigten. Das Gesetz muss deshalb schon aus Gründen der Rechtsklarheit den Inhalt des beschränkten dinglichen Rechts exakt definieren und die Entstehung des Rechts von einer entsprechenden Verlautbarung abhängig machen (Rn. 15, 18). Darüber hinaus muss aber auch dem Umstand Rechnung getragen werden, dass der Inhaber des beschränkten dinglichen Rechts seine Rechtsposition vom Eigentümer ableitet. Soweit sich mit dem beschränkten dinglichen Recht die Befugnis verbindet, die Sache **in Besitz zu nehmen** oder in einzelnen Beziehungen **zu nutzen**, bedarf es deshalb einer Bestimmung der beiderseitigen Rechte und Pflichten hinsichtlich des Umgangs mit der Sache. Neben der dinglichen, das Verhältnis zu jedem Dritten betreffenden Seite des beschränkten dinglichen Rechts ist also das relative Rechtsverhältnis zwischen dem Inhaber des beschränkten dinglichen Rechts und dem Eigentümer oder dem Besteller des Rechts zu regeln. Der Gesetzgeber hat dieses Rechtsverhältnis zu einem sogenannten **„Begleitschuldverhältnis“** ausgestaltet[40], das von der ganz hM als gesetzliches Schuldverhältnis qualifiziert wird[41], angesichts des Umstands, dass erst die Begründung des Sachenrechts zur Entstehung des Schuldverhältnisses führt, aber als vertragliches Schuldverhältnis qualifiziert werden sollte[42]. Da das Schuldverhältnis an die Stellung als Eigentümer, Besteller oder Inhaber eines beschränkten dinglichen Rechts geknüpft ist, geht es auf einen Rechtsnachfolger eines dieser Beteiligten über[43].

2. Arten

a) Nutzungs- und Verwertungsrechte

Ihrem Inhalt lassen sich die beschränkten dinglichen Rechte im Wesentlichen in Nut- 59
zungs- und Verwertungsrechte unterteilen. Zu den im BGB geregelten **Nutzungsrechten** gehören der Nießbrauch, die Grunddienstbarkeit und die beschränkte persönliche Dienstbarkeit; das BGB bezeichnet diese Rechte auch als **„Dienstbarkeiten“** und bringt dadurch zum Ausdruck, dass der Gegenstand des Nutzungsrechts einem anderen[44] dienstbar gemacht wird. Zur Gruppe der Nutzungsrechte gehören des Weiteren das Dauerwohnrecht im Sinne der §§ 31 ff. WEG (Rn. 49) und das im ErbbauRG geregelte Erbbaurecht. Zur Gruppe der **Verwertungsrechte** gehören das Pfandrecht, die Grundpfandrechte (Hypothek, Grundschuld und Rentenschuld) und die Reallast. Die Verwertungsrechte verkörpern vor allem das Recht, bei Eintritt der Verwertungsreife die Sache zu veräußern oder die Veräußerung der Sache zu veranlassen, um sodann auf den **Verwertungserlös** zugreifen zu können. Im Übrigen kann die Verfügungsbefugnis nach § 137 S. 1 zwar nicht vom Eigentum abgespalten und einem Dritten übertragen werden (Rn. 20, 143); denkbar ist jedoch die Erteilung einer zusätzlichen Verfügungsbefugnis nach § 185 (Rn. 143). Nicht zur Gruppe der beschränkten dinglichen Rechte gehören die Aneignungsrechte (Rn. 4) und die Vormerkung (Rn. 330 ff.).

---

40 Vgl. für die Dienstbarkeiten §§ 1020 ff. und dazu BGHZ 95, 144, 147, BGHZ 106, 348, 350; für den Nießbrauch §§ 1034, 1036 ff. und dazu Staudinger/*Heinze* vor § 1030 Rn. 6; für die Reallast § 1108 und dazu BGHZ 58, 191, 195; für das Mobiliarpfand §§ 1215 ff. und dazu Jauernig/*Berger* §§ 1215 ff. Rn. 1.

41 S. die Nachw. in Fn. 40.

42 So zu Recht Staudinger/*Seiler* (2012) Einl. Sachenrecht Rn. 35; s. ferner für das Mobiliarpfand *v. Rintelen*, Der Übergang nichtakzessorischer Sicherheiten bei der Forderungszession, 1996, S. 275 ff. Anderes gilt natürlich bei gesetzlicher Entstehung eines beschränkten dinglichen Rechts.

43 Näher dazu *Habersack* (Fn. 26), S. 71 ff.

44 Zur Zulässigkeit der Eigentümerdienstbarkeit s. Rn. 61; s. ferner BGH NJW 2019, 2016 Rn. 7: Zulässigkeit der Bestellung einer beschränkten persönlichen Dienstbarkeit zugunsten einer juristischen Person auch ohne zeitliche Befristung.

b) Rechte an eigener und an fremder Sache

60 Die Rechtsnatur der Sachenrechte ermöglicht die Existenz von „Rechten an eigener Sache“, beschränkten dinglichen Rechten also, die dem Eigentümer der Sache zustehen. Von Bedeutung sind solche Rechte vor allem deshalb, weil mehrere beschränkte dingliche Rechte an ein- und derselben Sache in einer **Rangordnung** stehen, die nicht zuletzt im Rahmen der Zwangsversteigerung von Grundstücken zum Tragen kommt (Rn. 311). Da der Eigentümer von dem Verwertungserlös lediglich den Teil erhält, der nach Befriedigung sämtlicher beschränkten dinglichen Rechte verbleibt, kann er sich durch Bestellung oder abgeleiteten Erwerb eines Rechts an eigener Sache in der Zwangsversteigerung einen besseren Rang verschaffen.

61 Das BGB steht Rechten an eigener Sache vor allem im Zusammenhang mit Grundstücken aufgeschlossen gegenüber. Dies erklärt sich aus der Existenz des **Grundbuchs als Publizitätsmittel**[45]: Es ist imstande, das beschränkte dingliche Recht als solches zu verlautbaren, mag es dem Eigentümer oder einem Dritten zustehen. So statuiert § 889 für das Immobiliarsachenrecht den Grundsatz, dass das beschränkte dingliche Recht nicht durch die nachträgliche Vereinigung mit dem Grundeigentum erlischt. §§ 1196 Abs. 1, 1199 ermöglichen zudem die originäre Bestellung einer Grund- oder Rentenschuld am eigenen Grundstück (Rn. 354 ff.); die hM erkennt zudem die Bestellung einer Dienstbarkeit (Rn. 59) zugunsten des Eigentümers des Grundstücks an[46]. Für Rechte an beweglichen Sachen ordnen dagegen §§ 1063, 1256 den Grundsatz der Konsolidation an. Auch die ursprüngliche Bestellung eines Nießbrauchs oder Pfandrechts an der eigenen beweglichen Sache ist nicht möglich.

c) Akzessorische und nicht akzessorische Rechte

62 Einige der im BGB geregelten beschränkten dinglichen Rechte sind akzessorisch, andere dagegen nicht akzessorisch[47]. Die Unterscheidung zwischen akzessorischen und nicht akzessorischen Rechten begegnet freilich, wie schon das Beispiel der Bürgschaft auf der einen und der Garantie auf der anderen Seite zeigt[48], auch außerhalb des Sachenrechts. Der Begriff der Akzessorietät bringt denn auch nur zum Ausdruck, dass ein Recht, was seine Entstehung, seinen Inhalt, seine Durchsetzbarkeit und die Person des Berechtigten betrifft, von einem anderen Recht abhängig ist. Auch die Bestellung eines akzessorischen beschränkten dinglichen Rechts erfolgt durch dingliches Rechtsgeschäft und damit unter **Geltung des Trennungs- und Abstraktionsprinzips** (Rn. 27 ff.). Beides hat also nichts miteinander zu tun: Der Begriff der Akzessorietät bezieht sich auf das **Recht** und setzt dieses in Beziehung zu einem anderen Recht, das Trennungs- und Abstraktionsprinzip betrifft das **Rechtsgeschäft**. So ist das Pfandrecht von der Existenz einer zu sichernden Forderung abhängig und somit akzessorisch. Die Bestellung erfordert dagegen nach § 1205 lediglich die Einigung und die Übergabe des Pfandgegenstands; das Pfandrecht ist mithin auch dann entstanden, wenn eine Verpflichtung[49] zur Bestellung nicht besteht.

45 Zutr. Westermann/*H. P. Westermann* § 1 II 1 c.
46 **BGH ZIP 2023, 920**; BGHZ 41, 209; BGH NJW 1982, 2381; Westermann/*H. P. Westermann* § 1 II 1 c; Soergel/*Kern* § 873 Rn. 30.
47 Näher dazu in Rn. 186 f., 347, 361 ff.
48 Vgl. MünchKomm/*Habersack* Vor § 765 Rn. 18, § 765 Rn. 64 mit weit. Nachw.
49 Sie folgt nicht aus der zu sichernden Forderung, s. Rn. 191.

3. Verfügungen über beschränkte dingliche Rechte

Beschränkte dingliche Rechte können ihrerseits Gegenstand rechtsgeschäftlicher Verfügungen und damit Verfügungsobjekt sein[50]. Für **Rechte an beweglichen Sachen** besteht diese Möglichkeit allerdings nur in sehr eingeschränktem Umfang. So ist der Nießbrauch nach § 1059 Abs. 1 nicht übertragbar; dies wiederum hat nach §§ 1069 Abs. 2, 1274 Abs. 2 zur Folge, dass er nicht Gegenstand eines Nießbrauchs oder Pfandrechts sein kann. Das Pfandrecht ist schon aufgrund seiner Akzessorietät nicht selbständig übertragbar oder belastbar[51]; Gegenstand einer solchen Verfügung ist vielmehr die gesicherte Forderung (Rn. 186). Verfügungen über beschränkte dingliche **Rechte an Grundstücken** sind dagegen nach §§ 873 ff. grundsätzlich möglich; in den §§ 96, 1018 ff., 1113 ff. finden sich freilich eine Reihe von Ausnahme- und Ergänzungsvorschriften (s. Rn. 361 ff., 382 ff.). 63

V. Dingliche Ansprüche

1. Begriff und Rechtsnatur

Aufgabe des dinglichen Rechts ist es, die Sache zumindest in bestimmter Hinsicht dem Berechtigten mit Wirkung gegenüber jedermann zuzuordnen. Allein die Existenz des dinglichen Rechts verschafft dem Berechtigten allerdings nicht zwangsläufig auch die tatsächliche Möglichkeit, von dem Herrschaftsrecht Gebrauch zu machen. So mag es sein, dass dem Eigentümer der Besitz an der Sache entzogen wird, ferner, dass das Grundbuch zu Unrecht eine Belastung des Grundeigentums verlautbart und somit der Grundeigentümer in seiner Möglichkeit, über sein Recht zu verfügen, beschränkt wird. In diesen und ähnlichen Fällen ist der Eigentümer darauf angewiesen, dass ihm die Rechtsordnung einen „Rechtsbehelf" zur Verfügung stellt, der ihm die **Beseitigung** des die Ausübung seines Herrschaftsrechts beeinträchtigenden Zustands ermöglicht. Solche „Rechtsbehelfe" bezeichnet man als dingliche Ansprüche; auch das BGB verwendet diesen Begriff, freilich nur in § 198 und damit an sehr versteckter Stelle. 64

Die Rechtsnatur dieser dinglichen Ansprüche erschließt sich, wenn man berücksichtigt, dass mit der Anerkennung eines dinglichen Rechts – Entsprechendes gilt für sonstige absolute Rechte – die Verpflichtung aller anderen Rechtssubjekte einhergeht, dieses Recht nicht zu beeinträchtigen[52]. Diese allgemeine Verpflichtung eines jeden Rechtssubjekts führt allerdings vor erfolgter Beeinträchtigung des geschützten Rechts noch nicht zur Entstehung eines konkreten und aktuellen Rechtsverhältnisses; mit dem absoluten Recht verbindet sich vielmehr ein zunächst nur latentes Rechtsverhältnis zwischen dem Inhaber des Rechts und „allen anderen". Erst für den Fall, dass es zu einer Beeinträchtigung des Rechts durch ein Rechtssubjekt kommt, verdichtet sich das latente Rechtsverhältnis diesem Rechtssubjekt (dem **„Störer"**) gegenüber zu einem gewöhnlichen, konkrete Rechte und Pflichten erzeugenden Rechtsverhältnis, kraft dessen der Inhaber des dinglichen Rechts die Beseitigung der Beeinträchtigung, etwa die Herausgabe der Sache oder die Berichtigung des Grundbuchs, verlangen kann. 65

50 Vgl. im Einzelnen die Übersicht bei *Früh* Rn. 389.

51 Die Aufhebung ist in § 1255 geregelt; Inhaltsänderungen sind insoweit möglich, als die §§ 1204 ff. dispositive Vorschriften enthalten.

52 Zum Folgenden insbes. *Löhnig/Fischinger* Rn. 65 ff.; näher am Beispiel der Mitgliedschaft *Habersack* (Fn. 26), S. 66 ff.

66 Man kann somit sagen, dass der **dingliche Anspruch das dingliche Recht „verwirklicht“**[53], indem er dem Inhaber des Herrschaftsrechts die ungestörte Sachherrschaft verschafft. Auf subjektive Voraussetzungen in der Person des Störers kommt es dabei nicht an. Dadurch, aber auch durch den Anspruchsinhalt, unterscheiden sich die dinglichen Ansprüche von den Ansprüchen aus Delikt. Auch für diese gilt zwar, dass sie die absolute Herrschaftssphäre des Eigentümers oder Inhabers eines „sonstigen“ Rechts gegenüber jedermann in der Weise absichern, dass das gegenüber jedermann bestehende latente Rechtsverhältnis bei Verwirklichung des Deliktstatbestands zu einem konkreten Rechtsverhältnis erstarkt (Rn. 65). Ganz abgesehen davon, dass nach § 823 Abs. 1 nicht nur Sachenrechte geschützt sind, geht allerdings der Zweck dieser Vorschrift über die Verwirklichung des subjektiven Rechts hinaus und besteht allgemein in dem Schutz des **Integritätsinteresses**[54].

67 Die Existenz der gegenüber jedermann gerichteten Ansprüche macht zugleich deutlich, dass dingliche Rechte kein Rechtsverhältnis zwischen dem Rechtsinhaber und der Sache begründen[55]. Wie Rechte im Allgemeinen richten sich vielmehr auch die Rechte des Eigentümers **gegen andere Rechtssubjekte**. Das „Eigentum an einer Sache“, von dem etwa in §§ 873 Abs. 1, 929 S. 1 die Rede ist, ist deshalb nichts anderes als die Verkörperung der Befugnisse des Eigentümers gegenüber allen anderen Rechtssubjektiven in Bezug auf die Sache als den Gegenstand des Rechts.

2. Der Kreis der dinglichen Ansprüche

68 Die wichtigsten „Verwirklichungsansprüche“ sind die in **§§ 985**, **1004** geregelten Ansprüche des Eigentümers auf Herausgabe, Unterlassung und Beseitigung. Die **§§ 1065**, **1227** sprechen diese Ansprüche auch dem Inhaber eines Nießbrauchs oder Pfandrechts an einer Sache zu. Einen dem Anspruch aus § 1004 vergleichbaren Anspruch des Grundpfandgläubigers sehen des Weiteren **§§ 1134**, **1192 Abs. 1** vor; eines Herausgabeanspruchs bedarf es insoweit schon deshalb nicht, weil sich mit dem Grundpfandrecht kein Recht zum Besitz des Grundstücks verbindet. Der Grundeigentümer ist des Weiteren durch die in **§ 924** genannten, ebenfalls dinglichen Charakter aufweisenden Ansprüche geschützt. Jeder Inhaber eines Grundstücksrechts hat ferner den dinglichen Anspruch auf Grundbuchberichtigung nach **§ 894**. Eine Frage der Terminologie ist es schließlich, ob Ansprüche, die, wie insbesondere der Duldungsanspruch aus **§§ 1147**, **1192 Abs. 1**, den eigentlichen Inhalt eines dinglichen Rechts kennzeichnen und, anders als die Ansprüche aus §§ 985, 1004, 894, nicht an die Beeinträchtigung des Rechts anknüpfen, zu den dinglichen Ansprüchen zu zählen sind[56]; da auch diese Ansprüche die typischen Merkmale dinglicher Ansprüche aufweisen (Rn. 70 ff.), sollte die Frage bejaht werden.

---

53 So treffend *Heck* §§ 31, 32 („Verwirklichungsanspruch“); ferner *Medicus/Petersen* Rn. 436; *Wilhelm* Rn. 1175; kritisch hierzu und überhaupt zum Begriff des dinglichen Anspruchs *Picker*, Festschrift für Bydlinski, 2002, S. 269, 273 ff. („dogmatischer Irrwisch“).

54 Im Ergebnis unstreitig. – Nach *Medicus/Petersen* (Rn. 436) soll der dingliche Anspruch auf einer Stufe mit dem schuldrechtlichen Primäranspruch, der Anspruch aus § 823 Abs. 1 dagegen auf einer Stufe mit einem auf Schadensersatz gerichteten Sekundäranspruch stehen. Die Eigenarten des dinglichen Anspruchs (Rn. 70 ff.) lassen sich durch solche Parallelen allerdings nicht klar zum Ausdruck bringen, zumal auch der dingliche Anspruch eher den Sekundäransprüchen zuzuordnen wäre, gründet er doch auf einer Missachtung des gegenüber jedermann bestehenden latenten Schuldverhältnisses.

55 Zutr. *Hadding* JZ 1986, 926 ff.; *Schapp* JuS 1992, 537, 544; *Löhnig/Fischinger* Rn. 67; aA – Rechtsverhältnisse zwischen Person und Sache anerkennend – *Bork*, Der Vergleich, 1988, S. 204 f.; s. ferner *Niehus* JZ 1987, 453 f.

56 Dafür etwa Staudinger/*C. Heinze* Einl. Sachenrecht Rn. 71; offenlassend *Medicus/Petersen* Rn. 443.

Nicht zu den dinglichen Ansprüchen im Rechtssinne zählen die Sekundäransprüche aus **§§ 987 ff.** und die Ansprüche aus dem mit der Bestellung eines beschränkten dinglichen Rechts einhergehenden gesetzlichen Schuldverhältnis (Rn. 58)[57]. Auch diese Ansprüche haben zwar ihre Grundlage in einem Sachenrecht. Selbst wenn sie sich, wie die Ansprüche aus §§ 987 ff., gegenüber jedermann richten können, weisen sie allerdings nicht die typischen Merkmale dinglicher Ansprüche auf (Rn. 70 ff.); sie stehen vielmehr auf einer Stufe mit schuldrechtlichen Ansprüchen[58]. Den dinglichen Ansprüchen nur vergleichbar sind schließlich die Besitzschutzansprüche aus **§§ 861 f., 1007**[59]. Sie dienen der Verwirklichung des Besitzes, nicht aber eines dinglichen Rechts (Rn. 39); anders als dingliche Ansprüche (Rn. 70) sind sie zudem abtretbar[60]. **69**

3. Besonderheiten dinglicher Ansprüche

a) Unabtretbarkeit

Wie jeder Anspruch ist auch der dingliche Anspruch ein **relatives Recht**. Durch seine auf Verwirklichung eines dinglichen Rechts gerichtete Funktion unterscheidet er sich jedoch ganz wesentlich von schuldrechtlichen Ansprüchen. So richtet sich der dingliche **Anspruch gegen den jeweiligen Störer**: Überträgt der Dieb seinen Besitz auf den Hehler, so ist nunmehr dieser zur Herausgabe verpflichtet (Rn. 65 f., 73). Vor allem aber kann der dingliche Anspruch nicht von dem dinglichen Recht getrennt und damit insbesondere nicht selbständig abgetreten werden[61]. Der dingliche Anspruch steht vielmehr dem **jeweiligen Inhaber des dinglichen Rechts** (des „Stammrechts") zu. Wird das dingliche Recht übertragen, so verliert der Veräußerer mithin auch seinen dinglichen Anspruch. Allerdings geht der zunächst in der Person des Veräußerers begründete dingliche Anspruch nicht auf den Erwerber über. Dem Gesetz liegt vielmehr die Vorstellung zugrunde, dass in der Person des Erwerbers ein neuer dinglicher Anspruch entsteht[62]. Für die Anwendung der §§ 413, 404 ff. ist mithin kein Raum (Rn. 90). Auch unabhängig von § 404 sieht sich allerdings der neue Eigentümer, wenn er den Anspruch aus § 985 geltend macht, zahlreichen Einwendungen ausgesetzt, die ihre Grundlage in dem Verhältnis zwischen dem Veräußerer und dem Besitzer haben (Rn. 87 ff.). **70**

b) Verjährung

Anders als das dingliche Recht unterliegt der dingliche Anspruch **grundsätzlich** der **Verjährung nach §§ 194 ff.** Dies gilt auch für den Herausgabeanspruch aus § 985; nach § 197 Abs. 1 Nr. 2 verjährt er zwar erst in 30 Jahren, doch zeigt sich vor allem anhand der Debatte über NS-Raubkunst, das das mit der Verjährung verbundene dauerhafte **Auseinanderfallen von Eigentum und Besitz** (Rn. 71a) zu Härten und Gerechtigkeitsdefiziten führen kann[63]. **Ausnahmen** von der Verjährung sind in **§§ 898, 902, 924** vorgesehen; **71**

57 Für Qualifizierung der Ansprüche aus §§ 1047, 1051 ff. als dingliche Ansprüche aber *Medicus/Petersen* Rn. 444.
58 Vgl. bereits Rn. 38 sowie *Medicus/Petersen* Rn. 452.
59 Für Einordnung in die Reihe der dinglichen Ansprüche aber *Medicus/Petersen* Rn. 438 f, 441.
60 BGH NJW 2008, 580 Rn. 13 ff.; MünchKomm/*F. Schäfer* § 861 Rn. 3; Westermann/*H. P. Westermann* § 23 I.
61 BGHZ 111, 364, 369; *Medicus/Petersen* Rn. 445; Jauernig/*Berger* vor § 854 Rn. 8. – Zur Möglichkeit, die Ausübung des dinglichen Anspruchs einem anderen zu überlassen (im Sinne des § 857 Abs. 3 ZPO), s. Rn. 98, 327.
62 Zutr. *Medicus/Petersen* Rn. 445; s. noch Rn. 87, 137.
63 Näher *Hartung* NJW 2020, 718 ff.; *Jerger/v. Reichenberg* GWR 2015, 265 ff.; zur Frage einer Eigentumsbeeinträchtigung durch Eintragung eines Kunstwerks in die „Lost Art"-Datenbank s. noch Rn. 129.

danach unterliegen insbesondere der Berichtigungsanspruch und der Herausgabeanspruch des eingetragenen Grundeigentümers nicht der Verjährung (Rn. 136). Hiervon machen wiederum **§§ 1028 Abs. 1 S. 1, 1090 Abs. 2** für den Beseitigungsanspruch des aus einer Dienstbarkeit Berechtigten eine Ausnahme; an die Verjährung des Anspruchs knüpfen §§ 1028 Abs. 1 S. 2, 1090 Abs. 2 gar das Erlöschen des dinglichen Rechts.

71a Allgemein gilt: Ist der dingliche Anspruch verjährt, so kann zwar dadurch ein neuer (unverjährter) Anspruch entstehen, dass ein Dritter in seiner Person die Anspruchsvoraussetzungen verwirklicht. Einschränkungen ergeben sich insoweit allerdings aus § 198, wonach einem **Rechtsnachfolger** die während des Besitzes des Rechtsvorgängers verstrichene Verjährungszeit zugute kommt (Rn. 137). Die Verjährung des dinglichen Anspruchs vermag als solche an der dinglichen Rechtslage grundsätzlich nichts zu ändern. Das fortbestehende dingliche Recht kann nun zwar nicht mehr verwirklicht werden; *Heck* bezeichnet es deshalb als einen „Rechtskrüppel“[64]. Es besteht jedoch grundsätzlich unverändert fort. Für den Bereich des Immobiliarsachenrechts sorgen allerdings die §§ 900, 901 für einen weitgehenden Gleichlauf von dinglichem Anspruch und dinglicher Rechtslage.

c) Unmöglichkeit und Verzug

72 Die Frage der ergänzenden Heranziehung schuldrechtlicher Vorschriften (Rn. 37 f.) stellt sich für dingliche Ansprüche in besonderem Maße, handelt es sich bei ihnen doch um relative Rechte, die gewisse Eigenarten aufweisen (Rn. 70 f.). Schon § 990 Abs. 2 zeigt, dass die Heranziehung schuldrechtlicher Vorschriften auch insoweit durchaus in Betracht kommt. Danach nämlich hat der unberechtigte Besitzer nach den Regeln des **Schuldnerverzugs** für den Schaden einzustehen, der dem Eigentümer infolge der verspäteten Herausgabe der Sache erwachsen ist[65]. Entsprechendes gilt für den Grundbuchberichtigungsanspruch aus § 894[66]. Für die Hypothek findet sich eine Regelung in § 1146[67]. Der auf Erteilung der Eintragungsbewilligung gerichtete Anspruch aus § 888, der allerdings kein dinglicher Anspruch ist (Rn. 59, 64), soll dagegen nach hM nicht den Regeln über den Schuldnerverzug unterliegen (Rn. 340).

73 Gegenstand lebhafter Diskussion ist vor allem die Frage, ob die Vorschriften über die **Unmöglichkeit** auf den Herausgabeanspruch aus § 985[68] Anwendung finden. Im Einzelnen ist zu unterscheiden[69]. Was zunächst die Vorschrift des **§ 275 Abs. 1** betrifft, so bedarf es ihrer Anwendung schon deshalb nicht, weil mit dem Verlust des Besitzes eine der Anspruchsvoraussetzungen des § 985 entfällt[70]. Der Eigentümer erlangt in diesem Fall allerdings einen Anspruch gegen den neuen Besitzer (Rn. 70). Zudem ist der frühere Be-

64 *Heck* § 32 Rn. 5.

65 Näher dazu, insbesondere zur Frage der Anwendbarkeit des § 281, *Gebauer/Huber*, ZGS 2005, 103 ff.

66 Zur analogen Anwendung der §§ 987 ff. s. Rn. 329.

67 Zur (umstrittenen) Frage, ob der Eigentümer über § 1146 hinaus persönlich für einen weitergehenden Verzugsschaden des Gläubigers einzustehen hat, s. Soergel/*Platschek* § 1146 Rn. 3; MünchKomm/*Lieder* § 1146 Rn. 11.

68 Zur – grundsätzlich zu bejahenden – Frage der Anwendbarkeit der §§ 275 ff. auf den Anspruch aus § 1004 s. noch Rn. 133 f., ferner (jeweils zu § 275 Abs. 2) **BGH NJW 2008, 3122** Rn. 18 ff.; BGHZ 209, 270 Rn. 21 = NJW 2016, 3235; *Lutter/Overrath* JZ 1968, 345 ff.; *Medicus/Petersen* Rn. 447 f.; aA *Wilhelm* Rn. 1189 ff.

69 Staudinger/*C. Heinze* Einl. Sachenrecht Rn. 171 ff.; s. ferner *Baur/Stürner* § 5 Rn. 25 f.; *Müller/Gruber* Rn. 617 ff.; *Wieling* § 1 I 3.

70 Anderes gilt unter den Voraussetzungen der §§ 265, 325 ZPO, ferner in Fällen, in denen die Unmöglichkeit nicht auf fehlenden Besitz zurückzuführen ist, s. *Müller/Gruber* Rn. 622.

sitzer unter den Voraussetzungen der §§ 989, 990 zum Schadensersatz verpflichtet; diese Vorschriften wiederum verdrängen innerhalb ihres Anwendungs- und Regelungsbereichs die **§§ 280 Abs. 1, 283**[71]. Ist die Sache noch existent, so kann der frühere Besitzer nach § 255 die Leistung von Schadensersatz von der Übereignung der Sache abhängig machen.

Aus dem Umstand, dass der Eigentümer nach § 985 vom jeweiligen Besitzer die Herausgabe der Sache verlangen kann, ergibt sich des Weiteren die **Unanwendbarkeit des § 285**[72]. Die Frage stellt sich etwa bei unwirksamer Veräußerung der Sache durch den Besitzer. Wollte man in diesem Fall dem Eigentümer neben dem gegen den vermeintlichen Erwerber gerichteten Herausgabeanspruch aus § 985 einen Anspruch auf den vom Veräußerer erzielten Erlös zusprechen, so würde dies der Wertung des § 816 Abs. 1 S. 1 zuwiderlaufen. Denn danach tritt der **Erlös an die Stelle** des durch wirksame Verfügung eines Nichtberechtigten **verlorenen Eigentums**, nicht dagegen an die Stelle des – vom Veräußerer zunächst geschuldeten – Besitzes. Umgekehrt sähe sich der Veräußerer der Gefahr einer doppelten Inanspruchnahme ausgesetzt, unterliegt er doch im Verhältnis zum Erwerber der Haftung nach § 437. Die Anwendung des § 285 würde demnach die „Opfergrenze" des § 985 überschreiten. 74

Die vor In-Kraft-Treten der Schuldrechtsreform intensiv erörterte, von der hM im Grundsatz bejahte[73] Frage nach der Anwendbarkeit des § 283 a.F. stellt sich unter Geltung der **§§ 280 Abs. 1, 3, 281 Abs. 1 S. 1** nicht mehr in voller Schärfe. Nach § 283 Abs. 1 S. 1 a.F. konnte der Gläubiger dem rechtskräftig verurteilten Schuldner zur Bewirkung der Leistung eine Frist mit der Erklärung bestimmen, dass er nach Fristablauf die Leistung ablehne; der fruchtlose Ablauf der Frist hatte nach § 283 Abs. 1 S. 2, 3 zur Folge, dass der Gläubiger nicht mehr Erfüllung, wohl aber Schadensersatz wegen Nichterfüllung verlangen konnte, sofern nicht die Leistung infolge eines vom Schuldner nicht zu vertretenden Umstands unmöglich geworden ist. Hintergrund der seinerzeit intensiv diskutierten Problematik war und ist vor allem, dass nach durchaus zutreffender hM der **mittelbare Besitzer** nicht nur zur Abtretung seines aus dem Besitzmittlungsverhältnis folgenden Herausgabeanspruchs gegen den unmittelbaren Besitzer, sondern auch zur **Herausgabe** der Sache verpflichtet ist[74]. Dafür spricht in der Tat, dass der Eigentümer mitunter den unmittelbaren Besitzer gar nicht kennt. Zudem sieht sich die Gegenansicht, der zufolge der mittelbare Besitzer lediglich Abtretung seines Herausgabeanspruchs schuldet, gezwungen, dem Eigentümer, nachdem der mittelbare Besitzer den unmittelbaren Besitz zurückerhalten hat, eine neue, diesmal auf Herausgabe des unmittelbaren Besitzes gerichtete Klage zuzumuten. Auf der Grundlage der hM kann der Eigentümer in diesem Fall dagegen nach **§§ 883, 885 ZPO** die **Herausgabevollstreckung** betreiben; bei fortbestehendem Besitzmittlungsverhältnis hat er nach **§ 886 ZPO** die Möglichkeit, sich den Herausgabeanspruch des mittelbaren Besitzers überweisen zu lassen und sodann selbst gegen den unmittelbaren Besitzer vorzugehen[75]. Die unter Geltung des § 283 a.F. von der 75

71 *Müller/Gruber* Rn. 623, 639 f.

72 Heute hM, s. Westermann/*H. P. Westermann* § 1 I 3; *Wilhelm* Rn. 1187; *Medicus/Petersen* Rn. 599; *Musielak/Mayer* Rn. 653; *Müller/Gruber* Rn. 624, 942; aA noch *Heck* § 32, 7.

73 BGHZ 53, 29 ff.; BGHZ 209, 270 Rn. 18; *Kühne* JZ 1970, 189 ff.; aA *Wilhelm* Rn. 1188 ff.; Westermann/*Gursky* § 29 III 2, § 30 V 3 b; auf der Grundlage des § 281 auch *Katzenstein* AcP 206 (2006), 97 ff. mit umf. Nachw.

74 Jauernig/*Berger* § 985 Rn. 5; *Petersen* Jura 2002, 255; aA *Baur/Stürner* § 11 Rn. 41.

75 Ohnehin sollte die Verurteilung zur „Herausgabe" in dem Sinne zu verstehen sein, dass der Beklagte zur Übertragung des unmittelbaren oder mittelbaren Besitzes verpflichtet ist und der mittelbare Besitzer seiner Verpflichtung zur „Herausgabe" auch durch Übertragung des fortbestehenden mittelbaren Besitzes nachkommen kann, so zu Recht Westermann/*Gursky* § 29 III 2, § 31 V 3; näher Staudinger/*Thole* § 985 Rn. 183 ff.

hM gesehene Gefahr, dass der auf „Herausgabe" verurteilte mittelbare Besitzer einer Schadensersatzverpflichtung unterliegt, die im Widerspruch zu den (den redlichen Besitzer privilegierenden) Vorschriften der §§ 989 ff. (Rn. 99 ff.) steht, hat sich indes spätestens dadurch erledigt, dass § 281 Abs. 1 S. 1 – anders als § 283 Abs. 1 S. 3 a.F. – dem Besitzer den Einwand, er habe die Nichtleistung nicht zu vertreten, auch insoweit gestattet, als es um Umstände vor Rechtskraft des Herausgabeurteils geht.[76] Vor diesem Hintergrund kann daran festgehalten werden, dass der Eigentümer nach §§ 280 Abs. 1, 3, 281 Abs. 1, 2 **unter Aufgabe seines Herausgabeanspruchs Schadensersatz statt der Leistung** – und damit insbesondere auch auf Ersatz des nach §§ 989, 990 nicht erstattungsfähigen **Vorenthaltungsschadens** – verlangen kann, sofern der **Besitzer bösgläubig oder verklagt** und damit ein Wertungswiderspruch zu §§ 989, 990 ausgeschlossen ist[77]. Geht der Eigentümer in diesem Sinne vor, ist dem Besitzer in analoger Anwendung der § 281 Abs. 5, § 255 ein **Anspruch auf Übereignung** der Sache zuzubilligen[78].

76 Näher dazu auf der Grundlage des § 283 a.F. BGHZ 53, 29 ff.; *Kühne* JZ 1970, 189 ff.
77 **BGHZ 209, 270** Rn. 11 ff. mit umf. Nachw.
78 BGHZ 209, 270 Rn. 21.

Zweiter Teil

Schutz des Eigentums

§ 5 Herausgabeanspruch

I. Überblick

Das Eigentum ist Herrschaftsrecht und besteht als solches, ohne dass es der Existenz eines konkreten, gegen eine bestimmte Person oder gegen alle anderen Rechtssubjekte gerichteten Anspruchs bedarf (Rn. 65)[1]. Der Eigentümer ist vielmehr erst dann auf den Schutz des Zivilrechts angewiesen, wenn es zu einer Beeinträchtigung seines Herrschaftsrechts durch ein anderes Rechtssubjekt kommt. Für diesen Fall stehen dem Eigentümer insbesondere[2] die dinglichen Ansprüche aus §§ 985, 1004 zu, die es im Folgenden darzustellen gilt[3]. Die Ansprüche aus §§ 985, 1004 treten gegebenenfalls neben Ansprüche aus §§ 812 ff., 823 ff., die freilich nicht auf Verwirklichung des Eigentums, d.h. auf Beseitigung der Beeinträchtigung, sondern auf Herausgabe einer etwaigen Bereicherung des Schuldners sowie auf Ersatz des Integritätsinteresses des Eigentümers gerichtet und somit keine dinglichen Ansprüche sind[4]. Des Weiteren konkurriert der Anspruch aus § 985 mit gleichfalls auf Herausgabe gerichteten, einem Schuldverhältnis entspringenden Ansprüchen aus §§ 546, 604, 1055, 1223 und vergleichbaren Vorschriften[5], ferner mit den Ansprüchen aus §§ 861, 1007 (Rn. 83 ff.). 76

→ **Definition:** Der Herausgabeanspruch aus § 985, die sogenannte **rei vindicatio**, ist begründet, wenn Eigentum und Besitz auseinander fallen und der Besitzer dem Eigentümer gegenüber kein Recht zum Besitz hat. 77

Der Gesetzgeber hat die Anspruchsvoraussetzungen der rei vindicatio allerdings nicht abschließend in § 985 geregelt. Das **Recht zum Besitz** der Sache ist vielmehr **in § 986 als Einwendung** ausgestaltet (s. noch Rn. 97), so dass es dem in Anspruch genommenen Besitzer obliegt, sein Recht zum Besitz darzulegen und gegebenenfalls zu beweisen.[6] Materiell-rechtlich verhält es sich allerdings so, dass das Fehlen eines Besitzrechts Anspruchsvoraussetzung ist[7]. Enthält bereits der Vortrag des Eigentümers Tatsachen, aus denen sich ein Besitzrecht des Beklagten ergibt, so ist das klägerische Vorbringen unschlüssig; ein echtes Versäumnisurteil kann in diesem Fall nicht ergehen[8].

---

1 Näher *Prütting* Rn. 512.

2 Zum Anspruch auf Grundbuchberichtigung s. Rn. 326 ff.

3 Eingehend zu Rechtsnatur, Voraussetzungen und Inhalt der §§ 985, 1004 *Picker*, Festschrift für Bydlinski, 2002, S. 269 ff.

4 Zum Verhältnis zwischen §§ 812 ff., 823 ff. einerseits, §§ 987 ff. andererseits s. aber Rn. 117 ff.

5 Zu Recht gegen Subsidiarität des § 985 gegenüber vertraglichen Herausgabeansprüchen BGHZ 34, 122; aA noch Wolff/*Raiser* § 84 I 2.

6 Heute ganz hM, s. BGHZ 82, 13, 18; BGH NJW 1999, 3716, 3717; Jauernig/*Berger* § 986 Rn. 2; *Berger* § 7 Rn. 41; *Wilhelm* Rn. 1198; aA noch RGZ 127, 8, 9. – Zur Beweislast des entfernten Rechtsnachfolgers eines 1938 ausgewanderten politisch Verfolgten hinsichtlich seines Eigentums s. LG München 2003, 673 (betreffend ein Ölgemälde von August Macke).

7 Jauernig/*Berger* § 986 Rn. 1 f.

8 BGHZ 82, 13, 18; Jauernig/*Berger* § 986 Rn. 2.

II. Voraussetzungen

1. Eigentum

78 Anspruchsinhaber ist der Eigentümer; nach hM steht ihm der **Anwartschaftsberechtigte** gleich (Rn. 243). Grundsätzlich muss derjenige, der den Herausgabeanspruch geltend macht, noch im Zeitpunkt der Herausgabe Eigentümer sein. Bei gerichtlicher Geltendmachung sind jedoch die Vorschriften der §§ 265, 266 ZPO zu beachten. Danach hat eine nach Rechtshängigkeit erfolgte Veräußerung keinen Einfluss auf den Prozess (beseitigt also insbesondere nicht die Prozessführungsbefugnis des Klägers)[9], soweit sich die Rechtskraft des Urteils nach § 325 ZPO auf den Erwerber erstreckt.

79 Die Problematik sei anhand von **Fall 1** verdeutlicht: E1, der Eigentümer eines Fahrrads ist, das B in Besitz hat, verklagt diesen, gestützt auf §§ 985, 546 Abs. 1, auf Herausgabe. B bestreitet das Eigentum des E1 nicht, beruft sich aber auf ein Recht zum Besitz. Nach Zustellung der Klageschrift an B veräußert E1 das Fahrrad nach §§ 929, 931 an E2. Kann B dem E1, der den Prozess weiterführt, entgegenhalten, dass E2 bei der Übereignung nichts von dem Prozess wusste?

Der Einwand des § 265 Abs. 3 ZPO, der angesichts der vorliegenden Rechtsnachfolge auf Klägerseite zu prüfen ist, setzt voraus, dass das Urteil nicht gegen E2 wirkt. Dies wäre der Fall, wenn Gutgläubigkeit des E2 im Sinne von § 325 Abs. 2 ZPO vorläge[10]. Die Gutgläubigkeit des E2 beurteilt sich in entsprechender Anwendung des § 932 Abs. 2 und ist somit zu bejahen. Doch setzt § 325 Abs. 2 ZPO nach hM voraus, dass die Nichtberechtigung des Rechtsvorgängers rechtskräftig festgestellt ist oder in einem anhängigen Prozess behauptet wird. Demnach hat § 325 Abs. 2 ZPO nur die Bedeutung, zusätzliche Anforderungen an den Erwerb vom Nichtberechtigten zu stellen[11]. In Fall 1 wird die Berechtigung des E1 von B nicht bestritten. Da somit § 325 Abs. 2 ZPO nach hM nicht anwendbar ist, wirkt das Urteil im Sinne des § 325 Abs. 1 ZPO gegenüber dem Rechtsnachfolger. Mangels Eingreifen des § 325 Abs. 2 ZPO kann der Einwand des § 265 Abs. 3 ZPO dem E1 nicht entgegengehalten werden.

80 Besonderheiten gelten bei zwei der in Rn. 48 ff. dargestellten Sonderformen des Eigentums. So können **Miteigentümer** nach § 985 Einräumung von Mitbesitz verlangen. Nach §§ 1011, 432 Abs. 1 kann darüber hinaus jeder Miteigentümer Herausgabe an alle oder Hinterlegung zugunsten aller Miteigentümer beanspruchen. Bei Personengesellschaften ist dagegen der Anspruch auf Herausgabe einer zum Gesellschaftsvermögen gehörenden Sache seinerseits Bestandteil desselben und somit durch die geschäftsführenden Gesellschafter geltend zu machen. Bei der Güter- und der Erbengemeinschaft gilt Entsprechendes(§§ 1422, 1450, 2039). Was dagegen das **Treuhandeigentum** betrifft, so bewendet es bei der sachenrechtlichen Beurteilung, wonach nur der Treuhänder Eigentümer der Sache ist; eine auf § 985 gestützte Herausgabeklage des Sicherungsgebers wäre somit unbegründet[12].

9 Der Kläger muss allerdings seinen Antrag auf Herausgabe an den Erwerber umstellen, andernfalls ist seine Klage unbegründet; s. RGZ 56, 307 ff.; BGH ZIP 1986, 583, 584.

10 § 325 Abs. 3 ZPO ist in Fall 1 ersichtlich nicht anwendbar.

11 Zöller/*Vollkommer* § 325 Rn. 46; Stein/Jonas/*Althammer*, § 325 Rn. 35 ff., 40; Thomas/Putzo/*Seiler* § 325 Rn. 8; aA *Lüke*, Fälle zum Zivilverfahrensrecht I, 1979, Fall 6, S. 68.

12 Zur davon abweichenden Beurteilung im Rahmen der Zwangsvollstreckung und in der Insolvenz des Treuhänders s. Rn. 223 ff.

2. Besitz

Der Anspruch richtet sich gegen den Besitzer der Sache (s. noch Rn. 95). Der **Besitzdiener** unterliegt demnach **nicht** der Herausgabeverpflichtung (Rn. 41); die Herausgabeklage des Eigentümers ist vielmehr gegen den Besitzherrn zu richten. Anders ist der Fall zu beurteilen, dass sich der Besitzdiener zum Besitzer aufschwingt und der Besitzherr auch Eigentümer ist. Dann kann der (frühere) Besitzherr seinen – zum unberechtigten Besitzer aufgestiegenen – Besitzdiener nach § 985 in Anspruch nehmen, wenn dieser die Herausgabe der Sache verweigert[13]. **81**

Unerheblich ist, ob der Besitzer bei Erwerb des Besitzes gut- oder bösgläubig war. Auch kommt es nicht darauf an, ob der Eigentümer den Verlust seines Besitzes hätte vermeiden können; § 254 findet keine Anwendung. Mit **Besitzaufgabe** entfällt zwar grundsätzlich die **Passivlegitimation**. Doch erwächst dem Eigentümer neben etwaigen Ansprüchen aus §§ 987 ff. gegen den früheren Besitzer ein gegen den neuen Besitzer gerichteter Herausgabeanspruch (Rn. 70). Ein Surrogat, das der frühere Besitzer anstelle des Besitzes erlangt, kann der Eigentümer dagegen aus den in Rn. 74 dargelegten Gründen nicht beanspruchen. Unter den Voraussetzungen der §§ 265 f., 325 ZPO (Rn. 79) bleibt die Passivlegitimation des früheren Besitzers bestehen: Soweit sich die Rechtskraft des Urteils nach § 325 ZPO auf den neuen Besitzer erstreckt, kann der Eigentümer nach § 265 Abs. 2 S. 1 ZPO den Herausgabeprozess gegen den früheren Besitzer weiterführen und sodann aus dem auf Herausgabe lautenden Titel nach Maßgabe der §§ 727, 731 ZPO gegen den Rechtsnachfolger vollstrecken. **82**

III. Recht zum Besitz

1. Grundlagen

Der Anspruch aus § 985 zielt auf Verwirklichung des Eigentums und damit auf endgültige Besitzverschaffung. Nach § 986 ist deshalb der Anspruch ausgeschlossen, wenn der Besitzer ein Recht zum Besitz hat (Rn. 86 ff.). Der Anspruch aus § 985 unterscheidet sich dadurch von dem **possessorischen Anspruch aus § 861**, der auf dem Besitz als solchem gründet und deshalb – vorbehaltlich des § 861 Abs. 2 – auch dem nichtberechtigten Besitzer zusteht (Rn. 39 f.). Die Vorschrift des § 863 bringt den possessorischen Charakter des Besitzschutzanspruchs dadurch zum Ausdruck, dass sie eine Berufung auf ein Recht zum Besitz grundsätzlich ausschließt. Dem Anspruch aus § 861 ist mit anderen Worten auch dann stattzugeben, wenn der Anspruchsberechtigte seinerseits nach § 985 zur Herausgabe der Sache verpflichtet ist. Das Ergebnis eines nach § 861 ergehenden Urteils ist deshalb häufig nur vorläufiger Natur. **83**

Die Problematik der §§ 861, 863 zeigt sich in unserem **Fall 2**: Vermieter V nimmt nach Ablauf der Mietzeit das an M vermietete und diesem überlassene Fahrrad eigenmächtig an sich. M erhebt daraufhin Klage auf Wiedereinräumung des Besitzes. Kann V gegen M, gestützt auf sein Eigentum, Widerklage auf Herausgabe erheben und dadurch seine Verurteilung zur Herausgabe der Sache abwenden? **84**

Geht man davon aus, dass die Jahresfrist des § 864 Abs. 1 noch nicht abgelaufen ist, so hat M einen **Herausgabeanspruch aus § 861 Abs. 1**. Gegenüber diesem Anspruch kann

13 Zutr. Staudinger/*Thole* § 985 Rn. 112.

V nicht einwenden, dass ihm die Sache gehöre und M in Ermangelung eines Rechts zum Besitz zur Herausgabe verpflichtet sei; §§ 861, 863 schützen nämlich, wie im Einzelnen in Rn. 39 f. ausgeführt ist, den Besitz als solchen. An sich wäre somit der Klage aus § 861 Abs. 1 stattzugeben.

Fraglich ist allerdings, ob bei gleichzeitiger Entscheidungsreife von Klage und Widerklage die Klage des M abzuweisen und der Widerklage des V stattzugeben ist. Ein Teil des Schrifttums verneint dies und hält eine gegen die Klage aus § 861 Abs. 1 gerichtete Klage für unstatthaft[14]. Nach Ansicht des BGH ist dagegen der Widerklage, soweit sie spätestens mit der Besitzschutzklage entscheidungsreif ist, in entsprechender Anwendung des § 864 Abs. 2 stattzugeben[15]. Man wird dem wohl zustimmen müssen: Einer rechtskräftigen Feststellung der Berechtigung zum Besitz im Sinne des § 864 Abs. 2 steht es gleich, wenn für das erkennende Gericht die Frage der Besitzberechtigung mit Gewissheit feststeht.

85 Anders als § 861 gewährt **§ 1007** einen **petitorischen Besitzschutzanspruch**[16]. Zwar setzt § 1007 nicht das Bestehen eines Rechts zum Besitz voraus; geschützt ist vielmehr auch derjenige, der, ohne ein Recht zum Besitz zu haben, an ein solches Recht glaubt. In jedem Fall ist aber die nach § 1007 geschuldete Herausgabe endgültiger Natur in dem Sinne, dass sie nicht in Widerspruch zu der Besitzberechtigung steht. Dies ergibt sich aus § 1007 Abs. 3 S. 2, der unter anderem auf § 986 verweist und somit bei einem Recht zum Besitz des in Anspruch Genommenen jeglichen Herausgabeanspruch ausschließt. Von Bedeutung ist der Anspruch aus § 1007 in den Fällen, in denen der Kläger sein Eigentum oder sein beschränktes dingliches Recht nicht nachweisen kann und deshalb ein Herausgabeanspruch aus §§ 985, 1065, 1227 nicht besteht oder nicht durchgesetzt werden kann. Es empfiehlt sich deshalb, § 1007 erst **im Anschluss an § 985** zu prüfen; auch sollten die **Absätze 1 und 2** der Vorschrift im Sinne selbständiger Anspruchsgrundlagen geprüft werden[17]. Zu beachten ist schließlich, dass § 1007 nur für bewegliche Sachen gilt.

2. Relative und absolute Besitzrechte

86 Das in § 986 Abs. 1 angesprochene Recht zum Besitz kann relativer oder dinglicher Natur sein. Ein **dingliches Recht zum Besitz** folgt vor allem aus einem beschränkten dinglichen Recht, soweit dieses, wie etwa das Pfandrecht[18] (§ 1205) und der Nießbrauch (§ 1036 Abs. 1), ein Besitzrecht verkörpert. Ihm steht das Anwartschaftsrecht des Vorbehaltskäufers gleich (Rn. 245). Das dingliche Recht zum Besitz kann, auch wenn es von einem Nichtberechtigten erworben ist, gegenüber jedermann geltend gemacht werden. Es schützt den Besitzer somit grundsätzlich auch bei Übertragung des Eigentums. Anderes gilt zwar in den Fällen des gutgläubigen lastenfreien Erwerbs nach § 892 Abs. 1 S. 1. Für bewegliche Sachen stellt dagegen die Vorschrift des § 936 Abs. 3 sicher, dass der Besitzer seines dinglichen Rechts und damit auch seines Rechts zum Besitz nicht verlustig geht (Rn. 242).

87 Das **obligatorische Recht zum Besitz** berechtigt allein einer bestimmten Person gegenüber zum Besitz. Es ist deshalb grundsätzlich nur beachtlich, wenn diese Person der Ei-

14 So Staudinger/*Gutzeit* § 863 Rn. 8.
15 BGHZ 53, 166, 169; BGHZ 73, 355, 357 ff.; BGH ZIP 1998, 2155, 1257 f.
16 BGH NJW 1991, 2420, 2421; Jauernig/*Berger* § 1007 Rn. 1; *Baur/Stürner* § 9 Rn. 27; *Berger* § 4 Rn. 24; *Prütting* Rn. 587; zu den historischen Grundlagen des § 1007 s. *Wieling/Finkenauer* § 13 I Rn. 1 ff.
17 So auch *Medicus/Petersen* Rn. 439; *Prütting* Rn. 590 mit anschaulicher Übersicht.
18 Einschließlich gesetzlicher Besitzpfandrechte, s. BGH NJW 1999, 3716, 3717.

gentümer der Sache ist. Entfällt das obligatorische Besitzrecht, so erwächst dem Eigentümer neben dem Anspruch aus § 985 häufig noch ein Anspruch auf Herausgabe aus dem jeweiligen **Schuldverhältnis**, etwa aus § 546 Abs. 1. Beide Ansprüche unterliegen freilich eigenen Voraussetzungen; insbesondere kann der vertragliche Anspruch weiter reichen als der Vindikationsanspruch[19]. Vorbehaltlich der §§ 986 Abs. 2, 566 (Rn. 89 ff.) ist das obligatorische Besitzrecht relativer Natur. Die damit verbundenen Schwächen zeigen sich etwa in dem Fall[20], dass der Eigentümer eines Grundstücks dieses für bestimmte Zeit verleiht und sodann sein Eigentum überträgt: Auch vor Ablauf der Leihfrist kann der neue Eigentümer Herausgabe des Grundstücks verlangen, ohne dass der Entleiher sein vertragliches Recht zum Besitz (§ 604 Abs. 3 findet keine Anwendung!) geltend machen könnte. Auch aus §§ 986 Abs. 2, 931 ergibt sich nichts anderes, finden diese Vorschriften doch nur auf bewegliche Sachen Anwendung (Rn. 93).

Eine gewisse Aufwertung erfährt das obligatorische Recht zum Besitz zwar dadurch, **88** dass es nach § 986 Abs. 1 auch zugunsten desjenigen wirkt, der seinen Besitz von einem zum Besitz berechtigten mittelbaren Besitzer ableitet. Allerdings muss der mittelbare Besitzer auch **zur Überlassung des Besitzes** an den unmittelbaren Besitzer **berechtigt** sein; andernfalls hat der Eigentümer nach § 986 Abs. 1 S. 2 einen Anspruch auf Herausgabe an den mittelbaren Besitzer. Nach ganz herrschender und zutreffender Ansicht kommt es allerdings auf das Bestehen eines Besitzmittlungsverhältnisses nicht an[21]. Die Vorschrift des § 986 Abs. 1 S. 1, 2. Fall findet vielmehr entsprechende Anwendung, wenn der unmittelbare Besitzer berechtigterweise seinen Besitz auf einen Dritten überträgt, ohne mittelbarer Besitzer zu werden. So verhält es sich etwa in dem Fall, dass der Erstkäufer, dem die Sache übergeben, aber noch nicht übereignet worden ist, dieselbe an einen Zweitkäufer verkauft und übergibt. Solange der Erstkäufer seinen kaufvertraglichen Pflichten gegenüber seinem Verkäufer nachkommt, hat dieser gegen den Zweitkäufer keinen Anspruch auf Herausgabe im Sinne des § 986 Abs. 1 S. 2. Erfolgt allerdings der Verkauf vom Erst- an den Zweitkäufer unter **Eigentumsvorbehalt**, so wird dadurch nach hM ein **Besitzmittlungsverhältnis** begründet (Rn. 164); die Vorschrift des § 986 Abs. 1 S. 1, 2. Fall ist dann direkt anwendbar.

3. Drittwirkungen obligatorischer Besitzrechte

Nach § 986 Abs. 2 kann der Besitzer einer **beweglichen Sache**, die nach §§ 929, 931 **89** durch Einigung und Abtretung des Herausgabeanspruchs veräußert worden ist, dem neuen Eigentümer die Einwendungen entgegensetzen, welche ihm gegen den abgetretenen Anspruch zustehen. Die Vorschrift trägt dem Umstand Rechnung, dass derjenige, der Eigentum an einer Sache erwirbt, die sich nicht in unmittelbarem Besitz des Veräußerers befindet, damit rechnen muss, dass ein Dritter dem Veräußerer gegenüber ein Recht zum Besitz hat; dieses Recht zum Besitz muss sich auch der Erwerber entgegenhalten lassen. Die Vorschrift des § 986 Abs. 2 versteht sich zwar als Ausnahme von dem Grundsatz der Relativität des Schuldverhältnisses. Sie hat aber **keine „Verdinglichung" des relativen Besitzrechts** zur Folge. Insbesondere begründet sie keinen Herausgabeanspruch des Dritten, wenn der Erwerber irgendwie in den Besitz der Sache gelangt ist.

19 Staudinger/*Rolfs* § 570 Rn. 6 (betr. das Zurückbehaltungsrecht aus § 1000, das nur gegenüber dem Anspruch aus § 985 wirkt); vgl. ferner BGH WM 1998, 2041, 2043: Ein durch Gesetz angeordnetes Recht zum Besitz im Sinne des § 986 Abs. 1 kann dem Anspruch aus § 546 nicht entgegengehalten werden.

20 *Medicus/Petersen* Rn. 445.

21 BGHZ 111, 142, 147 mit weit. Nachw. zur Rechtsprechung; *Baur/Stürner* § 11 Rn. 39.

90 Was das Verhältnis des § 986 Abs. 2 zu § 404 betrifft, so ist zunächst von Bedeutung, dass der Vindikationsanspruch nicht vom Eigentum getrennt und selbständig abgetreten werden kann (Rn. 70). Durch § 986 Abs. 2 wird der Besitzer deshalb so gestellt, wie er bei isolierter Abtretung des Anspruchs aus § 985 stünde[22]; dann nämlich könnte er sich nach § 404 dem neuen Eigentümer gegenüber auf sein Recht zum Besitz berufen. Allerdings gelangt in den Fällen des § 931 die Vorschrift des § 404 insoweit zur Anwendung, als es um Einwendungen gegenüber dem Gegenstand der Abtretung, nämlich dem aus dem Besitzmittlungsverhältnis folgenden Anspruch auf Herausgabe geht. Die **Funktion des § 986 Abs. 2** besteht demnach in einer **Ergänzung des § 404**.

91 Das Zusammenspiel der beiden Ansprüche zueinander sei anhand von **Fall 3** verdeutlicht: E vermietet dem M sein Kraftfahrzeug für ein Jahr. Vor Ablauf der Mietzeit überträgt er das Eigentum nach §§ 929, 931 an K, der daraufhin von M Herausgabe des Fahrzeugs verlangt. Mit Recht?

Hier kommt zunächst ein **Anspruch des K aus § 546 Abs. 1** in Betracht. Zwar wurde der Mietvertrag zwischen E und M geschlossen, so dass ein Anspruch aus § 546 an sich nur dem E zusteht. E und K sind jedoch nach § 931 vorgegangen und haben das nach § 929 S. 1 bestehende Erfordernis der Übergabe des Fahrzeugs durch die Abtretung des Herausgabeanspruchs aus § 546 ersetzt. K ist somit Inhaber des Herausgabeanspruchs geworden. Allerdings muss er sich nach § 404 entgegenhalten lassen, dass M erst nach Ablauf der Mietzeit zur Herausgabe verpflichtet ist.

In Betracht kommt ferner ein **Anspruch aus § 985**. Die Voraussetzungen dieser Vorschrift liegen zwar unzweifelhaft vor. M könnte jedoch zum Besitz des Fahrzeugs berechtigt sein. Zwar begründet der Mietvertrag mit E nur ein relatives Besitzrecht, das an sich dem neuen Eigentümer gegenüber nicht wirkt. Eine **Ausnahme** von dem Grundsatz der Relativität des Schuldverhältnisses ist aber **in § 986 Abs. 2** vorgesehen. Danach kann M die Einwendungen, die ihm gegen den abgetretenen Anspruch aus § 546 zustehen, dem neuen Eigentümer auch insoweit entgegensetzen, als dieser den Anspruch aus § 985 geltend macht. Dazu gehört insbesondere der Einwand der fehlenden Fälligkeit.

92 Die Vorschrift des § 986 Abs. 2 ist **analoger Anwendung** zugänglich. In Betracht kommt die Analogie vor allem[23] bei Veräußerung nach § 930.

Dies sei am Beispiel des – **BGHZ 111, 142** nachgebildeten – **Falles 4** erläutert: W verkauft dem A am 10.4. einen aus Frankreich stammenden Bus, den er ihm gegen Aushändigung eines Wechsels sogleich übergibt; die dingliche Einigung unterbleibt allerdings. Deutsche Zulassungspapiere waren für diesen Bus noch nicht ausgestellt. Am 25.4. überreicht A dem W eine Bankeinlösungsgarantie für diesen Wechsel; daraufhin erklären beide die dingliche Einigung. Bereits am 17.4. hatte W allerdings unter Übergabe des mittlerweile ausgestellten Kfz-Briefs den Bus an die Sparkasse S zur Sicherheit übereignet; die Übergabe des Busses wurde durch Vereinbarung eines Besitzkonstituts ersetzt. Am 2.10. überträgt S ihre Rechte aus der Sicherungsübereignung auf K. A hat seinerseits den Bus am 15.7. an B veräußert. K verlangt von B **Herausgabe** des Busses **nach § 985**.

B ist unzweifelhaft Besitzer. Eigentümer war ursprünglich W. Das Eigentum hat W zwar nicht durch Übereignung an A nach § 929 S. 1 verloren. Doch wurde S nach §§ 929 S. 1,

22 Staudinger/*Thole* § 986 Rn. 116.
23 S. noch Rn. 97; zu weiteren Fällen s. Staudinger/*Thole* § 986 Rn. 126 ff.

930 am 17.4. Eigentümer des Busses; W war nämlich noch Berechtigter. Für § 930 genügt mittelbarer Besitz des Veräußerers[24], so dass mehrstufiger Besitz i.S.v. § 871 begründet wurde. W war auch mittelbarer Besitzer (§ 868), da dem A vor dem 25.4. kein Eigenbesitz (§ 872) unterstellt werden kann. S hat das Eigentum auch nicht am 25.4. an A verloren, da dieser angesichts der Nichtvorlage des Kfz-Briefs als bösgläubig (§ 932 Abs. 2) anzusehen ist (Rn. 158 f.). Aus dem gleichen Grund konnte schließlich auch B am 15.7. das Eigentum nicht von dem Nichtberechtigten A erwerben. Nach allem hat K das Eigentum von S nach **§§ 929 S. 1, 931** erworben, nämlich durch Einigung und Abtretung des aus der Sicherungsabrede folgenden Herausgabeanspruchs[25].

Fraglich ist jedoch, ob dem B ein Recht zum Besitz gegenüber K zusteht. Ein solches hatte A zunächst aufgrund des mit W geschlossenen Kaufvertrags. Entsprechend § 986 Abs. 2 konnte A dieses Recht zum Besitz auch dem S entgegenhalten. Zwar ist die Übereignung zwischen W und S nicht nach §§ 929, 931 erfolgt; doch muss § 986 Abs. 2 angesichts seines auf den Schutz des unmittelbaren Besitzers gerichteten Zwecks auch bei der hier vorliegenden Übereignung nach §§ 929, 930 eingreifen. Das Besitzrecht des A könnte sodann **analog § 986 Abs. 1 S. 1 Alt. 2** auf B übergegangen sein. Dem Wortlaut nach ist diese Norm nicht anwendbar, da sie eine Besitzkette B–A–W und damit ein Besitzmittlungsverhältnis zwischen B und A voraussetzen würde, während B Eigenbesitzer wird und A aus der Besitzkette ausscheidet. Entscheidend für die analoge Anwendung spricht aber, dass der jetzige Besitzer B den Besitz von einem dem Eigentümer gegenüber zum Besitz Berechtigten ableitet[26]. Zu einer weiteren – diesmal direkten – Anwendung des § 986 Abs. 2 kommt es schließlich im Verhältnis B–K nach der Übereignung S–K.

Die Vorschrift des § 986 Abs. 2 knüpft an eine Veräußerung nach §§ 929, 931 an und **93**
schützt deshalb nur den Besitzer einer beweglichen Sache. Der Besitzer eines **Grundstücks** ist dagegen nur unter den Voraussetzungen der §§ 566, 578, 581 Abs. 2 geschützt[27]. Danach tritt bei einer Veräußerung des vermieteten oder verpachteten Grundstücks der Erwerber in die Rechtsstellung des Veräußerers als Partei des Miet- oder Pachtvertrags ein. Vorbehaltlich einer analogen Anwendung des § 883 Abs. 2 (Rn. 341) ist demnach der Mieter oder Pächter auch dem neuen Eigentümer gegenüber zum Besitz des Grundstücks berechtigt. Außerhalb des Anwendungsbereichs der §§ 566, 578, 581 Abs. 2 kann dagegen der neue Eigentümer das Grundstück herausverlangen (Rn. 87); der Besitzer kann allenfalls den Veräußerer wegen zu vertretender Unmöglichkeit der Gebrauchsüberlassung auf Schadensersatz in Anspruch nehmen.

24 BGH NJW 1959, 1537.

25 Wollte man mittelbaren Besitz der S verneinen, hätte sie das Eigentum, wie nicht zuletzt § 934, 2. Fall zeigt, durch schlichte Einigung übertragen können, s. für die gestohlene oder besitzlose („Ring am Meeresboden") Sache Jauernig/*Berger* § 931 Rn. 10.

26 So schon RGZ 105, 19 (21 ff.); BGH, WM 1956, 158 ff., 161; s. auch BGHZ 80, 269 ff.; Jauernig/*Berger* § 986 Rn. 5.

27 Sonstige Vereinbarungen obligatorischer Natur begründen dagegen kein Besitzrecht gegenüber dem Erwerber, s. **BGH NJW 2001, 2885**; zu § 566 s. auch **BGH ZIP 2022, 2135**: Erwerb eines Miteigentumsanteils durch einen Minderjährigen ist wegen des damit verbundenen Eintritts in den Mietvertrag nicht lediglich rechtlich vorteilhaft im Sinne von § 107.

IV. Inhalt und Geltendmachung des Anspruchs

1. Inhalt

94 Der Anspruch aus § 985 ist auf **Herausgabe der Sache** gerichtet. Im Regelfall hat die Herausgabe an den Eigentümer zu erfolgen; anderes gilt nur in den Fällen des § 986 Abs. 1 S. 2 (Rn. 88). Bewegliche Sachen sind zu übergeben (Rn. 95), ein Grundstück ist zu räumen[28]. Die Herausgabe hat an dem Ort zu erfolgen, an dem sich die Sache befindet[29]. Dies gilt auch dann, wenn sich der Aufenthaltsort nach Rechtshängigkeit des Herausgabeanspruchs oder Bösgläubigkeit des Besitzers ändert[30]; ebenso wie einer Zustandsänderung kommt auch einer Änderung des Aufenthaltsorts der Sache allenfalls im Zusammenhang mit den Folgeansprüchen aus §§ 987 ff. (Rn. 99 ff.) Bedeutung zu[31].

95 Nach § 985 ist der Besitz „abzugeben", den der Anspruchsgegner zu Unrecht hat (Rn. 83 ff.). Ein **unmittelbarer Alleinbesitzer** schuldet deshalb die Übergabe nach § 854. Der **mittelbare Besitzer** schuldet zunächst die Abtretung des gegen den unmittelbaren Besitzer gerichteten Herausgabeanspruchs; auf der Grundlage eines gegen ihn gerichteten Herausgabetitels kann jedoch auch die Vollstreckung nach §§ 883, 885 ZPO betrieben werden (Rn. 75). Ein **Mitbesitzer** schuldet in der Regel nur Herausgabe seines Besitzanteils. Der Eigentümer benötigt deshalb, wenn sich die Sache im Mitbesitz mehrerer befindet und diese allesamt nicht zur Herausgabe bereit sind, einen Titel gegen alle Mitbesitzer[32]. Eine gesamtschuldnerische Verpflichtung der Mitbesitzer zur Herausgabe der Sache kommt dagegen schon deshalb nicht in Betracht, weil der einzelne Mitbesitzer dieser Verpflichtung nur unter Begehung verbotener Eigenmacht gegenüber den anderen Mitbesitzern nachkommen könnte[33].

96 Gegenstand der Vindikation können auch **Geldscheine und Geldmünzen** sein. Auch bei ihnen handelt es sich um Sachen im Sinne des § 90. Die sachenrechtliche Beurteilung hat jedoch zur Folge, dass der Herausgabeanspruch mit Verlust des Eigentums an den konkreten Geldscheinen oder -münzen entfällt. Zu einem solchen Verlust kommt es nicht nur durch Vermischung nach § 948[34], sondern auch und vor allem durch eine – nach § 935 Abs. 2 zudem privilegierte (s. noch Rn. 169) – Verfügung als Nichtberechtigter, also durch den Einsatz des Geldes zu Kauf- oder Tauschzwecken sowie durch Einzahlung auf ein Konto. In aller Regel erlangt der frühere Eigentümer zwar einen sogenannten Rechtsfortwirkungsanspruch aus § 816, §§ 951, 812. Indes handelt es sich bei diesem um einen gewöhnlichen schuldrechtlichen Anspruch, der bei Insolvenz des Schuldners kein Recht zur Aussonderung nach § 47 InsO begründet. Vor diesem Hintergrund sind Bestrebungen zu sehen, die darauf gerichtet sind, dem früheren Eigentümer des Geldes eine **Geldwertvindikation** zu gewähren, sofern der frühere Besitzer ein Surrogat in Form von Geld

28 Näher dazu Staudinger/*Thole* § 985 Rn. 157 ff., 161 ff.

29 BGHZ 79, 211, 214; MünchKomm/*Baldus* § 985 Rn. 96.

30 Staudinger/*Thole* § 985 Rn. 169; MünchKomm/*Baldus* § 985 Rn. 101; aA die hM, s. BGHZ 79, 211, 214 f.; *Baur/Stürner* § 11 Rn. 45.

31 Zu Recht für analoge Anwendung der §§ 989 f. bei durch Aufenthaltsveränderung bedingten Mehrkosten Staudinger/*Thole* § 985 Rn. 170.

32 Die Einzelheiten sind umstritten, s. Jauernig/*Berger* § 866 Rn. 5; näher Staudinger/*Thole* § 985 Rn. 175 ff.

33 Zutr. Staudinger/*Thole* § 985 Rn. 176 f., 179 mit Hinweis auch zur Antragsfassung (sämtliche Mitbesitzer können auf „Herausgabe der Sache" verklagt werden).

34 Zum Eingreifen von §§ 948 Abs. 1, 947 Abs. 1 (Miteigentum) und nicht der §§ 948 Abs. 1, 947 Abs. 2 (Alleineigentum des Eigentümers der Kasse) bei Verwahrung von Geld in einer einheitlichen Kasse s. **BGH NJW 2010, 3578** Rn. 13; dazu *Gehrlein* NJW 2010, 3543 ff.

oder einer Geldforderung erlangt hat[35]. Die ganz hM steht diesen Überlegungen ablehnend gegenüber[36]. In der Tat bringt die Vorschrift des § 48 InsO, wonach der frühere Eigentümer nur unter bestimmten Voraussetzungen die Aussonderung eines etwaigen Surrogats verlangen kann, klar zum Ausdruck, dass eine allgemeine Geldwertvindikation mit den Grundwertungen der InsO nicht zu vereinbaren ist und den früheren Geldeigentümer auf Kosten der übrigen Insolvenzgläubiger privilegieren würde.

2. Einreden

Wie jeder Anspruch kann auch der Herausgabeanspruch Einreden ausgesetzt sein. Neben der **Einrede der Verjährung** (Rn. 71) kann dem Besitzer insbesondere ein **Zurückbehaltungsrecht nach §§ 273 Abs. 1**[37]**, 1000** zustehen. Nach Ansicht des BGH sollen allerdings Zurückbehaltungsrechte ein Recht zum Besitz begründen[38]. Doch vermag dies schon deshalb nicht zu überzeugen, weil ein Recht zum Besitz rechtsvernichtende Einwendung ist und somit die Klageabweisung zur Folge hat (Rn. 77), wohingegen das Zurückbehaltungsrecht eine verzögerliche Einrede ist und die Verurteilung zur Herausgabe Zug um Zug bewirkt. Es kommt hinzu, dass der Besitzer, wollte man in den §§ 273, 1000 die Grundlage eines Besitzrechts sehen, weder aus §§ 987 ff. in Anspruch genommen werden noch seinerseits aus §§ 994 ff. vorgehen könnte; schon mit Vornahme einer ersatzfähigen Verwendung wäre für die Fortgeltung der §§ 994 ff. kein Raum mehr (Rn. 106). Mit der herrschenden Lehre[39] ist deshalb das Zurückbehaltungsrecht auch im Rahmen des § 985 als selbständiges, nicht von § 986 erfasstes Gegenrecht des Besitzers zu qualifizieren. Dessen ungeachtet bietet es sich allerdings an, die Vorschrift des § 986 Abs. 2 (Rn. 89 ff.) auf das Zurückbehaltungsrecht des § 273 entsprechend anzuwenden[40]. **97**

3. Ausübungsermächtigung

Der Anspruch aus § 985 kann zwar nicht selbständig abgetreten werden (Rn. 70). Der Eigentümer kann jedoch einen anderen ermächtigen, den Anspruch im eigenen Namen geltend zu machen[41]. Diese sogenannte Ausübungs- oder Einziehungsermächtigung umfasst auch die Befugnis, den Anspruch in **gewillkürter Prozessstandschaft** einzuklagen. Eine Frage des Inhalts der Ermächtigung ist es, ob der Ermächtigte Herausgabe an sich oder nur Herausgabe an den Eigentümer verlangen kann. Die Möglichkeit der Ausübungsermächtigung ist vor allem mit Blick auf § 857 Abs. 3 ZPO von Bedeutung, wonach auch ein nicht abtretbares Recht insoweit der Pfändung unterliegt, als seine Ausübung einem Dritten überlassen werden kann. Durch Einbeziehung des Anspruchs aus § 985 in den **98**

---

35 So namentlich *H. Westermann*, Sachenrecht, 5. Aufl., § 30 V; *Simitis* AcP 159 (1960/61), 406, 459 ff.

36 Westermann/*Gursky* § 29 IV; MünchKomm/*Baldus* § 985 Rn. 74; Soergel/*Stadler*, 13. Aufl. 2007, § 985 Rn. 22; *Medicus* JuS 1983, 897, 900.

37 § 273 Abs. 2 wird durch § 1000 verdrängt, da der Verwendungsersatzanspruch aus §§ 994 ff. erst unter den Voraussetzungen des § 1001 fällig wird und es somit an einem fälligen Gegenanspruch im Sinne des § 273 Abs. 2 fehlt, s. Jauernig/*Berger* § 1000 Rn. 1. Zu §§ 1001, 1002 s. auch **BGH ZIP 2002, 2217, 2218 f.**: Eine Genehmigung im Sinne der §§ 1001, 1002 kann auch vor Vornahme der Verwendungen als Einwilligung erteilt werden; zum Befriedigungsrecht des Besitzers nach § 1003, insbesondere zu dessen persönlicher Natur s. **BGH ZIP 2003, 1406, 1407**.

38 **BGHZ 64, 122, 124**; BGH NJW-RR 1986, 282; mit Einschränkungen aber BGH NJW 1995, 2627, 2628.

39 *Wilhelm* Rn. 1200; Soergel/*Stadler*, 13. Aufl. 2007, § 986 Rn. 9; MünchKomm/*Baldus* § 986 Rn. 53; Staudinger/*Thole* § 986 Rn. 54 ff.

40 Dafür auch MünchKomm/*Baldus* § 986 Rn. 55.

41 RGZ 136, 422, 424; BGH WM 1964, 426, 427; BGH NJW 1983, 112, 113; Staudinger/*Thole* § 985 Rn. 6 mit weit. Nachw.

Kreis der nach § 857 Abs. 3 ZPO pfändbaren Rechte ist nämlich sichergestellt, dass der Gläubiger des Eigentümers dessen Sache auch dann pfänden kann, wenn diese sich im Gewahrsam eines nicht zur Herausgabe bereiten Dritten befindet. Der Gläubiger kann in diesem Fall den Anspruch des Eigentümers aus § 985 pfänden und sich nach **§§ 835, 857 Abs. 1 ZPO zur Einziehung überweisen** lassen; sodann kann er den Besitzer auf Herausgabe in Anspruch nehmen und die Sache verwerten.

§ 6 Folgeansprüche aus §§ 987 ff.[1]

I. Grundlagen

1. Rechtsnatur

99 Die §§ 987 ff., 994 ff. ergänzen den dinglichen Herausgabeanspruch um Ansprüche des Eigentümers auf **Schadens- und Nutzungsersatz** und sprechen zudem dem Besitzer Anspruch auf Ersatz seiner **Verwendungen** zu. Es handelt sich um schuldrechtliche Ansprüche, die zwar nur unter den Voraussetzungen der §§ 985 f. entstehen (Rn. 78 ff.), anders als der dingliche Anspruch aus § 985 aber vom Eigentum getrennt werden können und auch im Übrigen grundsätzlich den Vorschriften des Allgemeinen Teils und des Schuldrechts unterliegen (Rn. 36 ff.). Grundlage der in §§ 987 ff., 994 ff. geregelten Ansprüche ist ein **gesetzliches Schuldverhältnis** zwischen dem Eigentümer und dem unberechtigten Besitzer, nämlich das sogenannte **Eigentümer-Besitzer-Verhältnis**[2].

100 Die Ansprüche bestehen, einmal entstanden, auch nach Beendigung der Vindikationslage fort. Veräußert etwa der nichtberechtigte und bösgläubige Besitzer die Sache nach §§ 929, 932, nachdem er sie beschädigt oder Nutzungen gezogen hat, so geht der frühere Eigentümer zwar seines Eigentums, nicht aber seines Anspruchs aus §§ 987, 989, 990 verlustig[3]. Der Anspruch aus dem Eigentümer-Besitzer-Verhältnis tritt dann neben den Rechtsfortwirkungsanspruch aus § 816 Abs. 1 sowie etwaige Ansprüche aus §§ 687 Abs. 2, 823 ff. Veräußert umgekehrt der Eigentümer die Sache, so gehen in seiner Person bereits entstandene Ansprüche aus §§ 987 ff. nicht ohne weiteres auf den Erwerber über; es bedarf vielmehr einer gesonderten Verfügung über einen jeden Anspruch (Rn. 17).

2. Normzweck

101 Die Vorschriften der §§ 987 bis 993 über die Verpflichtung zum Schadens- und Nutzungsersatz bezwecken die **Privilegierung des redlichen und unverklagten unrechtmäßigen Besitzers**[4]. Dieser Zweck kommt vor allem in der Vorschrift des § 993 Abs. 1,

1 Vgl. zum Folgenden namentlich *Berger* § 8; *Grunewald/Riesenhuber* § 34; *Gottwald* Nr. 96 ff.; *Herrmann*, Kernstrukturen des Sachenrechts, 2013, S. 73 ff.; *Lange/Schiemann* Fälle 13, 15; *Lorenz* JuS 2013, 495 ff.; *Lüke* § 8; *Medicus/Petersen* § 23; *Müller/Gruber* Rn. 647 ff.; *Neuner* Rn. 91 ff.; *Schapp/Schur* § 8; *Gursky*, S. 43 ff.; *Berg* JuS 1971, 522 ff., 636 ff., JuS 1972, 83 ff., 193 ff., 323 ff.; *Hager* JuS 1987, 877 ff.; *Kindl* JA 1996, 115 ff.; *H. Roth* JuS 1997, 518, 710, 897, 1087; *Schreiber* Jura 1992, 356 ff., 533 ff.; *Wieling/Finkenauer* § 12 III-V; *Vieweg/Lorz* § 8; speziell zu §§ 994 ff. *Verse*, Verwendungen im Eigentümer-Besitzer-Verhältnis, 1999, dort insbesondere auch rechtshistorische und –vergleichende Betrachtungen; zum Verhältnis zwischen § 985 und § 281 s. *Gebauer/Huber*, ZGS 2005, 103 ff.; *Katzenstein* AcP 205 (2006), 97 ff.

2 Näher Staudinger/*Thole* Vor §§ 987 ff. Rn. 23.

3 MünchKomm/*Raff* Vor §§ 987 ff. Rn. 5.

4 Ganz hM, s. Staudinger/*Thole* Vor §§ 987 ff. Rn. 7 f.; *Medicus/Petersen* Rn. 574; *Grunewald/Riesenhuber* § 34 I Rn. 664; aA *Pinger*, Funktion und dogmatische Einordnung des Eigentümer-Besitzer-Verhältnisses, 1973; *ders.*, JR 1973, 268 ff.

2. Halbs. zum Ausdruck, wonach der redliche Besitzer grundsätzlich weder zu Nutzungs- noch zu Schadensersatz verpflichtet ist. Die hM versteht dies zu Recht in dem Sinne, dass der redliche Besitzer grundsätzlich auch nicht aus §§ 812 ff., 823 ff. in Anspruch genommen werden kann; der Zweck der §§ 987 ff. besteht danach in einem Schutz des redlichen Besitzers vor der scharfen Haftung aus Bereicherungs- und Deliktsrecht (Rn. 116 ff.). Freilich erleidet dieser Grundsatz eine Reihe von Ausnahmen: So leuchtet es zwar ohne weiteres ein, dass der redliche **Eigenbesitzer** nicht für jede fahrlässige Beschädigung einer abhanden gekommenen Sache aufzukommen hat. Er hält sich nämlich für den Eigentümer der Sache und bewegt sich somit stets innerhalb seines vermeintlichen Besitzrechts. Zudem hat er für sein vermeintliches Recht in der Regel ein Entgelt geleistet. Dieses kann er zwar im Allgemeinen zurückverlangen; richtet sich der Anspruch gegen einen Dritten, so ist seine Durchsetzbarkeit allerdings keineswegs garantiert.

Anders verhält es sich dagegen im Fall eines redlichen **Fremdbesitzers**. Er glaubt zwar an ein Recht zum Besitz, nicht aber geht er davon aus, dass er mit der Sache nach Belieben verfahren darf; eine Haftung nach §§ 823 ff. erscheint deshalb insoweit veranlasst, als sich der Fremdbesitzer außerhalb seines vermeintlichen Besitzrechts bewegt (Rn. 118). Wieder anders ist die Situation des **unentgeltlichen Eigen- oder Fremdbesitzers**: Nach § 988 schuldet er auch bei Gutgläubigkeit Nutzungsersatz nach den Vorschriften über die Herausgabe einer ungerechtfertigten Bereicherung (Rn. 114; zur Frage einer analogen Anwendung auf den rechtsgrundlosen Besitzer s. Rn. 120).

Die Vorschriften der §§ 994 ff. über die Verpflichtung des Eigentümers zum **Verwendungsersatz** verstehen sich als spezielle Regelung, die die Vorschriften des Bereicherungsrechts grundsätzlich verdrängen. Durch die abschließende Regelung des Verwendungsersatzes soll zwar sichergestellt werden, dass dem Eigentümer die Vindikation nicht übermäßig erschwert oder gar faktisch unmöglich gemacht wird. Doch hat sich der Gesetzgeber von diesem Gedanken nicht durchweg leiten lassen. Vielmehr hat er einen nach der Art der Verwendungen und der Schutzbedürftigkeit des Besitzers differenzierenden Ansatz gewählt und auf diese Weise für einen **angemessenen Ausgleich der widerstreitenden Interessen** sorgen wollen. So kann der redliche und unverklagte Besitzer nach § 994 Abs. 1 S. 1 für notwendige Verwendungen auch dann Ersatz verlangen, wenn eine Wertsteigerung im Zeitpunkt des Herausgabeverlangens nicht mehr vorhanden ist; insoweit stellen §§ 994 ff. den Besitzer also besser als unter Geltung des allgemeinen Bereicherungsrechts. Sehr viel schlechter steht dagegen der unredliche oder verklagte Besitzer, kann er doch nach § 996 für nützliche Verwendungen auch dann keinen Ersatz beanspruchen, wenn durch die Verwendung der Wert der Sache erhöht worden ist und die Wertsteigerung sogar dem Willen des Eigentümers entspricht. **102**

3. Anwendungsbereich

a) Verweisungen auf §§ 987 ff.

Die Vorschriften der §§ 987 ff. beanspruchen nicht nur zugunsten des vindizierenden Eigentümers Geltung. Sie werden vielmehr auch von der Verweisung in §§ 1065, 1227 auf die „für die Ansprüche aus dem Eigentume geltenden Vorschriften" umfasst. Eine ausdrückliche Verweisung findet sich des Weiteren in § 1007 Abs. 3 S. 2. Die §§ 888, 894, 1004 enthalten dagegen zwar keine Verweisung auf §§ 987 ff.; nach durchaus hM finden die Vorschriften über das Eigentümer-Besitzer-Verhältnis insoweit aber entsprechende **103**

Anwendung (Rn. 135, 329, 341). Schließlich verweist insbesondere § 292 (der seinerseits von §§ 818 Abs. 4, 819 Abs. 1 in Bezug genommen wird) auf die §§ 987 ff.

b) Nicht-mehr-berechtigter Besitzer?

104 Die §§ 987 ff. verstehen sich als Folgeansprüche zum Anspruch aus § 985 und setzen deshalb grundsätzlich das Bestehen einer Vindikationslage voraus; unerheblich ist, ob es sich um einen (unrechtmäßigen) Eigen- oder um einen Fremdbesitzer handelt[5]. Fraglich ist jedoch, ob die §§ 987 ff. anwendbar sind, wenn ein zunächst bestehendes **Besitzrecht mit Wirkung ex nunc**[6] **entfällt** und dadurch eine **Vindikationslage** entsteht. Fest steht zunächst, dass § 985 neben etwaigen vertraglichen Herausgabeansprüchen zur Anwendung gelangt. Was dagegen die Geltung der §§ 987 ff. betrifft, so sind die Meinungen geteilt. Die Rechtsprechung stellt allein auf das Bestehen einer Vindikationslage im Zeitpunkt des Herausgabeverlangens ab und hält somit die §§ 987 ff. gegebenenfalls auch rückwirkend, also auf die Zeit der Besitzberechtigung für anwendbar,[7] soweit nicht das das Besitzrecht begründende Rechtsverhältnis Ansprüche auf Verwendungsersatz gesondert regelt.[8] Nach der wohl herrschenden Lehre finden die §§ 987 ff. dagegen – ungeachtet des Umstands, dass der Eigentümer nunmehr den „nicht-mehr-berechtigten" Besitzer nach § 985 auf Herausgabe in Anspruch nehmen kann – nur unter der Voraussetzung Anwendung, dass eine Vindikationslage zur Zeit des maßgebenden Ereignisses (Beschädigung der Sache, Vornahme von Verwendungen) bestand[9]; zum Teil wird der Anwendungsbereich sogar auf den ursprünglich nichtberechtigten Besitzer beschränkt[10].

105 Die Problematik begegnet vor allem im Zusammenhang mit der Reparatur von nicht dem Besteller gehörenden Sachen und stellt sich in der Praxis als eine solche des Verwendungsersatzes dar; sie soll deshalb im Zusammenhang mit der Frage eines gutgläubigen Erwerbs des Unternehmerpfandrechts verdeutlicht werden (Rn. 194). Schon jetzt sei allerdings darauf hingewiesen, dass für eine **rückwirkende**, die Zeit der Besitzberechtigung umfassende Geltung der §§ 987 ff. angesichts der zur Verfügung stehenden vertraglichen Ansprüche weder Raum noch Bedürfnis besteht. Es kommt hinzu, dass sich das differenzierende, auf die Person des Besitzers abstellende System der §§ 987 ff. auf den Besitzer, der bei der Erzielung von Nutzungen oder bei Vornahme von Verwendungen noch ein Recht zum Besitz hatte, schon deshalb nicht übertragen lässt, weil völlig unklar bliebe, ob dieser Besitzer als redlich oder unredlich, verklagt oder unverklagt zu qualifizieren wäre[11]. Dem lässt sich auch nicht entgegenhalten, dass die Nichtanwendung der §§ 994 ff. den zum Zeitpunkt der Vornahme der Verwendungen berechtigten Besitzer ge-

5 Ganz hM, s. *Baur/Stürner* § 11 Rn. 31; aA *Harder*, Festschrift für Mühl, 1981, S. 267 ff. – Zur Lehre vom Fremdbesitzerexzess s. aber Rn. 118.

6 Bei rückwirkendem Wegfall des Besitzrechts gem. § 142 Abs. 1 finden die §§ 987 ff. unzweifelhaft Anwendung; die Gutgläubigkeit des Besitzers beurteilt sich in diesem Fall nach § 142 Abs. 2.

7 **BGHZ 34, 122, 130 ff.**; BGH NJW 1979, 716; BGHZ 131, 220, 222; BGH ZIP 2002, 2217, 2218; aus dem Schrifttum namentlich *Wilhelm* Rn. 1266. S. aber auch BGHZ 44, 321, 323 und BGH NJW 2001, 3118, 3119: Bereicherungsansprüche wegen Baumaßnahmen auf fremdem Grund und Boden, die von einem berechtigten Besitzer in der begründeten Erwartung des späteren Eigentumserwerbs vorgenommen werden, werden auch nach Wegfall des Besitzrechts nicht durch §§ 994 ff. ausgeschlossen. Näher zum Verhältnis zwischen §§ 994 ff. und §§ 812 ff. s. Rn. 124.

8 **BGH NZM 2014, 906 Rn. 18 f.**; BGH NJW 1996, 921.

9 Staudinger/*Thole* vor §§ 987 ff. Rn. 31 ff.; weit. Nachw. (auch zu differenzierenden Ansichten) bei Grüneberg/*Herrler* vor §§ 987 Rn. 9 ff.

10 *Baur/Stürner* § 11 Rn. 30; Jauernig/*Berger* vor §§ 987 ff. Rn. 8; *Musielak/Mayer* Rn. 677.

11 S. dazu auch BGH JR 1958, 301 betreffend den Fall, dass der Besitz beim Erwerb rechtmäßig war, später aber unrechtmäßig wird.

genüber den unrechtmäßigen Besitzer benachteilige; denn dabei bliebe unberücksichtigt, dass der rechtmäßige Besitzer in aller Regel in vertraglicher Beziehung zu dem Eigentümer oder einem Dritten steht und aus diesem Rechtsverhältnis ein Entgelt für seine Verwendungen beanspruchen kann. Anderes gilt dagegen für **nach Wegfall des Besitzrechts** gezogene Nutzungen und getätigte Verwendungen. Insoweit sprechen die besseren Gründe für die **Anwendung der §§ 987 ff.**[12] Dabei ist jedoch stets zu prüfen, ob nicht das Vertragsrecht die Verpflichtung zu Schadens-, Nutzungs- oder Verwendungsersatz abschließend regelt; der Anwendung der §§ 987 ff. auf die Zeit nach Wegfall des Besitzrechts kommt deshalb vor allem in Mehrpersonenverhältnissen praktische Bedeutung zu.

c) Nicht-so-berechtigter Besitzer?

Auf den berechtigten Besitzer sind die §§ 987 ff. nach den Ausführungen in Rn. 105 unanwendbar[13]. Dies gilt auch in dem Fall, dass der rechtmäßige Fremdbesitzer jederzeit mit der Geltendmachung eines Herausgabeanspruchs rechnen muss, wie dies nach §§ 604 Abs. 3, 695 der Fall sein kann[14]; auch der Entleiher und der Verwahrer haften mithin nur nach Vertrags- und Deliktsrecht. Des Weiteren ist für die §§ 987 ff. kein Raum, wenn der berechtigte (Fremd-)Besitzer den Rahmen seines Besitzrechts überschreitet. Ein **„Exzess" des berechtigten Besitzers** ist vielmehr nach dem das Besitzrecht begründenden Rechtsverhältnis und nach §§ 823 ff. zu beurteilen. Dafür spricht schon die Erwägung, dass ein Exzess des Besitzers dessen Besitzberechtigung als solche nicht berührt. Überschreitet etwa der Mieter die Grenzen des vertragsmäßigen Gebrauchs, indem er ohne Erlaubnis des Vermieters den Gebrauch der Sache einem Dritten überlässt (§ 540 Abs. 1 S. 1), hat der Vermieter den Anspruch aus § 541 sowie ggf. ein Kündigungsrecht; bis zur Ausübung des Kündigungsrechts bleibt aber der Mietvertrag ungeachtet der Vertragsverletzung des Mieters bestehen. Hinzu kommt, dass sich die §§ 987 ff. auch bei Exzess eines unrechtmäßigen Fremdbesitzers als ungeeignet und ergänzungsbedürftig erweisen (Rn. 118). Kommt somit die Anwendung der §§ 987 ff. auf den „nicht-so-berechtigten-Besitzer" nicht in Betracht, so gilt dies auch in dem Fall, dass der zunächst berechtigte Fremdbesitzer **nachträglich Eigenbesitz** ergreift. Dafür spricht schon, dass das Recht zum Besitz durch die Besitzumwandlung nicht berührt wird. Entgegen der Ansicht des BGH[15] hat es somit auch in diesem Fall bei den vertrags- und deliktsrechtlichen Folgen zu bewenden[16]. 106

II. Einzelfragen

1. Besitzerwerb unter Hinzuziehung von Gehilfen

Die §§ 987 ff. unterscheiden, was die Verpflichtung zum Nutzungs-, Schadens- und Verwendungsersatz betrifft, nach der Schutzbedürftigkeit des Besitzers. Insbesondere wird zwischen dem **redlichen und** dem **unredlichen Besitzer** unterschieden. Nach § 990 107

---

12 Überzeugend Staudinger/*Thole* vor §§ 987 ff. Rn. 35 mit weit. Nachw.

13 MünchKomm/*Raff* Vor §§ 987 ff. Rn. 25 ff. mit weit. Nachw. und in Auseinandersetzung mit Stimmen, die für Ausnahmefälle die subsidiäre Anwendung der §§ 987 ff. befürworten, dabei aber vor allem den aufgrund eines Zurückbehaltungsrechts (angeblich, s. Rn. 97) zum Besitz berechtigten Besitzer im Auge haben; s. ferner BGH NJW 1996, 838, 840 (unberechtigte Untervermietung durch den zum Besitz berechtigten Mieter); BGH NJW 2002, 60, 61; s. aber auch BGH NJW 1995, 2627, 2628.

14 Zu Recht gegen Anwendbarkeit der §§ 987 ff. in diesen Fällen einer sogenannten „schwebenden Vindikationslage" Staudinger/*Thole* vor §§ 987 ff. Rn. 60.

15 **BGHZ 31, 129 ff.**

16 So auch *H. Roth* JuS 1997, 710, 711; *Prütting* Rn. 540; *Baur/Stürner* § 11 Rn. 27; im Grundsatz auch Jauernig/*Berger* vor §§ 987 ff. Rn. 7 f.

Abs. 1 ist der Besitzer unredlich, wenn er entweder bei Erwerb des Besitzes nicht in gutem Glauben war (Satz 1) oder später positive Kenntnis davon erlangt hat, dass er zum Besitz nicht berechtigt ist (Satz 2). Für die Gutgläubigkeit im Sinne des § 990 Abs. 1 S. 1 stellt die hM durchweg und damit auch im Falle unbeweglicher Sachen auf § 932 Abs. 2 ab; als zutreffend erscheint es hingegen, für Grundstücke den Maßstab des § 892 Abs. 1 S. 1 heranzuziehen, so dass auch im Rahmen des § 990 Abs. 1 S. 1 Bösgläubigkeit nur durch positives Wissen begründet wird[17]. Unabhängig von diesem Streit fragt sich, nach wessen Person sich die Redlichkeit beurteilt, wenn der Erwerb des Besitzes unter Hinzuziehung eines Gehilfen (der in aller Regel Besitzdiener ist, Rn. 41) erfolgt.

108 Die Problematik sei am Beispiel von **Fall 5** verdeutlicht: C handelt mit Computern. Sein Angestellter G erwirbt für C ein – wie G, nicht aber C weiß – gestohlenes Gerät von D.

Fraglich ist, ob sich C die Bösgläubigkeit des G bezüglich der fehlenden Besitzberechtigung zurechnen lassen muss. Der BGH[18] wendet jedenfalls für selbständig handelnde Besitzdiener **§ 166 analog** an. Die Gegenansicht kritisiert, dass es bei § 990 nicht, wie von § 166 vorausgesetzt, um die „rechtlichen Folgen einer Willenserklärung" geht, und zieht stattdessen **§ 831 analog** heran. Zur Begründung führt sie an, dass die § 987 ff. Sonderregeln gegenüber dem Deliktsrecht darstellten[19]; auch sei es unbillig, bei § 992 den Exkulpationsbeweis zuzulassen, bei § 990 hingegen nicht[20]. Eine vermittelnde Meinung[21] unterscheidet danach, ob der Gehilfe **im Rahmen eines Rechtsgeschäfts** gehandelt hat (dann § 166 Abs. 1 analog) **oder nicht** (dann § 831 analog). Dies erscheint überzeugend.

2. Beschädigung der Sache durch Gehilfen des redlichen Besitzers

109 Von der in Rn. 108 thematisierten Frage nach der Grundlage einer Wissenszurechnung ist die Frage zu unterscheiden, ob sich der Besitzer ein **Verschulden** seines Gehilfen im Umgang mit der Sache **zurechnen** lassen muss.

Fall 6 führt in die Problematik ein: Als G den Computer aus Fall 5 einige Tage später zum Zwecke des Weiterverkaufs einpacken will, lässt er ihn aus Unachtsamkeit fallen. Der Computer wird dabei völlig zerstört. E, dem der Computer gestohlen worden ist, verlangt von C Schadensersatz.

In Betracht kommt ein **Anspruch aus § 989 iVm. § 990 Abs. 1 S. 1**. Voraussetzung ist eine **Vindikationslage** zwischen E und C zur Zeit der schädigenden Handlung. E ist gemäß § 935 Abs. 1 zu diesem Zeitpunkt noch Eigentümer, C Besitzer (vgl. § 855). Betrachtet man C als bösgläubig, so stellt sich die Frage, ob dem C auch das Verschulden des G zuzurechnen ist. Hier wird nur vereinzelt § 831 Abs. 1 S. 1 herangezogen[22]. Die hL[23] wendet **§ 278** an, da durch das Eigentümer-Besitzer-Verhältnis die von dieser Norm vorausgesetzte **Sonderverbindung** begründet werde. Dem ist zu folgen. Eine andere

---

17 *Wieling* § 12 II 3 c (Fn. 50); *Prütting* Rn. 528; aA BGH NJW 2010, 2664 Rn. 10 f.; Jauernig/*Berger* § 990 Rn. 2; Staudinger/*Thole* § 990 Rn. 10. Eingehend zur Problematik und weiter differenzierend *Fervers* AcP 217 (2017), 34, 38 ff.

18 **BGHZ 32, 53, 56 ff.**; ebenso *Hoche* JuS 1991, 73, 76.

19 *Baur/Stürner* § 5 Rn. 15; *Medicus/Petersen* Rn. 581.

20 *Baur/Stürner* § 5 Rn. 15.

21 *Wellenhofer* § 22 Rn. 9.

22 *Baur/Stürner* § 5 Rn. 15.

23 Staudinger/*Thole* vor §§ 987 Rn. 28; *Prütting* Rn. 543.

Frage ist, ob sich der Gehilfe, obgleich er nicht Besitzer, sondern nur Besitzdiener ist, auf die Verdrängung des Deliktsrechts durch §§ 987 ff. (Rn. 117 f.) berufen kann; dies wird überwiegend verneint[24].

3. § 991 im Besonderen

Besondere Verständnisschwierigkeiten bereitet erfahrungsgemäß die Vorschrift des § 991. Nach ihrem Abs. 1 ist der Besitzer, der sein Recht zum Besitze von einem mittelbaren Besitzer ableitet, zur Herausgabe von Nutzungen nach § 990 nur verpflichtet, wenn der mittelbare Besitzer bösgläubig oder auf Herausgabe verklagt ist. Die Vorschrift will verhindern, dass der unmittelbare Besitzer, nachdem er vom Eigentümer nach § 990 Abs. 1 in Anspruch genommen wurde, seinerseits den mittelbaren Besitzer auf der Grundlage des Besitzmittlungsverhältnisses auf **Regress** in Anspruch nimmt und dieser dadurch seines Haftungsprivilegs aus § 993 Abs. 1 verlustig geht. Solange der mittelbare Besitzer redlich und unverklagt ist, soll deshalb der unmittelbare Besitzer dem Eigentümer selbst dann nicht auf Nutzungsersatz haften, wenn er bösgläubig oder verklagt ist. Mit einer im Schrifttum vertretenen Ansicht erscheint allerdings für den Fall, dass der unmittelbare Besitzer den mittelbaren Besitzer nach §§ 536b, 536c Abs. 2 oder aus anderen Gründen ohnehin nicht auf Regress in Anspruch nehmen kann, eine teleologische Reduktion der Vorschrift veranlasst[25]. 110

Nach § 991 Abs. 2 ist dagegen ausnahmsweise auch der **redliche Fremdbesitzer** zum Schadensersatz verpflichtet. Dahinter steht die Überlegung, dass ein Fremdbesitzer, der außerhalb seines vermeintlichen Besitzrechts die Sache beschädigt, sich nicht darauf berufen können soll, einen anderen für den Eigentümer gehalten zu haben. Der Besitzmittler soll mit anderen Worten auf Schadensersatz haften, wenn er die Grenzen seines – tatsächlich bestehenden oder vermeintlichen (s. Rn. 113) – Besitzrechts gegenüber dem mittelbaren Besitzer überschreitet. 111

Fall 7 führt in die Problematik ein: D hat dem E einen Lkw gestohlen, den er dem gutgläubigen B noch am gleichen Tag für vier Wochen vermietet. Zur Rückgabe des Lkw kommt es allerdings nicht: Fünf Wochen nach dem Diebstahl entdeckt E den Lkw bei B. Hat E gegen B einen Anspruch auf Nutzungsersatz und auf Ersatz des Schadens, der ihm dadurch entstanden ist, dass er den Lkw nicht nutzen konnte?

In Betracht kommt zunächst ein **Anspruch auf Ersatz des Vorenthaltungsschadens aus §§ 991 Abs. 2, 280 Abs. 1, 2, 286**. Nach § 991 Abs. 2 haftet der unmittelbare Besitzer allerdings nur nach Maßgabe des § 989. Diese Vorschrift wiederum verpflichtet, wie ihr Wortlaut zeigt, gerade nicht zum Ersatz des Vorenthaltungsschadens. Ein entsprechender Anspruch aus §§ 991 Abs. 2, 280 Abs. 1, 2, 286 scheidet somit aus[26]. Auch die Voraussetzungen des § 992 liegen wegen der Gutgläubigkeit des B selbst dann nicht vor, wenn man die Anwendbarkeit des § 858 Abs. 2 S. 2 im Rahmen des § 992 bejaht.

Ein **Anspruch auf Nutzungsersatz** scheidet für die ersten vier Wochen aus: Die Nutzungen sind für B entgeltlich und erfolgen mit Rechtsgrund gegenüber D, so dass § 988 weder unmittelbar noch analog (Rn. 120) Anwendung findet. Für §§ 990 Abs. 1, 991 Abs. 1

24 Näher *Magnus* NJW 2017, 1201 ff., der sich im Hinblick auf einen möglichen Regress des Gehilfen beim Besitzer für Erstreckung der Sperrwirkung des EBV auf Besitzdiener und besitzlose Dritte ausspricht.
25 So zu Recht MünchKomm/*Raff* § 991 Rn. 7; *Wieling* § 12 IV 5a; aA Staudinger/*Thole* § 991 Rn. 10.
26 Vgl. Staudinger/*Thole* § 991 Rn. 24, der auch auf § 990 Abs. 2 hinweist.

fehlt es schon an der Bösgläubigkeit des B. § 991 Abs. 2 schließlich verweist bewusst nicht auf §§ 987 f., da dem unmittelbaren Besitzer im Verhältnis zu seinem Oberbesitzer in der Regel die Nutzungen zustehen. Dies ist angesichts des wirksamen Mietvertrags für die ersten vier Wochen der Fall. Auch für die fünfte Woche ist dem B angesichts der Vorschrift des § 546a die Zahlung von Nutzungsersatz an E nicht zuzumuten; auch insoweit muss sich E nach §§ 987, 990 an D halten, der seinerseits wiederum den B aus § 546a in Anspruch nehmen kann. Auch wenn also B bislang nicht aus § 546a in Anspruch genommen wurde, ist er doch nicht als unentgeltlicher Besitzer im Sinne von § 988 anzusehen.

112 **Fall 8** betrifft weitere Fragen zu § 991 Abs. 2: Der Lkw aus Fall 7 wurde zwei Wochen nach dem Diebstahl durch einen Unfall zerstört. Hat E nach den Vorschriften des BGB einen Anspruch auf Schadensersatz gegen B, wenn der bei B angestellte Fahrer F am Steuer saß? Hierbei ist davon auszugehen, dass B den schuldhaft handelnden F sorgfältig ausgesucht und überwacht hat, ferner davon, dass an dem Unfall andere Verkehrsteilnehmer nicht beteiligt waren. Wie wäre es, wenn B den Lkw selbst fuhr, ihm aber ein Verschulden nicht nachzuweisen ist?

Im Grundfall ergibt sich der **Anspruch aus § 991 Abs. 2 iVm. § 989**. Die in § 991 Abs. 2 vorausgesetzte Verantwortlichkeit des B gegenüber D folgt aus §§ 546, 280 Abs. 1, 3, 283, 278 S. 1[27]. Der **Anspruch aus § 831 Abs. 1 S. 1** scheitert schon an der Sperrwirkung des § 993 Abs. 1 Hs. 2 (Rn. 117 f.), aber auch an der nach § 831 Abs. 1 S. 2 möglichen Exkulpation.

Wäre B selbst gefahren, ohne dass ihm ein Verschulden nachgewiesen werden kann, so würde eine Haftung nach § 991 Abs. 2 die Anwendbarkeit des § 280 Abs. 1 S. 2 (iVm. § 283 S. 1) voraussetzen. Im Anwendungsbereich des § 989 findet § 280 Abs. 1 S. 2 nach durchaus hM zwar Anwendung[28]. Doch stützt sich diese Ansicht auf die im Fall des § 989 gegebene Rechtshängigkeit[29], woran es bei § 991 Abs. 2 fehlt. Auch nimmt § 991 Abs. 2 dem Wortlaut nach die Norm des § 989 – anders als § 990 – nur im Hinblick auf den dort bezeichneten Schaden in Bezug[30]. Somit ist die Anwendung des § 280 Abs. 1 S. 2 auf § 991 Abs. 2 auch dann nicht zwingend, wenn man sie bei § 989 selbst befürwortet. Eine wertende Betrachtung ergibt jedoch, dass B angesichts des wirksamen Mietvertrages auch mit der Beweislastumkehr gemäß § 280 Abs. 1 S. 2 rechnen musste. Dass der Schaden demgegenüber aus Sicht des B zufällig bei E eintrat, kann ihn nicht entlasten.

113 Weitere Fragen zu § 991 Abs. 2 sind in **Fall 9** angesprochen: V hat sein Grundstück an M vermietet. Obwohl M zur Untervermietung nicht berechtigt ist, vermietet er das Grundstück weiter an U, der den M für den Eigentümer hält. Der Untermietvertrag ist aber unwirksam. U verursacht fahrlässig Beschädigungen an dem Grundstück. Kann V wegen dieser Schäden von U Ersatz verlangen, obwohl dieser bereits an M geleistet hat?

Der **Anspruch aus § 989, 990 Abs. 1 S. 1** scheitert daran, dass U an ein von M abgeleitetes Recht zum Besitz gegenüber V glaubt (§ 986 Abs. 1 S. 1 Alt. 2). Entstanden ist aber ein **Anspruch aus § 991 Abs. 2 iVm. § 989**: U muss mit einem Schadensersatzanspruch des Eigentümers auch dann rechnen, wenn er sich im Verhältnis zum mittelbaren Besitzer M auf ein Recht zum Besitz berufen könnte oder, wie in Fall 9, an ein Recht zum Be-

27 Es geht also nicht um die Frage, ob § 278 S. 1 im Rahmen des § 989 Anwendung findet, s. dazu Rn. 109.
28 MünchKomm/*Raff* § 989 Rn. 26.
29 Staudinger/*Thole* § § 989 Rn. 21, 23.
30 Darauf weist Staudinger/*Thole* § 991 Rn. 27 hin.

sitz glaubt[31]. Fraglich ist aber, ob der Anspruch durch die Zahlung an M erloschen ist. Dies wäre nach § 362 Abs. 1 iVm. §§ 422 Abs. 1 S. 1, 429 Abs. 3 S. 1 der Fall, wenn V und M Gesamtgläubiger wären. Doch hat M allenfalls einen auf der Verletzung des berechtigten Besitzes gründenden und damit aus § 823 Abs. 1 folgenden **Anspruch auf Freistellung** gegenüber V. U ist also nur zur Zahlung an V verpflichtet. Auch eine Analogie zu § 851 scheidet aus: Diese Norm setzt bewusst die Entziehung oder Beschädigung einer beweglichen Sache voraus, da, wie §§ 1006, 932 ff. einerseits, §§ 892 f. andererseits zeigen, nur bei dieser vom Besitz auf das Eigentum geschlossen werden kann. § 407 Fall 1 lässt sich ebenfalls nicht heranziehen, da er eine Leistung an den ursprünglich richtigen Gläubiger voraussetzt. Eine Analogie zu § 893 kommt hier[32] deshalb nicht in Frage, weil M nicht als Eigentümer in das Grundbuch eingetragen ist. Schließlich scheidet auch eine Gesamtanalogie zu den genannten Gutglaubensvorschriften aus. Dass U nicht gegenüber V frei wird, beruht vielmehr auf dem Fehlen eines dem V nach der Wertung des Gesetzes zurechenbaren Rechtsscheins.

4. Nutzungen des unentgeltlichen Besitzers

Die in § 988 geregelte Verpflichtung des unentgeltlichen Besitzers zum Nutzungsersatz ist Gegenstand von **Fall 10**: Dem B wurde vom Bucheigentümer BE das bebaute Grundstück des E kostenlos zur Nutzung überlassen. B vermietete das Grundstück weiter, wobei er in Absprache mit BE den Mietzins behalten durfte. E verlangt den vereinnahmten Mietzins von B heraus. Dieser rechnet mit Gegenansprüchen auf, die er darauf stützt, dass er auf seine Kosten Schäden beseitigt habe, die die Mieter verursacht hätten, und zudem eine Hecke angepflanzt habe 114

Gegen den **Nutzungsersatzanspruch des E aus § 988**[33] könnte dem B der **Einwand aus § 818 Abs. 3** zustehen; in diesem Fall käme es zu einer Saldierung der beiderseitigen Ansprüche, ohne dass es einer Aufrechnung bedürfte[34]. Fraglich ist, ob der Einwand aus § 818 Abs. 3 voraussetzt, dass die Entreicherung auf nach §§ 994 ff. ersatzfähigen Verwendungen beruht. Nach Ansicht des BGH ist dies zwar nicht der Fall[35]. Aus dem Sinn der Vorschrift, die Herausgabe der Nutzungen auf solche zu beschränken, die im Vermögen des Besitzers **noch vorhanden** seien, ergebe sich aber, dass die Aufwendungen in „innerem Zusammenhang“ mit den durch die Nutzung gezogenen Vorteilen stehen müssten. Bei Aufwendungen auf die herauszugebende Sache wird der innere Zusammenhang vom BGH grundsätzlich bejaht[36], so dass nicht nur die Aufwendungen zur Schadensbeseitigung, sondern auch die mit dem Anpflanzen der Hecke verbundenen Aufwendungen anspruchsmindernd zu berücksichtigen sind. Nach einer im Schrifttum vertretenen und

31 Zu Recht für Anwendbarkeit des § 991 Abs. 2 auch bei Unwirksamkeit des Besitzmittlungsverhältnisses *Wieling* § 12 III 4c; zu den Rechtsfolgen unberechtigter Untervermietung s. im Übrigen BGHZ 131, 297; ferner BGH NJW 2002, 60, 61. – Als vertretbar erscheint im Übrigen eine einschränkende Auslegung des § 991 Abs. 2, und zwar in dem Sinne, dass sich V die Leistung des U an M ebenso entgegenhalten lassen muss wie eine etwaige haftungsbeschränkende Abrede zwischen M und U (dazu MünchKomm/*Raff* § 991 Rn. 10).

32 Anders möglicherweise beim Fremdbesitzerexzess im Zwei-Personen-Verhältnis, vgl. *Medicus/Petersen* Rn. 585.

33 Näher zum Inhalt des Anspruchs BGH NJW 2002, 60, 61: Im Fall des Eigengebrauchs hat der Besitzer den objektiven Ertragswert der Gebrauchsvorteile, andernfalls die tatsächlich gezogenen Nutzungen herauszugeben.

34 **BGH JZ 1998, 685, 686.**

35 BGH JZ 1998, 685, 686.

36 BGH JZ 1998, 685, 686.

überzeugenden Ansicht[37] ist der innere Zusammenhang zwar auch bei vor der Nutzung liegenden Aufwendungen nicht ausgeschlossen, doch müsse es sich dann um Maßnahmen handeln, die die in Rede stehende Nutzungsgewinnung überhaupt erst ermöglicht hätten. Dies wäre etwa dann der Fall, wenn die Mieter ohne Hecke nicht eingezogen wären.

5. Verwendungsersatz

115 Die Vorschriften der §§ 994 ff. regeln die Verpflichtung des Eigentümers zum Ersatz von **Verwendungen**.

➔ **Definition:** Verwendungen sind Aufwendungen (freiwillige Vermögensopfer im Unterschied zu Schäden), die unmittelbar einer Sache zugute kommen sollen, also unmittelbar der Erhaltung, Wiederherstellung oder Verbesserung der Sache dienen[38]. Die Rechtsprechung schränkt den Verwendungsbegriff (und damit den Anwendungsbereich der §§ 994 ff.) allerdings ein: Verwendungen sind nach Ansicht des BGH nur solche Vermögensaufwendungen, die der Sache zugute kommen sollen, ohne sie grundlegend zu verändern[39].

Auf diese Einschränkung ist am Beispiel der Bebauung eines Grundstücks zurückzukommen (Rn. 124). Den §§ 994 ff. liegt ein nach der Art der Verwendungen und der Schutzbedürftigkeit des Besitzers differenzierender Ansatz zugrunde. Voraussetzung ist in jedem Fall das Bestehen eines **Eigentümer-Besitzer-Verhältnisses im Zeitpunkt der Vornahme der Verwendungen** (Rn. 104 f.). Im Übrigen sind die §§ 994 ff. zwar auch auf den **Fremdbesitzer** anwendbar; der Verwendungsersatzanspruch des Fremdbesitzers unterliegt allerdings den Beschränkungen, die sich aus dem vermeintlichen Besitzrecht ergeben[40].

116 Einige Probleme im Zusammenhang mit §§ 994 ff. sollen am Beispiel von **Fall 11** aufgezeigt werden: M mietet von E1 ein bebautes Grundstück, das E1 sodann an E2 veräußert. Der schriftliche Mietvertrag bestimmt unter anderem, dass M das Grundstück später zu einem 15 % unter seinem Wert liegenden Preis erwerben könne. M will E1 in Anspruch nehmen, weil er in seiner Freizeit eine Dachreparatur vorgenommen habe, die Zeit und Geld gekostet habe. E1 beruft sich unter anderem darauf, dass die Reparatur seinem Willen nicht entsprochen habe

Da der Mietvertrag angesichts der Vereinbarung eines Ankaufsrechts der notariellen Beurkundung bedurft hätte, ist er nach §§ 311b Abs. 1 S. 1, 125 S. 1, 139 unwirksam[41]; vertragliche Ansprüche kommen schon deshalb nicht in Betracht. Ein **Anspruch aus §§ 683 S. 1, 670** scheitert jedenfalls[42] am entgegenstehenden Willen des E1. Was etwaige **Ansprüche aus §§ 994 ff.** betrifft, so ist zu prüfen, ob der Einsatz der Arbeitskraft als Verwendung angesehen werden kann. Nach Ansicht des BGH ist dies stets dann der Fall, wenn die Arbeitsleistung einen Geld- bzw. Marktwert hat. Unerheblich sei dagegen, ob

37 *Gursky* JZ 1998, 685, 687.

38 BGH NJW 1996, 921, 922; Staudinger/*Thole* vor §§ 994 ff. Rn. 31 ff.; MünchKomm/*Raff* § 994 Rn. 10.

39 **BGHZ 10, 171, 177**; BGHZ 41, 157, 160; bestätigt in BGH NJW 1996, 52; möglicherweise distanzierend aber **BGH NZM 2014, 906 Rn. 16**, wo offenbleibt, ob Baulichkeiten „auf der Grundlage des vom Senat bislang vertretenen engen Verwendungsbegriffs ausnahmsweise als Verwendung anzusehen sind".

40 Vgl. BGH NJW 1959, 528, 529; *Baur/Stürner* § 11 Rn. 56; aA *Musielak/Mayer* Rn. 705; zur entsprechenden Rechtslage beim Schadensersatz s. Rn. 118.

41 Vgl. BGH NJW 1996, 52.

42 Auch dürfte es am Fremdgeschäftsführungswillen fehlen; zum Verhältnis zwischen §§ 994 ff. und §§ 677 ff. s. Rn. 125.

die Arbeit im Rahmen eines Gewerbes oder Berufs erbracht werde oder ob ein anderweitiger Verdienst entgangen sei[43]. Folgt man dem, so scheitern die Ansprüche aus §§ 994 ff. gleichwohl am Fehlen der Voraussetzungen des § 1001: M muss sich an E2 halten (§ 999 Abs. 2)[44]. **Bereicherungsansprüche** schließlich – in Betracht kämen solche aus §§ 951, 812 Abs. 1 S. 1 Alt. 2 oder aus § 812 Abs. 1 S. 2 Alt. 2[45] – werden nach Ansicht des BGH[46] von den §§ 994 ff. verdrängt (Rn. 124 ff.).

III. Konkurrenzen

1. Verhältnis der §§ 987 ff. zum Deliktsrecht

Nach dem Normzweck der §§ 987 ff. (Rn. 101) ist für die **Anwendung der §§ 823 ff.** im Rahmen eines Eigentümer-Besitzer-Verhältnisses grundsätzlich **kein Raum**. Anderes gilt nach § 992, wenn sich der Besitzer den Besitz durch verbotene Eigenmacht[47] oder durch eine Straftat verschafft hat. In diesem Fall haftet der Besitzer wegen etwaiger Eigentumsverletzungen[48] nach Maßgabe der §§ 823 ff. Die Vorschrift des **§ 992** enthält eine **Rechtsgrundverweisung auf §§ 823 ff.**[49]; ihre Bedeutung erschöpft sich also allein darin, die – grundsätzlich durch §§ 987 ff. verdrängten – Vorschriften des Deliktsrechts ausnahmsweise für anwendbar zu erklären. Neben den §§ 823 ff. bleiben die §§ 987 ff. anwendbar, so dass der Eigentümer in der Regel auch einen Anspruch aus §§ 989, 990 hat. Nach der Neuregelung des Verjährungsrechts ist dies indes ohne praktische Bedeutung. Im Gegenteil ist für den Eigentümer der deliktische Anspruch nicht nur mit Blick auf § 852, sondern auch deshalb von Vorteil, weil der Besitzer, wenn bereits die Besitzentziehung als unerlaubte Handlung anzusehen ist, der Zufallshaftung aus § 848 unterliegt. Auf die Voraussetzungen des § 280 Abs. 1 S. 2 kommt es dann nicht an. 117

Nach ganz hM sind die §§ 823 ff. des Weiteren anwendbar, wenn der **unrechtmäßige Fremdbesitzer** die **Grenzen** seines vermeintlichen Besitzrechts **überschreitet**[50]. In der Tat lässt sich der das Dreipersonenverhältnis betreffenden Vorschrift des § 991 Abs. 2 (Rn. 111 f.) der Gedanke entnehmen, dass der unrechtmäßige Besitzer dem Eigentümer insoweit haftet, wie er bei Bestehen seines vermeintlichen Besitzrechts haften würde. Auch für das Zweipersonenverhältnis hat zu gelten, dass der unrechtmäßige Fremdbesitzer im Verhältnis zum Eigentümer nicht besser stehen darf als bei Wirksamkeit des Gebrauchsüberlassungsverhältnisses. Ein Fremdbesitzerexzess hat somit die Haftung nach §§ 823 ff. zur Folge. 118

43 **BGHZ 131, 224, 226.**

44 BGH NJW 1996, 52; kritisch *Canaris* JZ 1996, 344, 345, der darauf hinweist, dass der neue Eigentümer insolvent sein könne, und vorschlägt, die Veräußerung der Wiedererlangung des Besitzes i.S.d. § 1001 gleichzustellen.

45 *Grunewald/Riesenhuber* § 34 Rn. 683.

46 BGH NJW 1996, 52; näher dazu in Rn. 124 ff.

47 Die hM verlangt Verschulden, s. Jauernig/*Berger* § 992 Rn. 2; dagegen aber MünchKomm/*Raff* § 992 Rn. 5 mit zutr. Hinweis darauf, dass § 992 eine Rechtsgrundverweisung enthält und sich somit das Verschuldenserfordernis schon aus §§ 823 ff. ergibt. – Zum Tatbestand der verbotenen Eigenmacht s. auch BGH WM 2009, 1664 (unbefugtes Parken auf Privatgrundstück).

48 Die Verletzung des Besitzes ist unmittelbar nach §§ 823 ff. zu beurteilen, s. BGH WM 1960, 1148.

49 MünchKomm/*Raff* § 992 Rn. 5; Jauernig/*Berger* § 992 Rn. 4; aA noch RGZ 117, 423, 425.

50 Jauernig/*Berger* vor §§ 987 ff. Rn. 12; *Medicus/Petersen* Rn. 586; *Musielak/Mayer* Rn. 691 f.; *Baur/Stürner* § 11 Rn. 32, die zudem § 991 Abs. 2 analog als Anspruchsgrundlage heranziehen, was vor allem mit Blick auf die Anwendbarkeit von § 278 (dazu Rn. 109) von Bedeutung ist; dagegen aber zu Recht Staudinger/*Thole* vor §§ 987 ff. Rn. 90.

Die Problematik tritt klar zutage, wenn man davon ausgeht, dass der Lkw aus **Fall 7** (Rn. 111) nicht gestohlen, sondern dem B von E aufgrund eines unwirksamen Mietvertrags überlassen worden ist. Ungeachtet der Unwirksamkeit des Mietvertrags kommt in diesem Fall zunächst ein Anspruch aus Schutzpflichtverletzung (§§ 280 Abs. 1, 241 Abs. 2, 311 Abs. 2) in Betracht[51]. Jedenfalls aber unterliegt B der Haftung aus §§ 823 ff. Das Vorliegen eines Eigentümer-Besitzer-Verhältnisses steht dem schon deshalb nicht entgegen, weil B auch bei Wirksamkeit des Mietvertrags (also als berechtigter Besitzer) deliktisch haften würde und somit der Normzweck der §§ 987 ff. (Rn. 101) die Haftung nachgerade gebietet. B haftet nach §§ 823 ff. so, wie er auch bei Wirksamkeit des Mietvertrags haften würde. Ihm kommen mithin die kurze Verjährung des § 548 Abs. 1[52] sowie etwaige Abreden über den Haftungsmaßstab zugute[53].

2. Verhältnis der §§ 987 ff. zum Bereicherungsrecht

a) Nutzungen

119 Zieht der unrechtmäßige Besitzer aus der Sache Nutzungen, so ist er an sich nach §§ 812 Abs. 1, 818 Abs. 1 zum Ersatz verpflichtet. Die Vorschrift des § 993 Abs. 1 bringt allerdings klar zum Ausdruck, dass die uneingeschränkte Anwendung des Bereicherungsrechts im Widerspruch zum **Normzweck der §§ 987 ff.** stünde (Rn. 101). Vorbehaltlich des § 988 (Rn. 114) soll vielmehr der redliche und unverklagte Besitzer nach § 993 Abs. 1 allein zur Herausgabe der sogenannten **Übermaßfrüchte** verpflichtet sein[54]; für die gewöhnlichen Früchte und für die sonstigen Nutzungen soll er dagegen keinen Ausgleich schulden. Grundsätzlich ist deshalb für die Geltung der §§ 812 ff., soweit es um die Verpflichtung des unrechtmäßigen Besitzers zur Herausgabe von Nutzungen geht (Rn. 122 f.), kein Raum.

120 Eine wesentliche Einschränkung dieses Grundsatzes ist allerdings für den Fall veranlasst, dass der Besitzer den **Besitz rechtsgrundlos erlangt** hat. Das Bedürfnis nach Anwendung der §§ 812 ff. zeigt die Überlegung, dass der Käufer, der Besitz und Eigentum an der gekauften Sache erlangt hat, bei Unwirksamkeit des Kaufvertrags nach §§ 812, 818 Abs. 1 unter anderem Herausgabe der gezogenen Nutzungen schuldet. Soll der Käufer, der, weil nicht nur der Kaufvertrag, sondern auch die Übereignung unwirksam ist, nur den Besitz an der Sache erlangt hat, tatsächlich besser stehen? Die ganz hM verneint diese Frage zu Recht. Zur Beseitigung des Wertungswiderspruchs stellt die Rechtsprechung den rechtsgrundlosen Besitzer dem unentgeltlichen gleich und gelangt auf diesem Weg zur (analogen) Anwendung des § 988[55]. Das Schrifttum plädiert dagegen überwiegend für eine Lockerung des Grundsatzes des Vorrangs der §§ 987 ff.: Ungeachtet des Bestehens eines Eigentümer-Besitzer-Verhältnisses soll der Eigentümer einen etwaigen Anspruch aus **Leistungskondiktion** geltend machen können[56].

121 Für den Fall, dass der Leistende mit dem Eigentümer identisch ist, gelangen beide Ansichten zu demselben Ergebnis. Anders verhält es sich dagegen innerhalb eines **Dreipersonenverhältnisses**, also etwa in dem Fall, dass Dieb D das dem Eigentümer E gestohle-

51 Näher dazu *Medicus/Petersen* Rn. 203 mit weit. Nachw.

52 Zur Erstreckung auch auf deliktische Ansprüche des Vermieters s. BGHZ 55, 392, 398; *Medicus/Petersen* Rn. 639.

53 Jauernig/*Berger* vor §§ 987 ff. Rn. 12.

54 Es handelt sich bei § 993 Abs. 1 um eine Rechtsfolgenverweisung auf §§ 818 ff., s. Staudinger/*Thole* § 993 Rn. 9.

55 RGZ 163, 348 ff.; **BGHZ 32, 76 ff.**; s. ferner BGH NJW 2008, 221.

56 So *Medicus/Petersen* Rn. 600; *Grunewald/Riesenhuber* § 34 Rn. 675; *Baur/Stürner* § 11 Rn. 38; eingehend und mit weit. Nachw. Staudinger/*Thole* vor §§ 987 ff. Rn. 121 ff.

ne Fahrrad an den gutgläubigen K verkauft und der Kaufvertrag unwirksam ist. Nach Ansicht der Rechtsprechung hat E in diesem Fall einen Anspruch aus § 988 analog, ohne dass K dem E entgegenhalten könnte, dass er an D einen Kaufpreis gezahlt hat. Nach der herrschenden Lehre beurteilt sich die Frage dagegen nach § 812 Abs. 1 S. 1, 1. Fall. Danach ist zwar ein Anspruch aus Leistungskondiktion nicht schon wegen des Bestehens eines Eigentümer-Besitzer-Verhältnisses ausgeschlossen, wohl aber deshalb, weil K den Besitz durch Leistung des D erlangt hat und deshalb eine Nichtleistungskondiktion des E ausscheiden muss[57]. Nur die Lösung der herrschenden Lehre vermag zu überzeugen, stellt sie doch sicher, dass K seine Gegenrechte gegen D erhalten bleiben. Im Übrigen wäre der Weg über die analoge Anwendung des § 988 bei **Wirksamkeit** des Kaufvertrags zwischen K und D versperrt, ohne dass ein sachlicher Grund für die Verschiedenbehandlung zu erkennen wäre. Nach herrschender Lehre stünde dagegen einem Bereicherungsanspruch des E auch in diesem Fall die Leistung des D an K entgegen.

b) Sachsubstanz

Die §§ 987 ff. regeln nur Nebenansprüche des Eigentümers auf Schadensersatz und Nutzungsersatz. Für einen Vorrang der §§ 987 ff. gegenüber dem Bereicherungsrecht ist deshalb von vornherein kein Raum, soweit sich der Besitzer die Sachsubstanz zu Eigen macht, also die Sache **veräußert, verarbeitet oder anderweitig verbraucht**. In Fällen dieser Art erwachsen dem früheren Eigentümer an die Stelle des verlorenen Eigentums und des Anspruchs aus § 985 tretende Rechtsfortwirkungsansprüche. So kann der frühere Eigentümer bei wirksamer Verfügung nach § 816 Abs. 1 S. 1 den vom Verfügenden erzielten Veräußerungserlös beanspruchen[58]. Bei Verbrauch tritt die allgemeine Eingriffskondiktion an die Stelle des Eigentums[59]. Entsprechendes gilt nach § 951 bei Verlust des Eigentums durch Verbindung, Vermischung oder Verarbeitung im Sinne der §§ 946 ff. Der unredliche oder verklagte Besitzer haftet jedoch in den genannten Fällen zusätzlich aus §§ 989, 990 auf Schadensersatz[60]; dies ist etwa von Bedeutung, wenn der erzielte Veräußerungserlös hinter dem Wert der Sache zurückbleibt oder der frühere Eigentümer einen über den Sachwert hinausgehenden Schaden erlitten hat. Ein auf der Vorenthaltung der Sache beruhender Schaden kann allerdings nur nach Maßgabe der §§ 990 Abs. 2, 280 Abs. 1, 2, 286 geltend gemacht werden.[61] 122

Der Anwendung der §§ 812 Abs. 1 S. 1, 2. Fall (iVm. § 951), 816 Abs. 1 steht es nicht entgegen, dass der Schuldner den **Besitz** an der Sache durch Leistung eines Dritten erlangt hat (Rn. 120 f.). Die Eingriffskondiktion tritt nämlich in den in Rn. 122 erwähnten Fällen an die Stelle des verlorenen **Eigentums**; dieses aber hat der Schuldner nicht durch Leistung eines Dritten, sondern durch eigenmächtigen Zugriff erlangt. 123

Der Verdeutlichung diene unser **Fall 12**[62]: D stiehlt dem Landwirt L zwei Jungbullen und veräußert sie an den gutgläubigen F, der sie in seiner Fleischfabrik verwertet. L verlangt von F Wertersatz.

---

57 Zum Ausschluss der Nichtleistungskondiktion bei Bestehen eines Leistungsverhältnisses s. *Medicus/Petersen* Rn. 727 f. mit weit. Nachw.

58 Bei unwirksamer Veräußerung kann der Eigentümer nach § 185 Abs. 2 S. 1 genehmigen, nach hM sogar noch dann, wenn das Eigentum schon untergegangen ist (etwa durch Verarbeitung), s. *Medicus/Petersen* Rn. 598. Genehmigt der Eigentümer nicht, kann er allerdings nicht nach § 285 vorgehen (Rn. 74).

59 BGHZ 14, 7, 8 ff.

60 BGH NJW 1960, 860.

61 Dazu etwa BGH ZIP 2004, 80 f.

62 **BGHZ 55, 176**; dazu *Westermann* JuS 1972, 18.

Der BGH[63] bejaht den **Anspruch aus § 951 Abs. 1 S. 1**[64]: Das Eigentum habe F nicht durch Leistung des E (§ 935 Abs. 1 S. 1!), sondern durch Verarbeitung nach § 950 erworben; § 950 bilde aber, wie § 951 zeige, keinen Rechtsgrund für die Vermögensverschiebung. Auch § 993 Abs. 1 Halbs. 2 stehe der Haftung des F nicht entgegen, da der Anspruch aus § 951 Bereicherungs-, nicht Schadensersatzanspruch sei. F könne dem L auch nicht über § 818 Abs. 3 die Kaufpreiszahlung an D entgegenhalten, da der Anspruch aus § 951 an die Stelle des Anspruchs aus § 985 getreten sei, bei dem dieser Einwand ebenfalls nicht durchgreife.

c) Verwendungen

124 Die Frage nach dem Verhältnis der §§ 994 ff. zum Bereicherungsrecht ist im Zusammenhang mit dem Begriff der Verwendungen zu sehen.

Die Problematik sei am Beispiel von **Fall 13** verdeutlicht: B ist unrechtmäßiger Besitzer eines dem E gehörenden Grundstücks. Infolge grober Fahrlässigkeit hält er sich für den Eigentümer und errichtet auf dem Grundstück ein Gebäude.

Legt man den engen **Verwendungsbegriff** der Rechtsprechung zugrunde (Rn. 115), so kommt ein Anspruch des redlichen B[65] aus **§§ 994 ff.** schon deshalb nicht in Betracht, weil er keine Verwendungen getätigt hat. Aber auch ein **Anspruch aus §§ 951, 812** ist ausgeschlossen: Nach Ansicht des BGH enthalten die §§ 994 ff. auch insoweit eine abschließende Sonderregelung, als es um sachbezogene Aufwendungen geht, die die Sache grundlegend verändern[66]. B hat danach also allenfalls das (nicht auf Verwendungen beschränkte) **Wegnahmerecht aus § 997**. Das überwiegende Schrifttum qualifiziert zwar gleichfalls die §§ 994 ff. als abschließende Sonderregelung, vertritt jedoch einen weiten, auch grundlegende Veränderungen wie etwa die Bebauung eines Grundstücks umfassenden Verwendungsbegriff[67]; danach könnte B also Ersatz seiner Aufwendungen nach Maßgabe der §§ 996, 1001 f. verlangen. Ein anderer Teil des Schrifttums spricht sich demgegenüber gegen den Vorrang der §§ 994 ff. aus und gewährt dem Besitzer für jegliche sachbezogene Aufwendungen einen Bereicherungsausgleich nach §§ 951, 812[68]. Andernfalls stünde der besitzende Verwender schlechter als der nicht besitzende Verwender. Danach könnte B auch unabhängig von den Voraussetzungen der §§ 994 ff. Werter-

---

63 BGHZ 55, 176 ff.

64 Er spricht dabei allgemein von einer Verweisung auf die Bereicherungsvorschriften. Ob auch § 812 Abs. 1 S. 1 Alt. 1, S. 2 Alt. 1 erfasst ist, ist aber umstritten, vgl. zum Meinungsstand etwa Grüneberg/*Herrler* § 951 Rn. 2. Im vorliegenden Fall kommt es auf den Streit nicht an, da nur eine Eingriffskondiktion in Rede steht. Zur Subsidiarität der Eingriffskondiktion s. im Zusammenhang mit dem „Jungbullenfall" *Westermann* JuS 1972, 18 ff.

65 Zur Maßgeblichkeit des § 892 Abs. 1 s. Rn. 107.

66 **BGHZ 41, 157, 162 f.**; BGH NJW 1996, 52; dazu *Kuhn* AcP 221 (2021), 845, 858 ff. („wertungsmäßig stimmig"); möglicherweise distanzierend BGH NZM 2014, 906 Rn. 16. S. aber auch BGHZ 44, 321, 323 und BGH NJW 2001, 3118, 3119: Bereicherungsansprüche wegen Baumaßnahmen auf fremdem Grund und Boden, die von einem berechtigten Besitzer in der begründeten Erwartung des späteren Eigentumserwerbs vorgenommen werden, werden auch nach Wegfall des Besitzrechts nicht durch §§ 994 ff. ausgeschlossen.

67 So namentlich Soergel/*Stadler*, 13. Aufl. 2007, Vor § 994 Rn. 11; Staudinger/*Thole* vor §§ 994 ff. Rn. 44; *Wieling* § 12 V 3 c; *Baur/Stürner* § 11 Rn. 55; *Prütting* Rn. 555; *Verse* (Fn. 1), S. 165 f.

68 So *Medicus/Petersen* Rn. 897; Staudinger/*Lorenz* vor §§ 812 ff. Rn. 43; *G. Hager* JuS 1987, 877, 880; *Verse* (Fn. 1) S. 119 ff.; im Grundsatz auch *Jakobs* AcP 167 (1967), 350, 370 ff.; für Rückgriff auf das Bereicherungsrecht, soweit Ersatz für Aufwendungen ohne Verwendungscharakter begehrt wird, *U. Huber* JuS 1970, 515, 519.

satz nach §§ 818 f. verlangen, sofern nicht der Anspruch unter dem Gesichtspunkt der **aufgedrängten Bereicherung** ausgeschlossen ist[69].

Gegen die zuletzt genannte Ansicht spricht freilich, dass sie das nach der Art der Verwendungen und der Person des Besitzers differenzierende System der §§ 994 ff. einschließlich der in §§ 1001 ff. getroffenen Regelung über die Geltendmachung von Ersatzansprüchen aushöhlt; insbesondere der bösgläubige Besitzer, dem nach § 996 kein Anspruch auf Ersatz nützlicher Verwendungen zustehen soll, würde entgegen der Absicht des Gesetzgebers privilegiert. Auch aus § 951 Abs. 2 S. 1 lässt sich nichts Gegenteiliges herleiten[70]. Umgekehrt vermag die Ansicht der Rechtsprechung nicht zu überzeugen, versagt sie doch im Ergebnis dem redlichen Besitzer jeglichen Ausgleich; das Wegnahmerecht aus § 997 vermag auch unabhängig von den mit seiner Ausübung verbundenen Kosten (§ 258) kaum einen angemessenen Interessenausgleich herbeizuführen[71]. Den Vorzug verdient deshalb der weite, auch Bebauungen umfassende Verwendungsbegriff der herrschenden Lehre. Die damit verbundene Geltung der §§ 994 ff. ermöglicht einen angemessenen Ausgleich der widerstreitenden Interessen, zumal der für den Ersatz nützlicher Verwendungen maßgebliche Wert im Sinne des § 996 **subjektiviert**, also aus der Sicht des Eigentümers bestimmt werden kann[72]. Nach allem umfasst der Begriff der Verwendungen sämtliche Aufwendungen, die einer Sache zugute kommen sollen und deren Identität unberührt lassen[73], mithin auch die Bebauung eines Grundstücks.

3. Verhältnis der §§ 987 ff. zur Geschäftsführung ohne Auftrag

Was das Verhältnis der §§ 987 ff., 994 ff. zur GoA betrifft, so ist zu unterscheiden. **125**

- Bei **echter GoA** finden die Vorschriften über das Eigentümer-Besitzer-Verhältnis keine Anwendung. Für den Fall der **berechtigten GoA** folgt dies schon daraus, dass der Geschäftsführer zum Besitz der Sache berechtigt ist und es somit an einer Vindikationslage fehlt[74]. Handelt der Geschäftsführer in **unberechtigter GoA**, so sollen nach hM die §§ 677 ff. und damit der Sache nach das durch § 684 S. 1 für anwendbar erklärte Bereicherungsrecht Vorrang vor den §§ 994 ff. haben[75].
- Bei **angemaßter Eigengeschäftsführung** hat der Eigentümer sowohl die Rechte aus § 687 Abs. 2 als auch die Rechte aus §§ 987 ff.[76]; der Besitzer hat dagegen nur die Ansprüche aus §§ 994 ff., nicht dagegen den Bereicherungsanspruch aus §§ 687 Abs. 2, 684 S. 1[77].
- Bei **irrtümlicher Eigengeschäftsführung** bewendet es nach § 687 Abs. 1 bei den allgemeinen Vorschriften und damit bei Geltung der §§ 987 ff., 994 ff.

69 Dazu *Medicus/Petersen* Rn. 899.
70 Näher Staudinger/*Thole* vor §§ 994 ff. Rn. 85.
71 Kommt ein Abriss des Gebäudes aus Gründen des öffentlichen Rechts nicht in Betracht, soll der Eigentümer nach § 242 zur Zahlung einer angemessenen Entschädigung verpflichtet sein, BGHZ 47, 157, 164 ff.
72 Zu entsprechenden Tendenzen s. Staudinger/*Thole* § 996 Rn. 11 ff.; *Verse* (Fn. 1), S. 161 ff.
73 Andernfalls handelt es sich um eine Verarbeitung im Sinne des § 950, s. *Wieling* § 12 V 3 c.
74 Staudinger/*Thole* vor §§ 987 ff. Rn. 167.
75 MünchKomm/*Raff* § 994 Rn. 44 f., 66, § 993 Rn. 15; aA Staudinger/*Thole* vor §§ 987 ff. Rn. 167.
76 Staudinger/*Thole* vor §§ 987 ff. Rn. 168; *Berg* JuS 1971, 310, 312.
77 BGHZ 39, 186, 188; Staudinger/*Thole* vor §§ 994 ff. Rn. 96.

§ 7 Abwehr- und Beseitigungsanspruch

I. Grundlagen

1. Funktion

126 Die rei vindicatio, die den Eigentümer gegen die rechtswidrige Entziehung oder Vorenthaltung des Besitzes schützt, findet ihre Ergänzung[1] in der **actio negatoria** des § 1004 Abs. 1. Danach kann der Eigentümer jede rechtswidrige Beeinträchtigung seines Eigentums, die nicht Entziehung oder Vorenthaltung des Besitzes ist, durch Geltendmachung eines Beseitigungs- und Unterlassungsanspruchs abwehren. Den Anspruch ausschließende **Duldungspflichten** des Eigentümers ergeben sich insbesondere aus §§ 904 ff., mithin unter anderem bei nur unwesentlich beeinträchtigenden Immissionen (§ 906 Abs. 1 S. 2, 3) sowie bei rechtmäßigem oder zwar rechtswidrigem, aber entschuldigtem Überbau (§ 912 Abs. 1).[2] Wie § 985 bezweckt auch § 1004 den Schutz des Eigentums an einer beweglichen oder unbeweglichen Sache; auch § 1004 versteht sich also als Konkretisierung der in § 903 angesprochenen Befugnis des Eigentümers, andere von jeder Einwirkung auf die Sache auszuschließen. Ihrem Inhalt nach ist die actio negatoria auf die Beseitigung einer bereits bestehenden und auf Unterlassung einer weiteren Beeinträchtigung des Eigentums gerichtet. Nach wohl einhelliger Meinung genügt die Gefahr einer ersten Störung; bei Erstbegehungsgefahr hat der Eigentümer also eine sogenannte **„vorbeugende" Unterlassungsklage**[3]. Materiell-rechtlich und prozessual ist zwischen dem Beseitigungs- und dem Unterlassungsanspruch zu trennen; § 1004 Abs. 1 gewährt also zwei Ansprüche.

2. Rechtsnatur

127 Die Ansprüche aus § 1004 Abs. 1 gehören zur Gruppe der **dinglichen Ansprüche**, dienen also der **Verwirklichung des Eigentums** (Rn. 64 ff.). Sie können nicht vom Eigentum getrennt werden und stehen, als Ausfluss des Eigentums, dem jeweiligen Eigentümer zu. Davon zu unterscheiden ist die Frage, ob sich der Adressat der actio negatoria (der Störer, s. Rn. 129) seiner Verpflichtung durch Dereliktion oder Veräußerung der störenden Sache entledigen kann (Rn. 130).

128 Die Vorschrift des § 1004 gilt unmittelbar nur für das Eigentum. Sie wird in §§ 1027, 1065 (1090 Abs. 2), 1227 in Bezug genommen. Für andere absolute Rechte finden sich häufig entsprechende Vorschriften, etwa in §§ 12, 1134 BGB, § 37 HGB. Im Übrigen findet § 1004 auf sämtliche **absoluten Rechte** und auf die nach § 823 Abs. 1 oder 2 geschützten **Rechtsgüter** entsprechende Anwendung[4].

1 Näher zur Ergänzungsfunktion des § 1004 *Picker*, Festschrift für Bydlinski, 2002, S. 269, 290 ff.
2 Überblick bei MünchKomm/*Raff* § 1004 Rn. 199 ff.; zum Anspruch aus § 1004 bei einem rechtswidrigen, nicht entschuldigten Überbau sowie zur Konkurrenz mit dem Anspruch aus § 985 auf Herausgabe der überbauten Fläche s. **BGH NJW 2011, 1069 Rn. 15 ff.**
3 *Prütting* Rn. 576.
4 Jauernig/*Berger* § 1004 Rn. 2 mit weit. Nachw.; näher dazu Staudinger/*Thole* § 1004 Rn. 7.

II. Ansprochsgegner

1. Allgemeines

129 Die Ansprüche aus § 1004 Abs. 1 richten sich gegen den Störer. Die Beeinträchtigung des Eigentums muss selbstverständlich nicht von einer Sache ausgehen und kann beispielsweise auch in der Anmaßung fremden Eigentums zu erblicken sein; eine solche hat der BGH allerdings noch nicht in der Eintragung eines Kunstwerks in die dem Aufspüren von NS-Raubkunst dienende **„Lost Art"-Datenbank** erblickt, sofern die Suchmeldung auf wahren Tatsachen beruht[5]. Ganz allgemein unterscheidet die hM zwischen dem Störer, der das fremde Eigentum durch eine Handlung verletzt (dem sogenannten **Handlungsstörer**), und demjenigen, der für eine das Eigentum beeinträchtigende Sache verantwortlich ist (dem sogenannten **Zustandsstörer**)[6]. Allzu große praktische Konsequenzen hat diese Unterscheidung nicht, ist doch der BGH zu Recht der Ansicht, dass die Störereigenschaft nicht allein aus dem Eigentum oder dem Besitz an einer Sache, von der die Störung ausgeht, folgt, vielmehr auf den Willen des Eigentümers oder Besitzers dieser Sache zurückzuführen und diesem zurechenbar sein muss; entscheidend ist, ob sich aus der Art der Nutzung der Sache eine **„Sicherungspflicht"** und damit eine Pflicht zur Verhinderung möglicher Beeinträchtigungen ergibt[7]. Daran fehlt es, wenn der nach § 1004 in Anspruch Genommene nicht einmal in einer zumindest mittelbaren, auf die Beherrschbarkeit einer Störungsquelle beruhenden **Kausalbeziehung** zur Beeinträchtigung steht.

129a Nicht nur die Beeinträchtigung des Eigentums durch Naturkräfte oder sonstige Formen höherer Gewalt gehört damit zum allgemeinen Lebensrisiko des beeinträchtigten Eigentümers (**„casum sentit dominus"**)[8]. Auch auf Treibhausgasemissionen zurückgehende **Klimaschäden**[9] lassen sich im Allgemeinen nicht nach § 1004 abwehren. So fehlt es bereits an einem hinreichenden Kausalzusammenhang zwischen den Emissionen und dem Temperaturanstieg, der sich sodann in einem entsprechenden Kausalzusammenhang zwischen Temperaturanstieg und individueller Beeinträchtigung fortsetzen müsste; ein solcher Nachweis lässt sich im Rahmen sogenannter Summationsschäden nicht führen[10]. Darüber hinaus fehlt es an der Verletzung einer „Sicherungspflicht" und damit an der Störereigenschaft desjenigen Emittenten, der im Einklang mit umweltrechtlichen Vor-

5 **BGH NJW 2023, 3013 Rn. 27 ff.**

6 *Baur/Stürner* § 12 Rn. 12 ff.; aus der Praxis etwa BGHZ 120, 239 (Froschteich); BGH NJW 1999, 2896 (Eigentümer eines Hauses, das infolge eines technischen Defekts an Leitungen oder Geräten in Brand gerät und das Nachbargrundstück beschädigt); BGH NJW 2018, 1542 (Störerhaftung des Eigentümers für auf Handwerkerarbeiten zurückgehende Brandfolgen am Nachbarhaus); BGH NJW 2003, 1732 (altersschwacher Baum); s. ferner BGH NJW 1998, 3273: Mit Gefahrübergang nach § 446 kann der Verkäufer nicht mehr aus § 1004 Abs. 1 in Anspruch genommen werden. Eingehend und kritisch zur Unterscheidung zwischen Zustands- und Handlungsstörer MünchKomm/*Raff* § 1004 Rn. 165 ff.

7 BGH NJW 2018, 1542 Rn. 7 f. mit weit. Nachw.

8 Die Abgrenzung kann im Einzelfall erhebliche Schwierigkeiten bereiten, s. etwa BGH NJW-RR 1996, 656 = JuS 1996, 848 f. *(K. Schmidt)*; näher *Baur/Stürner* § 12 Rn. 14 f.

9 Eingehend dazu *Wagner*, Klimahaftung vor Gericht, 2020, S. 23 ff.; *di Fabio*, Verfassung und Klimahaftung, 2023, S. 13 ff.; allg. zu Nachhaltigkeitsaspekten im Rahmen des Sachenrechts *Ruster* JZ 2021, 1106 ff.

10 S. im Zusammenhang mit Waldschäden bereits BGH NJW 1988, 478, 479: „Denn der einzelne geschädigte Waldeigentümer wird kaum jemals in der Lage sein, die ihn schädigenden Anlagenbetreiber zu identifizieren und die Schadensursächlichkeit der von bestimmten Anlagen ausgehenden Imissionsbeiträgen nachzuweisen."; sodann BVerfG NJW 1998, 3264, 3265; aus der Rechtsprechung zum öffentlichen Umweltrecht VGH Mannheim, Urt. v. 20.7.2011 – 10 S 210109, Rn. 57 (juris); OVG Münster, Urt. v. 16.6.2016 – 8 D 99/13.AK, Rn. 407 (juris); VGH München BeckRS 2015, 48345 Rn. 158; aA *Schirmer* JZ 2021, 1099 ff.; *ders.* NJW 2023, 113, 115 f. mit weit. Nachw.

schriften Treibhausgase emittiert[11]. Derlei „Sicherungspflichten“ lassen sich nämlich von vornherein nicht begründen, soweit der Anlagenbetreiber im Rahmen gesetzlicher Vorgaben agiert und es um die Verantwortlichkeit für globale Umweltrisiken geht[12]. Dies bestätigen nicht zuletzt § 906 Abs. 1 S. 2 BGB und § 14 S. 2 BImSchG, die bei Einhaltung öffentlich-rechtlicher Emissionsgrenzen und Genehmigungen selbst dem Grundstücksnachbarn eine Duldungspflicht auferlegen, mithin einen Anspruch auf Einstellung des Betriebs absprechen und hierdurch ganz allgemein der Maßgeblichkeit öffentlich-rechtlicher Vorgaben für das Privatrecht Ausdruck verleihen: Im Einklang mit dem BImSchG erfolgende Emissionen sind auch im zivilrechtlichen Sinne pflichtgemäß und selbst von Nachbarn und damit erst Recht von entfernteren Drittbetroffenen zu dulden; es fehlt insoweit schon an einer „besonderen“ Betroffenheit[13].

2. Dereliktion und Veräußerung der störenden Sache

130 Droht dem Zustandsstörer die Inanspruchnahme aus § 1004 Abs. 1, so mag dieser erwägen, Eigentum und/oder Besitz an der störenden Sache aufzugeben, um sich dadurch seiner Haftung zu entziehen. Die ganz hM geht allerdings zu Recht davon aus, dass die Dereliktion der störenden Sache – Entsprechendes gilt für die bloße Besitzaufgabe – die Störereigenschaft nicht beseitigt[14]. Die Mindermeinung führt dagegen unter anderem an, dass auch der Anspruch aus § 985 mit Aufgabe des Besitzes entfällt[15]. Der Vergleich mit § 985 hinkt indes. Was zunächst die **Dereliktion** betrifft, so ist sie (wenn überhaupt) mit dem Verlust des Besitzrechts zu vergleichen[16]; dieser aber hat die Entstehung des Anspruchs aus § 985 (und nicht dessen Untergang) zur Folge. Die **Aufgabe des Besitzes** lässt dagegen in der Tat den Anspruch aus § 985 entfallen (Rn. 82). Doch kann der Eigentümer in diesem Fall die Sache ohne weiteres in Besitz nehmen und dadurch die Beeinträchtigung seines Eigentums beseitigen. In den Fällen des § 1004 beruht dagegen die Beeinträchtigung des Eigentums nicht auf der Vorenthaltung des Besitzes; sie wirkt deshalb ungeachtet der Besitzaufgabe fort. Auch für diesen Fall sollte klar sein, dass sich der Eigentümer oder Besitzer von seiner einmal entstandenen, auf der Sachherrschaft beruhenden Verantwortlichkeit nicht einseitig kompensationslos entledigen kann. Hinter der speziellen Frage nach dem Schicksal der actio negatoria bei Dereliktion verbirgt sich im Übrigen ein **grundsätzlicher Streit** über Funktion und Reichweite des § 1004, der vor allem um die Frage geführt wird, ob die Vorschrift nur gegen fortwährende Eingriffe in die rechtliche Integrität des Eigentums schützt und neben einem gegenwärtigen, dem Inhalt des Eigentums widersprechenden Zustand und die faktische Inanspruchnahme fremden Rechts durch den Störer voraussetzt. Während die Lehre von der **„Rechtsursurpation“** genau dies bejaht, steht die herrschende Meinung nicht zuletzt mit Blick auf die Fälle

11 LG Stuttgart NVwZ 2022, 1663 Rn. 20 ff.; LG München I BeckRS 2023, 2861 Rn. 68 ff.; s. ferner LG Braunschweig ESG 2023, 110, 111; allg. dazu BGH NJW 2004, 1037, 1039; BGH NJW-RR 2001, 1208 f. – Mehltau; s. ferner BGHZ 90, 255, 266 = NJW 1984, 2207; BGHZ 114, 183, 187 = NJW 1991, 2770; BGH NJW 1995, 2633 – Wolläuse; näher dazu, insbesondere zur Maßgeblichkeit des Verhaltens als Anknüpfungspunkt *Ahrens* VersR 2019, 645, 649 ff.; *Wagner* (Fn. 9), S. 65 ff.

12 *Wagner* (Fn. 9), S. 65 ff.; verfassungsrechtliche Herleitung bei *di Fabio* (Fn. 9), S. 20 ff.

13 *Schirmer* NJW 2023, 113, 117 f.; allg. zu diesem Erfordernis BGH NJW 2015, 2023; verkannt von OLG Hamm ZUR 2018, 118, 119.

14 BGHZ 41, 393, 397; MünchKomm/*Raff* § 1004 Rn. 91 ff.; Jauernig/*Berger* § 1004 Rn. 20; näher *Müller/Gruber* Rn. 1129 ff.

15 *Picker*, Der negatorische Beseitigungsanspruch, 1972, S. 113 ff.; *ders.*, Festschrift für Gernhuber, 1993, S. 337 ff., 356 f.; Staudinger/*Thole* § 1004 Rn. 290.

16 Zutr. Jauernig/*Berger* § 1004 Rn. 20.

der Besitzaufgabe und Dereliktion und völlig zu Recht auf dem gegenteiligen Standpunkt[17].

Differenzierter zu beurteilen ist die Frage nach den Rechtsfolgen einer **Veräußerung** der störenden Sache. Für diesen Fall geht die hM davon aus, dass der **Erwerber als Rechtsnachfolger des Zustandsstörers** aus § 1004 in Anspruch genommen werden kann[18]. Dabei handelt es sich allerdings nicht um eine Rechtsnachfolge in den zunächst gegen den Rechtsvorgänger (Veräußerer) begründeten Anspruch aus § 1004. Der Rechtsnachfolger haftet vielmehr **originär**, weil nunmehr er es ist, der für den Zustand der Sache und damit für die Beeinträchtigung des Eigentums verantwortlich ist. Daraus folgt, dass auch der Rechtsvorgänger weiterhin in Anspruch genommen werden kann, soweit er zur Beseitigung noch imstande ist[19]. 131

III. Inhalt und Geltendmachung der actio negatoria

1. Inhalt

Nach § 1004 Abs. 1 S. 2 hat der Eigentümer bei drohendem Eingriff in sein Recht einen **materiell-rechtlichen Anspruch auf Unterlassung**. Auch unabhängig vom Eintritt einer (weiteren) Beeinträchtigung des Eigentums kann also das zwischen dem Eigentümer und allen anderen Rechtssubjekten bestehende latente Rechtsverhältnis (Rn. 65) im Verhältnis zum Störer zu einem konkreten, mit durchsetzbaren Pflichten verbundenen Rechtsverhältnis erstarken; Voraussetzung ist lediglich, dass für die Annahme, es stehe ein Eingriff bevor, ein hinreichender, nicht notwendigerweise auf einem bereits zuvor erfolgten Eingriff basierender (Rn. 126) Anlass besteht. Was den **Anspruch auf Beseitigung der Beeinträchtigung** betrifft, so bereitet seine Abgrenzung gegenüber dem (verschuldensabhängigen!) Schadensersatzanspruch aus § 823 Abs. 1 bisweilen Schwierigkeiten[20]. Nach § 1004 Abs. 1 kann der Eigentümer lediglich verlangen, dass er nicht mehr beeinträchtigt wird; nicht dagegen kann Ausgleich der weiteren Folgen der Beeinträchtigung verlangt werden. Auch diese Abgrenzungsformel bedarf indes der Präzisierung. Nach hM kann der Eigentümer nach § 1004 Abs. 1 die Herstellung eines Zustands verlangen, der die **Wiederbenutzung** der Sache ermöglicht[21]. Die Gegenansicht spricht dem Eigentümer dagegen nur einen Anspruch auf Entfernung der Störungsquelle[22] oder gar nur auf Rückzug des Störers aus dem fremden Rechtskreis zu[23]. Der Unterschied zeigt sich deutlich am Beispiel von **BGH NJW 1997, 2234**. Danach hat der Eigentümer eines Tennisplatzes, dessen Belag durch eindringendes Wurzelwerk der auf dem Nach- 132

17 S. für die Lehre von der „Usurpation" *Picker* (Fn. 15); *ders.*, Privatrechtssystem und negatorischer Rechtsschutz, 2020, S. 7 ff.; ihm folgend *Gursky* JZ 1996, 683, 684; *Lobinger* JuS 1997, 981, 983; eingehend *Katzenstein* AcP 211 (2011), 58, 74 ff., 81 ff.; für die hM s. die Nachw. in Fn. 14.

18 BGH NJW 1989, 2541, 2542; Staudinger/*Thole* § 1004 Rn. 337 ff.; Jauernig/*Berger* § 1004 Rn. 19; näher *Brehm* JZ 1972, 225 ff.

19 Vgl. BGHZ 41, 383, 396 ff.; Jauernig/*Berger* § 1004 Rn. 19.

20 Näher zum Folgenden *F. Baur* AcP 160 (1961), 465, 489 ff.; *Katzenstein* AcP 211 (2011), 58, 70 ff.; Staudinger/*Thole* § 1004 Rn. 349 ff.; MünchKomm-*Raff* § 1004 Rn. 229 ff.; Soergel/*Stadler*, 13. Aufl. 2007, § 1004 Rn. 63 ff.; ferner *Picker* (Fn. 15); instruktiv *Fritzsche* Ad Legendum 2016, 1, 7 f.

21 BGHZ 97, 231, 236; BGH NJW 1997, 2234; BGH NJW 1995, 395, 396; BGH NJW 2005, 1366, 1368; vermittelnd Grüneberg/*Herrler* § 1004 Rn. 28; Überblick zum Theorienstreit bei *Fritzsche* Ad Legendum 2016, 1, 7 f.

22 So *Baur* AcP 160 (1965), 465, 487 ff.; *Wellenhofer* § 24 Rn. 39.

23 So die Vertreter der „Usurpationstheorie", s. Fn. 15.

bargrundstück stehenden Pappeln beschädigt worden war, Anspruch auf Herstellung eines Zustands, der die Wiederbenutzung des Tennisplatzes ermöglicht. Die Gegenansicht käme dagegen nur zu einem Anspruch auf Beseitigung des Wurzelwerkes[24]. Einigkeit besteht allerdings darüber, dass der Eigentümer nach § 1004 Abs. 1 nicht Ersatz des durch die vorübergehende Nichtbenutzbarkeit des Tennisplatzes entstandenen Folgeschadens verlangen kann. **BGH NJW 1996, 845** zeigt im Übrigen, dass der Beseitigungsanspruch zu erheblichen finanziellen Belastungen des Störers führen kann. Nach dieser Entscheidung scheitert der Anspruch nämlich nicht daran, dass in den Boden eingedrungene Schadstoffe eine enge Verbindung mit dem Boden eingegangen sind und sich ihre Beseitigung nur noch über einen Bodenaustausch mit entsprechenden Folgekosten erreichen lässt.

133 Gewährt § 1004 Abs. 1 S. 1 keinen Anspruch auf Schadensersatz, so folgt daraus an sich die Unanwendbarkeit der §§ 249 Abs. 2 S. 1, 251 Abs. 2[25]. Indes zeigt schon § 906 Abs. 2, dass dem **Rechtsgedanken des § 251 Abs. 2** auch im Rahmen der actio negatoria Bedeutung zukommt. Ist also dem Störer die Beseitigung unzumutbar, so kann er diese Verpflichtung durch Leistung einer Geldentschädigung abwenden[26]. Ebenfalls entsprechend anwendbar ist die Vorschrift des **§ 254**[27]; nach Ansicht des BGH wird in einem solchen Fall die Verurteilung zur Beseitigung „durch die Feststellung beschränkt, dass sich der beeinträchtigte Eigentümer in Höhe seiner Haftungsquote an den Kosten der Beseitigung zu beteiligen hat."[28]

134 Ist der Anspruch aus § 1004 Abs. 1 S. 1 entstanden, unterliegt er grundsätzlich den allgemeinen schuldrechtlichen Vorschriften über die **Unmöglichkeit** und den **Verzug**[29]. Hat der Eigentümer die Beeinträchtigung seines Rechts auf eigene Kosten beseitigt, steht ihm nach § 812 Abs. 1 S. 1, 2. Fall[30] sowie gegebenenfalls nach den Vorschriften über die Geschäftsführung ohne Auftrag[31] ein Anspruch auf Ersatz zu.

2. Analoge Anwendung der §§ 987 ff.

135 Der Anspruch aus § 1004 Abs. 1 S. 1 kann mit einem Herausgabeanspruch nach § 985 konkurrieren. In diesem Fall fragt sich, ob die Vorschriften der §§ 987 ff. zugunsten des redlichen Störers entsprechende Anwendung finden[32]. Die Problematik zeigt sich am Beispiel der Bebauung eines fremden Grundstücks. Wollte man dem Eigentümer einen Anspruch auf Beseitigung dieses Baus zusprechen, so könnte er diesen Anspruch etwaigen Ansprüchen des Besitzers auf Verwendungsersatz (Rn. 115 f., 124) einredeweise entgegenhalten. Der Besitzer stünde in diesem Fall wesentlich schlechter als der redliche Besitzer eines bebauten Grundstücks, der den Bau beschädigt oder abreißt. Die besseren

24 Und zwar sowohl die Vertreter der „Usurpationstheorie" (Fn. 15) als auch die in Fn. 22 genannten Autoren; Unterschiede ergeben sich insoweit nur, wenn die Störung nicht durch den Störer selbst oder dessen Sachen verursacht wird.
25 So denn auch *Baur/Stürner* § 12 Rn. 21.
26 BGHZ 62, 388, 391; *Prütting* Rn. 575; aA *Picker* AcP 176 (1976), 28, 53.
27 RGZ 138, 327, 330 f.; BGH NJW 1995, 395; aA *H. Roth* AcP 180 (1980), 263, 282 ff.
28 BGH NJW 1997, 2234 = JuS 1997, 1042 *(K. Schmidt)*.
29 Näher dazu in Rn. 72 ff.; speziell zur Anwendbarkeit des § 275 Abs. 2 auf den Anspruch aus § 1004 **BGH NJW 2008, 3122** Rn. 18 ff.; BGHZ 209, 270 Rn. 21 = NJW 2016, 3235.
30 BGH NJW 1995, 395, 396; BGHZ 106, 142, 143; aA MünchKomm/*Raff* § 1004 Rn. 282.
31 BGHZ 65, 354 und 384; BGHZ 110, 313, 314 f.
32 Dafür *F. Baur* AcP 160 (1961), 465, 490 ff.; *Baur/Stürner* § 12 Rn. 23; MünchKomm/*Raff* § 1004 Rn. 238; aA Soergel/*Stadler*, 13. Aufl. 2007, Vor § 1004 Rn. 14.

Gründe sprechen deshalb für die entsprechende Anwendung der §§ 989, 990, 993 Abs. 1, so dass der redliche Eigenbesitzer[33] nicht auf Beseitigung der Bebauung in Anspruch genommen werden kann und seinerseits Anspruch auf Verwendungsersatz nach Maßgabe der Ausführungen in Rn. 115 f., 124 hat.

3. Verjährung

Während der Anspruch aus § 985 nach § 197 Abs. 1 Nr. 1 in dreißig Jahren verjährt (Rn. 71), verjährt der **Beseitigungsanspruch** aus § 1004 Abs. 1 S. 2 nach § 195 innerhalb von drei Jahren[34]. Die Verjährung beginnt nach § 199 Abs. 1 mit dem Schluss des Jahres, in dem der Anspruch entstanden, d.h. der **beeinträchtigende Zustand** eingetreten ist und der Gläubiger von den den Anspruch begründenden Umständen und der Person des Störers Kenntnis erlangt hat oder ohne grobe Fahrlässigkeit erlangt haben musste. Unabhängig von der Kenntnis oder grob fahrlässigen Unkenntnis tritt nach § 199 Abs. 4 Verjährung in zehn Jahren nach Entstehung des Anspruchs ein[35]. Nach hM soll dies auch dann gelten, wenn es sich bei der gestörten Sache um ein Grundstück handelt. § 902 Abs. 1 S. 1 soll dann also keine Anwendung finden[36], der Beseitigungsanspruch vielmehr einem Schadensersatzanspruch im Sinne des § 902 Abs. 1 S. 2 gleichstehen. Dagegen spricht freilich, dass der Anspruch aus § 1004 Abs. 1 S. 2 funktional dem – unzweifelhaft von § 902 erfassten – Herausgabeanspruch des eingetragenen Grundeigentümers aus § 985 entspricht. Eine unterschiedliche Behandlung beider Ansprüche vermag deshalb, wie auch §§ 898, 924 bestätigen und ein Umkehrschluss aus § 1028 Abs. 1 S. 1 (Rn. 71) zeigt, nicht zu überzeugen[37]. Bei dem **Unterlassungsanspruch** tritt nach § 199 Abs. 5 die Zuwiderhandlung an die Stelle der Entstehung des Anspruchs[38]. 136

Verjährungsrechtliche Fragen werden schließlich durch die **Einzelrechtsnachfolge**[39] auf Seiten des Störers oder des Gestörten aufgeworfen. Was zunächst die Rechtsnachfolge in das Eigentum an der störenden Sache betrifft, so erwächst zwar dem gestörten Eigentümer ein neuer Beseitigungsanspruch (Rn. 70, 82); in entsprechender Anwendung des § 198 kommt jedoch dem Rechtsnachfolger die gegen den Rechtsvorgänger abgelaufene Verjährungszeit zugute[40]. Überträgt umgekehrt der Gläubiger des Beseitigungsanspruchs sein Eigentum, so geht der einmal entstandene dingliche Anspruch nicht auf den neuen Eigentümer über (Rn. 70). In der Person des neuen Eigentümers entsteht vielmehr ein originärer, nach §§ 195, 199 verjährender Beseitigungsanspruch aus § 1004; auch in diesem Fall muss jedoch dem Schuldner die bereits abgelaufene Verjährungszeit zugute kommen[41]. 137

33 Für den Fremdbesitzer gilt dies entsprechend, sofern sich die Bebauung im Rahmen seines Besitzrechts bewegt, s. Rn. 118.

34 BGH NJW 2014, 2861 Rn. 7; BGH NJW 2011, 1068 Rn. 6 f.; BGH NJW 2011, 1069 Rn. 13 ff.; krit. *Picker*, Festschrift für Bydlinski, 2002, S. 269, 301.

35 Zur Rechtslage nach §§ 194 ff. a.F. s. 4. Aufl. Rn. 136, ferner BGHZ 60, 235, 240; Staudinger/*Thole* § 1004 Rn. 431.

36 **BGHZ 60, 235, 237 ff.**; BGHZ 125, 56, 63; präzisierend aber **BGHZ 187, 185** Tz. 17 ff.: Keine Verjährung des Anspruchs des Berechtigten einer Grunddienstbarkeit aus §§ 1027, 1004 Abs. 1, wenn es sich um die Verwirklichung des Rechts selbst und nicht nur um eine Störung in der Ausübung handelt.

37 So zu Recht MünchKomm/*Raff* § 1004 Rn. 273 ff.; Staudinger/*Thole* § 1004 Rn. 428 mit weit. Nachw.

38 Näher dazu MünchKomm/*Raff* § 1004 Rn. 303.

39 Die Gesamtrechtsnachfolge umfasst stets die bereits abgelaufene Verjährungszeit.

40 Staudinger/*Thole* § 1004 Rn. 438.

41 So im Ergebnis auch BGHZ 60, 235, 240 und BGHZ 125, 56, 65, jew. unter (unzutr.) Hinweis auf die Identität des Anspruchs; für analoge Anwendung des § 198 *Picker* JuS 1974, 357, 359; Staudinger/*Thole* § 1004 Rn. 439; MünchKomm/*Raff* § 1004 Rn. 269; aA *F. Baur* JZ 1973, 560 f.

4. Prozessuale Geltendmachung

138 Unterlassungs- und Beseitigungsanspruch sind im Wege der **Leistungsklage** geltend zu machen. Die Beeinträchtigung ist konkret zu bezeichnen. Die Wahl des zur Beseitigung einer bereits eingetretenen Beeinträchtigung geeigneten Mittels hat grundsätzlich der Störer[42]. Anderes gilt freilich, wenn nur ein Mittel als geeignet in Betracht kommt; in diesem Fall kann der Störer zu dieser konkreten Abwehrmaßnahme verurteilt werden[43]. Die Vollstreckung des Beseitigungstitels erfolgt nach §§ 887 oder 888 ZPO, diejenige des Unterlassungsurteils dagegen stets nach § 890 ZPO[44].

42 BGHZ 120, 239, 246.
43 BGHZ 120, 239, 248.
44 BGH NJW 1982, 440; *Baur/Stürner* § 12 Rn. 24, 27; Jauernig/*Berger* § 1004 Rn. 9, 12.

Dritter Teil

Erwerb und Verlust des Eigentums an beweglichen Sachen

§ 8 Übertragung des Eigentums durch den Berechtigten

I. Überblick

Der dritte Titel des ersten Abschnitts des Sachenrechts ist dem „Erwerb und Verlust des Eigentums an beweglichen Sachen" gewidmet. Die dort geregelten Erwerbs- und Verlusttatbestände sind nicht abschließend. Sie werden vielmehr durch eine Vielzahl von im BGB und in sonstigen Gesetzen geregelten Einzeltatbeständen ergänzt; hervorzuheben sind zum einen die Ersitzung gem. §§ 937 ff., zum anderen Verbindung, Vermischung und Verarbeitung gem. §§ 946 ff., mithin Tatbestände des Eigentumserwerbs **kraft Gesetzes**[1]. Im Folgenden soll vor allem die in §§ 929 bis 936 geregelte Übertragung des Eigentums und damit der wesentliche[2] Tatbestand des Erwerbs des Eigentums **durch Rechtsgeschäft** dargestellt werden. Dabei sollen zunächst einige allgemeine Fragen erörtert werden (Rn. 140 ff.). Von besonderer Bedeutung sind die §§ 929, 930 und die mit ihnen korrespondierenden Vorschriften der §§ 932, 933 jedoch im Zusammenhang mit dem **Eigentumsvorbehalt** und der **Sicherungsübereignung**, so dass im Rahmen der Darstellung dieser beiden Institute (Rn. 204 ff., 230 ff.) immer wieder auf die §§ 929 ff. zurückzukommen ist. Auch ist im Zusammenhang mit dem Eigentumsvorbehalt auf den Eigentumserwerb durch **Verarbeitung** und damit auf den wichtigsten Fall des gesetzlichen Eigentumserwerbs einzugehen. Was dagegen den Eigentumserwerb durch Ersitzung, Verbindung, Vermischung und Aneignung, den Erwerb von Erzeugnissen und sonstigen Bestandteilen einer Sache und den Erwerb des Finders nach §§ 973 ff. betrifft, so muss auf die gängigen Lehrbücher verwiesen werden[3]. **139**

II. Berechtigung und Verfügungsbefugnis

Der rechtsgeschäftliche Erwerb des Eigentums ist im Einzelnen in §§ 929 bis 935 geregelt; § 936 enthält eine ergänzende Vorschrift über das Erlöschen von Rechten Dritter an der übereigneten Sache. Das Gesetz unterscheidet zwischen dem Erwerb vom Berechtig- **140**

---

1 Hinzu kommen aus dem BGB die zahlreichen Surrogationstatbestände (§§ 1075, 1247, 1287, 1473, 1646, 2019, 2041, 2111), ferner die Tatbestände der Gesamtrechtsnachfolge (namentlich § 1922, aber auch §§ 46, 88 S. 2, §§ 1416 Abs. 2, 1485 Abs. 3), die Einverleibung nach §§ 582a Abs. 2, 1048 sowie die Tatbestände der §§ 926, 1067.

2 Ein weiterer Tatbestand des Erwerbs durch Rechtsgeschäft ist die Aneignung nach §§ 958 ff.; zu Aneignungsrechten s. bereits Rn. 4.

3 Vgl. etwa *Baur/Stürner* § 53; Westermann/*Gursky* §§ 51 ff.; *Müller/Gruber* Rn. 1742 ff.; *Berger* § 28; *Schapp/Schur* § 12; *Vieweg/Lorz* § 6; *Wieling/Finkenauer* § 11, *Wilhelm* Rn. 1066 ff.; *Prütting* §§ 36 ff.; *Wellenhofer* §§ 9 ff.; zu § 950 s. noch Rn. 262, ferner **BGH NJW 2016, 317 Rn. 11 ff.** – Helmut Kohl: keine Herstellung einer neuen Sache durch Bespielen eines Tonbandes; zur Ersitzung s. am Beispiel eines gestohlenen Gemäldes von Hans Purrmann **BGH NJW 2019, 3147**; zur Kondiktionsfestigkeit der Ersitzung s. **BGHZ 208, 316 Rn. 39 ff.** = NJW 2016, 3162; dazu *Strobel* ZfPW 2020, 220 ff.

ten (§§ 929 bis 931) und dem Erwerb vom Nichtberechtigten (§§ 932 bis 935). Dabei meint es mit dem Berechtigten denjenigen Veräußerer, der selbst Eigentümer ist. Im Regelfall geht mit der Innehabung des materiellen Rechts die Befugnis einher, über dieses Recht zu verfügen, insbesondere es nach §§ 929 ff. zu übertragen. Bisweilen – so etwa in den Fällen der §§ 135 f., 161 Abs. 1 und 2, 1365 Abs. 1 S. 2, 1369 Abs. 1, 1984, 2113 ff., 2211, §§ 80 f. InsO[4] – fehlt jedoch dem Berechtigten die **Verfügungsbefugnis**; ungeachtet der Innehabung des materiellen Rechts kann der Berechtigte in diesen Fällen nicht wirksam verfügen. Die §§ 932 ff. finden in diesem Fall zwar nicht unmittelbar Anwendung. Für bestimmte Verfügungsverbote ordnet das Gesetz (insbesondere in §§ 135 Abs. 2, 161 Abs. 3, 2113 Abs. 3, 2211 Abs. 2) jedoch die entsprechende Geltung dieser Vorschriften an; der **Besitz** kann dann die fehlende Verfügungsbefugnis überspielen.

141 Soweit die §§ 932 ff. nicht für entsprechend anwendbar erklärt werden, hat das Fehlen der Verfügungsmacht zur Folge, dass ein wirksamer Erwerb des Eigentums nicht in Betracht kommt. Dies gilt insbesondere für Verfügungen des Gemeinschuldners über zur Insolvenzmasse gehörende bewegliche Sachen; sie sind nach § 81 Abs. 1 S. 1 InsO unwirksam. Aber auch hinsichtlich der familienrechtlichen Verfügungsbeschränkungen der §§ 1365 Abs. 1 S. 2, 1369 Abs. 1 fehlt es an der Möglichkeit des redlichen Erwerbs; der mit diesen Vorschriften bezweckte Schutz der materiellen Basis der Familie und des Familienhaushalts wird also vom Gesetzgeber höher bewertet als der Verkehrsschutz. Eine erhebliche Einschränkung erfährt das **absolute Veräußerungsverbot des § 1365 Abs. 1** allerdings durch die ganz herrschende **subjektive Theorie**, wonach ein nach § 1365 Abs. 1 zustimmungspflichtiges Rechtsgeschäft nur dann vorliegt, wenn der Erwerber bei Vornahme des Verpflichtungsgeschäfts gewusst hat, dass der Gegenstand der Verfügung das gesamte oder nahezu das gesamte Vermögen des Veräußerers bildet[5]. Diese subjektive Theorie erklärt sich vor dem Hintergrund, dass nach der ebenfalls ganz herrschenden **Einzeltheorie** § 1365 auch auf Geschäfte über einen einzelnen Gegenstand Anwendung findet, sofern dieser Gegenstand nahezu das gesamte Vermögen des Veräußerers ausmacht[6]. Die damit verbundene Ausweitung des Anwendungsbereichs des § 1365 wird – im Interesse des Verkehrsschutzes – durch das Erfordernis positiver Kenntnis wieder eingeschränkt. Wichtig ist, dass die subjektive Theorie auf der Ebene des Tatbestands des § 1365 Abs. 1 ansetzt; ihr geht es also nicht um die Überwindung des Verfügungsverbots durch entsprechende Heranziehung der Vorschriften über den redlichen Erwerb. Daraus folgt zum einen, dass das Erfordernis positiver Kenntnis auch in den Fällen besteht, in denen ein redlicher Erwerb an sich nicht möglich ist (wie dies etwa bei der Veräußerung von Gesellschaftsanteilen oder von Forderungen der Fall ist). Zum anderen folgt daraus, dass § 1365 Abs. 1 auch bei Verfügungen über eine bewegliche Sache nur zur Anwendung gelangt, wenn der Erwerber **weiß**, dass dieser Gegenstand nahezu das gesamte Vermögen des verfügenden Ehegatten ausmacht; für die Wertung des § 932 Abs. 2 ist insoweit also kein Raum.

142 Gesetzliche Verfügungsbeschränkungen haben grundsätzlich (Rn. 140 f.) die Unwirksamkeit von Verfügungen des Berechtigten zur Folge. Soweit dagegen Verfügungen eines **Nichtberechtigten** unwirksam sind, liegt dies daran, dass es dem Verfügenden schon an dem materiellen Recht als Grundlage der Verfügungsbefugnis fehlt; der gesetzlichen Anordnung, dass der Nichtberechtigte nicht verfügungsbefugt sei, bedarf es des-

4 Zur Vormerkung s. Rn. 330 ff.; zu konkurrierenden richterlichen Verfügungsverboten s. BGH ZIP 2007, 1577.

5 BGHZ 43, 174 ff.; BGHZ 106, 253 ff.; BGH NJW 1993, 2441; näher dazu *Medicus/Petersen* Rn. 537 ff.

6 Vgl. die Nachw. in Fn. 5, ferner BGHZ 77, 293 ff.; BGH NJW 1991, 1739 f.

halb nicht. Die Vorschriften der §§ 932 ff. scheinen allerdings einem Erwerb zur Wirksamkeit zu verhelfen, der, würde derselbe Gegenstand vom Berechtigten erworben, unwirksam wäre. So verhält es sich etwa bei Veräußerung eines im Eigentum eines Dritten[7] stehenden Haushaltsgegenstands durch einen Ehegatten, bei Verfügungen des beschränkt Geschäftsfähigen über fremdes Eigentum (sogenanntes „neutrales Geschäft") oder bei Verfügungen des Gemeinschuldners über Gegenstände im Eigentum Dritter. Die besseren Gründe sprechen dafür, in Fällen dieser Art einen redlichen Erwerb nicht zuzulassen[8]: Die Vorschriften über den gutgläubigen Erwerb wollen zwar über die fehlende materielle Berechtigung des Verfügenden hinweghelfen, bezwecken aber wohl kaum den Schutz desjenigen, der bei Richtigkeit seiner Vorstellung nicht erwerben könnte. Nach §§ 932 ff., 892 f. soll der **Erwerber** durch die fehlende Berechtigung des Veräußerers nicht benachteiligt, aber auch **nicht privilegiert** werden.

In den in Rn. 140 f. erwähnten Fällen verliert der materiell Berechtigte die Verfügungsbefugnis kraft Gesetzes. Durch **Rechtsgeschäft** kann eine entsprechende Beschränkung der Eigentümerbefugnisse nicht herbeigeführt werden: Nach § 137 S. 2 kann sich der Eigentümer zwar wirksam verpflichten, von seiner Verfügungsbefugnis keinen Gebrauch zu machen; eine gleichwohl vorgenommene Verfügung ist jedoch nach § 137 S. 1 wirksam, soweit nicht das Gesetz, wie insbesondere in § 399, 2. Alt., etwas anderes bestimmt[9]. Von dem Ausschluss oder der Übertragung der Verfügungsbefugnis im Sinne des § 137 S. 1 zu unterscheiden ist die in § 185 Abs. 1 geregelte **Verfügungsermächtigung**. Sie hat zur Folge, dass der Ermächtigte neben dem Berechtigten verfügungsbefugt ist; darauf ist im Zusammenhang mit dem verlängerten Eigentumsvorbehalt zurückzukommen (Rn. 264 ff.). Angesichts des – nach § 137 S. 1 zwingenden – Fortbestands der eigenen Verfügungsbefugnis des Berechtigten kann es zu miteinander kollidierenden Verfügungen kommen. Auch insoweit ist das **Prioritätsprinzip** maßgebend: Mit der ersten Verfügung verliert der Berechtigte sein Recht, so dass die nachfolgende Verfügung eine solche eines Nichtberechtigten ist und den insoweit maßgebenden Grundsätzen unterliegt. In ihren Wirkungen dem § 185 Abs. 1 vergleichbar sind Vorschriften, nach denen eine Person **kraft Gesetzes** zur Verfügung über fremdes Eigentum befugt ist; dazu zählen insbesondere die §§ 582a Abs. 1 S. 2, 1048 Abs. 1 S. 1, 1242 Abs. 1 S. 1. **143**

III. Übereignungstatbestand

Die Übereignung nach §§ 929 ff. setzt zunächst eine wirksame **Einigung** zwischen dem berechtigten Veräußerer und dem Erwerber voraus. Diese Einigung ist dinglicher Vertrag über den Übergang des Eigentums, auf den die §§ 145 ff. Anwendung finden[10]. Nach §§ 158 ff. kann die Einigung grundsätzlich unter einer Bedingung oder einer Zeitbestimmung vorgenommen werden; daraus ergibt sich die Möglichkeit eines Eigentumsvorbehalts (Rn. 230 ff.). Die Vertragserklärungen unterliegen den allgemeinen Vorschriften über Willenserklärungen, darunter insbesondere den §§ 104 ff., 116 ff., 164 ff. und den **144**

7 Zur (umstrittenen) Frage der analogen Anwendung des § 1369 auf Verfügungen über im Eigentum des anderen Ehegatten stehende Haushaltsgegenstände s. *Gernhuber/Coester-Waltjen* § 34 III; *Baur/Stürner* § 51 Rn. 29 mit Hinweis darauf, dass der im Regelfall gegebene Mitbesitz beider Ehegatten gem. § 935 Abs. 1 einen gutgläubigen Erwerb ausschließt.

8 So namentlich *Medicus/Petersen* Rn. 542; *Krampe* Jura 1989, 167 ff.; aA *K. Schreiber* Jura 1987, 221 ff.

9 Eingehend zu § 137 *Berger* Rechtsgeschäftliche Verfügungsbeschränkungen (1998), passim.

10 Zum Vertragsschluss bei Einschaltung von Warenautomaten s. Jauernig/*Berger* § 929 Rn. 4; zum grenzüberschreitenden Versendungskauf s. BGH WM 2009, 1484.

allgemeinen Grundsätzen über die (einfache und ergänzende) Vertragsauslegung[11]. Die dingliche Einigung ist von dem Grundgeschäft zu unterscheiden; dessen Wirksamkeit ist keine Voraussetzung für eine wirksame Einigung (Rn. 27 ff.). Nach hM ist die Einigung, solange nicht die Übergabe erfolgt ist, **nicht bindend** (Rn. 25).

145 Neben der Einigung bedarf es nach § 929 S. 1 grundsätzlich der **Übergabe der Sache** (s. im Einzelnen in Rn. 161 ff.). Durch sie soll der Übergang des Eigentums nach außen sichtbar gemacht, also für **Publizität** gesorgt werden (Rn. 18). Nach §§ 930 f. besteht allerdings die Möglichkeit, die Übergabe durch die Begründung eines Besitzmittlungsverhältnisses oder durch Abtretung des gegen den unmittelbaren Besitzer gerichteten Herausgabeanspruchs zu ersetzen. Der Eigentumswechsel vollzieht sich in diesen Fällen zwar ohne Publizitätsakt. Der Erwerber geht allerdings im Fall des § 930 das Risiko ein, dass sein Veräußerer als Nichtberechtigter über die Sache verfügt, ferner, dass er bei Nichtberechtigung des Veräußerers nach § 933 kein Eigentum erwirbt; es kann sich also durchaus empfehlen, auf der Übergabe der Sache zu bestehen. Nach § 929 S. 2 ist die Übergabe entbehrlich, wenn der Erwerber im Besitz der Sache ist; die Übereignung erfolgt dann durch bloße Einigung.[12]

146 Die **Verfügungsbefugnis des Veräußerers** muss noch bei Vollendung des Erwerbstatbestands vorliegen. Verliert also der Veräußerer die Verfügungsbefugnis nach erfolgter Einigung, aber vor Übergabe der Sache, kommt ein Erwerb nach § 929 S. 1 nicht in Betracht[13]. Unter Umständen besteht zwar die Möglichkeit des gutgläubigen Erwerbs (Rn. 141). Eine dem § 878 entsprechende Vorschrift (dazu Rn. 297) ist dagegen dem Mobiliarsachenrecht unbekannt.

§ 9 Erwerb des Eigentums vom Nichtberechtigten[1]

I. Grundlagen

147 Sieht man von den Tatbeständen des § 185[2] und von gesetzlichen Verfügungsermächtigungen ab, so kann Eigentum an beweglichen Sachen vom Nichtberechtigten nur nach Maßgabe der §§ 932–935 erworben werden. Vorbehaltlich des Abhandenkommens der Sache kann danach die fehlende Berechtigung des Veräußerers durch die Existenz eines entsprechenden **Rechtsscheinträgers in der Person des Veräußerers** und die **Gutgläubigkeit des Erwerbers** überspielt werden. Rechtsscheinträger ist nach §§ 932 ff. der Be-

11 Maßgebend sind die §§ 133, 157 und die zu diesen Vorschriften entwickelten Grundsätze. Die Rechtsprechung neigt allerdings dazu, die Wirksamkeit der Einigung (und damit zugleich die der Übereignung) zu „retten" (s. etwa RGZ 135, 85, 88 ff.; BGH DB 1968, 1576) – eine Tendenz, die mit Blick auf die durch die Übereignung betroffenen Interessen der Gläubiger und sonstiger Dritter nicht unbedenklich ist. Zur Umdeutung s. noch Rn. 217.

12 Vgl. BGHZ 161, 90, 108 f. – Flowtex; für das Anwartschaftsrecht BGH NJW 2007, 2844; krit. *Würdinger* NJW 2008, 1422 ff.

13 Näher BGH BB 1997, 1066, 1067, dort auch zur Rechtslage bei Abtretung künftiger Forderungen.

1 Eingehend *Kindler/Paulus* JuS 2013, 393 ff., 490 ff.; *H. Westermann* JuS 1963, 1 ff.; *Wiegand* JuS 1978, 145 ff.; *Zeranski* JuS 2002, 340 ff.; *Berger* § 27 Rn. 36 ff.; *Grunewald/Riesenhuber* § 42 II; *Medicus/Petersen* § 22; *Neuner* Rn. 312 ff.; *J. Hager* Verkehrsschutz durch redlichen Erwerb, 1990; zur verfassungsrechtlichen Beurteilung s. *Leuschner* AcP 205 (2005), 205 ff.

2 Dazu bereits Rn. 143 sowie näher *Medicus*, A.T. Rn. 1030 ff.; speziell zu § 185 Abs. 2 S. 1, 3. Fall *Habersack* JZ 1991, 70 ff.; *Finkenauer*, Festschrift für Picker, 2010, S. 201 ff.

sitz oder, wie man genauer sagen sollte[3], die **„Besitzverschaffungsmacht“** des Veräußerers. Die Möglichkeit des gutgläubigen Erwerbs ist vor dem Hintergrund zu sehen, dass Besitz und Eigentum auseinander fallen können. Nach der Wertung der §§ 932 ff. soll sich der Rechtsverkehr auf den durch den Besitz bzw. die Besitzverschaffungsmacht des Veräußerers begründeten Rechtsschein verlassen können. Etwas anderes gilt nach § 935 Abs. 1 freilich, wenn der Eigentümer nicht willentlich zu dem Auseinanderfallen von Besitz und Eigentum beigetragen hat, ihm also der **Rechtsschein der Berechtigung** des Veräußerers **nicht zurechenbar** ist; dann besteht nach der Wertung des Gesetzgebers grundsätzlich kein Anlass, die Interessen des Rechtsverkehrs über diejenigen des Berechtigten zu stellen. Auch von dieser Ausnahme macht allerdings § 935 Abs. 2 eine Unterausnahme für besonders fungible Sachen, nämlich Geld und Inhaberpapiere; an ihnen soll man Eigentum vom Nichtberechtigten auch unabhängig von einem dem Eigentümer zurechenbaren Rechtsscheintatbestand erwerben können (Rn. 169).

Infolge des gutgläubigen Erwerbs durch §§ 932 ff. geht der Berechtigte seines Eigentums **148**
ohne jede Mitwirkung verlustig. Nach **§ 816 Abs. 1 S. 1** erlangt er zwar einen Anspruch gegen den Veräußerer auf Herausgabe des durch die Verfügung Erlangten[4]. Dieser sogenannte **Rechtsfortwirkungsanspruch** ist jedoch **schuldrechtlicher** Natur und weist deshalb die solchen Ansprüchen eigenen Schwächen auf (Rn. 96). Dies zeigt sich auch bei **unentgeltlichem** Erwerb: Für eine gegen den Veräußerer gerichtete, auf Herausgabe des Erlangten gerichtete Kondiktion ist dann zwar kein Raum. Gleichwohl erkennt das Gesetz auch in diesem Fall den Erwerb des Eigentums vom Nichtberechtigten an; der Erwerber wird also, die allgemeinen Voraussetzungen der §§ 932 ff. unterstellt, Eigentümer der Sache. Der unentgeltliche Erwerb vom Nichtberechtigten erfährt jedoch eine schuldrechtliche Korrektur durch die Vorschrift des § 816 Abs. 1 S. 2, wonach der **Erwerber** zur Herausgabe des durch die Verfügung Erlangten und damit zur Übereignung der gutgläubig erworbenen Sache an den früheren Berechtigten verpflichtet ist. Bis zur Erfüllung dieser Verpflichtung aus § 816 Abs. 1 S. 2 ist allerdings der Erwerber Eigentümer, so dass er über die Sache als Berechtigter verfügen kann. Im Falle einer solchen Verfügung schuldet er zwar dem früheren Berechtigten Wertersatz nach § 818 Abs. 2 oder Schadensersatz nach §§ 818 Abs. 4, 292 Abs. 1, 989, 990 Abs. 1; einen Anspruch gegen den Zweitempfänger hat der frühere Berechtigte dagegen nur unter den Voraussetzungen des § 822[5].

II. Allgemeine Voraussetzungen

1. Rechtsgeschäftlicher Erwerb

Ihrem Wortlaut und Normzweck nach setzen die §§ 932 ff. – ebenso wie die sonstigen **149**
Tatbestände des gutgläubigen Erwerbs – grundsätzlich **rechtsgeschäftlichen** Erwerb voraus[6]. In den Fällen des gesetzlichen Erwerbs des Eigentums[7], etwa nach § 1922 sowie

3 *J. Hager* (Fn. 1) S. 239 ff.; *Wieling* § 10 IV 6; näher dazu in Rn. 161 ff.; im Ausgangspunkt ähnlich, freilich stärker auf den Besitz des Erwerbers abstellend und damit von einem gleichsam originären Erwerb des Eigentums („sofortige Ersitzung“) ausgehend *Stagl* AcP 211 (2011), 530, 550 ff.

4 Zur Frage, ob es sich dabei um den Verfügungserlös oder um den Wert der veräußerten Sache handelt, s. den Überblick bei *Medicus/Petersen* Rn. 721 ff.

5 Hierzu BGH WM 1999, 23, 25 f.; zur Frage der analogen Anwendung des § 816 Abs. 1 S. 2 auf den rechtsgrundlosen Erwerb s. Rn. 120 f.

6 Vgl. für die ganz hM *Medicus/Petersen* Rn. 547; näher dazu und kritisch *J. Hager* (Fn. 1) S. 96 ff. mit weit. Nachw.

7 Zur Frage eines gutgläubigen Erwerbs gesetzlicher Besitzpfandrechte s. Rn. 194; zum gutgläubigen Erwerb von Miteigentum *Witt* AcP 217 (2017), 107 ff.

in sonstigen Fällen der Gesamtrechtsnachfolge, kommt mithin ein Erwerb vom Nichtberechtigten nach §§ 932 ff. nicht in Betracht. Eine differenzierende Beurteilung ist freilich in den Fällen veranlasst, in denen akzessorische Rechte als Folge einer Verfügung über das Hauptrecht übergehen; hier ist ein gutgläubiger Erwerb nicht von vornherein ausgeschlossen (Rn. 202, 338, 386 f.; s. ferner Rn. 411). Die Vorschrift des § 898 ZPO stellt dagegen nur klar, dass die §§ 932 ff. auch auf einen Erwerb, der sich nach den §§ 894, 897 ZPO vollzieht, Anwendung finden. Geregelt ist also der Fall, dass der Veräußerer seiner Verpflichtung zur rechtsgeschäftlichen Übereignung nicht freiwillig nachkommt; der Erwerber wird mithin so gestellt, als sei der Veräußerer seiner Verpflichtung freiwillig nachgekommen. Ein gesetzlicher Erwerb liegt schließlich nicht schon deshalb vor, weil der Veräußerer **kraft Gesetzes zur Übereignung verpflichtet** war. Auch in diesem Fall erfolgt vielmehr die Übereignung durch Einigung und Übergabe und damit durch Rechtsgeschäft; allein darauf kommt es an.

2. Verkehrsgeschäft

150 Bezwecken die §§ 932 ff. den Schutz des Rechtsverkehrs, so ist für ihre Geltung nur Raum, wenn dem Erwerb ein Verkehrsgeschäft zugrunde liegt[8]. Daran fehlt es vor allem[9] bei **wirtschaftlicher Identität von Veräußerer und Erwerber**. Die Einzelheiten sind freilich umstritten. Überwiegend wird gesagt, dass es an einem Verkehrsgeschäft fehle, wenn auf der Erwerberseite nur Personen stünden, die zugleich auch Veräußerer seien[10]. Verneint wird das Vorliegen eines Verkehrsgeschäfts aber insbesondere für den Fall, dass der Alleingesellschafter einer Kapitalgesellschaft dieser eine ihm nicht gehörende Sache übereignet; auch bei Gutgläubigkeit des Geschäftsführers oder Vorstands der Gesellschaft soll letztere kein Eigentum erwerben können[11]. Dasselbe soll bei Veräußerung von einer Gesellschaft an eine aus denselben Personen bestehende Gesellschaft gelten[12], ferner bei Übereignung von einer Personengesellschaft an einen Gesellschafter. Im umgekehrten Fall – Übereignung von einem Gesellschafter an die Personengesellschaft – soll dagegen gutgläubiger[13] Erwerb möglich sein, da auf der Erwerberseite neben dem Veräußerer noch andere Personen stünden.[14]

151 Mögen auch die Ergebnisse der hM mit Blick auf den Normzweck der §§ 932 ff. im Grundsatz überzeugen, so sollte man sich doch vor einer allzu schematischen Lösung hüten. Vor dem Hintergrund, den Personengesellschaften Rechtssubjektivität zukommt (Rn. 45, 51), stehen sowohl bei Einbringung eines Gegenstands in die Gesellschaft als

---

8 *Baur/Stürner* § 23 Rn. 24 ff.; Westermann/*Gursky* § 45 III 1c; näher zum Ganzen *J. Hager* (Fn. 1) S. 118 ff.; *Wittkowski* Die Lehre vom Verkehrsgeschäft, 1990, passim; gute Zusammenstellung des Meinungsstandes auch in BGHZ 173, 71 (mit Bejahung eines Verkehrsgeschäfts bei Übertragung eines Miteigentumsanteils unter Miteigentümern).

9 Die hL verneint das Vorliegen eines Verkehrsgeschäfts des Weiteren bei der durch Rechtsgeschäft unter Lebenden vorweggenommenen Erbfolge, s. *Baur/Stürner* § 23 Rn. 27; offengelassen von BGH NJW 1982, 761; berechtigte Kritik bei *Wilhelm* Rn. 720. – Zum Rückerwerb durch den vormals Nichtberechtigten s. Rn. 165.

10 *Medicus/Petersen* Rn. 548; *Baur/Stürner* § 23 Rn. 26; s. ferner BGHZ 173, 71 (dazu bereits Fn. 8).

11 *Baur/Stürner* § 23 Rn. 24 („eklatanter Fall"); Westermann/*Gursky* § 45 III 1c; s. aber auch *Wilhelm* Rn. 711, 924; *Wittkowski* (Fn. 8) S. 105 ff.

12 Vgl. neben den Nachw. in Fn. 14 BGHZ 78, 318, 325; BayObLG NJW-RR 1989, 907, 909.

13 Die Bösgläubigkeit auch nur eines am Erwerbsakt beteiligten Gesamthänders (also etwa auch des einbringenden Gesamthänders) soll allerdings den Erwerb ausschließen, freilich nicht aufgrund des Fehlens eines Erwerbsgeschäfts, sondern nach § 932 Abs. 2.

14 Vgl. neben den Nachw. in Fn. 10, 12 etwa **BGH ZIP 2003, 30** (gutgläubiger Erwerb einer Sacheinlage durch Vor-GmbH); dazu *Ellers* GmbH-Rdsch. 2004, 934 ff.

auch bei Erwerb eines Gesellschafters von der Gesellschaft auf Erwerber- und Veräußererseite unterschiedliche Rechtssubjekte; schon deshalb erweist sich die „Formel" der hM als wenig geeignet. Es kommt hinzu, dass die Personengesellschaften über **organschaftliche Vertreter** verfügen, so dass an sich, allgemeinen Grundsätzen entsprechend, auf deren Gut- bzw. Bösgläubigkeit abzustellen ist[15]. Schließlich sind die aus der „Formel" der hM abzuleitenden Ergebnisse nicht durchweg überzeugend: Weshalb einerseits ein Kommanditist einer aus einer Vielzahl von Gesellschaftern bestehenden KG von dieser nicht gutgläubig erwerben können soll, andererseits eine aus zwei Gesellschaftern bestehende OHG bei Erwerb von einem ihrer Gesellschafter geschützt sein soll, bleibt unerklärlich. Man sollte deshalb, wie dies auch für Rechtsgeschäfte zwischen einer Kapitalgesellschaft und ihren Mitgliedern angenommen wird, auf die „wirtschaftliche Identität" von Gesellschaft und Gesellschafter abstellen; sie kann schon bei Bestehen eines Abhängigkeitsverhältnisses im Sinne des § 17 AktG[16] bejaht werden.

3. Umfang des Schutzes

Die §§ 932 ff. helfen allein über die **fehlende Berechtigung** des Veräußerers oder des der Veräußerung zustimmenden Besitzers[17] hinweg: Die Besitzverschaffungsmacht auf Seiten des Veräußerers und der gute Glaube des Erwerbers ersetzen das materielle Recht. Andere Mängel des Rechtsgeschäfts, etwa die fehlende Geschäftsfähigkeit oder Verfügungsbeschränkungen, vermögen die §§ 932 ff. dagegen nicht auszugleichen. Treffen die fehlende Berechtigung und ein Mangel in der Geschäftsfähigkeit oder Verfügungsbefugnis des Veräußerers zusammen, wird der Erwerber auch nach §§ 932 ff. nur so gestellt, als erwürbe er vom Eigentümer (Rn. 142). All dies gilt entsprechend für den Erwerb des **Anwartschaftsrechts**; es steht, auch was die Möglichkeit des gutgläubigen Erwerbs betrifft, dem Eigentum gleich (Rn. 241 ff.). **152**

Von der Frage nach dem Schutz des gutgläubigen Erwerbers bei gesetzlicher Beschränkung der Verfügungsbefugnis des veräußernden Eigentümers (Rn. 140 f.) zu unterscheiden ist die Frage, ob der Erwerber Schutz genießt, wenn er zwar nicht an das Eigentum, wohl aber an eine **durch Rechtsgeschäft erteilte Verfügungsermächtigung** des Veräußerers (Rn. 143) glaubt. Während nach den Vorschriften des BGB ein solcher Glaube keinen Schutz genießt, sind die §§ 932 ff. nach **§ 366 Abs. 1 HGB** entsprechend anwendbar, wenn ein Kaufmann im Betriebe seines Handelsgewerbes eine ihm nicht gehörige bewegliche Sache veräußert und der gute Glaube des Erwerbers die Befugnis des Veräußerers, über die Sache für den Eigentümer zu verfügen, betrifft[18]. Unter den Voraussetzungen des § 366 Abs. 1 HGB kann also auch dann Eigentum vom Nichtberechtigten erworben werden, wenn der Erwerber zwar weiß, dass der Veräußerer nicht Eigentümer ist, aber glaubt, der Eigentümer habe den Veräußerer nach § 185 Abs. 1 ermächtigt[19]. Von Bedeutung ist dies im Zusammenhang mit dem **verlängerten Eigentumsvorbehalt**: **153**

---

15 Näher dazu Staub/*Habersack* § 124 Rn. 20 ff.

16 Die Vorschrift ist bewusst rechtsformneutral formuliert, näher dazu *Emmerich* in Emmerich/Habersack, Aktien- und GmbH-Konzernrecht, 10. Aufl. 2022, § 15 Rn. 5, § 17 Rn. 5 ff.

17 Zum Schutz des guten Glaubens auch in diesem Fall s. BGHZ 56, 123 ff.; *Medicus/Petersen* Rn. 566.

18 Näher dazu *Canaris* Handelsrecht, 24. Aufl. 2006, § 27; *K. Schmidt* Handelsrecht, 6. Aufl. 2014, § 23; *Wiegand* JuS 1974, 545, 547 ff.

19 Zur umstrittenen Frage, ob auch der gute Glaube an eine gesetzliche Verfügungsbefugnis (etwa nach § 383 BGB, §§ 373, 389 HGB) geschützt ist, s. *Canaris* (Fn. 18) § 27 I 3; zur gleichfalls umstrittenen Frage der analogen Anwendung des § 366 Abs. 1 HGB bei gutem Glauben an die Vertretungsmacht des Veräußerers s. neben *Canaris* aaO noch *K. Schmidt* (Fn. 18) § 23 IV; *M. Reinicke* AcP 189 (1989), 79 ff.

Muss der Erwerber davon ausgehen, dass der Veräußerer die Ware seinerseits nur unter Eigentumsvorbehalt bezogen hat, so erwirbt er gleichwohl Eigentum, wenn er davon ausgehen durfte, dass es der Lieferant dem Veräußerer gestattet hat, im Rahmen des gewöhnlichen Geschäftsbetriebs über die Ware zu verfügen (Rn. 266).

154 § 366 Abs. 1 HGB stellt die **Verpfändung** der Veräußerung gleich, so dass, über § 1207 hinausgehend, das durch Rechtsgeschäft bestellte Pfandrecht auch dann erworben werden kann, wenn der Gläubiger von einer entsprechenden Ermächtigung des Kaufmanns ausgeht. Nach § 366 Abs. 3 HGB steht schließlich das **gesetzliche Pfandrecht** des Kommissionärs, Spediteurs, Lagerhalters und Frachtführers hinsichtlich des Schutzes des guten Glaubens einem nach § 366 Abs. 1 HGB erworbenen rechtsgeschäftlichen Pfandrecht gleich; die Vorschrift regelt zwar nur die Rechtslage bei Gutgläubigkeit hinsichtlich der „Verfügungsbefugnis" (bzw. der Befugnis zum Abschluss eines Kommissionsvertrags usw.), geht also, wie ihr letzter Halbsatz unmissverständlich zum Ausdruck bringt, davon aus, dass bei gutem Glauben hinsichtlich des **Eigentums** des Vertragspartners die genannten gesetzlichen Pfandrechte nach Maßgabe der §§ 1257, 1207 vom Nichtberechtigten erworben werden können. Ob dagegen die im BGB geregelten gesetzlichen Besitzpfandrechte gutgläubig erworben werden können, wenn der Gläubiger an das Eigentum seines Vertragspartners glaubt, ist umstritten und in Rn. 194 zu erörtern.

4. Gutgläubigkeit

155 Ausgehend von dem **Rechtsscheinprinzip** und dem auf **Verkehrsschutz** gerichteten Normzweck der §§ 932 ff. liegt es auf der Hand, dass ein Erwerb vom Nichtberechtigten nur bei Gutgläubigkeit des Erwerbers in Betracht kommt; andernfalls ist dieser nicht schutzwürdig, so dass es nicht veranlasst ist, die Interessen des Berechtigten hintanzustellen. Nach § 932 Abs. 2 ist der Erwerber schon dann bösgläubig, wenn ihm infolge **grober Fahrlässigkeit unbekannt** ist, dass die Sache nicht dem Veräußerer gehört. Diese Abweichung von § 892 Abs. 1 S. 1 BGB trägt dem Umstand Rechnung, dass der durch den Besitz erzeugte Rechtsschein schwächer ist als der durch das Grundbuch erzeugte; ein Auseinanderfallen von Besitz und Eigentum begegnet durchaus häufig, so dass es schon bei Hinzutreten bestimmter Verdachtsmomente veranlasst sein kann, einen Schutz des nicht positiv von der Nichtberechtigung des Veräußerers wissenden Erwerbers zu verneinen.

156 Nach der in § 932 Abs. 1 S. 1 getroffenen **Beweislastregel** ist allerdings nicht die Gutgläubigkeit Voraussetzung für den Erwerb vom Nichtberechtigten. Der Erwerb ist vielmehr ausgeschlossen, wenn der Erwerber bösgläubig ist; die **Bösgläubigkeit** hat den Charakter einer **rechtshindernden Tatsache**[20], so dass es dem Prozessgegner obliegt, deren Voraussetzungen darzulegen und notfalls zu beweisen. Die Praxis bringt dies auf die Formel, dass die Gutgläubigkeit zwar Erwerbsvoraussetzung sei, ihr Vorliegen aber vermutet werde[21]. Dagegen spricht jedoch, dass nach §§ 932 ff. auch derjenige Erwerber geschützt ist, der sich keinerlei Gedanken über die Berechtigung des Veräußerers macht; maßgebend ist also das **Nichtvorliegen des bösen Glaubens**. Gleichwohl soll im Folgenden schon aus sprachlichen Gründen vom „gutgläubigen Erwerb" gesprochen werden.

20 Zutr. Westermann/*Gursky* § 46.2; Jauernig/*Berger* § 932 Rn. 5.
21 BGHZ 50, 45, 52; s. ferner BGHZ 77, 274, 276.

➔ Definition: Grob fahrlässig im Sinne des § 932 Abs. 2 handelt nach der Rechtsprechung, „wer die bei dem betreffenden Erwerbsvorgang erforderliche Sorgfalt in ungewöhnlichem Maße verletzt und das unbeachtet lässt, was im gegebenen Fall jedem hätte einleuchten müssen“[22]. Dem Erwerber obliegt es somit, **außergewöhnlichen Umständen**, die in dem Gegenstand der Vereinbarung, in der Art und Weise des Zustandekommens der Vereinbarung oder in der Person eines der Beteiligten begründet liegen können, nachzugehen[23]; unterlässt er dies, handelt er grob fahrlässig. **157**

Eine allgemeine Informationsobliegenheit besteht dagegen nicht[24]; bei Nichtvorliegen außergewöhnlicher Umstände darf der Erwerber deshalb auf die Berechtigung des Veräußerers vertrauen. Der Begriff der groben Fahrlässigkeit ist ein **Rechtsbegriff**; seine Auslegung unterliegt mithin der Nachprüfung in der Revisionsinstanz[25]. Ob dagegen in der Person des Erwerbers die Voraussetzungen grober Fahrlässigkeit vorliegen, ist Tatfrage[26].

Zur Frage der groben Fahrlässigkeit gibt es eine Vielzahl höchstrichterlicher Entscheidungen. So war schon wiederholt darüber zu befinden, ob sich der Käufer durch die Aufnahme eines Abtretungsverbots in seine Einkaufsbedingungen bösgläubig macht[27]; darauf ist im Rahmen der Ausführungen zum verlängerten Eigentumsvorbehalt zurückzukommen (Rn. 266). Jüngere Entscheidungen haben die Informationsobliegenheiten beim Erwerb von Kraftfahrzeugen präzisiert. Auszugehen ist dabei von dem Grundsatz, dass der **Erwerb eines Gebrauchtwagens ohne Vorlage des Fahrzeugbriefs** in der Regel grobe Fahrlässigkeit begründet[28]. Dies darf allerdings nicht dahin gehend missverstanden werden, dass der Erwerb des Eigentums an einem Gebrauchtwagen die Vorlage und Übergabe des Briefs voraussetzt. Entsprechend § 952 gehört der Brief vielmehr dem jeweiligen Eigentümer des Kraftfahrzeugs[29]; **„das Eigentum am Brief folgt dem Eigentum am Fahrzeug“**. Indes begründet beim Erwerb eines gebrauchten Kraftfahrzeugs der Besitz desselben allein nicht den für den Erwerb vom Nichtberechtigten (sei es nach § 932 oder nach § 366 HGB) erforderlichen Rechtsschein. Der Erwerber, der sich den Brief nicht vorlegen lässt, begibt sich deshalb der Möglichkeit des gutgläubigen Erwerbs. Dies gilt auch für den Erwerb unter Kraftfahrzeughändlern. Geht also etwa der mit den Gepflogenheiten des Kraftfahrzeugleasing vertraute Erwerber davon aus, dass sich der Brief noch im Besitz der Leasinggesellschaft befindet, diese aber den Veräußerer ermächtigt hat, im Interesse einer Realisierung des Restwerts das Kraftfahrzeug zu veräußern[30], wird er auch nach § 366 Abs. 1 HGB nicht Eigentümer, wenn es an einer entsprechenden Verfügungsermächtigung fehlt[31]. Ergibt sich aus dem Brief die Berechtigung des Veräußerers nicht, obliegt es dem Erwerber, weitere Erkundigungen einzuholen[32]. **158**

---

22 BGHZ 10, 14, 16; BGH NJW 1991, 1415, 1417; NJW 1994, 2022, 2023; WM 2005, 761, 762.

23 BGH NJW 1993, 1649; instruktiv OLG München NJW 2003, 673 (Erwerb einer Gragnani-Geige von 1781 unter dubiosen Umständen – Bargeschäft am Hauptbahnhof).

24 BGHZ 77, 274, 277; eingehend zu den Nachforschungsobliegenheiten sowie zur Frage des Einwands fehlener Kausalität der Nichtbeachtung von Nachforschungsobliegenheiten *Bartels* AcP 205 (2005), 687, 692 ff.

25 BGHZ 10, 14, 16 f.

26 BGHZ 10, 14, 16 f.; BGH NJW 1994, 2022, 2023.

27 BGHZ 74, 274, BGH NJW 1999, 425; s. ferner **BGH ZIP 2003, 2211**: Grobe Fahrlässigkeit des Erwerbers, der nach den Umständen mit verlängertem Eigentumsvorbehalt rechnen muss und weiß, dass Vorausabtretung deswegen ins Leere geht weil er selbst seine Leistung bereits im Voraus an seinen abtretungspflichtigen Vertragspartner erbracht hat.

28 BGH NJW 1965, 687; NJW 1996, 2226, 2227 mit weit. Nachw.

29 BGHZ 88, 11, 13.

30 Näher den Folgen bei Beendigung des Leasingvertrags MünchKomm/*Koch*, 8. Aufl. 2019, Leasing Rn. 130 ff.

31 BGH NJW 1996, 2226, 2227.

32 BGH NJW 1994, 2022, 2023; BGH NJW-RR 1987, 1456, 1457; s. ferner OLG Düsseldorf NJW-RR 1997, 246.

159 Beim **Erwerb von Neuwagen** verhält es sich in der Regel so, dass der Erwerber als erster Halter des Kfz eingetragen wird; in der Person des Veräußerers fehlt es also an einem durch Besitz des Kfz und Haltereintragung begründeten Rechtsschein. Gleichwohl kommt in diesem Fall ein gutgläubiger Erwerb nach § 932, § 366 Abs. 1 HGB in Betracht, wenn es sich bei dem Veräußerer um einen autorisierten Händler handelt[33]. Dagegen handelt der Erwerber grob fahrlässig, wenn er den Neuwagen von einer Privatperson oder von einem Händler, der offensichtlich nicht autorisierter Absatzmittler des Herstellers ist, erwirbt und der Veräußerer nicht als Halter eingetragen ist; es gelten dann die Grundsätze über den Erwerb von Gebrauchtwagen (Rn. 158).

5. Maßgebender Zeitpunkt

160 Gutgläubiger Erwerb scheidet aus, wenn der Erwerber vor **Vollendung** des Eigentumserwerbs – in den Fällen des § 929 S. 1 also etwa nach erfolgter Einigung, aber vor Übergabe – bösgläubig wird[34]. Bei aufschiebend bedingter Einigung ist allerdings die vor Eintritt der Bedingung begründete Bösgläubigkeit unschädlich (Rn. 245).

III. Die einzelnen Übereignungstatbestände

1. Überblick

161 Die §§ 932 bis 934 bestimmen für die in §§ 929 bis 931 geregelten Übereignungstatbestände, über **welche Besitzverschaffungsmacht** der Veräußerer verfügen muss, soll der Erwerber ihn für den Eigentümer halten dürfen. Dabei fällt auf, dass es nach §§ 932 Abs. 1 S. 1, 933 nicht nur bei Übereignung nach § 929 S. 1, sondern auch bei Übereignung nach §§ 929 S. 1, 930 der Übergabe der Sache durch den Veräußerer bedarf. Dem entspricht es, dass nach § 932 Abs. 1 S. 2 ein gutgläubiger Erwerb im Fall des § 929 S. 2 nur in Betracht kommt, wenn der Erwerber den Besitz von dem Veräußerer erlangt hatte. In allen drei Fällen ist also der gutgläubige Erwerb davon abhängig, dass sich der Veräußerer durch Ausübung von Besitzverschaffungsmacht **als Eigentümer geriert** und dadurch in der Person des Erwerbers einen entsprechenden Vertrauenstatbestand erzeugt. Für die Übereignung nach §§ 929, 931 scheint § 934 insoweit von diesem Grundprinzip abzuweichen, als es danach der Übergabe dann nicht bedarf, wenn der Veräußerer mittelbarer Besitzer ist; in diesem Fall soll gutgläubiger Erwerb vielmehr bereits durch Verwirklichung des Übereignungstatbestands der §§ 929, 931 ermöglicht werden. Indes werden wir sehen, dass der Gedanke der Besitzverschaffungsmacht zu einer einschränkenden Auslegung des § 934, 1. Fall Anlass geben kann (Rn. 164).

2. Übergabe und Übergabesurrogate

162 Eine für den gutgläubigen Erwerb[35] nach §§ 929 S. 1 und 2, 930, 932 Abs. 1, 933 erforderliche Übergabe der Sache durch den Veräußerer an den Erwerber liegt unzweifelhaft vor, wenn der Veräußerer dem Erwerber den unmittelbaren Besitz verschafft und Dritte an diesem Vorgang nicht beteiligt sind. Indes begegnet es in der Praxis gleichermaßen,

33 BGH NJW 1996, 314; Jauernig/*Berger* § 932 Rn. 15; beachte aber **auch BGH WM 2005, 761** betr. den Erwerb durch einen gewerblichen Leasinggeber.

34 AllgM., s. *Baur/Stürner* § 52 Rn. 28.

35 Die folgenden Ausführungen gelten entsprechend für die nach § 929 S. 1 erforderliche Übergabe.

dass auf Seiten des Veräußerers oder Erwerbers **Besitzdiener** oder **Besitzmittler** hinzugezogen werden oder gar eine **„Durchlieferung"** der verkauften Sache an einen vom Käufer benannten Dritten erfolgt. Die Frage, ob in diesen und ähnlichen Fällen eine „Übergabe" vorliegt, ist stets unter Rückgriff auf den Zweck des Übergabeerfordernisses zu beantworten[36]. Ausgehend von dem Publizitätsprinzip und der Funktion des Besitzes als Rechtsscheinträger muss es für das Vorliegen einer Übergabe darauf ankommen, dass (1.) auf Seiten des Veräußerers **jeder Besitz aufgegeben** wird, (2.) auf Seiten des Erwerbers ein entsprechender **Besitzerwerb erfolgt** und (3.) der Erwerb des Besitzes auf **Veranlassung des Veräußerers** erfolgt[37]. Im Folgenden soll dieses Prinzip anhand einiger Beispielsfälle verdeutlicht werden:

Fall 14 ist der Frage gewidmet, ob eine gestattete Wegnahme als Übergabe angesehen werden kann: K beauftragt den S mit Arbeiten zur Errichtung eines Gebäudes. Zur Sicherung der von K geleisteten Vorauszahlungen auf den Werklohn übereignet S mit Vertrag vom 6.10. dem K drei auf der Baustelle eingesetzte Kompressoren und ermächtigt den K, die Maschinen für den Fall in unmittelbaren Besitz zu nehmen, dass S seinen vertraglichen Verpflichtungen nicht nachkommt. Die Kompressoren hatte S allerdings bereits zuvor der Bank B sicherungsübereignet. Als S am 23.10. die von ihm im September begonnenen Bauarbeiten wegen Insolvenz einstellt, holt K am 27.10. die Kompressoren ab. B verlangt von K Herausgabe der Kompressoren. 163

Ein solcher **Anspruch** könnte sich **aus § 985** ergeben. Fraglich ist jedoch, ob B noch Eigentümer der Kompressoren ist. Zwar hat B zunächst Sicherungseigentum nach §§ 929, 930 erworben. Dieses könnte sie jedoch durch Übereignung von S an K verloren haben. Ein Erwerb vom Berechtigten scheidet allerdings angesichts des Sicherungseigentums der B aus. Denkbar ist jedoch ein Erwerb vom Nichtberechtigten nach §§ 932 Abs. 1 S. 1, 933. Fraglich ist insoweit allein, ob eine Übergabe der Kompressoren erfolgt ist. Eine solche setzt im Allgemeinen voraus, dass der Veräußerer sämtlichen Besitz an der Sache verliert und der Erwerber auf Veranlassung des Veräußerers Eigenbesitz an der Sache erlangt. Eine Übergabe liegt also nicht schon vor, wenn der Erwerber irgendwie den Besitz an der Sache erlangt; er muss ihn vielmehr gerade vom Veräußerer und mit dessen Willen erlangt haben. Hier ist problematisch, ob der **Besitzerwerb auf Veranlassung des Veräußerers** erfolgt ist. Daran würde es sicherlich fehlen, hätte sich K den Besitz an den Kompressoren „auf eigene Faust" beschafft. Entsprechendes wäre bei nachträglicher Zustimmung seitens des S anzunehmen. In unserem Fall hatte S dagegen vorab in die Besitzergreifung eingewilligt. Nach Ansicht des BGH stellt jedoch auch eine solche „gestattete Wegnahme" nur dann eine Übergabe im Sinne der §§ 932, 933 dar, wenn die Einwilligung im Zeitpunkt der Wegnahme erklärt wird; eine **antizipierte Einwilligung** soll also nicht genügen[38]. Dem ist zuzustimmen: Nur wenn der Veräußerer im Zeitpunkt des Besitzübergangs über die erforderliche Besitzverschaffungsmacht verfügt und diese auch nach außen zum Ausdruck bringt, liegt der für den gutgläubigen Erwerb legitimierende Rechtsscheintatbestand vor.

36 Dazu, dass der Begriff der Übergabe in § 933 ebenso auszulegen ist wie in § 932, s. BGHZ 67, 207, 208; BGH WM 1996, 1256.

37 RGZ 137, 23, 25; BGH WM 1970, 251, 252; BGHZ 67, 207, 209; BGH WM 2010, 900 Tz. 23 ff.; *Baur/ Stürner* § 51 Rn. 12 ff.; Jauernig/*Berger* § 929 Rn. 8.

38 BGHZ 67, 207, 209; offengelassen aber von BGH NJW 1979, 714, 715; s. aber auch *Musielak* JuS 1992, 713, 718.

164 **Fall 15** handelt von der Einschaltung Dritter in den Vollzug der Übergabe: Der Kfz-Hersteller L hatte dem Vertragshändler[39] F mehrere Fahrzeuge ausgeliefert, ohne ihm das Eigentum an diesen Fahrzeugen zu übertragen oder die Verfügung vor Zahlung des Kaufpreises zu gestatten. Eines dieser Fahrzeuge verkauft und übereignet F an B; die Übergabe wird durch die Abrede ersetzt, dass F das Kfz einstweilen verwahren solle. B seinerseits verkauft das Fahrzeug unter Eigentumsvorbehalt an S, unterrichtet F hiervon und weist ihn an, das Fahrzeug direkt an S auszuliefern. Als S das inzwischen an ihn gelieferte Fahrzeug nicht bezahlen kann, nimmt B es an sich. Gegenüber dem Herausgabeverlangen des L beruft sich B darauf, gutgläubig das Eigentum an dem Fahrzeug erworben zu haben. Mit Erfolg?

Der in Betracht kommende **Herausgabeanspruch aus § 985**[40] setzt zunächst voraus, dass L noch Eigentümer des Kfz ist. Zu prüfen ist deshalb, ob B das Eigentum an dem Kfz von F erworben hat. Ein Erwerb nach §§ 929, 930 scheitert freilich schon an der fehlenden Berechtigung des F. In Betracht kommt somit allein gutgläubiger Erwerb des B nach §§ 932, 933. Fraglich ist insoweit zunächst, ob im Verhältnis F ./. B überhaupt eine Übereignung stattgefunden hat. Dem könnte entgegenstehen, dass F das Kfz unmittelbar an S geliefert hat. Indes besteht zwischen F und S jedenfalls kein schuldrechtliches Rechtsverhältnis. Dieser Umstand schließt zwar das Vorliegen einer Übereignung nicht schlechthin aus. Zu berücksichtigen ist allerdings, dass F der Weisung des B, das Kfz an S zu liefern, nicht entnehmen kann, ob S (bedingtes oder unbedingtes) Eigentum oder nur Besitz erhalten soll. Es entspricht deshalb der ganz hM, dass sich die Übereignung bei einem sogenannten **Streckengeschäft** grundsätzlich im jeweiligen Leistungsverhältnis vollzieht[41]. Handelt es sich also, wie im Regelfall, um zwei hintereinander geschaltete Kaufverträge, erklären die jeweiligen Kaufvertragsparteien bereits bei Abschluss des Kaufvertrags stillschweigend auch die dingliche Einigung, und zwar entweder bedingt oder unbedingt. Was die Übergabe betrifft, so erfolgt sie ebenfalls im Verhältnis zwischen den jeweiligen Kaufvertragsparteien. Im Einzelnen ist allerdings zu unterscheiden. Erfolgt der zweite Kaufvertrag (also derjenige zwischen B und S) unter Eigentumsvorbehalt, so wird nach ganz hM durch den Kaufvertrag und den Erwerb des unmittelbaren Besitzes durch den Vorbehaltskäufer ein **Besitzmittlungsverhältnis** begründet[42]. Dies bedeutet, dass F das Kfz an einen Besitzmittler des B ausgeliefert hat, also selbst jeglichen Besitz verloren und dem B den **mittelbaren Besitz verschafft** hat; dies erfüllt aber – ebenso wie die Aushändigung der Sache an einen Besitzdiener des Erwerbers – die Anforderungen an eine Übergabe im Verhältnis zwischen F und B (Rn. 162)[43]. Da B im Zeitpunkt der Übergabe gutgläubig war, hat er das Eigentum an dem Kfz erworben. Ein Anspruch der L aus § 985 besteht somit nicht.

Nur am Rande sei darauf hingewiesen, dass die **Übergabe** zwischen B und S in der Weise erfolgt, dass der unmittelbare Besitzer F, obschon er nicht Besitzmittler des Veräußerers B ist, dem Erwerber S auf Geheiß des Veräußerers B den unmittelbaren Besitz ver-

39 Zum Begriff des Vertragshändlers s. *Canaris* (Fn. 18) § 17; grundlegend *Ulmer* Der Vertragshändler, 1969.

40 Denkbar ist auch ein Anspruch aus § 1007 Abs. 1, doch scheitert dieser, ebenso wie der Anspruch aus § 985, an der Gutgläubigkeit des B.

41 BGH NJW 1986, 1166 f.; *Medicus/Petersen* Rn. 671; *J. Hager* ZIP 1993, 1446 ff.; *ders.*, in: 50 Jahre BGH, Festgabe aus der Wissenschaft, 2000, Bd. 1, S. 777, 786 ff., dort auch zur Rechtslage bei fehlerhafter Anweisung.

42 RGZ 54, 396, 397; BGHZ 10, 69, 71; Staudinger/*Gutzeit* § 868 Rn. 43; Soergel/*Wendelstein* § 868 Rn. 13.

43 BGH NJW 1986, 1166, 1167; Jauernig/*Berger* § 929 Rn. 12 mit weiteren Fallbeispielen.

schafft[44]. Der Übergabe durch den Veräußerer steht es also gleich, dass ein Dritter (F) der Weisung des Veräußerers (B), die Sache an den Erwerber (S) auszuliefern, bereitwillig folgt; die dadurch zum Ausdruck kommende Besitzverschaffungsmacht des Veräußerers (B) weist diesen, nicht anders als der unmittelbare Besitz, als Berechtigten aus und erfüllt somit die Voraussetzungen einer Übergabe. Die Möglichkeit des **Geheißerwerbs** besteht im Übrigen auch auf Erwerberseite, indem dieser den Veräußerer anweist, die Sache einem Dritten zu übergeben. Die Kombination beider Tatbestände des Geheißerwerbs ermöglicht deshalb in den Fällen des Streckengeschäfts den Übergang des Eigentums von F auf B und sodann von B auf S auch dann, wenn es (anders als in Fall 15) zwischen B und S an einem Vorbehaltskauf und damit an der Grundlage für ein Besitzmittlungsverhältnis fehlt. F übergibt in diesem Fall an B, indem er auf dessen Geheiß den S zum unmittelbaren Besitzer macht; B übergibt an S dadurch, dass F als Geheißperson des B den unmittelbaren Besitz auf S überträgt[45].

Fall 16 führt am Beispiel des Streckengeschäfts aus Fall 15 in die Problematik des sogenannten Rückerwerbs des nichtberechtigten Veräußerers ein: S hat den Kaufpreis zwar gezahlt, sodann aber den Lkw wegen des Fehlens einer zugesicherten Eigenschaft an B zurückgegeben. Dabei ist davon auszugehen, dass B im Zeitpunkt der Auslieferung des Lkw durch F an S bösgläubig war. Nunmehr pfändet ein Gläubiger X des B den Lkw. Kann L gegen die Pfändung und drohende Versteigerung vorgehen? **165**

Durch die Pfändung des Lkw wird dieser verstrickt, so dass die Geltendmachung des Herausgabeanspruchs aus § 985 nicht mehr in Betracht kommt und ein etwaiges Recht an der gepfändeten Sache im Wege der **Drittwiderspruchsklage gemäß § 771 ZPO** geltend zu machen ist[46]. Dies gilt selbst dann, wenn es sich bei dem Lkw um Zubehör im Sinne von § 97 handeln sollte und deshalb eine Pfändung nach § 865 Abs. 2 S. 1 ZPO iVm. § 1120 unstatthaft ist[47]. Fraglich ist allerdings, ob dem L ein die „Veräußerung hinderndes Recht" im Sinne des § 771 ZPO zusteht[48]. Dies könnte hier das Eigentum am Lkw sein. Allerdings hatte L dieses bereits infolge des gutgläubigen Erwerbs des S von dem Nichtberechtigten (weil bösgläubigen) B verloren (vgl. Rn. 164). Dies wiederum bedeutet, dass B im Zuge der Rückabwicklung des Kaufvertrags (§§ 440, 323, 346) das Eigentum an dem Lkw vom Berechtigten, also nach § 929, erworben haben könnte. Die hM bejaht zwar im Grundsatz die Möglichkeit des Rückerwerbs des nichtberechtigten Veräußerers, dies allerdings mit gewichtigen Einschränkungen: Erfolgt der Rückerwerb im Zusammenhang mit der Rückabwicklung des Rechtsverhältnisses zwischen dem Nichtberechtigten und dem redlichen Erwerber, so soll durch die Rückübereignung an den Nichtberechtigten nicht dieser, sondern der **frühere Berechtigte** Eigentümer werden[49]. Ent-

44 Vgl. im Zusammenhang mit dem Streckengeschäft BGH NJW 1974, 1133 f.; BGH NJW 1986, 1166 f.; BGH NJW 1999, 425; näher zum Geheißerwerb *v. Caemmerer* JZ 1963, 586 ff.; *Hager* (Fn. 1), S. 777, 786 ff.; *Wadle* JZ 1974, 689 ff.; *Medicus/Petersen* Rn. 563 ff.

45 Vgl. die Nachw. in Fn. 41.

46 Näher dazu *Gaul/Schilken/Becker-Eberhard*, Zwangsvollstreckungsrecht, 12. Aufl. 2010, § 41; zu den Rechtsfolgen der Pfändung, insbesondere zum Pfändungspfandrecht, s. noch Rn. 184.

47 Zum Eintritt der Verstrickung auch in diesem Fall s. Thomas/Putzo/*Seiler* § 865 Rn. 2, 5.

48 *Gaul/Schilken/Becker-Eberhard* (Fn. 46) § 41 IV mit zutr. Hinweis, dass es ein die Veräußerung hinderndes Recht nicht gibt (selbst das Eigentum kann, wie §§ 892, 932 ff. zeigen, die Veräußerung nicht hindern) und dass die Formel, die auf die Rechtswidrigkeit der Pfändung im Verhältnis zum Widersprechenden abstellt, zu weit ist.

49 *Baur/Stürner* § 52 Rn. 34 ff., *Prütting* Rn. 438, jew. mit weit. Nachw.; für den Grundsatz (Rückerwerb des nichtberechtigten Veräußerers) s. BGH NJW-RR 2003, 170, 171; strikt gegen den Rückerwerb *Hoffmann* AcP 215 (2015), 794 ff.

sprechendes soll gelten, wenn die Übereignung durch den Nichtberechtigten von vornherein nur vorläufiger Natur sein sollte, ferner, wenn sie in der Absicht des späteren Rückerwerbs erfolgt ist. Zur Begründung wird zumeist auf die Rechtsfigur des Geschäfts für den, den es angeht, oder auf den Gedanken des § 158 Abs. 2 verwiesen. Indes vermag die mit der hM verbundene **Durchbrechung des Abstraktions- und Publizitätsgrundsatzes** nicht zu überzeugen; für den behaupteten unmittelbaren Rückfall des Eigentums an den vormals Berechtigten gibt es, sieht man von einer entsprechenden Forderung des Rechtsgefühls ab, keine tragfähige Begründung[50]. Es hat vielmehr dabei zu bewenden, dass L die Folgen des von ihm durch die Aufgabe des unmittelbaren Besitzes gesetzten Rechtsscheins selbst zu verantworten hat und sich entweder an den untreuen unmittelbaren Besitzer oder an den Verfügenden halten kann; der Eigentumserwerb durch S und die damit verbundenen Folgen können dagegen nicht unter Hinweis auf das schuldrechtlich Wünschenswerte negiert werden. Der nichtberechtigte Veräußerer (B) erlangt somit, dem erklärten Willen des rückveräußernden Erwerbers gemäß, nach § 929 S. 1 das Eigentum an der Sache. Hier kommt zwar ein **Herausgabeanspruch des L aus § 1007 Abs. 1** in Betracht; zudem ist B aus **§§ 823 Abs. 1, 823 Abs. 2 iVm. § 246 StGB** zur Rückübereignung des Lkw an L verpflichtet. Da diese Ansprüche allerdings das Eigentum des B nicht in Frage stellen, der Lkw also im Zeitpunkt der Pfändung zum Schuldnervermögen gehört, kann L der Pfändung des Lkw nicht widersprechen[51].

166 Die Grenzen des Geheißerwerbs zeigt **Fall 17** auf[52]: Hemdenfabrikant H beauftragt wegen einer Liquiditätskrise den selbständigen Kaufmann K mit dem Verkauf von Hemden im Namen und auf Rechnung des H. K nimmt sofort Verhandlungen mit X auf und schließt daraufhin mit diesem im eigenen Namen einen Kaufvertrag über 3000 Hemden. Es wird vereinbart, dass X die bei H lagernden Hemden abholen solle. So geschieht es denn auch. X zahlt daraufhin an K, der den Kaufpreis jedoch nicht an H abführt und alsbald insolvent wird. H verlangt nunmehr von X die Herausgabe des von diesem aus der Weiterveräußerung der Hemden erzielten Erlöses. K sei nicht berechtigt gewesen, im eigenen Namen zu handeln; er, H, habe dem X die Hemden in der Annahme überlassen, der Kaufvertrag sei mit ihm (H) zustande gekommen.

In Betracht kommt ein **Anspruch des H gegen X aus § 816 Abs. 1 S. 1**. Der danach erforderlichen **Nichtberechtigung des X** könnte entgegenstehen, dass H dem X die Hemden nach § 929 S. 1 übereignet hat. Die Übergabe der Hemden ist zwar erfolgt. Auch wollte H das Eigentum an den Hemden übertragen. Indes fehlt es an der erforderlichen Einigungserklärung des X; denn dieser ging davon aus, dass er von K erwirbt. In Betracht kommt deshalb nur ein Erwerb des X vom Nichtberechtigten K gemäß §§ 929 S. 1, 932 Abs. 1. Fraglich ist insoweit das Vorliegen einer Übergabe; denn H ist weder Besitzdiener oder Besitzmittler des K noch dessen Geheißperson. Der BGH lässt es allerdings für das Vorliegen einer Übergabe genügen, dass der **Anschein** erweckt wird, der Dritte ordne sich dem Geheiß des Veräußerers unter[53]; jedenfalls soll es genügen, dass objektiv betrachtet aus der Sicht des Erwerbers die Übergabe als Leistung des Veräußerers erscheint[54]. Gegen diese Ansicht spricht indes, dass die **objektive Befolgung des Geheißes** des Veräußerers durch den Dritten (und nur sie) die Besitzverschaffungsmacht des Ver-

50 Ablehnend auch *Wiegand* JuS 1971, 61 ff.; Staudinger/*C. Heinze* § 932 Rn. 120 ff.; Jauernig/*Berger* § 932 Rn. 2.

51 Vgl. aber auch die Überlegungen *J. Hagers* (Fn. 1), S. 189 ff. zur Frage eines Vollstreckungsschutzes des früheren Berechtigten.

52 **BGH JZ 1975, 27** mit Anm. *v. Olshausen*; s. ferner BGHZ 161, 90, 110 f. – Flowtex.

53 BGHZ 36, 56 ff.

54 BGHZ JZ 1975, 27, 28 f. mit Anm. von *v. Olshausen.*

äußerers zum Ausdruck bringt. Der gute Glaube an die Befolgung eines Geheißes ist demgemäß nichts anderes als der gute Glaube an den Besitz oder an die Besitzverschaffungsmacht des Veräußerers, also guter Glaube an das Vorliegen eines Rechtsscheintatbestands; er vermag als solcher einen gutgläubigen Erwerb nicht zu legitimieren[55].

Fall 18 ist **BGHZ 50, 45** nachgebildet und einer zentralen Frage im Zusammenhang mit dem Erwerbstatbestand des § 934 gewidmet: Im Dezember 2021 liefert Verkäufer V dem Händler H eine Fräsmaschine unter Eigentumsvorbehalt. Im September 2022 übereignet H dem Kaufmann C die Maschine zur Sicherheit, ohne den Eigentumsvorbehalt zu erwähnen. C seinerseits verkauft im Juli 2023 die Maschine an L, wobei C und L sich darüber einig sind, dass das Eigentum auf den L übergehen soll; C tritt zugleich seine Rechte aus dem zwischen ihm und H bestehenden Besitzmittlungsverhältnis an L ab und veranlasst H, den Besitz an der Maschine nur noch dem L zu vermitteln. Hat L das Eigentum an der Maschine erworben? **167**

In Betracht kommt allein ein Erwerb des L vom Nichtberechtigten C. Da nämlich die Maschine dem C nicht übergeben wurde, konnte dieser nach **§§ 930, 933** von H nur dessen **Anwartschaftsrecht**, nicht aber das Eigentum erwerben; hinsichtlich des Eigentums war C somit Nichtberechtigter. Der BGH hat freilich den vorliegend allein in Betracht kommenden Erwerb des Eigentums durch L nach **§§ 931, 934, 1. Alt.** bejaht[56]. Da nämlich C aufgrund des mit H vereinbarten Besitzmittlungsverhältnisses mittelbarer Besitzer geworden sei, könne die Übergabe der Sache schon durch die Abtretung des gegen H gerichteten Herausgabeanspruchs ersetzt werden. Das zwischen H und C vereinbarte Besitzmittlungsverhältnis sei auch nicht deshalb unwirksam, weil C kein Eigentum habe erwerben können; denn für die Anwendung des § 139 und die danach vermutete Gesamtnichtigkeit des Rechtsgeschäfts sei dann kein Raum, wenn, wie hier, C immerhin das Anwartschaftsrecht des H erworben habe.

Die Entscheidung des BGH vermag nicht zu überzeugen. Was zunächst die Ausführungen zu § 139 betrifft, so können zwar dingliche Einigung und Vereinbarung des Besitzmittlungsverhältnisses als Teile eines einheitlichen Rechtsgeschäfts qualifiziert werden. Indes war die Einigung (wie auch die Übereignung insgesamt) nicht nichtig. Mangels Berechtigung des C konnte sie zwar den gewollten Erfolg nicht herbeiführen, was aber die Wirksamkeit des Besitzmittlungsverhältnisses und damit den Erwerb mittelbaren Besitzes durch C nicht berührt[57]. Auf den Erwerb des Anwartschaftsrechts durch C kommt es insoweit nicht an. Das Besitzmittlungsverhältnis zwischen H und C bleibt denn auch in dem Fall bestehen, dass V vom Kaufvertrag mit H zurücktritt und dadurch das Anwartschaftsrecht zum Erlöschen bringt (dazu Rn. 244). War C somit mittelbarer Besitzer im Sinne des § 934, 1. Alt., so muss ein gutgläubiger Erwerb durch L gleichwohl daran scheitern, dass H als Besitzmittler nicht nur dem Erwerber L, sondern weiterhin auch dem V den Besitz vermittelt. Da nämlich der Kauf unter Eigentumsvorbehalt ein Besitzmittlungsverhältnis begründet (Rn. 164) und dieses ungeachtet der Sicherungsübereignung an C und der Abtretung des Herausgabeanspruchs von C an L fortbesteht, vermag L den V nicht vollständig aus dessen Besitz an der Sache zu verdrängen. L und V sind vielmehr **mittelbare Nebenbesitzer**: Zwar hat der Veräußerer C seinen Besitz an der Sache aufgegeben. Dies aber

55 So zu Recht *Medicus/Petersen* Rn. 564; aA *Wieling* § 10 IV 6.

56 **BGHZ 50, 45, 49 ff.**; s. ferner RGZ 135, 75 ff.; RGZ 138, 265 ff.; näher dazu *Michalski* AcP 181 (1981), 384, 388 ff., 398 ff.; *Picker* AcP 188 (1988), 511, 533 ff.; *Kindl* AcP 201 (2001), 391 ff.; aA **BGH WM 2010, 900** Tz. 23 ff., freilich ohne Bezugnahme auf die Lehre vom Nebenbesitz; eingehend *Bezzenberger* AcP 223 (2023), 76 ff.; zu § 934 beachte auch **BGH NJW 2005, 359, 364** – FlowTex.

57 So auch Jauernig/*Berger* § 933 Rn. 2; *Medicus/Petersen* Rn. 560; *Michalski* AcP 181 (1981), 384, 388 ff.

genügt für das Vorliegen einer Übergabe oder eines Übergabesurrogats nur unter der weiteren Voraussetzung, dass auch der bisherige Eigentümer V seinen Besitz an der Sache verliert, was etwa dadurch geschehen könnte, dass der Besitzmittler H erkennbar seine besitzrechtliche Beziehung zu V abbricht und dadurch dessen mittelbaren Besitz zum Erlöschen bringt; andernfalls verdient L keinen Schutz[58]. Mit dem Begriff des Nebenbesitzes geht also eine **Einschränkung des § 934, 1. Alt.** einher: Die Übertragung des mittelbaren Besitzes ermöglicht als solche noch keinen gutgläubigen Erwerb; hinzukommen muss vielmehr, dass der Erwerber näher an die Sache heranrückt als der bisherige Eigentümer. Nur so wird ein Wertungswiderspruch zwischen § 933 einerseits, § 934, 1. Fall andererseits vermieden; denn L hat nur die Besitzposition des C erworben, so dass nicht einzusehen wäre, wenn zwar er, nicht aber C Eigentum erwerben könnte.

168 Das Problem des Nebenbesitzes stellt sich, wie **Fall 19** zeigen soll, auch im Zusammenhang mit § 934, 2. Alt.: V verkauft dem K unter Eigentumsvorbehalt Zucker. Der Zucker wird bei dem Lagerhalter L für V eingelagert; L stellt dem V einen entsprechenden Namenslagerschein aus. K gibt sich schon vor Eintritt der Bedingung als Eigentümer des Zuckers aus und tritt seinen angeblichen Herausgabeanspruch gegen L an den gutgläubigen D ab. L stellt zwar auch dem D einen Namenslagerschein aus, liefert aber weiterhin auf Anweisung des V Zucker an die Abnehmer des K.

Das RG hat in **RGZ 135, 75 und RGZ 138, 265** einen Erwerb des D nach **§ 934** bejaht. Zwar könne K von L nicht Herausgabe verlangen, so dass er keinen mittelbaren Besitz habe und deshalb auch § 934, 1. Alt. nicht zur Anwendung gelange. Da jedoch L den K als mittelbaren Besitzer anerkannt habe, seien die Voraussetzungen des § 934, 2. Alt. erfüllt. Auch dagegen bestehen freilich Bedenken. Zwar findet § 934, 2. Alt. in der Tat auch dann Anwendung, wenn der Erwerber lediglich mittelbaren Besitz erlangt, indem zwischen ihm und dem unmittelbaren Besitzer (L) ein Besitzmittlungsverhältnis begründet wird[59]. Doch genügt dies dann nicht, wenn, wie hier, der Eigentümer seinerseits mittelbarer Besitzer bleibt und der Erwerber somit nicht näher an die Sache heranrückt als dieser[60].

IV. Abhandenkommen

169 Nach § 935 Abs. 1 S. 1 und 2 ist ein Erwerb vom Nichtberechtigten ausgeschlossen, wenn die Sache dem Eigentümer oder, im Fall des mittelbaren Besitzes des Eigentümers, dem unmittelbaren Besitzer gestohlen worden, verloren gegangen oder in sonstiger Weise abhanden gekommen war. Damit bringt das Gesetz klar zum Ausdruck, dass ein Erwerb vom Nichtberechtigten seine Grundlage in einem dem **Eigentümer zurechenbaren Rechtsschein** finden muss: Hat der Eigentümer den unmittelbaren Besitz ohne (also nicht notwendigerweise: gegen) seinen Willen verloren, so fehlt es an einem zurechenbaren Rechtsscheintatbestand; in diesem Fall erscheint das Erhaltungsinteresse schutzwürdiger als das Interesse des Erwerbers am Schutz seines guten Glaubens an die Berechtigung des Besitzers. Entsprechendes gilt, wenn der Besitzmittler, der ja den unmittelbaren Besitz zwangsläufig auf Veranlassung des Eigentümers erhalten hat, den unmittelbaren

---

58 So auch *Baur/Stürner* § 52 Rn. 24; *Medicus/Petersen* Rn. 561; *Wieling* § 6 III 3b; ähnlich *Kindl* AcP 201 (2001), 391, 405 ff.; s. ferner BGH WM 2010, 900 Tz. 23 ff.; aA – gegen die Kategorie des Nebenbesitzes – *Wilhelm* Rn. 508, *Picker* AcP 188 (1988), 511, 533 ff.

59 BGH NJW 1978, 696, 697; Jauernig/*Berger* § 934 Rn. 3.

60 Vgl. die Nachw. in Fn. 58.

Besitz ohne seinen Willen und ohne Willen des Eigentümers verliert[61]. In § 935 Abs. 2 sind allerdings einige **Ausnahmetatbestände** geregelt. Diese betreffen zunächst Geld und Inhaberpapiere und damit Sachen, die besonders umlauffähig sind und deren Umlauffähigkeit nicht durch den Tatbestand des Abhandenkommens beeinträchtigt werden soll.[62] Der Ausnahmetatbestand der öffentlichen Versteigerung – gemeint ist die Versteigerung im Sinne des § 383 Abs. 3, nicht dagegen die sich außerhalb der §§ 929 ff. vollziehende Versteigerung nach §§ 814 ff. ZPO[63] – ist historisch bedingt und erklärt sich aus dem öffentlichen Charakter der Veräußerung, der es dem Eigentümer ermöglicht, sein Recht an der Sache rechtzeitig geltend zu machen[64].

Abhandenkommen im Sinne des § 935 Abs. 1 liegt auch dann vor, wenn der Allein- oder 170
Miteigentümer seinen unmittelbaren **Mitbesitz** ohne seinen Willen verloren hat; dies ist vor allem im Hinblick auf den typischerweise gegebenen Mitbesitz der Ehegatten an den Hausratsgegenständen von Bedeutung[65]. Fraglich ist dagegen, ob Abhandenkommen vorliegt, wenn der **Besitzdiener** die Sache ohne den Willen des Besitzers veruntreut. Während die hM die Möglichkeit gutgläubigen Erwerbs stets verneint[66], wollen andere den Erwerber schützen, wenn der Besitzdiener nach außen eine dem Besitzmittler vergleichbare Stellung hatte, seine Gebundenheit gegenüber dem Besitzherrn also nach außen nicht erkennbar war[67]. Als vorzugswürdig erscheint die hM: Das BGB macht die Möglichkeit des Erwerbs vom Nichtberechtigten von einem dem Eigentümer zurechenbaren Rechtsschein abhängig (Rn. 169). Die Überlassung der Sachherrschaft an einen Besitzdiener begründet aber, wie § 855 klar zum Ausdruck bringt, noch keinen solchen Rechtsschein; es ist in diesem Fall weiterhin Sache des Besitzherrn, über die Aufgabe des Besitzes zu entscheiden. Abhandenkommen liegt freilich nicht vor, wenn der Besitzdiener mit Willen des Besitzherrn die Sache aus der Hand gibt. Entsprechendes gilt, wenn der Besitzdiener kraft Gesetzes, etwa nach § 56 HGB, als zum Handeln für den Besitzherrn berechtigt anzusehen ist[68].

Juristische Personen und Personengesellschaften sind, anders als die Gütergemein- 171
schaft und die Erbengemeinschaft, als solche Besitzer (Rn. 44 ff.). Ausgeübt wird der Besitz durch die Organwalter der juristischen Person oder Personengesellschaft, so dass es an einem Abhandenkommen fehlt, wenn der unmittelbare Besitz mit Willen des Organwalters aufgegeben wird. Dies gilt auch dann, wenn der Organwalter dabei außerhalb seiner Geschäftsführungsbefugnis handelt, indem er etwa die Sache unterschlägt. Was schließlich den **Erbenbesitz** im Sinne des § 857 betrifft, so liegt Abhandenkommen im Sinne des § 935 Abs. 1 schon dann vor, wenn der Inhaber der tatsächlichen Sachherrschaft eine zum Nachlass gehörende Sache weggibt. Anderes gilt, wenn der Erbschafts-

61 Zutr. Grüneberg/*Herrler* § 935 Rn. 3, 7.

62 Dazu BGH JZ 2013, 1111 mit Anm. J. *W. Flume*: Zum Umlauf im Zahlungsverkehr nicht bestimmte und nicht geeignete Sammlermünzen sind auch dann nicht Geld i.S.d. § 935 Abs. 2, wenn sie als offizielles Zahlungsmittel zugelassen sind.

63 Zum Eigentumserwerb in diesem Fall s. BGHZ 100, 95, 98 f.; BGHZ 119, 75, 76: Zuweisung des Eigentums kraft Hoheitsakts.

64 Westermann/*Gursky* § 49 III 2.

65 S. dazu bereits Rn. 142 mit Fn. 7.

66 RGZ 71, 248, 252 f.; Soergel/*Höpfner* § 935 Rn. 9; *Baur/Stürner* § 52 Rn. 39; Westermann/*Gursky* § 49 I 6; Jauernig/*Berger* § 935 Rn. 8; eingehend *Witt* AcP 201 (2001), 165, 172 ff. – Zur Rechtslage bei einer Probefahrt s. **BGH NJW 2020, 3711 Rn. 21 ff.**; OLG Celle NJW 2023, 229, dort auch zur Rechtslage bei eingebauter SIM-Karte.

67 Staudinger/*Wiegand* (2017) § 935 Rn. 14; Erman/*W. Bayer* § 935 Rn. 7; eingehend *K. Schmidt*, in: Zimmermann (Hrsg.), Rechtsgeschichte und Privatrechtsdogmatik, 2000, S. 579 ff.

68 So auch Jauernig/*Berger* § 935 Rn. 8.

besitzer durch Erbschein legitimiert ist: Nach § 2366 erfolgt der Erwerb in diesem Fall so, als sei der Veräußerer tatsächlich Erbe; zur Anwendung gelangen also §§ 929 ff. (iVm. § 2366), nicht dagegen §§ 932 ff., 935[69].

V. Lastenfreier Erwerb

172 § 936 ermöglicht den lastenfreien Erwerb einer beweglichen Sache: Mit dem Erwerb des Eigentums, sei es vom Berechtigten gemäß §§ 929 ff. oder vom Nichtberechtigten gemäß §§ 932 ff., erlischt das Nießbrauchs- oder Pfandrecht eines Dritten, sofern dem Erwerber die Existenz dieses Rechts weder bekannt noch infolge grober Fahrlässigkeit unbekannt war. Im Einzelnen macht § 936 Abs. 1 S. 2 und 3 den lastenfreien Erwerb von der Einhaltung der in §§ 932 Abs. 1 S. 2, 932a, 934 umschriebenen Besitzerwerbsmodalitäten abhängig; dies gilt auch, wenn der Erwerb des Eigentums vom Berechtigten erfolgt[70].

173 Was die Anwendbarkeit des § 935 im Rahmen des § 936 betrifft, so sind zwei Fälle zu unterscheiden. Ist die Sache dem Eigentümer abhanden gekommen, ist schon ein „Erwerb des Eigentums“ im Sinne des § 936 Abs. 1 S. 1 und damit auch ein lastenfreier Erwerb ausgeschlossen. Ist dagegen die Sache dem Inhaber des beschränkten dinglichen Rechts abhanden gekommen, ist zwar ein **Erwerb des Eigentums möglich** (und zwar entweder nach §§ 929 ff. oder nach §§ 932 ff.); in entsprechender Anwendung des § 935 Abs. 1 ist in diesem Fall jedoch ein **lastenfreier Erwerb ausgeschlossen**. Hat also der Eigentümer E dem Gläubiger G eine Sache verpfändet und nimmt er nach dem Tod des G dieselbe wieder an sich, so ist dem Erben des G, auf den die verpfändete Forderung und mit ihr das Pfandrecht übergegangen sind, die Sache abhanden gekommen (Rn. 171); E kann deshalb zwar sein Eigentum nach §§ 929 ff. übertragen, allerdings nur belastet mit dem Pfandrecht.

174 Eine weitere Ausnahme von der Möglichkeit des lastenfreien Erwerbs ist in **§ 936 Abs. 3** vorgesehen. Danach erlischt das Recht des Dritten nicht, wenn er unmittelbarer[71] Besitzer der Sache ist und die Veräußerung durch den Eigentümer somit nach § 931 erfolgt. Dahinter steht die Überlegung, dass der Erwerber, der weiß, dass sich die Sache im Besitz eines Dritten befindet, mit Rechten dieses Dritten an der Sache rechnen muss. Die Vorschrift **ergänzt** diejenige des **§ 986 Abs. 2**: Während der Dritte sein obligatorisches Besitzrecht unter den Voraussetzungen des § 986 Abs. 2 auch dem Erwerber des Eigentums entgegenhalten kann (Rn. 89 ff.), stellt § 936 Abs. 3 sicher, dass der Dritte seines dinglichen Rechts, welches ihn auch zum Besitz der Sache berechtigt, nicht verlustig geht. Der Dritte kann demnach, gestützt auf sein beschränktes dingliches Recht, ein Herausgabeverlangen des neuen Eigentümers nach § 986 Abs. 1 abwehren; vor allem kann er auch mit Wirkung gegenüber dem neuen Eigentümer sein beschränktes dingliches Recht ausüben, also etwa die Sache nach Eintritt der Pfandreife verwerten. Von besonderer Bedeutung ist § 936 Abs. 3 im Zusammenhang mit dem **Eigentumsvorbehalt** (Rn. 242).

---

69 Näher dazu *Medicus/Petersen* Rn. 568 ff. – Zu einem weiteren Sonderfall s. Grüneberg/*Weidlich* § 1953 Rn. 4.

70 Vgl. etwa BGH DB 2005, 2520: Gutgläubiger lastenfreier Erwerb einer dem Vermieterpfandrecht unterliegenden Sache setzt, wenn die Veräußerung im Wege des Besitzkonstituts (§ 930) erfolgt, Übergabe an den Erwerber voraus.

71 Zur entsprechenden Anwendung des § 936 Abs. 3, wenn sich der nach § 931 abgetretene Herausgabeanspruch gegen einen Besitzmittler des Berechtigten richtet, sowie zur analogen Anwendung bei Übereignung nach § 930 und nachfolgender Abtretung des Herausgabeanspruchs s. Westermann/*Gursky* § 50.2; s. ferner Rn. 92 zur entsprechenden Problematik im Zusammenhang mit § 986 Abs. 2.

Vierter Teil

Mobiliarsicherheiten

§ 10 Pfandrecht

I. Grundlagen

1. Funktion

Grundsätzlich hat jeder Gläubiger das Recht, im Falle der Nichtbefriedigung seiner Forderung in das gesamte Vermögen seines Schuldners zu vollstrecken. Er konkurriert dabei allerdings mit den sonstigen Gläubigern des Schuldners – eine Konkurrenz, deren Auswirkungen der Gläubiger vor allem bei Eröffnung des Insolvenzverfahrens zu spüren bekommt. Dann nämlich hat er es mit einer Vielzahl von Gläubigern zu tun, die allesamt auf das Aktivvermögen des Schuldners zugreifen und nach dem Grundsatz der **Gläubigergleichbehandlung** befriedigt werden. Regelmäßig reicht die Insolvenzmasse nicht zur vollständigen Befriedigung sämtlicher Insolvenzgläubiger aus, so dass jeder Gläubiger nur die sogenannte **Quote** – in der Praxis häufig nur wenige Prozent des Nennwerts der Forderung – erhält. Vor diesem Hintergrund zeigt sich die Funktion eines Pfandrechts oder eines vergleichbaren dinglichen Sicherungsrechts: Es begründet das Recht das Gläubigers, sich vor den gewöhnlichen Gläubigern aus der verpfändeten Sache zu befriedigen; die verpfändete Sache ist gewissermaßen für den Gläubiger „reserviert"[1]. 175

Bereits im ersten Teil war festzustellen, dass das Pfandrecht, wie die anderen beschränkten dinglichen Rechte auch, vom Eigentum abgespaltene, also im Vergleich zum Eigentum inhaltlich beschränkte, gleichwohl gegenüber jedermann (selbst gegenüber dem Eigentümer) wirkende Befugnisse verkörpert (Rn. 57 f.). Als Sachenrecht unterliegt das Pfandrecht den allgemeinen Sachenrechtsgrundsätzen (Rn. 14 ff.); dabei hat der Gesetzgeber vor allem auf die **Publizität des Pfandrechts** Wert gelegt (Rn. 190, 192). Der wesentliche Inhalt des Pfandrechts besteht in der von jedermann zu respektierenden Befugnis des Pfandgläubigers, den verpfändeten Gegenstand mit Eintritt der Pfandreife zu verwerten und sich aus dem Erlös zu befriedigen. Indes zeitigt das Pfandrecht auch schon vor Eintritt der Pfandreife Wirkungen. So kann der Pfandgläubiger nach § 805 ZPO auch schon vor Fälligkeit **Klage auf vorzugsweise Befriedigung** aus der verpfändeten Sache erheben und dadurch sein Verwertungsrecht im Fall einer Pfändung der Sache durch einen anderen Gläubiger des Eigentümers zur Geltung bringen. Entsprechendes gilt bei Eröffnung des Insolvenzverfahrens über das Vermögen des Eigentümers; nach § 50 InsO kann der Pfandgläubiger in diesem Fall **„abgesonderte Befriedigung"** aus dem Pfandgegenstand verlangen[2]. Beide Rechtsbehelfe sind Ausdruck der dinglichen Vorzugsstellung des Pfandgläubigers und der Überlegenheit dinglicher Sicherheiten gegenüber Personalsicherheiten. 176

---

1 *Baur/Stürner* § 36 Rn. 2.

2 Zu den Beschränkungen des § 50 Abs. 2 InsO sowie zur (abzulehnenden) analogen Anwendung auf das Vertragspfand s. BGH NJW 2022, 2114.

2. Die Beteiligten

177 Das Pfandrecht dient der Sicherung einer Forderung. Der Inhaber des Pfandrechts ist stets der Gläubiger der Forderung; durch seine Bezeichnung als **Pfandgläubiger** wird diese Doppelrolle zum Ausdruck gebracht. Der **Schuldner** der gesicherten Forderung kann mit dem Verpfänder identisch sein; dies unterscheidet das Pfandrecht von der Bürgschaft und erklärt sich aus der Vorzugsstellung, die der Pfandgläubiger auch bei Identität von Schuldner und Verpfänder erlangt. Durchaus denkbar ist es allerdings, dass jemand eine Sache zur Sicherung einer fremden Schuld verpfändet. Der **Verpfänder**, also derjenige, der sich mit dem Pfandgläubiger über die Bestellung des Pfandrechts einigt, ist wiederum in der Regel mit dem **Eigentümer der verpfändeten Sache** identisch. Auch dies ist jedoch nicht zwangsläufig der Fall; §§ 185, 1207 ermöglichen vielmehr die Verpfändung einer fremden Sache (Rn. 190, 194).

178 Was das Verhältnis der Beteiligten zueinander betrifft, so bringt die Verpfändung ein **Schuldverhältnis** zwischen dem Verpfänder (der nicht notwendigerweise der Eigentümer der verpfändeten Sache zu sein braucht, Rn. 177) und dem Pfandgläubiger hervor, dessen Inhalt im Wesentlichen in §§ 1214 ff. geregelt und dessen Grundlage – entgegen der hM – in dem rechtsgeschäftlichen Bestellungsakt zu sehen ist (Rn. 58). Der durch die Verpfändung einer fremden Sache betroffene Eigentümer ist dagegen nicht Partei dieses Schuldverhältnisses. Zwar ist der Pfandgläubiger auch ihm gegenüber zu den Anzeigen nach §§ 1234 Abs. 1 S. 1, 1241 verpflichtet; nach § 1248 gilt jedoch zugunsten des Pfandgläubigers der Verpfänder als der Eigentümer. Der Schuldner als solcher wird in seiner Stellung zum Gläubiger durch die Verpfändung nicht berührt; insbesondere kann er den Gläubiger nicht auf die Verwertung des Pfandes verweisen[3].

179 Kommt es zur Befriedigung des Gläubigers durch den Verpfänder, sei es durch Pfandverkauf oder durch Geltendmachung des Einlösungsrechts aus §§ 1223 Abs. 2, 1224, kann der Verpfänder nunmehr beim Schuldner **Regress** nehmen. Der Gesetzgeber hat sich in §§ 774, 1143, 1225 für einen im Grundsatz einheitlichen Regressmodus bei akzessorischer Haftung entschieden, der im Zusammenhang mit dem Hypothekenrecht näher darzustellen ist (Rn. 376 ff.)[4]. An dieser Stelle soll deshalb der Hinweis auf § 1225 S. 1 genügen, wonach die Forderung des Gläubigers im Wege der **cessio legis** auf den Verpfänder übergeht. Ist der Verpfänder nicht Eigentümer der Sache, erwirbt er nach §§ 412, 401 auch das Pfandrecht; bei Identität von Verpfänder und Eigentümer ordnet § 1256 dagegen grundsätzlich das Erlöschen des Pfandrechts an. Wie der Bürge und der Eigentümer des mit einer Hypothek belasteten Grundstücks hat auch der Verpfänder zumeist noch einen auf **Aufwendungsersatz** gerichteten Anspruch aus § 670 (gegebenenfalls iVm. § 675 oder § 683). Der Verpfänder kann, wenn er eine fremde Sache verpfändet, seinerseits dem Eigentümer zum Ersatz verpflichtet sein; in Betracht kommen vertragliche und deliktische Ansprüche, ferner ein Anspruch aus § 816 Abs. 1 S. 1[5].

3. Pfandgegenstand

180 Gegenstand des Pfandrechts können nach § 1204 Abs. 1 zunächst **bewegliche Sachen** sein. Ihnen gleich steht das **Miteigentum** an einer beweglichen Sache; nach § 1258 Abs. 1 werden in diesem Fall die gewöhnlichen Verwaltungsrechte des Miteigentümers

3 Eine Ausnahme enthält § 777 ZPO.

4 Zum Ausgleich zwischen mehreren Sicherungsgebern s. **BGHZ 108, 179, 183 ff.** = NJW 1989, 2530; BGH NJW 1992, 3228, 3229; MünchKomm/*Habersack* § 774 Rn. 33 ff. mit weit. Nachw.

5 Zum Inhalt des Anspruchs s. BGH NJW 1991, 917; *Canaris* NJW 1991, 2513 ff.; s. ferner Rn. 411.

durch den Pfandgläubiger ausgeübt. Das Pfandrecht erstreckt sich in beiden Fällen auf die wesentlichen Bestandteile und, sofern nicht etwas anderes vereinbart ist, auch auf die unwesentlichen Bestandteile der Sache. Zubehör wird dagegen von der Verpfändung der Hauptsache nicht erfasst; insoweit unterscheidet sich das Mobiliarpfandrecht von den Grundpfandrechten (Rn. 367 ff.). Allerdings ist Zubehör durchaus sonderrechtsfähig, so dass die Verpfändung des Zubehörs selbst – anders als dessen Pfändung, s. § 865 Abs. 2 S. 1 ZPO – möglich ist. Die Verpfändung einer **Sachgesamtheit** ist als solche nicht möglich; es gilt vielmehr der **Spezialitätsgrundsatz** (Rn. 16 f.).

Nach § 1273 Abs. 1 kann Gegenstand des Pfandrechts „auch ein Recht" sein. Das Ver- **181**
ständnis dieser Vorschrift wird erleichtert, wenn man zwischen **Rechts- und Verfügungsobjekt** unterscheidet (Rn. 5 ff.). So ist in § 1204 Abs. 1 die verpfändete Sache als Rechtsobjekt angesprochen. Verfügungsobjekt ist dagegen das Eigentum an der beweglichen Sache; es wird durch die Bestellung des Pfandrechts belastet. Für § 1273 Abs. 1 bedeutet dies: Verfügungsobjekt kann auch ein **anderes Recht als das Eigentum** an einer beweglichen Sache sein. Soweit dieses Recht, wie insbesondere die Forderung, seinem Inhaber gar kein Rechtsobjekt zuordnet, kann § 1273 Abs. 1 überhaupt nur in diesem Sinne gelesen werden (Rn. 12). Handelt es sich dagegen um ein Immaterialgüterrecht (Rn. 6), beansprucht die Unterscheidung zwischen Rechts- und Verfügungsobjekt auch insoweit Geltung: Das Pfandrecht besteht in diesem Fall an dem Werk oder an der Erfindung; belastet ist dagegen das Immaterialgüterrecht als Verfügungsobjekt. Unabhängig von der Art des Pfandgegenstands gilt, dass das Pfandrecht durch **Teilübertragung** des Vollrechts begründet wird (Rn. 10 ff.); §§ 1205 Abs. 1 S. 1, 1274 Abs. 1 S. 1 bringen dies deutlich zum Ausdruck.

Der Gesetzgeber ist mit den §§ 1204 ff., 1273 ff. von seiner für die Vollübertragung ge- **182**
wählten **Regelungstechnik** abgewichen. Nach §§ 398 ff. bildet nämlich die Übertragung der Forderung den Ausgangsfall, auf den § 413 hinsichtlich der Übertragung anderer Rechte verweist; die §§ 873, 925, 929 ff. enthalten somit besondere Vorschriften im Sinne des § 413. Angesichts dessen hätte es an sich nahe gelegen, die Belastung der Forderung, die ja nichts anderes als eine Teilübertragung des Rechts ist (Rn. 181), nicht in §§ 1279 ff., 1074 ff., sondern im Kontext der §§ 398 ff. zu regeln; sodann hätte der Gesetzgeber eine Vorschrift nach Art des § 413 aufnehmen können, wonach sich die Belastung eines anderen Rechts – vorbehaltlich besonderer Vorschriften – nach den Vorschriften über die Belastung einer Forderung richtet. Aus Gründen der Anschaulichkeit hat der Gesetzgeber jedoch die Belastung des Eigentums mit einem Pfandrecht oder Nießbrauch zum Ausgangspunkt genommen und die diesbezüglichen Vorschriften in §§ 1068 Abs. 2, 1273 Abs. 2 für entsprechend anwendbar erklärt, soweit sich nicht aus den besonderen Vorschriften über den Nießbrauch und das Pfandrecht an Rechten etwas anderes ergibt.

4. Arten des Pfandrechts

In §§ 1204 ff., 1273 ff. ist das sogenannte **Vertragspfandrecht** geregelt. Es verdankt sei- **183**
ne Entstehung der Vornahme eines Verfügungsgeschäfts und damit dem Willen von Verpfänder und Gläubiger. Davon zu unterscheiden ist das **gesetzliche Pfandrecht**; seine Grundlage ist die Verwirklichung eines der über das BGB und andere Gesetze verstreuten Tatbestände, deren gesetzliche Rechtsfolge der Erwerb eines Pfandrechts ist. Das BGB spricht etwa dem **Vermieter** (§ 562) und dem **Verpächter** (§§ 581 Abs. 2, 562, § 592), dem **Gastwirt** (§ 704), dem **Pächter** (§ 583) und dem **Werkunternehmer** (§ 647) ein Pfandrecht zu; wichtig sind des Weiteren die in §§ 397, 440, 464, 475b HGB

geregelten handelsrechtlichen Pfandrechte. Nach § 1257 unterliegt das kraft Gesetzes entstandene Pfandrecht zwar den für das Vertragspfandrecht geltenden Vorschriften der §§ 1204 ff. (und über § 1273 Abs. 2 S. 1 iVm. § 1257 auch denjenigen der §§ 1274 ff.). Gleichwohl werden durch die gesetzlichen Pfandrechte eine Reihe besonderer Fragen aufgeworfen, von denen in Rn. 194 diejenige nach dem gutgläubigen Erwerb eines Besitzpfandrechts und in Rn. 217 diejenige nach dem Verhältnis zwischen dem Vermieterpfandrecht und einer Raumsicherungsübereignung näher darzustellen sind.

184 Das in § 804 ZPO geregelte **Pfändungspfandrecht** entsteht durch Pfändung eines Rechts oder einer beweglichen Sache wegen einer Geldforderung und somit durch staatlichen Vollstreckungsakt. Nach § 804 Abs. 2 ZPO verleiht es dem Gläubiger im Verhältnis zu anderen Gläubigern dieselbe Rechtsstellung wie ein durch Vertrag erworbenes Pfandrecht. Dem lässt sich entnehmen, dass die Vorschriften des BGB über das Vertragspfandrecht entsprechende Anwendung finden, soweit sich nicht aus den §§ 804 ff. ZPO etwas anderes ergibt. Was die Rechtsnatur des Pfändungspfandrechts betrifft, so dominiert heute die sogenannte **privat-öffentlich-rechtliche (gemischte) Theorie**, der zufolge zwar zur Entstehung des Pfändungspfandrechts die wesentlichen privatrechtlichen Entstehungsvoraussetzungen vorliegen müssen, Grundlage der Verwertung aber die öffentlich-rechtliche Verstrickung der Sache ist[6]. Wegen sämtlicher Einzelheiten muss auf die Lehrbücher zum Zwangsvollstreckungsrecht verwiesen werden.

185 Das **unregelmäßige oder irreguläre Pfandrecht** ist dadurch gekennzeichnet, dass der „Verpfänder" dem Gläubiger die „Pfandsache" übereignet und dieser berechtigt und verpflichtet ist, eine gleichartige Sache zurückzuerstatten. Es begegnet vor allem im Zusammenhang mit der Barkaution. Nach hM finden die §§ 1204 ff. entsprechende Anwendung[7]; an die Stelle der in § 1223 Abs. 1 geregelten Pflicht zur Rückgabe des Pfandes tritt die Verpflichtung zur Übereignung einer gleichartigen Sache. Das sogenannte **Flaschenpfand** ist dagegen zumindest im Falle von Einheitsflaschen weder gewöhnliches noch irreguläres Pfand. Nach zutr. Ansicht werden die Flaschen vielmehr verkauft und dem Erwerber übereignet; doch kann der Erwerber den Rückkauf der leeren Flaschen gegen Zahlung des „Pfandes" verlangen[8].

5. Akzessorietät

186 Das Pfandrecht gehört zur Gruppe der akzessorischen Rechte (Rn. 62)[9]. Es setzt also die Existenz einer **zu sichernden Forderung** voraus, wobei allerdings nach § 1204 Abs. 2 auch eine künftige oder bedingte Forderung genügt (Rn. 189). Ohne die zu sichernde Forderung kann das Pfandrecht nicht existieren; mit dem Erlöschen der Forderung erlischt deshalb nach § 1252 auch das Pfandrecht[10]. Die Akzessorietät betrifft freilich nicht

6 Eingehend **BGHZ 119, 75, 82 ff.** mit lehrbuchartiger Darstellung des Streitstandes und umfassenden Nachw.

7 **BGHZ 127, 138, 140 ff.**; Soergel/*Habersack* § 1204 Rn. 31.

8 **BGHZ 173, 159 Rn. 9 ff.** mit umf. Nachw., auch zur abw. Beurteilung bei Individualflaschen; *Wieling* § 15 II 4; aus strafrechtlicher Sicht BGH NJW 2018, 3598 Rn. 7; gegen Eigentumserwerb des Käufers an den Flaschen aber *Baur/Stürner* § 55 Rn. 5; näher *Martinek* JuS 1989, 268 ff.; *Weber* NJW 2008, 948 ff.; Soergel/*Habersack* § 1204 Rn. 33.

9 Näher zum Grundsatz der Akzessorietät *Medicus* JuS 1971, 497 ff.; *Habersack* JZ 1997, 857, 862 ff.; Soergel/*Habersack* Vor § 1204 Rn. 5 ff.; zur historischen Entwicklung *Heinemeyer*, Der Grundsatz der Akzessorietät bei Kreditsicherungsrechten, 2017, S. 35 ff.

10 Ein Eigentümerpfandrecht im Sinne des § 1163 Abs. 1 gibt es nur in den Fällen des § 1256 Abs. 1 S. 2, Abs. 2. – Speziell zur Rechtslage bei Sittenwidrigkeit des Darlehensvertrags s. Rn. 188.

allein die **Entstehung** und das **Erlöschen** des Rechts, sondern auch dessen **Übertragung und Durchsetzung**. So geht das Pfandrecht nach § 1250 Abs. 1 mit der Übertragung der Forderung auf den neuen Gläubiger über; ohne die Forderung kann es nicht übertragen werden. Gegenstand der Übertragung – Entsprechendes gilt für die Belastung und die Pfändung – ist also allein die gesicherte Forderung; die Verfügung umfasst jedoch auch das Pfandrecht als Nebenrecht. Dies wiederum hat zur Folge, dass ein **gutgläubiger Zweiterwerb** des Pfandrechts grundsätzlich ausgeschlossen ist (Rn. 202). Die Akzessorietät in der Durchsetzung schließlich soll ausführlich in Rn. 196 ff. dargestellt werden.

Wichtig ist die Erkenntnis, dass der Grundsatz der Akzessorietät mit seinen einzelnen **187**
Ausprägungen[11] ein durchgängiges Strukturprinzip des deutschen[12] Zivilrechts bildet; im Personengesellschaftsrecht[13], im Recht der Bürgschaft, der Vormerkung, der Hypothek und des Pfandrechts stellen sich insoweit durchweg dieselben Fragen, die im Grundsatz und mit gewissen Unterschieden im Detail einheitlich zu beantworten sind; auf die Ausführungen zur Vormerkung (Rn. 330 ff.) und zur Hypothek (Rn. 361 ff.) sei deshalb an dieser Stelle ausdrücklich verwiesen.

6. Die gesicherte Forderung

Die durch das Pfandrecht gesicherte Forderung muss, wie sich § 1228 Abs. 2 S. 2 entneh- **188**
men lässt, entweder von vornherein auf Geld gerichtet sein oder in eine **Geldforderung** übergehen können. Als zu sichernde Forderung kommt auch ein Anspruch aus § 812 in Betracht, so dass die Unwirksamkeit des zwischen Gläubiger und Schuldner bestehenden Rechtsverhältnisses nicht zwangsläufig das Fehlen einer zu sichernden Forderung zur Folge hat[14]. Die Frage, ob das Pfandrecht auch einen etwaigen Anspruch des Gläubigers aus § 812 sichert, beantwortet sich nach dem (mutmaßlichen) Willen der Parteien. Eine Klausel in einem Formularvertrag, die die Haftung auf „Ansprüche aus dem Darlehensvertrag oder im Zusammenhang mit diesem Vertrage, etwa aus Rücktritt, Anfechtung, Bereicherung oder aus sonstigen Gründen" erstreckt, ist weder überraschend im Sinne von § 305c Abs. 1 noch unangemessen im Sinne von § 307[15].

§ 1204 Abs. 2 lockert die Akzessorietät des Pfandrechts dahin gehend auf, dass das **189**
Pfandrecht auch für eine **bedingte[16] oder künftige[17] Forderung** bestellt werden kann.

11 Zum Regress bei akzessorischer Haftung s. bereits Rn. 179.

12 Rechtsvergleichender und historischer Überblick bei *Habersack* JZ 1997, 857 ff.; s. auch *H. Roth*, Festschrift für Laufs, 2006, S. 623 ff.

13 Zur Akzessorietät der Gesellschafterhaftung in der Gesellschaft bürgerlichen Rechts und in der OHG bzw. KG s. BGHZ 146, 341, 358 f. = NJW 2001, 1056; *Habersack* BB 2001, 477, 481 ff.; *Hadding* ZGR 2001, 712, 735 ff.; *Dauner-Lieb*, Festschrift für Ulmer, 2003, S. 73 ff.

14 S. auch BGH DB 2003, 203 (Sicherung der Ansprüche aus § 357); vgl. auch Rn. 346a. – Die Sittenwidrigkeit des Rechtsverhältnisses, dem die gesicherte Forderung entstammt (also etwa des Darlehensvertrags), lässt als solche allerdings die Wirksamkeit der dinglichen Einigung unberührt, s. **BGH NJW-RR 2000, 1431, 1433**.

15 Vgl. für die Bürgschaft BGH NJW 1992, 1234, 1235 f.; für das Pfandrecht Soergel/*Habersack* § 1204 Rn. 17.

16 Problematisch ist allein die aufschiebend bedingte Forderung. Die auflösend bedingte Forderung besteht dagegen, solange die Bedingung nicht eingetreten ist; mit Eintritt der auflösenden Bedingung erlischt auch das Pfandrecht.

17 Nach wohl hM entsteht der Anspruch des Darlehensgebers auf Rückzahlung des Darlehens (§ 488 Abs. 1 S. 2) erst mit Auszahlung des Darlehens, ist also bis dahin künftiger Natur, s. Grüneberg/*Weidenkaff* § 488 Rn. 9; Soergel/*Eckert*, 13. Aufl. 2007, § 607 Rn. 15; dagegen zu Recht MünchKomm/*Berger* § 488 Rn. 43; zur Sicherung des Anspruchs aus § 109 Abs. 1 S. 3 InsO durch ein vom gewerblichen Mieter verpfändetes Sparguthaben s. BGH NJW 2022, 2114 Rn 10 ff.

Entsprechende Vorschriften enthalten §§ 765 Abs. 2, 883 Abs. 1 S. 2, 1113 Abs. 2 betreffend die Bürgschaft, die Vormerkung und die Hypothek. Die Rechtslage beim Pfandrecht unterscheidet sich freilich von derjenigen bei der Hypothek dadurch, dass es an einer dem § 1163 Abs. 1 vergleichbaren Vorschrift fehlt. Während also die Hypothek für eine künftige oder aufschiebend bedingte Forderung nach §§ 1163 Abs. 1 S. 1, 1177 Abs. 1 bis zur Entstehung der Forderung oder dem Eintritt der Bedingung Eigentümergrundschuld ist (Rn. 354 ff., 372), erlangt der Pfandgläubiger in den Fällen des § 1204 Abs. 2 ein **(unbedingtes) Pfandrecht bereits vor Entstehung der Forderung** und vor Eintritt der aufschiebenden Bedingung[18]. Ein Recht zur Verwertung der verpfändeten Sache hat der Pfandgläubiger allerdings erst mit Eintritt der Pfandreife im Sinne des § 1228 Abs. 2 S. 1, also frühestens mit Entstehen der Forderung[19].

II. Die Begründung des Pfandrechts

1. Vertragspfandrecht

190 In bewusster Anlehnung an § 929 S. 1 erfordert die Bestellung des Vertragspfandrechts nach § 1205 Abs. 1 S. 1 eine entsprechende **Einigung** zwischen dem Eigentümer und dem Gläubiger sowie die **Übergabe der Sache**. Der Gesetzgeber hat großen Wert auf die **Publizität** des Pfandrechts gelegt: Die Übergabe kann zwar nach §§ 1205 Abs. 2, 1206 sowohl durch Abtretung des gegen den unmittelbaren Besitzer gerichteten Herausgabeanspruchs[20] als auch durch die Einräumung von Mitbesitz ersetzt werden, nicht aber durch Vereinbarung eines Besitzmittlungsverhältnisses zwischen Eigentümer und Gläubiger. Dies hat die Praxis veranlasst, auf die Sicherungsübereignung auszuweichen (Rn. 204 ff.). Nach § 1207 kann das Pfandrecht auch vom Nichteigentümer erworben werden. Geht man davon aus, dass es sich bei der Bestellung des Pfandrechts um eine Teilübertragung des Vollrechts (um die Abspaltung eines Eigentumssplitters) handelt (Rn. 10 f.), so versteht sich dies freilich von selbst. In §§ 1204 ff. nicht eigens geregelt ist die Verpfändung der Sache durch den Nichteigentümer, die mit Einwilligung oder Genehmigung des Eigentümers erfolgt; deren Wirksamkeit ergibt sich vielmehr bereits aus § 185 (s. dazu noch Rn. 194).

191 Die Bestellung des Pfandrechts nach §§ 1205 ff. ist dingliches Rechtsgeschäft im Sinne der Ausführungen in Rn. 19 ff. Wie jedes Rechtsgeschäft kann zwar auch die Einigung nach §§ 134, 138 Abs. 1 unwirksam sein; die zur Sittenwidrigkeit einer Bürgschaft entwickelten Grundsätze sind auf die Pfandrechtsbestellung allerdings nicht übertragbar (Rn. 346 f.). Auch § 307 findet auf dingliche Rechtsgeschäfte Anwendung (Rn. 195). Ungeachtet der Akzessorietät des Pfandrechts gilt für die Bestellung des Pfandrechts das **Trennungs- und Abstraktionsprinzip** (Rn. 27 ff.). Von Bedeutung ist insoweit, dass die gesicherte Forderung als solche keine Pflicht zur Pfandbestellung begründet und somit auch nicht causa der Pfandrechtsbestellung sein kann. **Rechtsgrund** der Pfandrechtsbestellung ist vielmehr eine **gesonderte Abrede**, wonach sich der Verpfänder zur Bestel-

18 BGHZ 86, 340, 346 f.; s. ferner BGHZ 86, 300, 310 zur Zulässigkeit einer abweichenden Vereinbarung des Inhalts, dass das Pfandrecht erst mit Entstehen der Forderung entstehen soll.

19 BGHZ 93, 71, 76.

20 Nach § 1205 Abs. 2 hat der Eigentümer zudem die Verpfändung dem Besitzmittler anzuzeigen; dies entspricht dem Erfordernis des § 1280 im Falle der Verpfändung einer Forderung, dazu Rn. 192.

lung des Pfandrechts verpflichtet[21]. Ist diese Abrede unwirksam, so ist das Pfandrecht, sofern es nicht seinerseits an einem Mangel leidet, gleichwohl wirksam; es kann freilich nach § 812 Abs. 1 S. 1, 1. Fall kondiziert werden. Besteht dagegen die zu sichernde Forderung nicht, so ist auch das Pfandrecht nicht entstanden (Rn. 186 f., 188).

Was die Bestellung des **Pfandrechts an einem Recht** betrifft, so verweist § 1274 Abs. 1 S. 1 auf die für die Vollübertragung des Rechts geltenden Vorschriften. Auch dies erklärt sich daraus, dass die Verpfändung den Charakter einer Teilrechtsübertragung hat. Das Pfandrecht an einer Mitgliedschaft in einer Personengesellschaft wird somit durch schlichte Einigung im Sinne der §§ 1274 Abs. 1 S. 1, 413, 398 S. 1 bestellt (wobei die Willenserklärungen naturgemäß nicht auf die Vollübertragung des Rechts, sondern nur auf die Bestellung des Pfandrechts lauten). Erfordert die Übertragung des Rechts die Übergabe einer Sache – so etwa im Falle einer durch Briefhypothek gesicherten Forderung –, finden nach § 1274 Abs. 1 S. 2 hinsichtlich der Übergabe die Vorschriften der §§ 1205, 1206 Anwendung; auch insoweit hat also der Gesetzgeber auf die Publizität des Pfandrechts geachtet. Besonders deutlich zeigt sich das Streben nach Publizität allerdings an der Vorschrift des § 1280. Danach ist nämlich die Verpfändung einer Forderung, zu deren Übertragung der Abtretungsvertrag nach § 398 S. 1 genügt, nur wirksam, wenn der Gläubiger der verpfändeten Forderung sie dem Schuldner **anzeigt**. Daraus wiederum erklärt sich der Siegeszug der **Sicherungszession** (Rn. 206). 192

2. Gesetzliches Pfandrecht

a) Besitzlose und Besitzpfandrechte

Das gesetzliche Pfandrecht entsteht durch Verwirklichung des jeweiligen gesetzlichen Tatbestands. Das **Vermieterpfandrecht** etwa entsteht nach §§ 562 Abs. 1, 578 Abs. 1 schon durch Abschluss eines Mietvertrags über ein Grundstück oder eine Wohnung und Einbringung einer oder mehrerer Sachen des Mieters; dies gilt auch insoweit, als es erst künftig entstehende Forderungen aus dem Mietverhältnis sichert[22]. Einer Übergabe der mit einem gesetzlichen Pfandrecht belasteten Sachen an den Vermieter bedarf es nicht; das Vermieterpfandrecht ist, ebenso wie das Pfandrecht des Gastwirts, besitzloses Pfandrecht. Andere gesetzliche Pfandrechte setzen, obschon auch sie unabhängig von einer entsprechenden Einigung entstehen, Besitz des Gläubigers an den Sachen voraus; hierzu zählen vor allem das Werkunternehmerpfandrecht und die in Rn. 183 genannten handelsrechtlichen Pfandrechte. Nur bei ihnen stellt sich die Frage des gutgläubigen Erwerbs (Rn. 194). 193

b) Gutgläubiger Erwerb gesetzlicher Besitzpfandrechte?

Seit jeher umstritten ist, ob gesetzliche Besitzpfandrechte gutgläubig erworben werden können. 194

---

21 Eine Zweckerklärung des Inhalts, dass das Pfandrecht sämtliche gegenwärtigen und künftigen Verbindlichkeiten eines Dritten sichert, hält der Inhaltskontrolle nach § 307 Stand, s. **BGH WM 2002, 919**; **BGH NJW 2003, 61, 62**; zur Frage des überraschenden Charakters im Sinne des § 305c Abs. 1 s. BGH NJW 2003, 61, 62 (offengelassen); Soergel/*Habersack* § 1204 Rn. 22; ferner Rn. 394 mit Nachw. zur die Sicherungsgrundschuld betreffenden „Anlass"-Rechtsprechung. Zum Widerruf nach § 312 s. Rn. 346a.

22 Vgl. BGH WM 1986, 720, 721 und **BGH BB 2007, 432 f.**, dort auch zur Frage der Insolvenzanfechtung; s. ferner **BGHZ 217, 92** Rn. 11 ff. = NJW 2018, 1083: Vermieterpfandrecht erstreckt sich auf regelmäßig auf dem Grundstück abgestellte Fahrzeuge des Mieters und erlischt (vorübergehend) mit Entfernung des Fahrzeugs für Zwecke einer Fahrt.

Die Problematik zeigt sich an unserem **Fall 20**[23]: U ist Inhaber einer Kfz-Reparaturwerkstatt. Er erhält von B den Auftrag zur Reparatur eines Pkw. Den Pkw hatte B von V unter Eigentumsvorbehalt gekauft; der Kfz-Brief befindet sich im Besitz des V. U führt den Auftrag aus und berechnet dafür 1126 €. B erweist sich als insolvent und kann weder die Reparatur noch die offenen Kaufpreisraten zahlen. V tritt daraufhin vom Kaufvertrag zurück und verlangt von U Herausgabe des Pkw. U verweigert die Herausgabe und begehrt von V Herausgabe des Kfz-Briefes.

(1) Ein **Anspruch auf Herausgabe des Pkw** könnte sich aus **§ 985** ergeben. Da V Eigentümer und U Besitzer des Pkw ist, liegen die Voraussetzungen dieser Vorschrift zwar vor. Fraglich ist jedoch, ob U ein **Recht zum Besitz** im Sinne des **§ 986 Abs. 1** hat. Ein solches bestünde, wenn U ein **Werkunternehmerpfandrecht nach § 647** erworben hätte; er wäre dann gegenüber jedermann und damit auch gegenüber V zum Besitz berechtigt. Nach § 647 erlangt der Unternehmer allerdings ein Pfandrecht nur an den beweglichen **Sachen des Bestellers**. Zwar steht das Anwartschaftsrecht auch insoweit dem Eigentum gleich, so dass U zunächst ein Pfandrecht an dem Anwartschaftsrecht des B erlangt hat (Rn. 217). Mit Rücktritt des V vom Kaufvertrag ist indes die Bedingung, von deren Eintritt der Erwerb des Eigentums durch B abhängig gemacht worden war, ausgefallen, so dass das Anwartschaftsrecht und damit auch das an ihm bestehende Pfandrecht erloschen ist (Rn. 244). Es stellt sich deshalb die Frage, ob das gesetzliche Pfandrecht aus § 647 auch gutgläubig, also an Sachen, die dem Unternehmer zur Ausbesserung überlassen worden sind, aber nicht im Eigentum des Bestellers stehen, erworben werden kann. Die ganz herrschende Meinung[24] verneint die Möglichkeit des gutgläubigen Erwerbs aus zwei Gründen: Zum einen fehle es an einem rechtsgeschäftlichen Erwerb und damit an einer allgemeinen Voraussetzung eines jeden gutgläubigen Erwerbs (Rn. 149). Zum anderen stelle der Wortlaut des § 1257 klar, dass die Vorschriften über das Vertragspfand nur auf ein bereits kraft Gesetzes **entstandenes** Pfandrecht zur Anwendung gelangen, so dass § 1207, der die Entstehung des Pfandrechts regelt, gerade nicht in die Verweisung einbezogen sei. Indes vermögen beide Argumente nicht zu überzeugen. Geht man davon aus, dass die dispositive Vorschrift des § 647 dem mutmaßlichen Willen der Parteien des Werkvertrags, dem vorleistenden Unternehmer eine angemessene Sicherheit zu gewähren, Rechnung trägt und deshalb eine rechtsgeschäftliche Verpfändung erübrigen soll, so greift der Hinweis auf den Erwerb kraft Gesetzes zu kurz (s. noch Rn. 202). Auch dem Wortlaut des § 1257 kommt keine entscheidende Bedeutung zu. Denn er bringt lediglich zum Ausdruck, dass sich die Entstehung des gesetzlichen Pfandrechts grundsätzlich nach den gesetzlichen Erwerbstatbeständen (also nicht nach §§ 1205 ff.) beurteilt. Hinsichtlich der Möglichkeit eines Erwerbs vom Nichtberechtigten ergibt sich daraus nichts; sie erfordert vielmehr eine zwischen besitzlosen und Besitzpfandrechten differenzierende Antwort. Für die Möglichkeit des gutgläubigen Erwerbs spricht insbesondere die Vorschrift des § 366 Abs. 3 HGB. Ihr lässt sich klar entnehmen, dass der Gesetzgeber von der Möglichkeit eines Erwerbs gesetzlicher Besitzpfandrechte vom Nichtberechtigten wie selbstverständlich ausgegangen ist. Nach dieser Vorschrift können nämlich die handelsrechtlichen Besitzpfandrechte grundsätzlich sogar dann gutgläubig erworben werden, wenn der Kaufmann von der „Verfügungsbefugnis“[25] seines Vertragspartners ausgehen durfte. Erst

23 In Anlehnung an **BGHZ 34, 122 ff.**

24 BGHZ 34, 153 ff.; BGHZ 100, 95, 101; BGH NJW 1992, 2570, 2573; BGH NJW-RR 2010, 1546; Westermann/*Gursky* § 132 I; Grüneberg/*Wicke* § 1257 Rn. 2; instruktiv *Musielak/Mayer* Rn. 778.

25 Gemeint ist im Zusammenhang des § 366 Abs. 3 HGB der gute Glaube an das Einverständnis des Eigentümers mit dem Abschluss des Schuldvertrags, s. *Canaris*, Handelsrecht, 24. Aufl. 2006, § 27 II 1.

recht muss dann die Möglichkeit bestehen, unter den in §§ 1207, 932, 934 f. genannten Voraussetzungen ein gesetzliches Besitzpfandrecht vom Nichtberechtigten zu erwerben, wenn der Erwerber an das Eigentum seines Vertragspartners glauben durfte[26]. Gutgläubiger Erwerb ist hier auch nicht deshalb ausgeschlossen, weil U sich den Kraftfahrzeugbrief nicht hat vorlegen lassen; die für den gutgläubigen Erwerb des Eigentums bestehenden Anforderungen lassen sich auf den Erwerb des Pfandrechts nicht übertragen[27]. Nach allem kann U, gestützt auf sein Werkunternehmerpfandrecht, die Herausgabe des Kfz verweigern und dieses zum Zwecke seiner Befriedigung verwerten.

Wollte man den gutgläubigen Erwerb eines Werkunternehmerpfandrechts entgegen der hier vertretenen Ansicht verneinen, könnte U ein solches Pfandrecht in **analoger Anwendung des § 185 Abs. 1** erworben haben[28]. Denn immerhin entsprach es dem – in dem Kaufvertrag zumeist ausdrücklich erklärten – Willen des V, dass B das im Eigentum des V stehende Kfz reparieren lässt und dadurch im Wert erhält. Dagegen ließe sich zwar einwenden, dass V von den Lasten der Reparatur nicht betroffen sein will; indes steht dieser Wille im Widerspruch zu dem Willen, das Kfz reparieren zu lassen, und ist deshalb wohl unbeachtlich.

Geht man mit der Rechtsprechung davon aus, dass U weder gutgläubig noch in entsprechender Anwendung des § 185 Abs. 1 ein Werkunternehmerpfandrecht erworben hat, kommt schließlich ein Zurückbehaltungsrecht des U aus § 1000 in Betracht[29]. Dagegen spricht aber, dass in dem entscheidenden Zeitpunkt der Vornahme der Verwendungen eine Vindikationslage nicht bestand, so dass die Voraussetzungen der §§ 994 ff. schon deshalb nicht vorliegen (Rn. 104 f.). Selbst wenn man die §§ 994 ff. zugunsten des „nicht-mehr-berechtigten Besitzers" anwenden wollte, setzt ein Anspruch des U aber doch voraus, dass er als **Verwender** anzusehen ist. Auch daran fehlt es, nimmt doch U die Reparatur auf Veranlassung und Rechnung des B vor, so dass nur dieser Verwender im Sinne der §§ 994 ff. ist[30].

(2) Ein **Anspruch auf Herausgabe des Fahrzeugbriefes** könnte sich aus **§§ 1231, 952** **195**
Abs. 1 S. 2 ergeben. Nach § 1231 S. 1 kann der Pfandgläubiger, der nicht im Alleinbesitz des Pfandes ist, nach Eintritt der Verkaufsberechtigung die Herausgabe des Pfandes zum Zwecke des Verkaufs fordern. U ist zwar im Alleinbesitz des Kfz. Geht man davon aus, dass U ein Pfandrecht erworben hat, kann er deshalb zwar das Kfz nach § 1228 Abs. 1 auch unabhängig von der Vorlage des Briefes veräußern; indes besteht in diesem Fall keine Möglichkeit des Erwerbs vom Nichtberechtigten (Rn. 158), so dass der Erwerber Eigentum nur erwirbt, wenn U tatsächlich ein Pfandrecht hat (was der Erwerber nicht zu beurteilen vermag). Dem Interesse des U an Aushändigung des Briefs trägt die Vorschrift des § 952 Abs. 1 S. 2 Rechnung. Nach dieser Vorschrift erstreckt sich das Recht eines Dritten an einer Forderung auch auf den Schuldschein; das Eigentum an dem Schuldschein, welches nach § 952 Abs. 1 S. 1 dem Gläubiger zusteht, wird also durch das Recht eines Dritten an der Forderung gleichfalls belastet. Die Vorschrift des § 952 Abs. 1 gilt

---

26 So auch *Baur/Stürner* § 55 Rn. 40; *Canaris* (Fn. 25), § 27 II 3; näher und mit zutr. Betonung der durch das Gesetz zur Reform des Seehandelsrechts vom 20.4.2013 (BGBl. I S. 831) erfolgten Änderungen der §§ 366, 397, 440, 457b, 464 HGB *Wilhelm* DB 2014, 406 ff.

27 So zu Recht BGHZ 68, 323 ff. im Zusammenhang mit dem gutgläubigen Erwerb eines Vertragspfandrechts; s. ferner BGHZ 87, 274, 280; BGHZ 100, 95, 101.

28 So *Benöhr* ZHR 135 (1971), 144 ff.; ihm folgend *Medicus/Petersen* Rn. 594; ferner *Wilhelm* DB 2014, 406 ff. (409); ablehnend aber BGHZ 34, 122, 125; *Baur/Stürner* § 55 Rn. 40; *Ossig* ZIP 1986, 558 ff.

29 So in der Tat BGHZ 34, 122 ff.

30 So zu Recht Staudinger/*Thole* vor §§ 994 ff. Rn. 64 mit weit. Nachw. zur abweichenden hM.

nach wohl allgemeiner Meinung nicht nur für Schuldscheine und die in § 952 Abs. 2 genannten Urkunden über andere Rechte, kraft derer eine Leistung gefordert werden kann. Sie ist vielmehr auf sämtliche Urkunden anwendbar, die zwar ein Recht verbriefen, aber nicht selbst Gegenstand von Verfügungen sind. Diesen sogenannten Rektapapieren, bei denen das Recht am Papier dem Recht aus dem Papier folgt, ist auch der Kfz-Brief gleichzustellen[31]. U kann somit nach §§ 1231 S. 1, 952 Abs. 1 S. 2 Herausgabe des Briefes verlangen.

Für **Fall 21** soll davon ausgegangen werden, dass sich in dem von B unterschriebenen Auftragsformular eine Klausel mit folgendem Wortlaut findet: „Dem Auftragnehmer steht wegen seiner Forderung aus dem Auftrag ein Zurückbehaltungsrecht sowie ein vertragliches Pfandrecht an den aufgrund des Auftrags in seinen Besitz gelangten Gegenständen zu.“ Hat U danach ein Pfandrecht an dem Kfz erworben?

U könnte nach **§ 1207** ein **Vertragspfandrecht** an dem Kfz erworben haben. Zwar war B nicht Eigentümer des Kfz; nach § 1207 finden in diesem Fall jedoch die Vorschriften der §§ 932, 934 f. entsprechende Anwendung. Da U auch gutgläubig war (Rn. 194), könnte der Erwerb des Pfandrechts nur an der Unwirksamkeit der Pfandklausel scheitern. Die hM ist allerdings der Ansicht, dass die Klausel weder sittenwidrig noch unangemessen im Sinne des § 307 ist[32]. Indes sieht sich diese Ansicht ganz erheblichen Einwänden ausgesetzt[33]. Zunächst muss auffallen, dass die verbreitete Verwendung solcher Pfandklauseln die Reaktion der Praxis auf die in **BGHZ 34, 122** erfolgte Ablehnung eines gutgläubigen Erwerb des gesetzlichen Unternehmerpfandrechts ist. Die Klausel zielt mit anderen Worten auf die Erfassung gerade derjenigen Fälle, in denen der Werkunternehmer nicht schon nach § 647 gesichert ist. Dies mag man zwar angesichts der Wertung des § 1207 noch nicht als sittenwidrig ansehen. Indes weicht die Klausel zu Lasten unbeteiligter Dritter ganz erheblich von dem Leitbild des § 647 ab, wonach nun einmal Dritte durch das Werkunternehmerpfandrecht nicht betroffen sein sollen. Auf der Grundlage der hM (Rn. 194) sprechen deshalb gute Gründe dafür, die Klausel als unangemessen und damit unwirksam im Sinne des § 307 Abs. 1 zu qualifizieren[34]; dies setzt freilich voraus, dass man, abweichend von der ganz hM, im Rahmen der Inhaltskontrolle nach § 307 Drittinteressen berücksichtigt[35].

III. Einreden des Verpfänders

1. Abgeleitete Einreden

196 Nach § 1211 Abs. 1 S. 1 kann der Verpfänder dem Pfandgläubiger gegenüber die dem persönlichen Schuldner gegen die Forderung sowie die nach § 770 einem Bürgen zustehenden Einreden geltend machen. Die Vorschrift ist Ausdruck der **Akzessorietät des Pfandrechts** (s. Rn. 186, aber auch Rn. 189): Der Pfandgläubiger soll sich an das der Si-

31 BGHZ 88, 11, 13; Jauernig/*Berger* § 952 Rn. 2 f.

32 **BGHZ 68, 323 ff.; BGHZ 101, 307 ff.**; *Medicus/Petersen* Rn. 592.

33 Für Unwirksamkeit auch *Picker* NJW 1978, 1417 f.

34 Geht man von der Möglichkeit eines gutgläubigen Erwerbs des gesetzlichen Werkunternehmerpfandrechts aus (Rn. 194), so ist die Klausel allerdings nur deklaratorisch im Sinne des § 307 Abs. 3 und deshalb einer Inhaltskontrolle entzogen.

35 Näher dazu *Habersack* Vertragsfreiheit und Drittinteressen, 1992, S. 186 ff.; für die hM s. Grüneberg/*Grüneberg* § 307 Rn. 11.

cherung seiner Forderung dienende Pfand nur insoweit halten können, als er einen durchsetzbaren Anspruch gegen den Schuldner hat. Aus diesem Grund spricht § 1211 Abs. 1 S. 1 dem Verpfänder die Befugnis zu, die aus dem Schuldverhältnis zwischen Gläubiger und Schuldner **abgeleiteten („forderungsbezogenen") Einreden** gegenüber dem Pfandgläubiger geltend zu machen. Diese Einreden können dem Verpfänder nach § 1211 Abs. 2 auch nicht durch Verzicht des Schuldners entzogen werden. Entsprechende Vorschriften enthalten §§ 768 Abs. 1 S. 1, Abs. 2, 1137 Abs. 1 S. 1, Abs. 2[36]. In § 1211 Abs. 1 S. 1 ist aus gutem Grund nur von Einreden die Rede: Sieht sich die Forderung des Gläubigers gegen den Schuldner einer rechtshindernden oder -vernichtenden Einwendung ausgesetzt, ist sie unwirksam, so dass auch das Pfandrecht nicht besteht. Nicht in § 1211 Abs. 1 geregelt, aber selbstverständlich zu bejahen ist die Frage, ob der Verpfänder **eigene („pfandrechtsbezogene") Einreden und Einwendungen** gegenüber dem Pfandgläubiger geltend machen kann. So kann sich der Verpfänder etwa auf eine Vereinbarung mit dem Pfandgläubiger berufen, wonach dieser erst eine bestimmte Zeit nach Fälligkeit der gesicherten Forderung zur Pfandverwertung schreiten darf.

Der in § 1211 Abs. 1 S. 1 geregelte Grundsatz der Akzessorietät des Pfandrechts in der **197**
Durchsetzung erleidet eine Reihe von **Ausnahmen**. So bestimmt § 1211 Abs. 1 S. 2 (ebenso wie §§ 768 Abs. 1 S. 2, 1137 Abs. 1 S. 2), dass sich der Verpfänder nach dem Tod des Schuldners nicht auf die beschränkte Erbenhaftung berufen kann. Dies trägt dem **Sicherungszweck** des Pfandrechts Rechnung, das sich der Gläubiger gerade für den Fall hat einräumen lassen, dass er seinen Anspruch gegen den Schuldner aus Gründen der Unzulänglichkeit des Schuldnervermögens nicht durchsetzen kann[37]. Eine weitere wichtige Ausnahme ist in § 216 Abs. 1 enthalten. Danach kann sich der Pfandgläubiger auch noch nach **Verjährung** der gesicherten Forderung aus dem Pfand befriedigen; dem Verpfänder steht mithin die abgeleitete Verjährungseinrede nicht zu.

2. Einredeweise Geltendmachung von Gestaltungsrechten des Schuldners

Nach § 1211 Abs. 1 S. 1 kann der Verpfänder auch die in § 770 geregelten Bürgeneinre- **198**
den geltend machen. Solange hinsichtlich der gesicherten Forderung eine **Anfechtungs- oder Aufrechnungslage** besteht, der endgültige Bestand der Forderung also in der Schwebe ist, soll sich der Pfandgläubiger auch nicht aus dem Pfand befriedigen können. Da der Verpfänder zur Ausübung der Gestaltungsrechte[38] des Schuldners nicht befugt ist, soll ihm eine **eigene verzögerliche Einrede** zustehen, solange das Gestaltungsrecht noch nicht ausgeübt ist, aber noch ausgeübt werden kann. Dem Schuldner selbst erwächst aus seinem Gestaltungsrecht keine Einrede; er kann das Gestaltungsrecht ausüben oder nicht. Daran zeigt sich, dass es §§ 1211 Abs. 1 S. 1, 770 nur um die Überbrückung eines **Schwebezustands** geht: Entfällt das Gestaltungsrecht des Schuldners, etwa weil dieser die Anfechtungsfrist versäumt oder mit seiner Gegenforderung anderweitig aufgerechnet

36 S. ferner § 128 Abs. 1 HGB betreffend die Befugnis des OHG-Gesellschafters zur Geltendmachung von Einreden der Gesellschaft, die allerdings mit Verzicht seitens der Gesellschaft entfällt (s. Staub/*Habersack*, § 129 Rn. 14 f.); zur entsprechenden Rechtslage in der GbR s. jetzt § 721b Abs. 1; zur damit übereinstimmenden Rechtslage vor Inkrafttreten des MoPeG (Rn 45) s. BGH JZ 1999, 44, 45 mit Anm. *Habersack*; BGHZ 146, 341, 358 f.; *Habersack*, BB 2001, 477, 482 f.

37 Näher dazu *Habersack* JZ 1997, 857, 863; zur entsprechenden Anwendung der §§ 768 Abs. 1 S. 2, 1211 Abs. 1 S. 2 auf vergleichbare Sachverhalte s. MünchKomm-*Habersack* § 768 Rn. 11 ff.

38 Zur analogen Anwendung des § 770 Abs. 1 auf andere Gestaltungsrechte des Schuldners, insbesondere auf das Rücktrittsrecht, s. MünchKomm/*Habersack* § 770 Rn. 6; s. ferner Rn. 199.

hat, erlischt auch die Einrede des Schuldners[39]. Auch findet § 768 Abs. 2 keine entsprechende Anwendung. Der Verpfänder hat es vielmehr hinzunehmen, dass der Schuldner von einer Anfechtung absieht oder ausdrücklich auf sein Recht zur Anfechtung verzichtet. Ein Verzicht des Schuldners auf das Recht zur Aufrechnung lässt dagegen die Einrede des Verpfänders unberührt, solange nur der Gläubiger noch aufrechnen kann.

199 Die Auslegung des § 770 Abs. 2 bereitet Schwierigkeiten, wie am Beispiel von **Fall 22** verdeutlicht werden soll: Zur Sicherung einer Darlehensforderung des G gegen S verpfändet V dem G ein wertvolles Gemälde von Franz Marc. Nachdem S das Darlehen trotz Fälligkeit nicht zurückzahlt, droht G dem V mit der Verwertung des Gemäldes. V wendet ein, S habe einen Schadensersatzanspruch gegen G, da dieser, was zutrifft, vorsätzlich unrichtige kreditgefährdende Tatsachen über S verbreitet habe. Darf G das Gemälde verwerten?

Zu prüfen ist, ob dem V die **Einrede aus §§ 1211 Abs. 1 S. 1, 770 Abs. 2** zusteht. Voraussetzung dafür ist nach dem Wortlaut des § 770 Abs. 2, dass sich der **Gläubiger durch Aufrechnung** gegen eine fällige Forderung des Schuldners befriedigen kann. Der Aufrechnungsbefugnis des G steht allerdings die Vorschrift des § 393 entgegen; danach nämlich ist die Aufrechnung gegen eine Forderung aus einer vorsätzlich begangenen unerlaubten Handlung und damit auch gegen den Anspruch des S aus § 824 nicht zulässig. Nach dem Wortlaut des § 770 Abs. 2 ist somit V zur Geltendmachung der Einrede nicht befugt. Indes ist zu berücksichtigten, dass das Aufrechnungsverbot des § 393 eine Aufrechnung durch S nicht ausschließt. Zu fragen ist deshalb, ob § 770 Abs. 2 in diesem Fall entsprechende Anwendung findet. Nach zutreffender Ansicht enthält § 770 Abs. 2 allerdings keine Ausprägung des Akzessorietätsgrundsatzes; die Vorschrift steht vielmehr im Zusammenhang mit dem in § 771 geregelten Grundsatz der Subsidiarität der Bürgenverpflichtung und stellt deshalb bewusst auf die Aufrechnungsbefugnis des Gläubigers ab[40]. Allerdings hindert dies wohl nicht daran, bei Aufrechnungsbefugnis allein des Schuldners den – auf andere Gestaltungsrechte ohnehin entsprechend anwendbaren – § 770 Abs. 1 heranzuziehen[41]. Die vorläufige Einrede kann V mittels Klage auf Unterlassung der Verwertung geltend machen; ein Herausgabeanspruch aus § 1254 steht ihm dagegen nicht zu.

IV. Befriedigung des Pfandgläubigers

1. Pfandrecht an beweglichen Sachen

200 Mit Eintritt der Pfandreife im Sinne des § 1228 Abs. 2 ist der Gläubiger zur Ausübung seines im Pfandrecht verkörperten **Verwertungsrechts** befugt. Anders als der Hypothekengläubiger, der nach § 1147 einen gegen den Eigentümer gerichteten Titel auf Duldung der Zwangsvollstreckung benötigt (Rn. 357), ist der Pfandgläubiger allein aufgrund seines Pfandrechts zur Verwertung berechtigt. Aus Gründen des Schutzes des Verpfänders verbietet § 1229 eine vor Eintritt der Pfandreife getroffene Verfallvereinbarung und stellt dadurch sicher, dass die Pfandverwertung in Übereinstimmung mit § 1228 Abs. 1

39 Näher MünchKomm/*Habersack* § 770 Rn. 2, 4 f., 10.

40 Staudinger/*Stürner* § 770 Rn. 8; Erman/*Zetzsche* § 770 Rn. 6; MünchKomm/*Habersack* § 770 Rn. 10; aA – für entsprechende Anwendung des § 770 Abs. 2 – *Medicus* JuS 1971, 497, 501; *Zimmermann* JR 1979, 495, 496 ff.

41 Erman/*Zetzsche* § 770 Rn. 6; MünchKomm/*Habersack* § 770 Rn. 10.

durch Pfandverkauf erfolgt; anderes gilt allein in den Fällen des § 1259. Nach § 1235 Abs. 1 hat der Pfandverkauf grundsätzlich im Wege der **öffentlichen Versteigerung** (im Sinne von § 383 Abs. 3) zu erfolgen; ein **freihändiger Verkauf** ist nach §§ 1235, 1221 nur zulässig, wenn das Pfand einen Börsen- oder Marktpreis hat. Auch beim Verkauf im Wege öffentlicher Versteigerung ist Verkäufer der Pfandgläubiger. Er wird bei Abschluss des Kaufvertrags durch den Versteigerer vertreten; gemäß § 156 kommt der Vertrag durch Zuschlag zustande.

Die **Übereignung** erfolgt nach Maßgabe der §§ 929 ff., wobei der Pfandgläubiger, vertreten durch den Versteigerer, aufgrund seines Pfandrechts zur Übereignung der fremden Sache **ermächtigt** ist. Nach § 1242 Abs. 1 S. 1 erlangt denn auch der Erwerber die gleichen Rechte, wie wenn er die Sache vom Eigentümer erworben hätte. Berücksichtigt man allerdings, dass Grundlage der Verwertungsbefugnis des Pfandgläubigers das Pfandrecht ist, so steht und fällt der Erwerb des Eigentums durch den Erwerber an sich mit der Existenz des Pfandrechts. Da nämlich der Erwerber weiß, dass der Pfandgläubiger nicht Eigentümer der Sache ist und somit über fremdes Eigentum verfügt, finden die §§ 932 ff. nicht unmittelbar Anwendung. Hier zeigt sich die Funktion des § 1244: Die **§§ 932 bis 934, 936**[42] finden **entsprechende Anwendung**, wenn eine Sache als Pfand verkauft wird, ohne dass dem Veräußerer ein Pfandrecht zusteht oder den in § 1243 Abs. 1 genannten Vorschriften genügt wird; Voraussetzung ist allein, dass die Veräußerung nach § 1233 Abs. 2 erfolgt ist oder entweder § 1235 oder § 1240 Abs. 2 Beachtung gefunden hat. 201

2. Dingliche Rechtslage am Verwertungserlös

Das rechtliche Schicksal des aus dem Pfandverkauf resultierenden Erlöses soll anhand von **Fall 23** dargestellt werden: Zur Sicherung einer Darlehensforderung in Höhe von 70 000 € hat S dem G ein Blumenaquarell von Emil Nolde verpfändet und übergeben. Das Aquarell gehörte, wie G wusste, dem E. G seinerseits hat seine Darlehensforderung gegen S zur Sicherheit an den redlichen Z abgetreten und diesem das Aquarell übergeben. Nachdem S trotz Eintritt der Fälligkeit nicht gezahlt hatte, ließ Z das Aquarell durch einen Gerichtsvollzieher öffentlich versteigern. Ein Unbekannter ersteigerte das Aquarell für 60 000 €. Z deponiert das Geld in einem Banksafe. Hat E einen Anspruch auf das Geld? 202

1. E könnte einen **Anspruch auf Herausgabe** der deponierten 60 000 € aus **§ 1247 S. 2 iVm. § 985** haben. Danach wird der Eigentümer des Pfandes kraft Gesetzes Eigentümer des Erlöses, soweit dieser nicht dem Pfandgläubiger gebührt. Die in § 1247 S. 2 angeordnete **dingliche Surrogation** versteht sich als Ausnahme zu § 1247 S. 1, wonach der Pfandgläubiger, soweit ihm der Erlös gebührt, alleiniger Eigentümer desselben wird und die gesicherte Forderung als von dem Eigentümer des Pfandes berichtigt gilt. § 1247 S. 1 ist also Ausprägung des **Traditionsprinzips**: Der Pfandgläubiger erwirbt das Eigentum am Erlös durch Übereignung gemäß § 929 seitens des Ersteigerers. Ist der Eigentümer auch Schuldner, so erlischt die gesicherte Forderung; andernfalls hat er den Schuldner von seiner Verbindlichkeit befreit und erwirbt deshalb die gesicherte Forderung entsprechend §§ 1249 S. 2, 268 Abs. 3[43].

42 Auf § 935 wird bewusst nicht verwiesen, so dass ein Eigentumserwerb des Ersteigerers auch bei freihändigem Verkauf abhanden gekommener Sachen (§§ 1235, 1221) und damit auch jenseits der von § 935 Abs. 2 erfassten Fälle möglich ist.

43 Soergel/*Habersack* § 1247 Rn. 8; Jauernig/*Berger* § 1247 Rn. 7; für entsprechende Anwendung des § 1225 Grüneberg/*Wicke* § 1247 Rn. 1.

Hier gebührte der Erlös jedenfalls dann nicht dem Z, wenn dieser gar kein Pfandrecht erworben hätte[44]. Dies wiederum könnte deshalb der Fall sein, weil G sich über die Bestellung des Pfandrechts nicht mit dem Berechtigten E, sondern mit dem Nichtberechtigten S geeinigt hat. Zwar sieht § 1207 die Möglichkeit des Erwerbs des Pfandrechts vom Nichtberechtigten vor; Voraussetzung ist aber jedenfalls Gutgläubigkeit des Erwerbers im Sinne der §§ 1207, 932 Abs. 2, woran es in der Person des G fehlt. Somit hat auch Z das Pfandrecht nicht vom Berechtigten erworben. Fraglich ist, ob der redliche Z das Pfandrecht vom Nichtberechtigten erwerben konnte. Nicht anwendbar ist allerdings die Vorschrift des § 1207. Sie betrifft allein den Ersterwerb des Pfandrechts (die „Bestellung"). Der vorliegend in Betracht kommende abgeleitete Erwerb des Pfandrechts vollzieht sich dagegen nach §§ 1250 Abs. 1 S. 1, 398 S. 1 in der Weise, dass die gesicherte Forderung abgetreten und mit ihr das Pfandrecht als akzessorisches Nebenrecht auf den Zessionar übergeht (Rn. 186). Die hM verneint deshalb die Möglichkeit eines gutgläubigen Zweiterwerbs des Pfandrechts unter Hinweis auf das Fehlen einer rechtsgeschäftlichen Verfügung über das Pfandrecht[45]. Dies vermag allerdings nur im Ergebnis, nicht dagegen in der Begründung zu überzeugen[46]. Wie nämlich ein Blick auf die vergleichbare Problematik im Hypothekenrecht zeigt, ist dort ein gutgläubiger Zweiterwerb der – gleichfalls akzessorischen, also als Annex zur abgetretenen Forderung übergehenden – Hypothek durchaus möglich (Rn. 386 f.); hinsichtlich der Vormerkung ist die Frage immerhin umstritten (Rn. 338). Allein das Fehlen einer Verfügung über das Pfandrecht kann deshalb die Möglichkeit gutgläubigen Zweiterwerbs nicht ausschließen. Entscheidend ist vielmehr, dass es bei Abtretung einer durch ein Pfandrecht gesicherten Forderung an einem entsprechenden **Publizitätstatbestand** fehlt. Die Abtretung vollzieht sich nämlich, ungeachtet der Existenz des Pfandrechts, nach § 398 S. 1 und damit durch schlichte Einigung zwischen Zedent und Zessionar. Demgegenüber beruht die Möglichkeit eines gutgläubigen Zweiterwerbs der Hypothek auf der Formvorschrift des § 1154. Nach dieser bedarf die Abtretung der hypothekarisch gesicherten Forderung nicht nur der Schriftform, sondern zudem der Übergabe des Hypothekenbriefs oder, im Fall einer Buchhypothek, der Eintragung. Die Existenz des akzessorischen Nebenrechts beeinflusst also die Modalitäten der Abtretung des Hauptrechts, weshalb es angezeigt erscheint, einen gutgläubigen Zweiterwerb der Hypothek zuzulassen. Auf das Pfandrecht lässt sich dies dagegen nicht übertragen. Z hat somit kein Pfandrecht erworben, so dass ihm der Erlös in Höhe von 60 000 € nicht gebührt. E kann deshalb Herausgabe des deponierten Geldes verlangen.

2. Neben dem Anspruch aus §§ 1247 S. 2, 985 kommt noch ein auf Herausgabe des Geldes gerichteter **Anspruch aus § 816 Abs. 1 S. 1** in Betracht; doch wird man den dinglichen Surrogationstatbestand des § 1247 S. 2 als eine den allgemeinen Rechtsfortwirkungsanspruch aus § 816 Abs. 1 S. 1 verdrängende Spezialvorschrift anzusehen haben[47]. In Ermangelung eines Besitzrechts des Z kommen jedoch die §§ 987 ff. zur Anwendung, so dass der Eigentümer einen bösgläubigen Verpfänder nach §§ 989, 990 auf Ersatz eines nicht durch die Surrogation gedeckten Schadens in Anspruch nehmen kann. Z war jedoch gutgläubig, so dass ihm das Haftungsprivileg des § 993 Abs. 1 zugute kommt.

44 Dazu, dass der Ersteigerer auch in diesem Fall Eigentum erwirbt, s. Rn. 201.

45 Staudinger/*Wiegand* § 1250 Rn. 4; Jauernig/*Berger* § 1250 Rn. 1; aA *Heck* § 105 V.

46 Näher dazu sowie zum Sonderfall des Pfandrechts an einer hypothekarisch gesicherten Forderung Soergel/*Habersack* § 1250 Rn. 6, § 1274 Rn. 17.

47 So zu Recht MünchKomm/*F. Schäfer* § 1244 Rn. 14; aA RGZ 77, 201, 207.

3. Pfandrecht an Forderungen

203 Während der Pfandgläubiger seine Befriedigung aus dem ihm verpfändeten Rechte im Allgemeinen nur unter Beachtung des § 1277 S. 1 suchen kann, enthalten §§ 1281 ff. besondere Vorschriften über die Befriedigung aus einer verpfändeten Forderung. Die Befriedigung erfolgt durch Einziehung der Forderung, wobei § 1281 für die Zeit vor Eintritt der Pfandreife die gemeinschaftliche Einziehung der Forderung durch Pfandgläubiger und Gläubiger der verpfändeten Forderung (Verpfänder) vorsieht; nach Eintritt der Pfandreife ist der Pfandgläubiger dagegen nach § 1282 allein zur Einziehung berechtigt. Die Einziehung führt nach § 362 Abs. 1 zum **Erlöschen der verpfändeten Forderung**. An sich müsste das Erlöschen des Pfandgegenstands das Erlöschen auch des Pfandrechts zur Folge haben; es kann nämlich nicht ohne einen verpfändeten Gegenstand fortbestehen[48]. Indes besteht das Sicherungsinteresse des Pfandgläubigers ungeachtet der Einziehung der Forderung fort. Dem tragen die **Surrogationstatbestände** des § 1287 S. 1 und 2 Rechnung.[49] Danach erwirbt der Gläubiger der verpfändeten Forderung den geleisteten Gegenstand. Der Pfandgläubiger erwirbt dagegen ein Pfandrecht an dem geleisteten Gegenstand; handelt es sich bei diesem um ein Grundstück, so erwirbt der Pfandgläubiger (kraft Gesetzes und unabhängig von einer entsprechenden Eintragung in das Grundbuch) eine Sicherungshypothek.

§ 11 Sicherungsübereignung

I. Grundlagen

1. Gründe für die Verdrängung des Pfandrechts durch die Sicherungsübertragung

204 Die Ausführungen zum Mobiliarpfand haben deutlich werden lassen, dass der Gesetzgeber in besonderem Maße auf die Einhaltung des Publizitätsgrundsatzes geachtet hat (Rn. 190, 192). Dabei hatte er vor allem den Schutz der anderen Gläubiger des Verpfänders im Auge; ein Verzicht auf die Publizität des Sicherungsgeschäfts könnte bei diesen nämlich den unzutreffenden Eindruck hervorrufen, dass der Schuldner, obschon er bereits einen Großteil seiner Aktiva belastet hat, noch über eine ausreichende Haftungsmasse verfügt. Der Verzicht auf Publizität ist aber auch für den Sicherungsnehmer nicht ohne Risiko, läuft er doch Gefahr, dass der Sicherungsgeber, gestützt auf den durch den fortbestehenden Besitz begründeten Rechtsschein, mit Wirkung gegenüber dem Sicherungsnehmer über das Sicherungsgut verfügt (Rn. 147 ff.). Andererseits ist nicht zu verkennen, dass die Erfüllung der Publizitätsanforderungen aus Sicht der Beteiligten lästig und unpraktisch erscheint. Denn nicht nur obliegt es dem Sicherungsgeber mit Blick auf die in §§ 1205 f., 1280 geregelten Wirksamkeitsvoraussetzungen, die Inanspruchnahme von Kredit offenzulegen. Die Verpfändung beweglicher Sachen entzieht ihm vielmehr auch die Möglichkeit zur **Nutzung der Pfandsache**. Die Verpfändung beweglicher Sachen

48 Der Grundsatz der Akzessorietät stünde dem Fortbestand des Pfandrechts allerdings nicht entgegen; denn erloschen ist die verpfändete Forderung, nicht dagegen die gesicherte Forderung.

49 Dazu BGH ZIP 2008, 824 Rn. 20 ff.: Keine Erstreckung des Pfandrechts an einem Sparguthaben auf den bei Insolvenz des kontoführenden Kreditinstituts entstehenden Entschädigungsanspruch gem. §§ 3, 4 Einlagensicherungs- und Anlegerentschädigungsgesetz.

nach §§ 1205 f. hat somit aus Sicht des Verpfänders, aber auch aus Sicht des Pfandgläubigers, der ja zur Nutzung der Sache grundsätzlich (Ausnahme: § 1213) nicht berechtigt und häufig nicht einmal dazu imstande[1] ist, eine **überschießende Tendenz**: Der Sicherungsnehmer benötigt lediglich die im Eigentum verkörperte Verwertungsbefugnis, er entzieht aber dem Sicherungsgeber zwangsläufig auch die Nutzungsmöglichkeit.

205 Vor diesem Hintergrund kann es nicht verwundern, dass die Praxis nach einer Alternative gesucht und diese in der Sicherungsübertragung von Eigentum und Forderung gefunden hat. Die Vorteile liegen auf der Hand: Die Sicherungsübereignung erfolgt nach §§ 929, 930, also unter **Ersetzung der Übergabe durch ein Besitzmittlungsverhältnis**, und wird mit der Abrede verbunden, dass das Eigentum nur als Sicherheit dienen soll und mit Wegfall des Sicherungsbedürfnisses zurückzugewähren ist. Sie belässt den unmittelbaren Besitz dem Sicherungsgeber, der die Sache nutzen kann, während der Sicherungsnehmer von der Verwahrung des Sicherungsgutes und den damit verbundenen Lasten und Risiken entbunden ist und zudem hoffen kann, dass sich der Sicherungsgeber infolge der gewinnbringenden Nutzung des Sicherungsgutes imstande sieht, den Kredit zurückzuführen. Erst wenn sich der Sicherungsnehmer in dieser Erwartung enttäuscht sieht, macht er von seinem Sicherungseigentum Gebrauch, indem er Herausgabe der Sache verlangt (Rn. 208) und diese sodann verwertet. Was die **Sicherungszession** betrifft, so hat sie gegenüber der Verpfändung von Forderungen den Vorteil, dass das in § 1280 geregelte **Anzeigeerfordernis entfällt** und damit das Sicherungsgeschäft von einem Unwirksamkeitsrisiko befreit wird. Die Zession bleibt vielmehr zunächst verdeckt, wird also, solange sich der Sicherungsgeber vertragstreu verhält und den Kredit vereinbarungsgemäß zurückführt, dem Schuldner der übertragenen Forderung nicht mitgeteilt. Dieser kann vielmehr nach § 407 mit befreiender Wirkung an den Zedenten leisten; häufig ermächtigt der Zessionar den Zedenten sogar ausdrücklich zur **Einziehung der Forderung**[2]. Aus Sicht des Sicherungsnehmers (des Zessionars) hat dies den Vorteil, dass er von den Mühen der Einziehung der Forderung und der Debitorenbuchhaltung verschont bleibt. Verhält sich der Sicherungsgeber vertragswidrig, indem er etwa die eingezogenen Gelder nicht an den Sicherungsnehmer weiterleitet, so kann die Sicherungszession aufgedeckt und die Einziehungsermächtigung widerrufen werden: Der Schuldner kann dann mit befreiender Wirkung nur noch an den Zessionar leisten.

2. Zur Frage eines Typenzwanges

206 Mit der Sicherungsübereignung und der Sicherungsabtretung sind **„latente Sicherungsrechte“**[3] an die Stelle des – vom Gesetzgeber mit großer Sorgfalt und unter Berücksichtigung der Interessen der anderen Gläubiger ausgestalteten – Mobiliarpfandrechts getreten. Die gegen diese Rechtsentwicklung sprechenden Bedenken haben den Siegeszug der Sicherungsübertragung nicht aufhalten können, zumal bereits der Gesetzgeber des BGB in § 223 Abs. 2 a.F. (= § 216 Abs. 2 n.F.) zum Ausdruck gebracht hat, dass die Vorschriften der §§ 1204 ff., 1273 ff. es den Parteien keinesfalls verwehren, anstelle der Verpfändung auf die – mit schuldrechtlichen Bindungen unterlegte – Vollübertragung des Rechts auszuweichen[4]. Es kommt hinzu, dass die Sicherungsübereignung dem in § 449 ausdrück-

1 Man denke nur an die heute übliche Sicherungsübereignung von Maschinen, Fuhrparks, Warenlagern.

2 BGHZ 4, 153, 164; BGHZ 82, 283, 290.

3 So treffend *Baur/Stürner* § 56 Rn. 6.

4 Näher dazu *Gaul* AcP 168 (1968), 351, 357 ff.; *Klinck* AcP 221 (2021), 447, 452 ff., dort *Heese*, Festschrift für K. Schmidt, 2019, Band I, S. 409 ff., dort auch Überlegungen de lege ferenda.

lich anerkannten Eigentumsvorbehalt durchaus vergleichbar ist; auch bei diesem handelt es sich um ein „latentes", erst mit Verzug des Käufers zum Vorschein tretendes Sicherungsrecht (Rn. 230 ff., 255 ff.). Nunmehr hat die Sicherungsübertragung mit der Vorschrift des **§ 51 InsO**, wonach der Sicherungsnehmer nur zur abgesonderten Befriedigung berechtigt und damit einem Pfandgläubiger gleichgestellt ist (Rn. 223), sogar eine weitere **legislatorische Anerkennung** gefunden. Auch über § 51 InsO hinaus kann es deshalb nur darum gehen, die in den §§ 1204 ff., 1273 ff. geregelten Vorkehrungen zum Schutz des Sicherungsnehmers, soweit sie nicht Ausdruck der Akzessorietät und der Publizität sind, behutsam auf die Sicherungsübereignung und -zession zu übertragen und zudem die Inhaltskontrolle des Sicherungsvertrags nach § 307 am Leitbild der Vorschriften über das Mobiliarpfand auszurichten[5].

Die folgenden Ausführungen sind zwar der Sicherungsübereignung gewidmet. Sie lassen **207**
sich jedoch weitgehend auf die **Sicherungszession** übertragen; auf diese wird im Übrigen im Zusammenhang mit den Ausführungen zum Eigentumsvorbehalt zurückzukommen sein (Rn. 264 ff.). Im Bereich des **Immobiliarsachenrechts** sind atypische Kreditsicherheiten dagegen, soweit ersichtlich, nicht verbreitet. Dies liegt zunächst daran, dass die Publizitätsanforderungen des § 873 für sämtliche Verfügungsgeschäfte Geltung beanspruchen; eine „stille" Übertragung des Grundeigentums zu Sicherungszwecken ist also gar nicht möglich. Darüber hinaus sind Hypothek und Grundschuld ohnehin besitzlose Pfandrechte (Rn. 344). Einem Eigentumsvorbehalt schließlich steht § 925 Abs. 2 entgegen (Rn. 290).

II. Erwerb und Rechtsnatur des Sicherungseigentums

1. Übereignungstatbestand

Die Sicherungsübereignung erfolgt in aller Regel **nach §§ 929, 930**, also durch **Einigung** **208**
und Ersetzung der Übergabe durch ein **Besitzkonstitut**. Sicherungsgeber ist entweder der Schuldner der zu sichernden Forderung oder ein Dritter. Als Besitzkonstitut dient der **Sicherungsvertrag**[6]: Er definiert den Sicherungszweck, legt die Rechte und Pflichten der Parteien hinsichtlich des Sicherungsgutes fest und bestimmt, dass der Sicherungsnehmer mit Eintritt des Sicherungsfalls, also mit Zahlungsverzug des Schuldners, sowie bei pflichtwidrigem Umgang mit dem Sicherungsgut Herausgabe des Sicherungsguts verlangen kann, das Besitzrecht des Sicherungsgebers also entfällt; der Herausgabeanspruch ergibt sich dann aus § 985, aber auch aus dem Sicherungsvertrag[7]. Dieser regelt zudem häufig ausdrücklich die Pflicht des Sicherungsnehmers zur Rückübertragung des Sicherungsgutes (Rn. 211 f., 227 f.).

---

5 Vgl. dazu auch BGHZ 124, 380, 391 (§ 1234); zur analogen Anwendung des § 1229 s. *Gaul* AcP 168 (1968), 351, 374 ff.; zur weiten Zweckerklärung s. die Nachw. in Rn. 191 Fn. 21 (die zwar das Pfandrecht betreffen, auf die Sicherungsübereignung aber übertragbar sind). Allg. *Baur/Stürner* § 57 Rn. 16 mit zutreffendem Hinweis, dass die Rechtmäßigkeitsvoraussetzungen einer Pfandverwertung im Fall der Sicherungsübereignung Bedeutung nur im Verhältnis zwischen Sicherungsgeber und -nehmer haben; s. dazu auch noch Rn. 212, 229; weitergehend – für Qualifikation als (akzessorische) Mobiliarhypthek – *Klinck* AcP 221 (2021), 447, 479 ff.

6 Auch Sicherungsabrede genannt. – Bisweilen ist im Sicherungsvertrag die Rede davon, dass die Sache vom Sicherungsgeber für den Sicherungsnehmer „verwahrt" oder dem Sicherungsgeber vom Sicherungsnehmer „geliehen" wird; dies ist zwar juristisch unpräzis (s. *Medicus/Petersen* Rn. 491), aber unschädlich.

7 MünchKomm/*Oechsler* Anh. §§ 929-936 Rn. 43; *Baur/Stürner* § 57 Rn. 9; allgemein zu den Anforderungen an das Besitzkonstitut *dies.* § 7 Rn. 36 ff. Zur AGB-rechtlichen Zulässigkeit weiter Zweckerklärungen s. Rn. 191 Fn. 21, Rn. 206 Fn. 5.

2. Die einzelnen Rechtsverhältnisse

a) Sicherungsübereignung und Sicherungsvertrag

209 Wie beim Pfandrecht (Rn. 191) ist auch bei der Sicherungsübereignung die Sicherungsabrede von der zu sichernden Forderung zu unterscheiden. Die zu sichernde Forderung bildet zwar den Anlass für die Sicherungsübereignung. Eine Verpflichtung zur Sicherungsübereignung wird durch sie jedoch nicht begründet. Dazu bedarf es vielmehr einer **zusätzlichen Abrede** zwischen Sicherungsgeber und Sicherungsnehmer, eben der Sicherungsabrede; sie bildet mithin den **Rechtsgrund** für die Sicherungsübereignung. Fallen die Verpflichtung zur Sicherungsübereignung und die Festlegung der Rechte und Pflichten hinsichtlich des Sicherungsguts in einem einheitlichen Sicherungsvertrag zusammen, so entfällt allerdings mit der Unwirksamkeit desselben nicht nur der Rechtsgrund der Sicherungsübereignung. Es ist dann vielmehr auch das Besitzkonstitut als Teil des Verfügungstatbestands unwirksam, so dass es an einer wirksamen Sicherungsübereignung fehlt; eine Durchbrechung des Trennungs- und Abstraktionsgrundsatzes (Rn. 27 ff.) kann darin entgegen verbreiteten Literaturstimmen nicht gesehen werden[8]. Der Anspruch des Sicherungsgebers aus § 812 Abs. 1 S. 1, 1. Alt., der sich aus dem Fehlen einer causa der Sicherungsübereignung ergibt, ist in diesem Fall nur auf Herausgabe (und nicht auf Rückübereignung) des Sicherungsgutes gerichtet.

b) Sicherungsübereignung und zu sichernde Forderung

210 Im Unterschied zum Pfandrecht (Rn. 186 f.) ist die **Sicherungsübereignung nicht akzessorisch**. Das Fehlen einer zu sichernden Forderung lässt deshalb das Sicherungseigentum des Sicherungsnehmers unberührt, mag die Forderung von vornherein nicht entstanden oder wieder erloschen sein. Allerdings besteht die Möglichkeit, durch Aufnahme einer aufschiebenden und/oder auflösenden **Bedingung** das Sicherungseigentum mit dinglicher Wirkung mit Bestand und/oder Fortbestand der zu sichernden Forderung zu verknüpfen; die Bedingung wirkt mit anderen Worten als rechtsgeschäftlich begründeter **Akzessorietätsersatz**[9]. Insbesondere die auflösend bedingte Sicherungsübereignung hat aus Sicht des Sicherungsgebers und seiner sonstigen Gläubiger den Vorteil, dass sogleich ein **Anwartschaftsrecht** entsteht, über das anderweitig verfügt und in das vollstreckt werden kann; die Stellung des Sicherungsgebers entspricht in diesem Fall also derjenigen des Vorbehaltskäufers[10].

211 Ist die Sicherungsübereignung dagegen, wie im praktischen Regelfall, **unbedingt**, so erfolgt die Verknüpfung zwischen ihr und der zu sichernden Forderung ausschließlich über die **Sicherungsabrede**. Ihr lässt sich vor allem entnehmen, dass der Sicherungsnehmer mit Erledigung des Sicherungszwecks zur Rückübereignung verpflichtet sein soll[11]. Der Sicherungszweck hat sich nicht nur erledigt, wenn die gesicherte Forderung nicht entstanden oder wieder erloschen ist (Rn. 220 ff., 227 f.). Eine Erledigung liegt vielmehr auch in dem Fall vor, dass dem Schuldner eine **dauernde Einrede** gegen die zu sichern-

---

8 Zutr. Jauernig/*Berger* § 930 Rn. 39; aA *Baur/Stürner* § 57 Rn. 16; MünchKomm/*Oechsler* Anh. §§ 929-936 Rn. 14; Staudinger/*Wiegand* (2017) Anh. §§ 929 ff. Rn. 90; s. ferner *Reinicke/Tiedtke* Rn. 632.

9 Dazu bereits in Rn. 32 ff., dort auch zur Frage einer Geschäftseinheit im Sinne von § 139; eingehend zu akzessorietätsgleichen Erscheinungen bei Sicherungsübereignung und Sicherungszession *Heinemeyer*, Der Grundsatz der Akzessorietät bei Kreditsicherungsrechten, 2017, S. 250 ff.

10 Näher dazu in Rn. 241 ff.; s. ferner bereits Rn. 54 ff.

11 Vgl. in diesem Zusammenhang **BGH ZIP 2002, 1390, 1391**: Wahlrecht des Sicherungsnehmers gem. § 262, welche von mehreren Sicherheiten er bei teilweiser Erledigung des Sicherungszwecks zurückgibt.

de Forderung erwächst. Die **Verjährung** der zu sichernden Forderung hindert allerdings nach § 216 Abs. 2 den Sicherungsnehmer nicht daran, seine Befriedigung aus dem ihm übereigneten Gegenstand zu suchen[12]. **Vorübergehende Einreden** gegen die zu sichernde Forderung schließlich verpflichten den Sicherungsnehmer zwar nicht zur Rückgewähr des Sicherungsgutes; während ihres Bestandes darf der Sicherungsnehmer jedoch nicht zur Verwertung des Sicherungsgutes schreiten.

Die durch die Sicherungsabrede herbeigeführte Verknüpfung zwischen dinglichem Recht **212**
und zu sichernder Forderung wirkt, anders als der Grundsatz der Akzessorietät, **nur schuldrechtlich**: Der Sicherungsnehmer ist zwar verpflichtet, das Sicherungsgut freizugeben; diese Verpflichtung bedarf jedoch der Erfüllung und unterliegt somit den typischen Schwächen einer jeden schuldrechtlichen Position[13]. Dies zeigt sich besonders deutlich, wenn der Sicherungsnehmer entweder über die gesicherte Forderung oder über das Sicherungseigentum verfügt, also beide Rechte voneinander trennt. Unter Geltung des Akzessorietätsgrundsatzes ist dagegen eine solche Trennung nicht möglich; §§ 1153, 1250 sorgen vielmehr für einen zwingenden Gleichlauf von Haupt- und Nebenrecht (Rn. 186, 202).

Die Problematik soll am Beispiel von **Fall 24** verdeutlicht werden: S hat dem G zur Sicherung eines Darlehens eine Maschine übereignet, wobei die Übergabe durch Vereinbarung eines Besitzkonstituts ersetzt worden ist. Nach dem Inhalt des Sicherungsvertrags ist G mit erfolgter Rückzahlung des Darlehens zur Rückübereignung der Maschine verpflichtet. Anderweitige Verfügungen über die Maschine sind ihm verboten. Schon vor Rückzahlung des Darlehens durch S hatte G sein Eigentum an der Maschine auf D übertragen, der nunmehr von S Herausgabe verlangt. Mit Recht? Welche Ansprüche hat S gegen G?

1. Was zunächst den **Herausgabeanspruch des D** betrifft, so könnte sich dieser aus **§ 985** ergeben. Voraussetzung ist zunächst, dass D Eigentümer der Maschine geworden ist. Dem könnte entgegenstehen, dass G nur Sicherungseigentümer der Maschine war und ihm aufgrund des Sicherungsvertrags zudem jegliche Verfügung über die Maschine untersagt war. Indes vermögen solche schuldrechtlichen Bindungen nichts an der Eigentümerstellung des G zu ändern. Insbesondere findet die Vorschrift des § 137 auch auf das Sicherungseigentum Anwendung, so dass ein Verfügungsverbot zwar schuldrechtliche Wirkungen im Verhältnis zwischen G und S entfaltet, nicht aber die Verfügungsbefugnis des G im Verhältnis zu unbeteiligten Dritten in Frage zu stellen vermag. Anderes gilt nach § 399, 2. Fall (Rn. 20, 143) zwar für den aus der Sicherungsabrede folgenden Herausgabeanspruch des G (Rn. 208), doch lässt der Sachverhalt nicht erkennen, dass sich S und G auf die Unabtretbarkeit des Herausgabeanspruchs verständigt hätten. Auch geht es nicht an, unter Heranziehung der Grundsätze über den Missbrauch der Vertretungsmacht dem Dritten (D) die Missachtung der schuldrechtlichen Bindungen des Sicherungsnehmers gegenüber dem Sicherungsgeber immer dann entgegenzuhalten, wenn die Pflichtverletzung evident war[14]. Denn der Treuhänder handelt, anders als der Vertreter, im eigenen Namen und verfügt über ein eigenes Recht. Anders verhielte es sich nur bei auflösend bedingter Sicherungsübereignung. In diesem Fall würde nämlich das Eigentum an dem Sicherungsgut nach §§ 158 Abs. 2, 161 Abs. 2, 936 Abs. 3 mit Eintritt der auflösenden Bedingung, d.h. mit vollständiger Rückzahlung des Darlehens, auch bei Gutgläubig-

12 BGHZ 34, 191, 195.
13 Zur Schutzfunktion der Akzessorietät s. denn auch *Habersack* JZ 1997, 857, 862 f.
14 Zutr. BGH NJW 1968, 1471 mit krit. Anm. von *Kötz*.

keit des Dritten an den Sicherungsgeber zurückfallen (s. Rn. 242). Doch ist die Sicherungsübereignung unbedingt erfolgt. Hat somit G als verfügungsbefugter Eigentümer verfügt, so hat D Eigentum an der Maschine gemäß §§ 929, 931 erworben. Da S Besitzer der Maschine ist, liegen die Voraussetzungen des § 985 vor. S könnte allerdings auch im Verhältnis zu D zum Besitz der Maschine berechtigt sein. Zwar hat S kein dingliches Recht zum Besitz; sein Recht zum Besitz gründet vielmehr auf der mit G getroffenen Sicherungsvereinbarung. Indes entfaltet diese nach § 986 Abs. 2 Wirkungen auch gegenüber D (Rn. 89 ff.). S kann somit die Herausgabe verweigern.

2. S kann an sich von G die Rückübereignung der Maschine verlangen. Da G allerdings das Eigentum auf D übertragen hat, ist ihm die Erfüllung seiner Verpflichtung gegenüber S unmöglich geworden; nach § 275 Abs. 1 ist er somit von seiner Übereignungsverpflichtung frei geworden. An die Stelle des auf Übereignung gerichteten Primäranspruchs des S ist ein **Schadensersatzanspruch aus §§ 280 Abs. 1, 283** getreten. Die Rechtslage ändert sich auch nicht für den Fall, dass D, gestützt auf die Undurchsetzbarkeit seines Herausgabeanspruchs aus § 985, die Rückabwicklung des zwischen ihm und G bestehenden Schuldverhältnisses begehrt. Selbst wenn G infolge dieser Rückabwicklung wieder Eigentümer der Maschine würde, ließe dies die einmal eingetretene Unmöglichkeit der Rückübereignung auf S grundsätzlich unberührt[15].

3. Der Treuhandcharakter der Sicherungsübereignung

213 Durch die Sicherungsübereignung – Entsprechendes gilt im Übrigen für die Sicherungsabtretung – wird dem Sicherungsnehmer ein Mehr an Rechtsmacht eingeräumt, als er eigentlich benötigt. Die Sicherungsübereignung dient als **Kreditsicherheit** und soll dem Sicherungsnehmer im Fall eines Ausfalls mit der gesicherten Forderung den **vorrangigen Zugriff** auf das ihm reservierte Vermögen des Sicherungsgebers ermöglichen. Auf die sonstigen im Eigentum verkörperten Befugnisse legt der Sicherungsnehmer dagegen keinen Wert. Dies gilt zunächst für die **Nutzungsbefugnis**: Der Sicherungsnehmer ist sogar daran interessiert, dass der Sicherungsgeber die Sache gewinnbringend nutzt, um dadurch die Tilgung der gesicherten Forderung zu ermöglichen und eine Verwertung des Sicherungsgutes überflüssig zu machen. Aber auch die im Eigentum verkörperte **Verfügungsbefugnis** soll der Sicherungsnehmer nur insoweit ausüben dürfen, als dies durch den Sicherungszweck veranlasst ist. Der Sicherungsnehmer ist zwar „formal" Volleigentümer der Sache und kann mit Wirkung gegenüber jedermann über sein Eigentum verfügen (Rn. 212); nach der mit dem Sicherungsgeber getroffenen Abrede darf er dies jedoch nur insoweit, als der Sicherungsfall eingetreten und eine Verwertung des Sicherungsgutes veranlasst ist. Die Sicherungsübereignung hat deshalb den Charakter eines **eigennützigen Treuhandverhältnisses**[16]: Der Sicherungsnehmer darf von seiner umfassenden Rechtsmacht nur nach Maßgabe der schuldrechtlichen Sicherungsabrede Gebrauch machen. Zudem ist er mit Erledigung des Sicherungszwecks zur Rückübertragung der Sicherheit verpflichtet (Rn. 211, 220 ff., 227 f.). Schließlich wirkt der Treuhandcharakter auch gegenüber den Gläubigern des Sicherungsnehmers (Rn. 225 f.).

---

15 Jauernig/*Stadler* § 275 Rn. 10 mit weit. Nachw.

16 BGHZ 137, 212, 218 f.; BGHZ 124, 371, 375 ff.; BGH BKR 2007, 72, 73.

4. Gegenstand der Sicherungsübereignung

a) Die antizipierte Sicherungsübereignung

Gegenstand der Sicherungsübereignung ist das Eigentum an einer beweglichen Sache; **214**
dem Eigentum steht das **Anwartschaftsrecht** gleich (Rn. 54 f., 246). Der Grundfall, nämlich die Sicherungsübereignung einer einzelnen, bereits im Eigentum des Sicherungsgebers stehenden Sache, genügt den Bedürfnissen der Praxis freilich nicht immer. So begegnet es bisweilen, dass der Sicherungsgeber eine Sache übereignet, die er seinerseits erst künftig erwerben wird. Eine solche **antizipierte Sicherungsübereignung** ist ohne weiteres möglich, wenn nur bei Abschluss des Vertrages feststeht, auf welche Sache sich die Übereignung bezieht, und im Zeitpunkt der Besitzerlangung durch den Sicherungsgeber noch sämtliche Voraussetzungen der Sicherungsübereignung – neben der dinglichen Einigung[17] also die Verfügungsbefugnis des Sicherungsgebers und das Besitzmittlungsverhältnis – fortbestehen[18]. Der Sicherungsnehmer läuft in diesem Fall allerdings Gefahr, dass der Sicherungsgeber für eine „juristische Sekunde"[19] **Durchgangseigentum** erwirbt und die Sache deshalb von einem Vermieterpfandrecht erfasst wird (Rn. 217).

b) Sicherungsübereignung von Sachgesamtheiten

Die Sicherungsübereignung einer einzelnen beweglichen Sache kommt im kaufmänni- **215**
schen Verkehr letztlich nur in Betracht, soweit die Sache zum Anlagevermögen des Sicherungsgebers gehört. Infolge der Begrenztheit dieses Anlagevermögens besteht häufig die Notwendigkeit, auch das Umlaufvermögen als Sicherheit einzusetzen. Dabei ist allerdings zu berücksichtigen, dass das Umlaufvermögen – der Sache nach das **Warenlager** des Sicherungsgebers – naturgemäß dazu bestimmt ist, vom Sicherungsgeber an dessen Abnehmer veräußert zu werden. An dieser bestimmungsgemäßen Verwendung des Umlaufvermögens ist im Übrigen auch dem Sicherungsnehmer gelegen: Er ist daran interessiert, dass der Sicherungsgeber die Warenvorräte gewinnbringend absetzt und aus dem Erlös den Kredit zurückzahlt. Dieser beiderseitigen Interessenlage kann zwar ohne weiteres dadurch Rechnung getragen werden, dass der Sicherungsnehmer den Sicherungsgeber nach § 185 Abs. 1 ermächtigt, im Rahmen des gewöhnlichen Geschäftsbetriebs über das Sicherungsgut zu verfügen (Rn. 143). Indes entsteht dann sofort das Problem, dass die dem Sicherungsnehmer als Sicherheit dienende Sachgesamtheit kontinuierlich aufgezehrt wird. Es muss deshalb dafür gesorgt werden, dass das Warenlager werthaltig bleibt, indem die neu eingehenden Waren an die Stelle der veräußerten Waren treten. Der beiderseitigen Interessenlage wird mit anderen Worten am ehesten die Sicherungsübereignung des **jeweiligen Bestandes des Warenlagers** gerecht.

Es versteht sich von selbst, dass die Sicherungsübereignung eines Warenlagers als solche **216**
nicht möglich ist. Der **Spezialitätsgrundsatz** erfordert es vielmehr, dass über die einzelnen zum Warenlager gehörenden Sachen verfügt wird (Rn. 16 f.), so dass die Sicherungsübereignung nur wirksam ist, wenn im Zeitpunkt des Vertragsschlusses die übereigneten Sachen eindeutig von anderen unterschieden werden können[20]. Dabei kommt die Rechtsprechung den Bedürfnissen der Praxis insoweit entgegen, als sie auf die **rechtliche**

17 Zu deren Widerruflichkeit s. Rn. 25.
18 Zutr. Jauernig/*Berger* § 930 Rn. 16 f.
19 Dazu *Marotzke* AcP 191 (1991), 177 ff.
20 BGHZ 73, 253, 254 f.; BGH NJW 1992, 1161; BGH NJW 1995, 2348, 2350; BGH BKR 2007, 72, 73.

Qualifizierung des übereigneten Rechts verzichtet[21]. Sicherungsgeber und Sicherungsnehmer brauchen somit nicht im Einzelnen zu bestimmen, ob der Sicherungsgeber
(1.) schon im Zeitpunkt der Vornahme der Sicherungsübereignung Eigentümer der jeweiligen Sache ist, ob er
(2.) künftig (Durchgangs-)Eigentum daran erwerben wird oder ob er
(3.) schon jetzt oder
(4.) künftig ein Anwartschaftsrecht an der Sache erlangt[22].

Dem Spezialitätsgrundsatz ist also schon dann genügt, wenn die von der Sicherungsübereignung erfassten **Sachen** (also die Rechtsobjekte, Rn. 5 ff.) **genau fixiert** sind[23]. Diesen Anforderungen trägt insbesondere eine **räumliche Abgrenzung** Rechnung[24], wie sie in der Praxis bei einem sogenannten Raumsicherungsvertrag begegnet, wonach alle (auch künftig) in einem bestimmten Raum eingelagerten Sachen von der Sicherungsübereignung erfasst sein sollen[25]. Ist dem Bestimmtheitsgrundsatz genügt, so gehen die erst nach Vertragsschluss erworbenen Gegenstände in das Eigentum des Sicherungsnehmers über, sobald sie in das Warenlager gelangen[26], vorausgesetzt, dass Einigung, Verfügungsbefugnis und Besitzmittlungsverhältnis noch in diesem Zeitpunkt fortbestehen (Rn. 214).

217 Die Kollision von antizipierter Sicherungsübereignung eines Warenlagers und Vermieterpfandrecht ist Gegenstand von **Fall 25**[27]: V hatte an M Geschäftsräume zum Betrieb eines Möbelhandels vermietet. Kurze Zeit darauf nahm M bei Bank B einen Kredit auf, zu dessen Sicherung er ihr sämtliche Waren übereignete, die sich „gegenwärtig in den Geschäftsräumen befinden oder künftig dorthin verbracht werden." Nachdem M mit der Zahlung des Mietzinses in Verzug geraten war, nahm V, gestützt auf sein Vermieterpfandrecht, die in die Geschäftsräume eingebrachten, zum Verkauf bestimmten und ausnahmslos unter Eigentumsvorbehalt gelieferten Möbelstücke an sich. B möchte wissen, ob sie von V Herausgabe der Möbelstücke verlangen kann.

In Betracht kommt ein **Herausgabeanspruch aus § 985**. Dieser setzt an sich voraus, dass B **Eigentümer** der Möbel geworden ist. Daran fehlt es hier deshalb, weil die Möbel nur unter Eigentumsvorbehalt geliefert worden sind, also noch im Eigentum der Lieferanten stehen. B konnte deshalb Eigentum allenfalls vom Nichtberechtigten erwerben, was hier freilich an der fehlenden Übergabe im Sinne des § 933 scheitert. Allerdings lässt

21 Umgekehrt genügt die Bezugnahme auf ein rechtliches Unterscheidungsmerkmal nicht, s. BGH NJW 2023, 1053 Rn. 12.

22 **BGHZ 28, 16 ff.**; *Medicus/Petersen* Rn. 522; *Baur/Stürner* § 57 Rn. 13.

23 Daran fehlt es, wenn nicht näher bezeichnete Sachen, die nur unter Eigentumsvorbehalt erworben werden, nicht von der Sicherungsübereignung erfasst sein sollen, zutr. BGH NJW 1986, 1985, 1986.

24 Näher **BGH NJW 2023, 1053** Rn. 12 ff.: Sammelbezeichnung „alle vom Sicherungsgeber an ihre Kunden überlassenen Flüssiggastanks" genügt auch dann nicht, wenn diese Tanks einen Aufkleber enthalten, der auf das Eigentum des Sicherungsgebers hinweist; BGH NJW 1994, 133, 134: Bestimmtheitsgrundsatz ist trotz fehlender räumlicher Zusammenfassung genügt, wenn Container einer genau bezeichneten Größe erfasst sein sollen.

25 BGH WM 1979, 301 f.; BGH NJW 1996, 2654, 2655; BGH ZIP 2000, 1895, 1896 (unschädlich, dass nur für einen Teil der Gegenstände ein schuldrechtlicher Rückübertragungsanspruch vereinbart ist); Grüneberg/*Herrler* § 930 Rn. 3 ff.; Jauernig/*Berger* § 930 Rn. 47; näher *Feuerborn* ZIP 2001, 600 ff.

26 Dieser Vollzug der antizipierten Übereignung ist von dem – auf den Zeitpunkt des Vertragsschlusses bezogenen – Bestimmtheitsgrundsatz zu unterscheiden, zutr. Jauernig/*Berger* § 930 Rn. 16; ferner BGH NJW 1996, 2654, 2655; anders noch BGH NJW 1986, 1985, 1986. – Zur Frage der Anfechtbarkeit der Bestellung revolvierender Kreditsicherheiten s. am Beispiel der Globalzession BGH ZIP 2008, 183 Rn. 14 ff. (Anfechtbarkeit nur als kongruente Deckung); *Kuder* ZIP 2008, 289 ff.; s. ferner BGH ZIP 2008, 1437 Rn. 17 ff.

27 In Anlehnung an **BGHZ 117, 200**; näher dazu *Fischer* JuS 1993, 542 ff.; *Nicolai* JZ 1996, 219 ff.; MünchKomm/*Oechsler* Anh. §§ 929-936 Rn. 23.

sich der Vereinbarung zwischen M und B entnehmen, dass auch ein etwaiges **Anwartschaftsrecht** von der Sicherungsübereignung erfasst sein soll[28]. Insoweit aber war M Berechtigter, so dass B gemäß §§ 929, 930 das Anwartschaftsrecht an den Möbeln erworben hat. Das Anwartschaftsrecht aber bildet gegenüber dem Eigentum ein wesensgleiches Minus und ist wie dieses nach § 985 geschützt (Rn. 241 ff.). Dem Sachverhalt lässt sich auch nicht entnehmen, dass das Anwartschaftsrecht infolge eines Rücktritts des Lieferanten und des damit verbundenen Ausfalls der Bedingung erloschen wäre (Rn. 244). Da V auch Besitzer der Möbel ist, liegen mithin die Voraussetzungen des § 985 vor.

V wäre jedoch nach **§ 986 Abs. 1** zum Besitz der Möbel berechtigt, wenn ihm an dem Anwartschaftsrecht ein **Vermieterpfandrecht** zustünde. Nach §§ 562 Abs. 1, 578 Abs. 1 erlangt der Vermieter für seine Forderungen aus dem Mietverhältnis ein Pfandrecht an den eingebrachten Sachen des Mieters. Wäre M bei Vereinbarung der Sicherungsübereignung bereits Eigentümer der Möbel gewesen, so wären diese unzweifelhaft mit einem Vermieterpfandrecht belastet gewesen. In Ermangelung einer Entfernung der Möbel hätte B in diesem Fall nur mit dem Vermieterpfandrecht belastetes Sicherungseigentum erwerben können. Entsprechendes gilt, wenn M nach Vertragsschluss mit B das Eigentum an den Möbeln erworben hätte. Zwar wäre das Eigentum in diesem Fall aufgrund des antizipierten Besitzkonstituts auf B übergegangen. Für eine „juristische Sekunde" wäre jedoch zunächst M Eigentümer geworden. Dieser Durchgangserwerb des M hätte wiederum zur Folge gehabt, dass das Vermieterpfandrecht entstanden und demgemäß nur belastetes Eigentum auf B übergegangen wäre[29].

Wie aber verhält es sich in unserem Fall, in dem M niemals Eigentümer geworden ist? Auszugehen ist davon, dass es mit Übertragung des Anwartschaftsrechts zu einem Direkterwerb des Eigentums in der Person des Erwerbers kommt, wenn nach Übertragung die **Bedingung herbeigeführt** wird und dadurch das **Anwartschaftsrecht zum Vollrecht** erstarkt[30]. Dies wiederum hat zwangsläufig zur Folge, dass der Vorbehaltskäufer, der sein Anwartschaftsrecht überträgt, niemals Eigentümer der gekauften Sache wird. Für Fall 25 bedeutet dies weiter, dass die Möbel niemals „Sachen des Mieters" im Sinne des § 562 Abs. 1 werden können. Gleichwohl folgt daraus nicht ohne weiteres, dass das Vermieterpfandrecht die unter Eigentumsvorbehalt gelieferten Möbel nicht erfasst. Auch im Zusammenhang mit § 562 Abs. 1 ist nämlich zu berücksichtigen, dass das Anwartschaftsrecht dem Vollrecht gleichsteht und demnach bereits als solches durch das Vermieterpfandrecht belastet wird[31]. Für die bereits **vor** der Sicherungsübereignung gelieferten Möbel bedeutet dies, dass M nur das mit dem Vermieterpfandrecht belastete Anwartschaftsrecht übertragen konnte. Soweit die Lieferung **nach** der Sicherungsübereignung erfolgt ist, ist es ungeachtet des antizipierten Besitzkonstituts zum Durchgangserwerb durch M und damit zur Entstehung des Vermieterpfandrechts gekommen. In beiden Fällen konnte B mithin nur das mit dem Vermieterpfandrecht belastete Anwartschaftsrecht erwerben, so dass V aufgrund seines Pfandrechts ein Recht zum Besitz sämtlicher Möbel hat[32].

---

28 Auch unabhängig von einer entsprechenden Vereinbarung ließe sich die Sicherungsübereignung gemäß § 140 in eine Übertragung des Anwartschaftsrechts umdeuten.

29 Für die ganz hM Grüneberg/*Herrler* § 930 Rn. 12; zur Rechtslage bei Vermieterwechsel s. sodann **BGHZ 202, 354 Rn. 18 ff.**: auch insoweit ist Zeitpunkt der Einbringung maßgebend, so dass dem Vermieterpfandrecht des neuen Vermieters gleichfalls der Vorrang gegenüber der Sicherungsübereignung gebührt.

30 BGHZ 35, 85, 87; BGHZ 117, 200, 205; *Medicus/Petersen* Rn. 484.

31 Staudinger/*Emmerich* § 562 Rn. 15b; Jauernig/*Kern* § 562 Rn. 3; Grüneberg/*Weidenkaff* § 562 Rn. 9.

32 So im Ergebnis auch BGHZ 117, 200, 205 ff.

218 Nur ergänzend sei darauf hingewiesen, dass das Pfandrecht des V erlischt, wenn der Lieferant wegen Zahlungsverzugs vom Kaufvertrag mit M zurücktritt (Rn. 244). Das Vermieterpfandrecht ist also von höchst zweifelhaftem Wert. Immerhin kann V unter den Voraussetzungen des § 267 die noch offenen Kaufpreisraten leisten und dadurch das Erstarken des Anwartschaftsrechts zum Vollrecht herbeiführen. Sein Pfandrecht setzt sich in diesem Fall entsprechend § 1287 S. 1 an dem Eigentum fort[33]. Vom BGH noch nicht entschieden ist, ob dem Vermieterpfandrecht auch dann der Vorrang gebührt, wenn die Sicherungsübereignung des Warenlagers zeitlich vor dessen Einbringung in einen gemieteten Lagerraum erfolgt[34]. Auch in diesem Fall verhält es sich allerdings so, dass Eigentum und Anwartschaftsrecht an Sachen, die erst nach erfolgter Sicherungsübereignung geliefert werden, von dem Mieter im Wege des Durchgangserwerbs erworben werden und somit nur belastet mit dem Vermieterpfandrecht auf den Sicherungsnehmer übergehen können.

III. Übersicherung

1. Anfängliche Übersicherung

219 Sicherungsvertrag und Sicherungsübereignung können wegen **Knebelung des Sicherungsgebers** oder wegen **Gläubigergefährdung** sittenwidrig sein[35]. Nur eine besondere Ausprägung dieser beiden Sittenwidrigkeitstatbestände ist die anfängliche Übersicherung. Bei ihr geht es darum, dass zwischen dem Wert der Sicherheit und dem Sicherungsinteresse des Sicherungsnehmers ein **sittlich anstößiges Missverhältnis** besteht. Die Folge ist nicht nur, dass der Sicherungsgeber, da er nunmehr die sicherungsübereigneten Gegenstände nicht mehr anderweitig als Kreditsicherheit einsetzen kann, in seiner **wirtschaftlichen Bewegungsfreiheit** eingeschränkt wird. Vielmehr werden auch die anderen Gläubiger des Sicherungsgebers in ihren berechtigten Interessen beeinträchtigt; denn ihnen wird die Möglichkeit des Zugriffs auf das Vermögen ihres Schuldners genommen, ohne dass dem ein – im Sicherungsbedürfnis zum Ausdruck kommendes – berechtigtes Interesse des Sicherungsnehmers gegenübersteht. Die anfängliche Übersicherung hat deshalb die **Unwirksamkeit der Sicherungsübereignung** nach § 138 Abs. 1 zur Folge, so dass der Sicherungsnehmer ohne dingliche Sicherheit dasteht[36]. Schon mit Rücksicht auf diese weitreichenden Rechtsfolgen stellt allerdings der BGH zu Recht hohe Anforderungen an das Vorliegen eines anstößigen Missverhältnisses; das Vorliegen der in Rn. 222 darzustellenden Voraussetzungen eines Freigabeanspruchs des Sicherungsgebers bei nachträglichem Wegfall des Sicherungsinteresses genügt nicht[37]. Da sich das Vorliegen einer Übersicherung nur unter Berücksichtigung des konkreten Sicherungsinteresses und des Wertes der im Einzelfall übereigneten Sachen ermitteln lässt, liegen überdies keine AGB vor, so dass insoweit auch eine bereits im Vorfeld des § 138 Abs. 1 eingreifende Inhaltskontrolle nach § 307 ausscheidet[38].

33 Vgl. für die Pfändung *Baur/Stürner* § 59 Rn. 41.

34 Ausdrücklich offengelassen von BGHZ 117, 200, 207.

35 Für eine Zusammenfassung der Rechtsprechungsgrundsätze s. BGH NZG 2016, 796 Rn. 38 ff.; näher dazu sowie zur Anfechtung nach dem AnfG und den §§ 129 ff. InsO *Baur/Stürner* § 57 Rn. 17, 35 f.

36 BGHZ 137, 212, 223; BGH NJW 1998, 2047; BGH NZG 2016, 796 Rn. 35 ff.; OLG Hamm WM 2002, 451, 453 f.; aA wohl MünchKomm/*Oechsler* Anh. §§ 929-936 Rn. 33.

37 Vgl. insbesondere BGH NJW 1998, 2047; näher *Ganter* WM 2001, 1 ff.; *Nobbe*, Festschrift für Schimansky, 2000, S. 433 ff.; *Lwowski*, ebenda, S. 389 ff.

38 Im Rahmen der Inhaltskontrolle nach § 307 wären zudem die Interessen der sonstigen Gläubiger nach hM nur mittelbar, nämlich über das Interesse des Sicherungsgebers an wirtschaftlicher Bewegungsfreiheit, zu berücksichtigen, s. Rn. 195.

2. Nachträgliche Übersicherung

Insbesondere im Zusammenhang mit der Sicherungsübereignung von Warenlagern stellt sich das Problem, dass der Wert der sicherungsübereigneten Gegenstände infolge der Einbeziehung auch künftig zu erwerbender Sachen zumindest konstant bleibt, während das Sicherungsinteresse des Sicherungsnehmers, bedingt durch Tilgungsleistungen des Schuldners, tendenziell abnimmt. Nach der früheren Rechtsprechung oblag es dem Sicherungsnehmer, der Gefahr einer nachträglichen Übersicherung durch Aufnahme einer sogenannten **qualifizierten Freigabeklausel** in den Sicherungsvertrag zu begegnen. Der Sicherungsvertrag musste also dem Sicherungsgeber einen in seinen Voraussetzungen klar formulierten und zudem inhaltlich angemessenen Anspruch auf „Freigabe" (also auf Rückübereignung des Sicherungsgutes) einräumen; fehlte es daran, so sollte die Sicherungsübereignung als solche (!) nach § 9 AGBG a.F. (= § 307), § 138 Abs. 1 unwirksam sein[39]. **220**

Mit Beschluss vom 27.11.1997 hat der **Große Senat für Zivilsachen** dieser seinerzeit zunehmend bekämpften Rechtsprechung ein Ende bereitet[40]. Der Große Senat entnimmt dem Treuhandcharakter der Sicherungsübereignung, dass der Sicherungsgeber mit Wegfall des Sicherungsinteresses des Sicherungsnehmers unabhängig von einer entsprechenden ausdrücklichen Vereinbarung einen ermessensunabhängigen Anspruch auf Rückübereignung des Sicherungsgutes hat: „Aus der Treuhandnatur des Sicherungsvertrags ergibt sich – abgesehen vom Fall auflösend bedingter Sicherungsübertragungen – die Pflicht des Sicherungsnehmers, die Sicherheit schon vor Beendigung des Vertrags zurückzugewähren, wenn und soweit sie endgültig nicht mehr benötigt wird. Diese Pflicht folgt gemäß § 157 BGB aus dem **fiduziarischen Charakter** der Sicherungsabrede sowie der Interessenlage der Vertragsparteien (...). Soweit Sicherheiten nicht nur vorübergehend nicht mehr benötigt werden, also eine endgültige Übersicherung vorliegt, ist ihr weiteres Verbleiben beim Sicherungsnehmer ungerechtfertigt."[41] An diesem aus dem Treuhandcharakter folgenden Freigabeanspruch des Sicherungsgebers müssen sich zwar entsprechende Bestimmungen in Sicherungsvereinbarungen messen lassen; eine formularmäßige Beschränkung des vertraglichen Freigabeanspruchs ist mithin unangemessen im Sinne des § 307 Abs. 2 Nr. 2 und somit unwirksam. Indes führt die Unwirksamkeit der vertraglichen Freigaberegelung **nicht zur Gesamtnichtigkeit** der Sicherungsübereignung: „An die Stelle der unwirksamen Freigabeklausel tritt vielmehr auch bei revolvierenden Globalsicherheiten der ermessensunabhängige Freigabeanspruch des Sicherungsgebers."[42] Angesichts dessen kann die Kreditpraxis künftig auf die Aufnahme von Freigabeklauseln getrost verzichten, hat doch der Sicherungsgeber ohnehin den – durch AGB nicht abdingbaren – vertraglichen Freigabeanspruch. Nicht zu verkennen ist freilich, dass sich mit dieser Rechtsprechung die Einladung an unseriöse Kreditgeber verbindet, eine Einschränkung oder Abbedingung des Freigabeanspruchs zu versuchen; denn ihnen droht allenfalls die Unwirksamkeit der Freigabeklausel, nicht aber die Gesamtnichtigkeit der Sicherungsübereignung. **221**

39 **BGHZ 124, 371, 376 ff.** mit umfassenden Nachw.

40 **BGHZ 137, 212, 214 ff.** mit Überblick über die – zum Teil divergierende – Rechtsprechung der einzelnen Senate des BGH; eingehend zum Ganzen *Nobbe*, Festschrift für Schimansky, 1999, S. 433, 439 ff.; *Baur/Stürner* § 57 Rn. 24 ff.; *Vieweg/Lorz* § 12 Rn. 27; *Reinicke/Tiedtke* Rn. 737 ff.; *Bülow* Rn. 1218 ff.; MünchKomm/*Oechsler* Anh. §§ 929-936 Rn. 30 ff.; vor Erlass des Beschlusses insbesondere *Canaris* ZIP 1996, 1577 ff.; *Pfeiffer* ZIP 1997, 49 ff.; *M. Schwab* WM 1997, 1883 ff.

41 BGHZ 137, 212, 219 (Hervorhebung nicht im Original).

42 BGHZ 137, 212, 221; s. ferner BGHZ 138, 367, 370 f. betreffend die Globalzession.

222 Was die **Konkretisierung** des vertraglichen Freigabeanspruchs betrifft, so hat sich der Große Senat mit guten Gründen für eine abstrakt-generelle Festlegung der sogenannten **Deckungsgrenze**, also des Betrages, bis zu dem die gesicherte Forderung durch den Wert der Sicherheiten gedeckt sein darf, entschieden. Diese Deckungsgrenze beläuft sich nach Ansicht des BGH auf 110 % der gesicherten Forderung. Damit ist freilich noch nicht entschieden, worauf diese Deckungsgrenze zu beziehen ist. In Betracht kommen der Schätzwert der übereigneten Gegenstände[43] und ein – wie auch immer zu bestimmender – realisierbarer Wert dieser Gegenstände. Der Schätzwert, also der Verkehrswert, den die Waren im Zeitpunkt der Sicherungsübereignung haben, lässt sich freilich im Falle einer Verwertung des Sicherungsgutes kaum erzielen; davon geht auch die Vorschrift des § 237 aus[44]. Der BGH hat sich deshalb zu Recht für die Maßgeblichkeit des **realisierbaren Wertes** ausgesprochen und diesen in entsprechender Anwendung des § 237 auf zwei Drittel des Schätzwertes festgelegt. Daraus ergibt sich wiederum, dass die Deckungsgrenze von 110 % erreicht ist (der Freigabeanspruch also entsteht), wenn sich der Schätzwert der übereigneten Waren[45] auf mehr als 150 % des Betrags der gesicherten Forderung beläuft.

IV. Die Sicherungsübereignung in Zwangsvollstreckung und Insolvenz

1. Stellung des Sicherungsnehmers

223 Die Sicherungsübereignung als „latentes" Sicherungsrecht (Rn. 206) muss sich vor allem bei Insolvenz des Sicherungsgebers bewähren. Der Stellung des Sicherungsnehmers als Eigentümer würde es entsprechen, könnte dieser die Aussonderung des Sicherungsgutes nach § 47 InsO verlangen. Da der Sicherungsübereignung jedoch nur die **Funktion eines besitzlosen Pfandrechts** zukommt, bestimmt § 51 Nr. 1 InsO, dass der Sicherungsnehmer – nicht anders als ein Pfandgläubiger (§ 50 InsO) – nur zur **abgesonderten Befriedigung** aus dem übereigneten Gegenstand berechtigt sein soll[46].

224 Anders verhält es sich im Fall der Einzelvollstreckung: Pfändet ein anderer Gläubiger des Sicherungsgebers die sicherungsübereignete Sache, was im Hinblick auf den fortbestehenden Gewahrsam des Sicherungsgebers durchaus vorkommt (§ 809 ZPO), so kann der Sicherungsnehmer sein Sicherungseigentum im Wege der **Drittwiderspruchsklage nach § 771 ZPO** geltend machen[47]. Die Zwangsvollstreckung in das Sicherungsgut wird daraufhin für unzulässig erklärt. Der Sicherungsnehmer wird also nicht auf die Klage auf vorzugsweise Befriedigung gemäß § 805 ZPO verwiesen. Er kann vielmehr der Pfändung widersprechen und mit Eintritt des Sicherungsfalles die Verwertung des Sicherungsgutes nach Maßgabe der Sicherungsvereinbarung betreiben.

---

43 Ihm entspricht im Fall der Sicherungszession der Nennwert der abgetretenen Forderung.

44 Speziell dazu *Liebelt-Westphal* ZIP 1997, 230 ff.

45 Zur Sicherungszession s. Fn. 43.

46 Wegen der Einzelheiten s. *Häsemeyer* Insolvenzrecht, 4. Aufl., 2007, Rn. 11.9, 13.48 f.; beachte **BGH ZIP 2005, 1651**: Kein Absonderungsrecht der in einen Sicherheitenpool einbezogenen Gläubiger, für die der „Poolführer" die Sicherheiten treuhänderisch hält (Globalzession); s. ferner **OLG Karlsruhe ZIP 2005, 1248**: Anfechtbarkeit des Forderungserwerbs nach § 131 Abs. 1 InsO, wenn eine im Rahmen einer Globalzession sicherungshalber abgetretene Forderung in den letzten drei Monaten vor Antrag auf Eröffnung des Insolvenzverfahrens entsteht; dazu *Jacobi* ZIP 2006, 2351 ff.

47 BGHZ 12, 232, 234; BGHZ 118, 201, 206 f.; aA Anders/Gehle/*Hunke* § 771 Rn. 25.

2. Stellung des Sicherungsgebers

225 Bei Insolvenz des Sicherungsnehmers ist der Sicherungsgeber nach ständiger Rechtsprechung zur **Aussonderung nach § 47 InsO Zug um Zug gegen Tilgung** der gesicherten Forderung berechtigt[48]. Die treuhänderische Bindung des Sicherungsnehmers schlägt danach also auf die dingliche Ebene durch. Ist nämlich der Sicherungszweck infolge der Tilgung der gesicherten Forderung in Wegfall geraten, so ist in der Tat nicht einzusehen, weshalb das Sicherungseigentum den Gläubigern des Sicherungsnehmers zugute kommen sollte; denn auch ein Pfandrecht des Sicherungsnehmers würde ja mit Wegfall des Sicherungszwecks erlöschen (Rn. 186). Zu bedenken ist allerdings, dass sich die Frage eines Aussonderungsrechts nur in dem eher untypischen Fall stellt, dass der Sicherungsnehmer unmittelbarer Besitzer der Sache ist. Verhält es sich dagegen so, dass die Sache im unmittelbaren Besitz des Sicherungsgebers steht, so ist es Aufgabe des Insolvenzverwalters, die Forderung des Sicherungsnehmers einzutreiben. Die Herausgabe des Sicherungsgutes zum Zwecke seiner Verwertung zugunsten der Masse kann der Insolvenzverwalter dagegen nur nach Maßgabe des Sicherungsvertrags und damit erst mit Eintritt des Sicherungsfalls verlangen.

226 Auch die Frage, ob der Sicherungsgeber der **Pfändung** der sicherungsübereigneten Sache durch Gläubiger des Sicherungsnehmers nach § 771 ZPO widersprechen kann, stellt sich nur für den Fall, dass sich die Sache im Gewahrsam des Sicherungsnehmers befindet. Andernfalls scheitert die Pfändung bereits an § 809 ZPO und der Tatsache, dass der Sicherungsgeber zur Herausgabe der Sache nicht bereit sein wird. Sollte sich die Sache freilich ausnahmsweise im Gewahrsam des Sicherungsnehmers befinden, so kann der Sicherungsgeber auch schon vor vollständiger Erfüllung der gesicherten Forderung **Drittwiderspruchsklage** nach § 771 ZPO erheben[49]. Die Erhebung der Widerspruchsklage ist freilich ausgeschlossen, wenn im Verhältnis zwischen Sicherungsgeber und -nehmer der Sicherungsfall eingetreten ist; in diesem Fall sind auch die Gläubiger des Sicherungsnehmers zum Zugriff auf die Sache berechtigt.

V. Freigabe und Verwertung des Sicherungsgutes

1. Freigabe

227 Hat sich der Sicherungszweck ganz oder teilweise erledigt, ist der Sicherungsnehmer aufgrund des Sicherungsvertrags zur „Freigabe", d.h. zur **Rückübereignung** des Sicherungsgutes an den Sicherungsgeber verpflichtet (Rn. 211, 221 f.). Die Rückübereignung erübrigt sich allerdings bei **auflösend bedingter Sicherungsübereignung**; gemäß § 158 Abs. 2 fällt in diesem Fall das Sicherungsgut mit Erlöschen der gesicherten Forderung an den Sicherungsgeber zurück (Rn. 210).

228 Bereits in Rn. 211 wurden die Schwächen der schuldrechtlichen Position des Sicherungsgebers aufgezeigt.

Einige weitere Komplikationen zeigen sich am Beispiel von **Fall 26**: S erwirbt im März 2023 eine Computeranlage. Den Kaufpreis kreditiert die B-Bank, der die Anlage auch von S zur Sicherheit übereignet wird. Die vorformulierten Sicherungsbedingungen bestimmen unter

48 RGZ 133, 84; BGH NJW 1954, 190, jew. zu § 43 KO.
49 **BGHZ 72, 141, 144 ff.**

Nr. 7: „Soweit die Bank die Gegenstände zur Sicherung ihrer Ansprüche nicht mehr benötigt, ist sie bereit, das Eigentum auf den Sicherungsgeber zu übertragen." Im Mai 2023 schließen S und K einen „Abtretungsvertrag", wonach S seine Rechte an der Computeranlage nebst allen Ansprüchen auf Rückgewähr der sicherungsübereigneten Anlage an K abtritt. Die Computeranlage bleibt allerdings in den Geschäftsräumen des S. Im Januar 2024 tilgt S seine Darlehensschuld gegenüber B. Kurz darauf lässt D die Anlage aufgrund eines gegen S gerichteten rechtskräftigen Urteils pfänden. Nach der Pfändung teilt die B dem S mit, dass sie die Computeranlage freigebe. K erhebt daraufhin Drittwiderspruchsklage gegen D und macht geltend, er sei aufgrund des Vertrages vom Mai 2023 Eigentümer der Computeranlage. Wird die Klage Erfolg haben?

Die Drittwiderspruchsklage des K hat Erfolg, wenn dem K ein **„die Veräußerung hinderndes Recht"** (Rn. 165) zusteht. Dies könnte das Eigentum an der Computeranlage sein. Fraglich ist, ob K bereits im Mai 2023 das Eigentum an der Anlage erworben hat. Dies wäre der Fall, wenn der Veräußerer S bereits zu diesem Zeitpunkt Eigentümer der Anlage gewesen wäre. Dem steht freilich entgegen, dass die Anlage im Sicherungseigentum der B stand und es erst im Jahre 2024 zur „Freigabe" derselben durch B gekommen ist. Zwar hält die in der Sicherungsvereinbarung enthaltene Freigabeklausel einer Inhaltskontrolle nach § 307 Abs. 2 Nr. 2 nicht stand; aus dem fiduziarischen Charakter der Sicherungsübereignung folgt vielmehr, dass der Sicherungsgeber mit Erledigung des Sicherungszwecks einen – durch AGB nicht abdingbaren – ermessensunabhängigen Anspruch auf Rückübereignung des Sicherungsgutes hat (Rn. 221). Indes lässt die Unwirksamkeit der Freigabeklausel die Sicherungsübereignung als solche unberührt; bis zur Erfüllung der Rückübereignungsverpflichtung bleibt also der Sicherungsnehmer Eigentümer des Sicherungsgutes (Rn. 221). Da in Ermangelung einer Übergabe der Anlage auch ein gutgläubiger Erwerb nach §§ 930, 933 nicht in Betracht kommt, konnte K im Mai 2023 zwar den gegen B gerichteten Anspruch auf Rückübereignung des Sicherungsgutes, nicht aber das Eigentum am Sicherungsgut erwerben.

Die Rechtslage könnte sich indes mit erfolgter Rückübereignung auf S geändert haben. Dadurch ist zunächst der auf K übergegangene Anspruch auf Übereignung erloschen; denn zwar hat B nicht an den gegenwärtigen Gläubiger K geleistet, doch kommt ihr insoweit die Vorschrift des § 407 zugute. Infolge des Erwerbs des Eigentums durch S ist zudem der Konvaleszenztatbestand des § 185 Abs. 2 S. 1, 2. Fall verwirklicht worden; die Übereignung S ./. K ist also mit Erwerb des Eigentums durch S mit **Wirkung ex nunc**[50] wirksam geworden. Freilich fällt das Eigentum, über das verfügt wird, mit Eintritt des Konvaleszenztatbestands für eine „juristische Sekunde" in das Vermögen des Verfügenden; es kommt also im Fall des § 185 Abs. 2 S. 1, 2. Fall zum **Durchgangserwerb**[51]. Da § 185 Abs. 2 S. 1, 2. Fall auch auf Zwangsverfügungen und damit insbesondere auf die Pfändung der – im Zeitpunkt der Pfändung noch schuldnerfremden – Sache Anwendung findet[52], bedeutet dies, dass mit Erwerb des Eigentums durch S auch die Pfändung durch D Wirksamkeit erlangt haben könnte. Was das Verhältnis zwischen miteinander kollidierenden Verfügungen des Erwerbers (hier also der Übereignung an K und der Pfändung durch D) betrifft, so wird allerdings nach dem **Prioritätsprinzip des § 185 Abs. 2 S. 2** nur die frühere Verfügung wirksam. Ein solcher Kollisionsfall ist insbesondere gegeben, wenn die Sache übereignet und erst danach verpfändet oder gepfändet wird. Im vorliegenden Zusammenhang ist deshalb nur die Übereignung von S an K wirksam gewor-

50 Grüneberg/*Ellenberger* § 185 Rn. 11 mit weit. Nachw.
51 BGHZ 20, 88, 101; Grüneberg/*Ellenberger* § 185 Rn. 11.
52 BGHZ 20, 88, 101.

den[53], so dass K unbelastetes Eigentum erworben hat und die Drittwiderspruchsklage begründet ist.

2. Verwertung

Mit Eintritt des Sicherungsfalls, regelmäßig also mit Zahlungsverzug des Schuldners, ist der Sicherungsnehmer berechtigt[54], das Sicherungsgut an sich zu nehmen und zu verwerten. Der Herausgabeanspruch ergibt sich aus der Sicherungsabrede und aus § 985; mit Eintritt des Sicherungsfalls erlischt das aus der Sicherungsabrede begründete Besitzrecht des Sicherungsgebers. Gibt der Sicherungsgeber das Sicherungsgut nicht freiwillig heraus, benötigt der Sicherungsnehmer einen Herausgabetitel. Die Verwertung der Sache erfolgt nach Maßgabe der in der Sicherungsabrede getroffenen Vereinbarung[55]. Fehlt es an einer Vereinbarung über die Art und Weise der Verwertung, können die Vorschriften über die Pfandverwertung entsprechend herangezogen werden[56]. Man wird sogar davon auszugehen haben, dass die §§ 1234 ff. gesetzliches Leitbild (im Sinne des § 307 Abs. 2 Nr. 1) einer jeden Pfandverwertung sind, so dass von ihnen zwar durch Individualvertrag[57], nicht aber durch AGB zum Nachteil des Sicherungsgebers abgewichen werden kann[58]. **229**

§ 12 Eigentumsvorbehalt

I. Grundlagen

1. Funktion des Eigentumsvorbehalts

Sieht sich der Käufer einer beweglichen[1] Sache zur sofortigen Zahlung des Kaufpreises außerstande, bietet sich den Parteien des Kaufvertrags die Möglichkeit des Eigentumsvorbehalts: Verkäufer und Käufer schließen einen unbedingten Kaufvertrag; die im Zuge der Erfüllung dieses Kaufvertrags vorzunehmende **dingliche Einigung** im Sinne des § 929 S. 1 erfolgt dagegen unter der **aufschiebenden Bedingung** der vollständigen Kaufpreiszahlung durch den Käufer. Die Vorteile dieser Lösung liegen auf der Hand. Der **230**

53 Eingehend Staudinger/*Klumpp* § 185 Rn. 90, 124 mit weit. Nachw., dort auch zum umgekehrten Fall (zunächst Verpfändung, dann Übereignung: kein Fall des § 185 Abs. 2 S. 2; die zweite Verfügung kann dem Erwerber jedoch nur mit dem Pfandrecht belastetes Eigentum verschaffen). Zur Geltung des Prioritätsgrundsatzes bei konkurrierenden richterlichen Verfügungsverboten s. BGH ZIP 2007, 1577. – Dem Vorrang der Übereignung an K steht auch nicht entgegen, dass die Pfändung der schuldnerfremden Sache zur Verstrickung derselben geführt hat; denn auch wenn man davon ausgehen wollte, dass die Verstrickung ein Veräußerungsverbot gemäß §§ 136, 135 begründet (umstritten, s. Staudinger/*Kohler* § 136 Rn. 29), könnte dieses doch nicht den Erwerb des Berechtigten (hier: S) und in der Folge das Eingreifen des § 185 Abs. 2 S. 1, 2. Fall hindern.

54 Der Sicherungsnehmer kann sich selbstverständlich auch einen Zahlungstitel verschaffen und daraufhin die Zwangsvollstreckung nach §§ 808 ff. ZPO betreiben; dabei kann er sogar in die ihm sicherungsübereignete Sache vollstrecken, s. *Furtner* MDR 1963, 445, ferner Rn. 252.

55 BGH BKR 2007, 72, 73; zu den Pflichten des Sicherungsnehmers („bestmögliche Verwertung") s. BGH NJW 2000, 352, 353 f.

56 BGHZ 124, 380, 391; s. dazu bereits Fn. 5.

57 S. für den unmittelbaren Anwendungsbereich der genannten Vorschriften § 1245.

58 Zur entsprechenden Anwendung des § 1229 s. bereits Fn. 5.

1 Bei unbeweglichen Sachen ist nach § 925 Abs. 2 ein Vorbehalt des Eigentums ausgeschlossen, s. Rn. 290.

Käufer kommt schon vor Aufbringung des Kaufpreises in den **Besitz der Sache** und kann diese nutzen; ein gewerblicher Käufer wird sogar bestrebt sein, die Kaufsache gewinnbringend einzusetzen, was wiederum im Interesse des Verkäufers an alsbaldiger Zahlung des Kaufpreises liegt. Zudem stellen §§ 158 Abs. 1, 161 sicher, dass der Käufer mit vollständiger Zahlung des Kaufpreises tatsächlich auch Eigentümer der Sache wird. Er ist nicht nur gegen Zwischenverfügungen des Verkäufers geschützt (Rn. 241 f.); ihm bleibt es vielmehr auch erspart, den Verkäufer auf Übereignung in Anspruch zu nehmen, so dass er ohne jedes Risiko den Kaufpreis erbringen kann. Der Eigentumsvorbehalt verwirklicht so gesehen das **Zug um Zug**-Prinzip des § 320[2].

231 Aber auch für den Verkäufer hat der Eigentumsvorbehalt eine Reihe von Vorteilen. Im Vordergrund steht die Möglichkeit, die Kaufsache als **Kreditsicherheit** einzusetzen und auf diesem Weg dem Käufer in Höhe des Kaufpreises Kredit zu gewähren, ohne dass dieser eine sonstige Sicherheit stellen müsste. Da der Verkäufer Inhaber des Vollrechts bleibt, kann er nicht nur der Pfändung der Kaufsache durch andere Gläubiger des Käufers widersprechen und in der Insolvenz des Käufers Aussonderung verlangen (Rn. 258 f.). Mit Zahlungsverzug des Käufers kann er vielmehr vom Kaufvertrag zurücktreten und Herausgabe der Kaufsache verlangen (s. noch Rn. 255 f.). Die Möglichkeit der Kreditierung des Kaufpreises erhöht nicht nur die Attraktivität des Angebots des Verkäufers. Es liegt vielmehr durchaus im Interesse des Verkäufers, den Besitz an der Kaufsache alsbald zu verlieren; dadurch werden nämlich die Kosten der Lagerhaltung reduziert und zudem **Konkretisierung** und **Übergang der Preisgefahr** auf den Käufer (§§ 446 S. 1, 447, aber auch § 474 Abs. 4, Abs. 5 S. 2) herbeigeführt. Überdies kann der Verkäufer nach wie vor sowohl über sein Eigentum als auch für die Kaufpreisforderung verfügen. Das vorbehaltene Eigentum geht zwar mit Bedingungseintritt auf den Käufer über, **fällt** aber **nicht unter § 401** und ist damit als solches und unabhängig von der Kaufpreisforderung möglicher Gegenstand von Verfügungen[3].

2. Der Inhalt des § 449 im Überblick

232 Der Eigentumsvorbehalt ist in § 449 geregelt[4]. Abs. 1 dieser Vorschrift enthält eine Vermutung, die immer dann zur Anwendung gelangt, wenn sich der Verkäufer einer beweglichen Sache „das Eigentum bis zur Zahlung des Kaufpreises vorbehalten" hat, die also an eine in der Praxis übliche Formulierung als Vermutungsbasis anknüpft und diese in die Sprache der Rechtsgeschäftslehre und des Sachenrechts „übersetzt". Danach steht die **dingliche Einigung im Sinne des § 929 S. 1** im Zweifel unter der aufschiebenden Bedingung vollständiger Kaufpreiszahlung, so dass die Rechtswirkungen der aufschiebend bedingten Übereignung nach § 158 Abs. 1 mit dem Eintritte der Bedingung, also mit vollständiger Zahlung des Kaufpreises, eintreten, ohne dass es – abgesehen von der bereits erfolgten Übergabe der Sache – noch eines zusätzlichen Aktes bedarf; dies und die in § 161 Abs. 1 bestimmte Unwirksamkeit von beeinträchtigenden Zwischenverfügungen wiederum befreien den Käufer von dem Risiko, den Kaufpreis zu erbringen, ohne Eigentümer der Sache zu werden (Rn. 230).

---

2 Dies zu Recht betonend *Lieb*, Festschrift für Baumgärtel, 2009, S. 311 ff.; dazu auch *Kieninger*, Festschrift für Canaris, 2017, S. 635, 642 ff.

3 BGH NJW 2008, 1803 Rn. 16; BGHZ 42, 53, 56.

4 Zur Rechtslage unter Geltung des § 455 a.F. s. Rn. 233 sowie näher in 4. Aufl. Rn. 232 ff.; eingehend zur Neuregelung des Eigentumsvorbehalts durch das Gesetz zur Modernisierung des Schuldrechts vom 26.11.2001 (BGBl. I, S. 3138) *Habersack/Schürnbrand* JuS 2002, 833 ff.

Infolge der aufschiebend bedingten Übereignung erwirbt der Vorbehaltskäufer ein Anwartschaftsrecht (Rn. 241 ff.), das allerdings vom Fortbestand des auf Erfüllung gerichteten Kaufvertrags abhängig ist (Rn. 244). Angesichts dieser Verzahnung zwischen schuldrechtlicher und dinglicher Ebene ist es auch aus sachenrechtlicher Sicht von Bedeutung, unter welchen Voraussetzungen der Verkäufer wegen Zahlungsverzugs des Käufers zurücktreten kann. Auszugehen ist insoweit von §§ 323 f. Hieran anknüpfend bestimmt § 449 Abs. 2, dass der Verkäufer auf Grund des Eigentumsvorbehalts die Sache nur herausverlangen kann, wenn er **vom Vertrag zurückgetreten** ist; dann, aber auch nur dann, hat der Verkäufer Anspruch auf Herausgabe nach §§ 346 Abs. 1, 985[5]. § 449 Abs. 3 schließlich erklärt eine Erweiterung des Eigentumsvorbehalts auf Forderungen Dritter und damit insbesondere den **Konzernvorbehalt** für nichtig (Rn. 235). **233**

3. Arten des Eigentumsvorbehalts

§ 449 Abs. 1 hat den **einfachen Eigentumsvorbehalt** im Auge, bei dem der Käufer im Besitz der Sache bleiben soll. Ein gewerblicher Käufer von Waren ist dagegen regelmäßig auf die Veräußerung oder Verarbeitung derselben angewiesen. Da durch den Eigentumsvorbehalt die gewerbliche Betätigung des Käufers nicht blockiert werden soll, vereinbaren Verkäufer und Käufer, dass Letzterer zur Veräußerung oder Verarbeitung der Ware berechtigt sein und eine **Ersatzsicherheit** – im Fall der Veräußerung die gegen den Erwerber gerichtete Kaufpreisforderung, im Fall der Verarbeitung das Eigentum an der neuen Ware – an die Stelle des verlorenen Vorbehaltseigentums treten soll. Der Eigentumsvorbehalt wird mithin **um ein Surrogat verlängert** (dazu im Einzelnen Rn. 262 ff.). **234**

Der **erweiterte Eigentumsvorbehalt** ist demgegenüber dadurch gekennzeichnet, dass das Vorbehaltseigentum als Sicherheit auch für sonstige Forderungen des Verkäufers gegen den Käufer oder diesem nahe stehende Personen eingesetzt wird. In der Praxis begegnet vor allem der sogenannte **„Kontokorrentvorbehalt“**, wonach das Eigentum erst mit vollständiger Erfüllung sämtlicher Forderungen des Verkäufers gegen den Käufer übergehen soll[6]. Der **Konzernvorbehalt**, durch den der Eigentumsvorbehalt auf die Forderungen eines mit dem Verkäufer verbundenen Unternehmens gegen den Käufer erstreckt und der Eigentumserwerb von der Erfüllung auch dieser Forderung abhängig gemacht wird, ist dagegen nach § 449 Abs. 3[7] nichtig; die Nichtigkeit beschränkt sich allerdings auf die Konzernklausel, so dass der Eigentumsvorbehalt als einfacher fortbesteht[8]. Von § 449 Abs. 3 nicht unmittelbar erfasst ist der umgekehrte Konzernvorbehalt, mithin der Fall, dass der Verkäufer den Eigentumsübergang von der Erfüllung solcher Forderungen abhängig macht, die nicht gegen den Käufer, sondern gegen Dritte, insbesondere gegen mit dem Käufer verbundene Unternehmen, gerichtet sind. Gute Gründe sprechen für die analoge Anwendung des § 449 Abs. 3; jedenfalls sollte es mit Blick auf die Wertung **235**

5 S. dazu noch Rn. 255 f. sowie näher *Habersack/Schürnbrand* JuS 2002, 833, 836 f.

6 Er ist im kaufmännischen Verkehr durchaus mit § 307 vereinbar, s. BGHZ 94, 105, 112; BGHZ 98, 303, 307. – Zur Frage, ob der erweiterte Eigentumsvorbehalt Treuhandcharakter hat und der Freigabeanspruch des Vorbehaltskäufers bei Übersicherung somit schon aus der treuhänderischen Bindung folgt (also vertragsimmanent ist), s. einerseits (bejahend) *Bülow* ZIP 2004, 2420 ff., *ders.*, Festschrift für Georgiades, 2006, S. 43 ff., andererseits (verneinend und für Anspruch aus § 242) *Berger* ZIP 2004, 1703 ff. (1079 f.).

7 Als § 455 Abs. 2 a.F. eingefügt durch Art. 33 Nr. 17 EGInsO vom 5.10.1994 (BGBl. I, S. 2911); zum Inkrafttreten am 1.1.1999 s. Art. 110 Abs. 1 EGInsO; näher dazu *Habersack/Schürnbrand* JuS 2002, 833, 837 ff.

8 Näher zu den Rechtsfolgen unwirksamer AGB, insbesondere zur „Teilbarkeit“ von Klauseln, U/B/H/*H. Schmidt*, § 306 Rn. 11 ff.; s. ferner Rn. 221.

des § 449 Abs. 3 ausgeschlossen sein, den umgekehrten Konzernvorbehalt durch AGB einzuführen[9].

236 Nur geringe praktische Bedeutung hat der sogenannte **weitergeleitete Eigentumsvorbehalt**[10]. Bei ihm soll der Eigentumsvorbehalt des Verkäufers auch von einer Weiterveräußerung durch den Käufer unberührt bleiben. Der Vorbehaltskäufer deckt deshalb den Eigentumsvorbehalt und damit zugleich seine Nichtberechtigung auf, so dass ein gutgläubiger Erwerb des Eigentums durch den Zweitkäufer ausgeschlossen ist. Dieser erwirbt vielmehr erst dann Eigentum, wenn der Vorbehaltskäufer durch Zahlung des Kaufpreises an den Vorbehaltsverkäufer die Bedingung herbeigeführt hat. Konstruktiv bieten sich zwei Wege an, nämlich zum einen die Übertragung des Anwartschaftsrechts des Vorbehaltskäufers auf den Zweiterwerber, das sodann in dessen Person zum Vollrecht erstarkt (Rn. 246 ff.), zum anderen die Verfügung des Vorbehaltskäufers als Nichtberechtigter, die gemäß § 185 Abs. 2 S. 1, 2. Fall mit Eintritt der Bedingung Wirksamkeit erlangt (Rn. 228). Gegebenenfalls kann die Weiterleitung des Eigentumsvorbehalts um einen zusätzlichen Eigentumsvorbehalt des Vorbehaltskäufers ergänzt werden, so dass der Zweitkäufer Eigentum erst erwirbt, wenn auch er die Bedingung herbeigeführt hat.

237 Der **nachgeschaltete Eigentumsvorbehalt** ist dagegen dadurch gekennzeichnet, dass der Vorbehaltskäufer die Vorbehaltsware seinerseits unter Eigentumsvorbehalt weiterveräußert, ohne den Eigentumsvorbehalt aufzudecken. Der Zweitkäufer erlangt dann das Volleigentum schon dadurch, dass er den Kaufpreis an den Vorbehaltskäufer zahlt. Vorausgesetzt ist dabei allerdings, dass der Zweitkäufer, der ja vom Nichteigentümer erwirbt, im Zeitpunkt der dinglichen Einigung (Rn. 245) gutgläubig war. Bei Bösgläubigkeit ist sein Eigentumserwerb dagegen davon abhängig, dass der Vorbehaltskäufer seinerseits die Bedingung herbeiführt und dadurch die Verfügung nach § 185 Abs. 2 S. 1, 2. Fall Wirksamkeit erlangt (Rn. 236).

II. Die Vereinbarung des Eigentumsvorbehalts

1. Grundsatz

238 Der Eigentumsvorbehalt entfaltet im Allgemeinen sowohl schuldrechtliche als auch sachenrechtliche Rechtsfolgen. Er muss deshalb regelmäßig sowohl in den Kaufvertrag als auch in die dingliche Einigung Eingang finden. Was zunächst die **schuldrechtliche Ebene** betrifft, so modifiziert die Vereinbarung des Eigentumsvorbehalts die **Hauptleistungspflicht des Verkäufers**: Dieser schuldet nun, abweichend von § 433 Abs. 1 S. 1, nicht unbedingte, sondern nur noch **bedingte Übereignung**. Damit geht freilich keine Verschiebung des Synallagmas zu Lasten des Vorbehaltskäufers einher; denn auch er wird von der Pflicht zur sofortigen Erbringung der Hauptleistung, d.h. der Zahlung des vollständigen Kaufpreises, befreit. Aus dem Trennungs- und Abstraktionsprinzip (Rn. 27 ff.) folgt allerdings, dass die **dingliche Seite** des Eigentumsvorbehalts unabhängig von der schuldrechtlichen Seite zu beurteilen ist. Auch wenn also der Verkäufer nach dem Inhalt des Kaufvertrags zur unbedingten Übereignung verpflichtet ist, bleibt es den Parteien unbenommen, die dingliche Einigung unter eine aufschiebende Bedingung zu stellen (Rn. 239).

9 Näher *Habersack/Schürnbrand* JuS 2002, 833, 838 f. mit weit. Nachw. zum Streitstand.
10 RGZ 133, 40, 41; *Vieweg/Lorz* § 11 Rn. 32; Staudinger/*Beckmann* § 449 Rn. 156.

2. Der „nachträgliche" Eigentumsvorbehalt im Besonderen

Die in Rn. 238 angesprochene Problematik eines kaufvertragswidrigen Eigentumsvorbehalts sei am Beispiel von **Fall 27** erläutert: V und K verhandeln schriftlich über den Verkauf einer Druckmaschine. Dabei weist V im Rahmen seines abschließenden Angebots auf seine Verkaufsbedingungen hin, die unter anderem bestimmen, dass die von V gelieferten Maschinen bis zur vollständigen Zahlung des Kaufpreises im Eigentum des V stehen. K nimmt das Angebot an, weist aber auf seine Einkaufsbedingungen hin, die eine sogenannte Abwehrklausel enthalten, wonach Verkaufsbedingungen nicht anerkannt werden. Kurze Zeit nach Erhalt der Annahmeerklärung des K liefert V die Maschine aus; auf dem Lieferschein wird ausdrücklich und deutlich sichtbar darauf hingewiesen, dass die Lieferung unter Eigentumsvorbehalt erfolgt. K wird noch vor vollständiger Zahlung des Kaufpreises insolvent. Kann V die Druckmaschine aussondern? **239**

Nach **§ 47 S. 2 InsO** bestimmt sich der **Anspruch auf Aussonderung** eines Gegenstands, der nicht zur Insolvenzmasse gehört, nach den allgemeinen Vorschriften. Dem Verkäufer, der bei Insolvenz des Käufers die Aussonderung der unter Eigentumsvorbehalt gelieferten Sache begehrt, obliegt es deshalb, seinen **Herausgabeanspruch aus § 985** nach allgemeinen Grundsätzen geltend zu machen[11], wobei allerdings nach hM die Klage **gegen den Insolvenzverwalter als „Partei kraft Amtes"** zu richten ist[12]. Zu prüfen ist somit, ob V Eigentümer der Druckmaschine ist. V könnte sein Eigentum durch Übereignung nach § 929 S. 1 an K verloren haben. In Betracht kommt jedoch auch eine nur aufschiebend bedingte Einigung; in diesem Fall wäre V, da er den Kaufpreis noch nicht erhalten hat und somit die Bedingung noch nicht eingetreten ist, noch Eigentümer. Über den Inhalt der dinglichen Einigung könnte der Kaufvertrag Aufschluss geben, der ungeachtet des § 150 Abs. 2 und des zwischen V und K bestehenden Dissenses hinsichtlich der Geltung von AGB wirksam ist[13]. Danach war V zur unbedingten Übereignung verpflichtet. Indes ist es nach dem Trennungs- und Abstraktionsprinzip (Rn. 27 ff.) ohne weiteres möglich, dass der Inhalt der dinglichen Einigung von dem Inhalt der Verpflichtung abweicht; die dingliche Einigung ist mit anderen Worten selbständig auf ihren Erklärungsgehalt hin zu untersuchen. Typischerweise entspricht es zwar dem Willen der Parteien, die Übereignung in Übereinstimmung mit dem schuldrechtlichen Geschäft zu vollziehen. K war es allerdings bekannt, dass V nur auf der Grundlage seiner Verkaufsbedingungen abschließen und somit lediglich unter Eigentumsvorbehalt liefern wollte; zudem hat V im Zusammenhang mit der Lieferung ausdrücklich auf den Vorbehalt des Eigentums hingewiesen. Aus Sicht des Empfängers der Einigungserklärung des V musste diese somit im Sinne eines Antrags auf aufschiebend bedingte Übereignung ausgelegt werden. K hätte zwar dieses Angebot zurückweisen und auf unbedingter Übereignung bestehen können. Durch die kommentarlose Entgegennahme der Maschine hat er jedoch den Antrag des V angenommen und somit nur aufschiebend bedingtes Eigentum erworben[14]. Somit liegen die Voraussetzungen des § 985 vor. Aufgrund des Verzugs des K kann V auch vom Kaufvertrag zurücktreten und dadurch das Recht des K zum Besitz der Sache in Wegfall bringen.

Kommt es, wie in Fall 27, unter Abweichung von dem ursprünglichen Inhalt des Kaufvertrags zur aufschiebend bedingten Übereignung, so kann darin auch eine **stillschwei-** **240**

---

11 Zur Aussonderungsbefugnis des Vorbehaltsverkäufers s. noch Rn. 258.

12 Vgl. etwa BGHZ 88, 331, 334 mit weit. Nachw.

13 Zur Unanwendbarkeit des § 150 Abs. 2 sowie zur Umkehrung der Auslegungsregel des § 154 Abs. 1 S. 1 für den Fall kollidierender AGB s. U/B/H/*Habersack*, § 305 Rn. 182 ff. mit weit. Nachw.

14 BGH NJW 1988, 1774, 1776; BGH NJW 1982, 1749; U/B/H/*Habersack*, § 305 Rn. 195 ff.

gende Abänderung des Kaufvertrags liegen[15]. Die Folge ist, dass die nur aufschiebend bedingte Übereignung nunmehr auch vertragsgemäß ist, der Käufer also keinen Anspruch auf unbedingte Übereignung hat. Berücksichtigt man, dass der Eigentumsvorbehalt dem Gedanken des Synallagmas Geltung verschafft (Rn. 238) und damit einem berechtigten Interesse des Verkäufers Rechnung trägt, so sollte eine entsprechende stillschweigende Änderung des Kaufvertrags im Zweifel anzunehmen sein. Die Möglichkeit eines „nachträglichen" Eigentumsvorbehalts kann im Übrigen auch dann noch ausgenutzt werden, wenn sich Verkäufer und Käufer bereits vor erfolgter Übergabe unbedingt geeinigt haben. Da nämlich die Einigungserklärung bis zur Übergabe widerrufen werden kann (Rn. 25), kann der bei Lieferung erklärte Antrag auf aufschiebend bedingte Einigung einen solchen Widerruf enthalten. Mit vorbehaltsloser Annahme dieses Antrags seitens des Käufers wäre dann die unbedingte Einigung durch eine aufschiebend bedingte Einigung ersetzt.

III. Das Anwartschaftsrecht des Vorbehaltskäufers

1. Grundlage, Rechtsnatur und Schutz des Anwartschaftsrechts

241 Infolge der aufschiebend bedingten Übereignung genießt der Vorbehaltskäufer den **Schutz des § 161 Abs. 1**, wonach jede Zwischenverfügung des Verkäufers im Falle des Eintritts der Bedingung insoweit unwirksam ist, als sie die von der Bedingung abhängige Wirkung vereiteln oder beeinträchtigen würde. Da im Fall des Eigentumsvorbehalts die von der Bedingung abhängige Wirkung in dem Erwerb des Eigentums durch den Käufer besteht, bedeutet dies, dass nicht nur die anderweitige Übertragung des Eigentums, sondern auch jede Belastung und sonstige Verfügung als beeinträchtigende Verfügung anzusehen und damit im Fall des Bedingungseintritts **absolut unwirksam**[16] ist. Die mit der bedingten Verfügung einhergehende Beschränkung der Verfügungsmacht des Verkäufers garantiert also dem Vorbehaltskäufer mit Zahlung des gesamten Kaufpreises den Erwerb des unbelasteten Eigentums. Zwar finden nach § 161 Abs. 3 die Vorschriften über den Erwerb vom Nichtberechtigten entsprechende[17] Anwendung; da jedoch der Käufer in der Regel unmittelbarer Besitzer ist, hat er auch unter Berücksichtigung des § 161 Abs. 3 beeinträchtigende Zwischenverfügungen des Verkäufers nicht zu befürchten.

242 Die Funktionsweise des § 161 sei am Beispiel von **Fall 28** dargestellt: V veräußert an K eine Skulptur unter Eigentumsvorbehalt. Das Kunstwerk wird sogleich dem K übergeben. Noch vor Zahlung der letzten Rate veräußert V die Skulptur an D; D geht davon aus, dass V die Skulptur dem K nur geliehen habe. Kann D von K Herausgabe verlangen, obschon K zwischenzeitlich die letzte Rate an V gezahlt hat?

Ein **Anspruch auf Herausgabe** könnte sich aus **§ 985** ergeben. Da die Übereignung von V an D vor Eintritt der Bedingung vorgenommen wurde, hat D Eigentum vom Berechtigten erworben, und zwar nach §§ 929, 931. Mit Eintritt der Bedingung könnte allerdings die Übereignung V ./. D nach § 161 Abs. 1 unwirksam geworden sein. Die Voraussetzun-

15 Nach Jauernig/*Berger* § 929 Rn. 34 soll eine entsprechende Änderung stets vorliegen; einschränkend aber *Braun* BB 1978, 22, 26.

16 Statt aller Jauernig/*Mansel* §§ 160, 161 Rn. 3; zur davon abweichenden Rechtslage bei der Vormerkung s. Rn. 340.

17 Eine direkte Anwendung ist ausgeschlossen, weil der Verkäufer bis zum Eintritt der Bedingung Eigentümer ist, s. Rn. 140 f.

gen des § 161 Abs. 1 liegen auch vor; denn die Verfügung zugunsten des D kollidiert mit der Verfügung zugunsten des K und würde somit im Fall ihrer Wirksamkeit den Eigentumserwerb durch K vereiteln. Allerdings kann nach § 161 Abs. 3 die Beschränkung der Verfügungsbefugnis des V in entsprechender Anwendung der §§ 932 ff. überspielt werden. Geht man davon aus, dass V bis zum Eintritt der Bedingung mittelbarer Besitzer war (Rn. 164), so liegen denn auch die Voraussetzungen des § 934 Fall 1 vor. Indes hat K infolge der aufschiebend bedingten Übereignung ein Anwartschaftsrecht erlangt. Dieses Recht aber erlischt nach § 936 Abs. 3 im Fall einer Übereignung nach § 931 auch einem gutgläubigen Erwerber gegenüber nicht. Mit Eintritt der Bedingung[18] hat D somit sein Eigentum verloren, so dass ihm ein Anspruch aus § 985 nicht zusteht.

Dem kritischen Leser der Ausführungen zu Fall 28 wird aufgefallen sein, dass mit der **243**
Anerkennung eines Anwartschaftsrechts als Recht an der Sache im Sinne des § 936 die Stellung des K möglicherweise über die Vorgaben des § 161 hinaus ausgeweitet worden ist. In der Tat haben Rechtsprechung und Schrifttum den Schutz des unter einer Bedingung Erwerbenden, der nach den §§ 161 f. nur gegen ein den Erwerb des Vollrechts vereitelndes Verhalten des Veräußerers vorgesehen ist, in dem Sinne fortentwickelt, dass dem Erwerber auch schon vor Eintritt der Bedingung ein dingliches Recht an der Sache, eben ein Anwartschaftsrecht zusteht[19]. Dieses Anwartschaftsrecht ist Vorwirkung des Vollrechts und teilt dessen Rechtsnatur; es ist „im Vergleich zum Eigentum kein aliud, sondern ein **wesensgleiches Minus**"[20]. Bereits in Rn. 54 ff. haben wir gesehen, dass die Anerkennung des Anwartschaftsrechts zu einer **Verdoppelung der Rechtszuständigkeit** und der daran anknüpfenden Schutzinstrumentarien geführt hat. Im Verhältnis zwischen Verkäufer und Käufer sind die Eigentümerbefugnisse zwar, wie bei anderen Sicherungsrechten auch, in dem Sinne aufgeteilt, dass der Verkäufer die Verwertungsbefugnis behält, während dem Käufer die Nutzungsbefugnis zugewiesen ist. Im Verhältnis zu Dritten hat die Anerkennung des Anwartschaftsrechts jedoch zur Folge, dass Verkäufer und Käufer als dinglich Berechtigte erscheinen und der Käufer zudem den Erwerb des Vollrechts anstrebt; dadurch unterscheidet sich die Rechtslage von derjenigen bei einer Belastung des Eigentums mit einem Pfandrecht oder Nießbrauch, was nicht nur zu besonderen Schwierigkeiten im Zusammenhang mit der Bestimmung des Inhalts von Schadensersatzansprüchen führt[21], sondern etwa auch zur Folge hat, dass sowohl Verkäufer als auch Käufer die Drittwiderspruchsklage nach § 771 ZPO haben und somit einen Zugriff auf die Sache im Wege der Pfändung abwehren können (Rn. 259, 261). Ungeachtet der angedeuteten Schwierigkeiten entspricht freilich der Schutz des Anwartschaftsrechts nach heute hM weitgehend dem Schutz des Eigentums. Das Anwartschaftsrecht ist also **„sonstiges Recht"** im Sinne des § 823 Abs. 1[22]. Der Vorbehaltskäufer kann darüber hi-

18 Zur Rechtslage vor Eintritt der Bedingung s. Rn. 245.

19 S. dazu bereits Rn. 54 f. mit Nachw.; ferner allgemein BGHZ 125, 334, 338 f.; s. ferner *Medicus/Petersen* Rn. 487 mit zutr. Hinweis, dass zunächst bei den gesetzlich geregelten Schutzmechanismen (§§ 161, 162) anzusetzen ist und diese gegebenenfalls behutsam fortzuentwickeln sind; vgl. ferner *Lux* Jura 2004, 145 ff.; *Zeranski* AcP 203 (2003), 693 ff.; gegen die Anerkennung eines Anwartschaftsrechts des Vorbehaltskäufers *Mülbert* AcP 202 (2002), 912, 934 ff.

20 BGHZ 28, 16, 21; BGHZ 35, 85, 89.

21 Näher dazu *Baur/Stürner* § 59 Rn. 45, die zu Recht die analoge Anwendung des § 432 befürworten.

22 Dazu **BGHZ 55, 20, 24 ff.**; im Zusammenhang mit §§ 823 Abs. 2, 909 s. ferner BGHZ 114, 161; allgemein *Selb* JZ 1991, 1087. – Zur Vermeidung von Missverständnissen: Auch beschränkte dingliche Rechte genießen Schutz nach § 823 Abs. 1, s. Rn. 57 ff., ferner Jauernig/*Kern* § 823 Rn. 17; nur ist bei ihnen die Aufteilung der Befugnisse gesetzlich geregelt und zudem statisch, so dass auch die Aufteilung und Zuweisung von Schäden unproblematisch ist.

naus von dem nichtberechtigten Besitzer Herausgabe nach § 985 verlangen[23]; zudem hat er die Rechte aus § 1004. Demgemäß ist er auch gegen den Zugriff von Gläubigern des Verkäufers geschützt (Rn. 260 f.). Vor allem verschafft ihm das Anwartschaftsrecht ein **dingliches Recht zum Besitz**, wie im Zusammenhang mit Fall 29 (Rn. 245) zu zeigen sein wird.

2. Abhängigkeit des Anwartschaftsrechts von der Möglichkeit des Bedingungseintritts

244 Ungeachtet des weitreichenden Schutzes, den das Anwartschaftsrecht erfährt, ist allerdings zu berücksichtigen, dass Existenz und Schutz dieses Rechts von der Möglichkeit des Bedingungseintritts und damit vom **Fortbestand des auf Erfüllung gerichteten Kaufvertrags** abhängig sind[24]. Tritt also der Verkäufer wegen Zahlungsverzugs des Käufers vom Kaufvertrag zurück, so hat dies nicht nur zur Folge, dass die Bedingung nicht mehr eintreten kann; infolge des Ausfalls der Bedingung erlischt vielmehr auch das Anwartschaftsrecht. Mit dieser Abhängigkeit vom schuldrechtlichen Geschäft müssen auch etwaige Erwerber des Anwartschaftsrechts leben, und zwar unabhängig davon, ob sie das Recht vom Berechtigten oder vom Nichtberechtigten erworben haben (Rn. 248, 254). Die Möglichkeit, das Anwartschaftsrecht als Kreditsicherheit einzusetzen, wird dadurch nicht unerheblich relativiert.

3. Erwerb vom Nichtberechtigten

245 **Fall 29** ist **BGHZ 10, 69 ff.** nachgebildet und der Frage gewidmet, ob das Anwartschaftsrecht auch vom Nichtberechtigten erworben werden kann: Eigentümer E übereignet eine Maschine als Sicherheit für eine Darlehensforderung an Bank B. Anschließend verkauft E dieselbe Maschine unter Eigentumsvorbehalt an den redlichen K; dieser erhält auch den unmittelbaren Besitz. B verlangt von K Herausgabe der Maschine. Kann K die Herausgabe verweigern, obwohl er nach dem Inhalt des Kaufvertrags noch 18 Monatsraten zu zahlen hat?

Fraglich ist allein, ob K gegenüber B zum Besitz der Maschine berechtigt ist. Ein Recht zum Besitz folgt zwar aus dem **Kaufvertrag**, doch wirkt dies nur gegenüber dem Verkäufer, nicht gegenüber B. Auch § 986 Abs. 2 verleiht dem relativen Besitzrecht schon deshalb keine Wirkungen gegenüber B, weil dieses Besitzrecht erst nach erfolgter Übereignung an B begründet worden ist; die Frage einer analogen Anwendung des § 986 Abs. 2 auf die Übereignung nach § 930 (dazu Rn. 92) stellt sich deshalb vorliegend nicht.

Es fragt sich deshalb, ob K ein **Anwartschaftsrecht** erworben hat, ferner, ob dieses ihn gegenüber B zum Besitz berechtigt. Was zunächst die Frage des Erwerbs des Anwartschaftsrechts betrifft, so war E zwar im Zeitpunkt der aufschiebend bedingten Übereignung Nichtberechtigter. Doch hätte K von E nach §§ 929, 932 ohne weiteres das Volleigentum erwerben können. Vor diesem Hintergrund muss es auch möglich sein, aufschiebend bedingtes Eigentum vom Nichtberechtigten zu erwerben. Aus der Rechtsnatur der

23 Ablehnend allerdings MünchKomm/*Baldus* § 985 Rn. 7 mit weit. Nachw.

24 Ganz hM, s. etwa Soergel/*Höpfner* Anh. § 929 Rn. 75; eingehend *Heinemeyer*, Der Grundsatz der Akzessorietät bei Kreditsicherungsrechten, 2017, S. 205 ff.; weitergehend – Erlöschen des Anwartschaftsrechts bereits mit Rücktrittsmöglichkeit des Verkäufers – *Samhat*, Das Anwartschaftsrecht des Vorbehaltskäufers bei Rücktrittsmöglichkeit des Vorbehaltsverkäufers, 2013, S. 49 ff.; aA – gegen Verknüpfung – *Bülow* DB 2002, 2090 f.; *Wieling/Finkenauer* Lehrbuch § 17 II 1 Rn. 9.

aufschiebend bedingten Verfügung folgt auch, dass es erforderlich und genügend ist, dass der Erwerber zur Zeit der Einigung und Übergabe in gutem Glauben ist. Da nämlich das aufschiebend bedingte Rechtsgeschäft schon mit seiner Vornahme vollendet (und damit insbesondere nicht schwebend unwirksam) ist, kann es für das Vorliegen der Wirksamkeitsvoraussetzungen und des gutgläubigen Erwerbs nur auf diesen Zeitpunkt und nicht auf denjenigen des Eintritts der Rechtswirkungen des Rechtsgeschäfts ankommen[25].

Es bleibt somit zu fragen, ob dieses Anwartschaftsrecht ein dingliches, also auch gegenüber B wirkendes Recht zum Besitz begründet. Fest steht zunächst, dass K mit Eintritt der Bedingung Eigentümer der Maschine wird und somit spätestens von diesem Zeitpunkt an gegenüber jedermann zum Besitz berechtigt ist (Rn. 242). Wie aber verhält es sich vor Eintritt der Bedingung? **BGHZ 10, 69, 75** hat dem K für den Fall, dass der Bedingungseintritt nach dem Inhalt des Kaufvertrags unmittelbar bevorsteht (also etwa nur noch eine Rate zu leisten ist) und K somit seinerseits alsbald Herausgabe verlangen könnte, den auf § 242 gestützten Einwand des dolo agit qui petit quod statim redditurus est gewährt. Hier ist dieser Weg versperrt. Er ist aber auch nicht notwendig, wenn man mit der wohl hM davon ausgeht, dass das Anwartschaftsrecht ein **dingliches Recht zum Besitz der Vorbehaltsware** verkörpert[26].

4. Verfügungen über das Anwartschaftsrecht

a) Übertragung

Das Anwartschaftsrecht ist **subjektives Recht** und als solches tauglicher Gegenstand von Verfügungen. Mit Rücksicht auf die Rechtsnatur des Anwartschaftsrechts (Rn. 243 f.) unterliegen Verfügungen nicht den Vorschriften der §§ 413, 398 ff., 1069, 1274, sondern den sachenrechtlichen Vorschriften über Verfügungen über das Eigentum. Die Übertragung des Anwartschaftsrechts durch den Berechtigten[27] erfolgt somit nach §§ 929 ff.[28]; bei Verpfändung und Bestellung eines Nießbrauchs sind die §§ 1204 ff., 1030 ff. maßgebend. **246**

Fall 30 verdeutlicht die Position des Erwerbers des Anwartschaftsrechts: V stellt Beleuchtungskörper her und beliefert unter anderem K. Am 5. Juli bestellt K 200 Beleuchtungskörper zum Gesamtpreis von 18 000 €. Verkauf und Auslieferung erfolgen unter Vorbehalt des Eigentums des V. Die Auslieferung erfolgt am 12. Juli gegen Leistung einer Anzahlung in Höhe von 8000 €. Am 18. Juli verkauft K die Beleuchtungskörper an D. K und D vereinbaren, dass die Beleuchtungskörper einstweilen von K verwahrt werden sollen. D zahlt den Kaufpreis an K, obschon er von diesem ausdrücklich darauf hingewiesen wird, dass noch ein Kaufpreisrest an V zu zahlen sei und das Eigentum deshalb für D erst mit Zahlung des Restkaufpreises von K an V „voll wirksam" werde. Am 28. Juli lässt G die Beleuchtungskörper wegen einer gegen K gerichteten Forderung pfänden. Eine Woche darauf überweist K den restlichen Kaufpreis an V. D erhebt darauf Drittwiderspruchsklage gegen G. Mit Erfolg? **247**

25 So im Ergebnis die heute ganz hM, s. bereits **BGHZ 10, 69, 73 f.**; *Medicus/Petersen* Rn. 465.

26 So OLG Karlsruhe JZ 1966, 272 f.; dazu *Stoll* JuS 1967, 12 ff.; für ein dingliches Recht zum Besitz auch *Baur/Stürner* § 59 Rn. 47 mit weit. Nachw.; ablehnend *Medicus/Petersen* Rn. 465; *Zeranski* AcP 203 (2003), 693, 706 ff.

27 Zur Frage eines gutgläubigen Zweiterwerbs s. Rn. 248.

28 Vgl. BGH NJW 2007, 2844; eingehend *Lux* Jura 2004, 145, 146 ff.; zur Besitzlage bei Übertragung nach §§ 929, 930 s. *Baur/Stürner* § 59 Rn. 35.

D kann der Pfändung nach **§ 771 ZPO** widersprechen, wenn er Inhaber eines „die Veräußerung hindernden Rechts" ist. Als solches Recht kommt hier nur das **Eigentum** in Betracht; das **Anwartschaftsrecht**, welches D zunächst nach §§ 929, 930 von K erworben hatte, existiert nämlich als solches nicht mehr, nachdem K den noch offenen Kaufpreis gezahlt und dadurch den Eintritt der Bedingung herbeigeführt hat. Fraglich ist allerdings, ob D unbelastetes Eigentum erworben hat. Dem könnte entgegenstehen, dass im Zeitpunkt der Pfändung V Eigentümer war und es mit dem danach erfolgten Eintritt der Bedingung zum Durchgangserwerb des K gekommen ist. Allerdings hatte K vor der Pfändung durch G sein Anwartschaftsrecht auf D übertragen. In einem solchen Fall geht die ganz hM zu Recht davon aus, dass das Anwartschaftsrecht in der Person des Erwerbers unmittelbar zum Vollrecht erstarkt, ohne dass es zu einem Durchgangserwerb des Veräußerers kommt (Rn. 217). Zwar setzt sich ein am Anwartschaftsrecht bestehendes dingliches Recht am Vollrecht fort (Rn. 217). Da allerdings die Pfändung erst **nach Übertragung des Anwartschaftsrechts** erfolgt ist, konnte sie dieses Recht nicht mehr erfassen und sich somit nicht am Eigentum fortsetzen. D hat vielmehr ein unbelastetes Anwartschaftsrecht und mit Eintritt der Bedingung unbelastetes Eigentum erworben, so dass er der Pfändung widersprechen kann.

248 Die Frage eines **gutgläubigen Zweiterwerbs des Anwartschaftsrechts** soll am Beispiel von **Fall 31** erörtert werden: Die unter Eigentumsvorbehalt gelieferten Beleuchtungskörper aus Fall 30 werden am 12. Juli nicht bei K eingelagert, sondern auf Veranlassung des K bei B, der über entsprechende Lagerkapazitäten verfügt. B gibt sich dem gutgläubigen D gegenüber als Vorbehaltskäufer aus, behauptet unter Vorlage gefälschter Papiere, dass vom Kaufpreis bereits 13 000 € (statt der von K gezahlten 8000 €) gezahlt worden seien und überträgt an D unter sofortiger Übergabe der Beleuchtungskörper und gegen Erstattung der Anzahlung in Höhe von 1000 € sein angebliches Anwartschaftsrecht. D zahlt daraufhin den vermeintlichen Kaufpreisrest in Höhe von 5000 € an V. Von V über die unzutreffenden Angaben des B unterrichtet, möchte D nunmehr wissen, ob er mit Rücksicht auf seine Gutgläubigkeit und die geleistete Zahlung von 5000 € bereits Eigentümer der Beleuchtungskörper geworden sei oder es zumindest gegen Zahlung weiterer 5000 € noch werden könne.

D ist Eigentümer geworden, wenn er ein Anwartschaftsrecht erworben hat und dieses durch Zahlung der 5000 € zum Eigentum erstarkt ist. Während wir am Beispiel von Fall 29 gesehen haben, dass der originäre Erwerb eines Anwartschaftsrechts vom Scheineigentümer ohne weiteres möglich ist, stellt sich hier die Frage nach dem Erwerb eines Anwartschaftsrechts **vom vermeintlichen Anwartschaftsberechtigten**. Diesbezüglich herrscht weitgehend Einvernehmen darüber, dass, wenn überhaupt, ein gutgläubiger Erwerb allenfalls insoweit in Betracht kommt, als das Anwartschaftsrecht tatsächlich existiert[29]. Ein gutgläubiger Erwerb eines tatsächlich nicht bestehenden Anwartschaftsrechts ist danach also ausgeschlossen; denkbar ist vielmehr allenfalls der Erwerb eines Anwartschaftsrechts, welches zwar tatsächlich besteht, aber, wie in Fall 31, nicht dem Verfügenden, sondern einem Dritten gehört. Der Grund für diese Einschränkung ist darin zu sehen, dass das Anwartschaftsrecht seine Existenz der Vornahme einer aufschiebend bedingten Übereignung und der Möglichkeit des Eintritts der Bedingung verdankt. Es kann mit anderen Worten nicht existieren, wenn es entweder an einem Kaufvertrag oder an einer aufschiebend bedingten Übereignung fehlt. Die §§ 932 ff. helfen mithin nur über die fehlende Berechtigung des Veräußerers, nicht dagegen über die **Nichtexistenz des Verfügungsgegenstands** hinweg.

29 *Baur/Stürner* § 59 Rn. 39 f.; *Medicus/Petersen* Rn. 475.

In Fall 31 existiert zwar das Anwartschaftsrecht, über das B (wenn auch als Nichtberechtigter) verfügt hat. Auch in diesem Fall kommt freilich ein gutgläubiger Erwerb des Anwartschaftsrechts nur insoweit in Betracht, als dieses tatsächlich besteht. Hinsichtlich der kaufvertraglichen Grundlage scheidet ein gutgläubiger Erwerb dagegen aus, so dass D jedenfalls noch nicht durch die Zahlung von 5000 € Eigentum erworben hat. Die Frage ist vielmehr allein, ob er durch Zahlung weiterer 5000 € Eigentum erwerben kann, ob er also das Anwartschaftsrecht, so wie es in der Person des K besteht, vom Nichtberechtigten B erworben hat. Die wohl hM bejaht dies; dem kann mit Blick auf die Rechtsnatur des Anwartschaftsrechts nur zugestimmt werden[30]. D hat mithin das Anwartschaftsrecht des K vom nichtberechtigten B erworben; durch Zahlung weiterer 5000 € wird er Eigentümer[31].

b) Pfändung

Das Anwartschaftsrecht ist ohne Zweifel ein Vermögenswert und als subjektives Recht Gegenstand von Verfügungen. Auch herrscht Einvernehmen darüber, **dass** das Anwartschaftsrecht gepfändet werden kann. Noch nicht abschließend geklärt ist die Frage, **wie** die Pfändung zu erfolgen hat. Wir haben gesehen, dass rechtsgeschäftliche Verfügungen den Vorschriften über Verfügungen über das Eigentum unterliegen, so dass es an sich nahe liegen würde, die Pfändung des Anwartschaftsrechts den Vorschriften über die Sachpfändung zu unterstellen. Dabei würde indes verkannt, dass der Vorbehaltsverkäufer weiterhin Eigentümer ist; er könnte deshalb einer Pfändung des Vollrechts mittels der Klage nach § 771 ZPO widersprechen (Rn. 259)[32]. **249**

Der BGH hat sich deshalb der sogenannten **Theorie der Doppelpfändung** angeschlossen, wonach zunächst die Anwartschaft im Wege der Rechtspfändung (also nach § 857 ZPO) und, wenn der Gläubiger auch auf das künftige Eigentum des Käufers zugreifen wolle, dieses sogleich nach §§ 803 ff. ZPO zu pfänden sei[33]. Andere halten dagegen die Rechtspfändung für ausreichend; das am Anwartschaftsrecht begründete Pfändungspfandrecht setze sich nämlich analog § 1287 BGB, § 847 ZPO nach Eintritt der Bedingung am Eigentum des Käufers fort.[34] Dem ist mit der Maßgabe zuzustimmen, dass die Rechtspfändung nach den Vorschriften über die Sachpfändung zu erfolgen hat[35]. **250**

Im Übrigen besteht zwischen dem wissenschaftlichen Aufwand und der praktischen Bedeutung der Frage ein gewisser Widerspruch[36]. Der Gerichtsvollzieher wird, da er sich nur von dem **Gewahrsam des Käufers** leiten lässt, in aller Regel die Sache nach §§ 803 ff. ZPO pfänden. Der drohende Widerspruch des Verkäufers nach § 771 ZPO wird den Gläubiger sodann zu der Überlegung veranlassen, ob es sich rechnet, als Dritter im Sinne des § 267 den Restkaufpreis zu zahlen und sodann mit der Verwertung der – nunmehr dem Käufer gehörenden – Sache fortzufahren. In diesem Fall verliert der Verkäufer nämlich nicht nur sein Eigentum, sondern auch sein Widerspruchsrecht. **251**

30 So insbesondere Grüneberg/*Herrler* § 929 Rn. 46; Soergel/*Höpfner* Anh. § 929 Rn. 88; *Baur/Stürner* § 59 Rn. 39; aA *Flume* AcP 161 (1962), 385 ff.; *Medicus/Petersen* Rn. 475.

31 K muss sich an B halten, der unter anderem aus § 695 iVm. §§ 280, 281 und aus § 816 Abs. 1 S. 1 haftet.

32 Konsequent dagegen *Raiser* Dingliche Anwartschaften (1961), S. 90 ff., der für die Sachpfändung plädiert und dem Verkäufer nur die Klage aus § 805 ZPO gewährt.

33 **BGH NJW 1954, 1325 ff.**

34 So insbesondere *Baur/Stürner* § 59 Rn. 41; ihnen zustimmend *Medicus/Petersen* Rn. 486.

35 So überzeugend *Brox/Walker* § 26 Rn. 17.

36 Näher zum Folgenden Jauernig/*Berger* § 929 Rn. 55.

252 Zusätzliche Probleme werden aufgeworfen, wenn der Verkäufer selbst wegen seiner Kaufpreisforderung in die in seinem Eigentum stehende Sache vollstreckt. Auszugehen ist zunächst davon, dass die Pfändung einer eigenen Sache nach § 808 ZPO zulässig ist; nach § 811 Abs. 2 ZPO stehen sogar die dort genannten Pfändungsverbote des § 811 Abs. 1 ZPO nicht entgegen. Zwar erlangt der Verkäufer **kein Pfändungspfandrecht** an seiner eigenen Sache; wohl aber wird die Sache **verstrickt**. Der Verkäufer verletzt auch nicht seine kaufvertraglichen Pflichten gegenüber dem Käufer, wenn er diesem durch die Pfändung die Möglichkeit des Erwerbs des Vollrechts vereitelt[37]. Bei Verbraucherverträgen ist allerdings § 508 S. 5 zu beachten (Rn. 256). Danach wird der Kaufvertrag, der ja einen Zahlungsaufschub zugunsten des Käufers enthält und deshalb Finanzierungshilfe im Sinne der §§ 506 ff. ist, durch die Wegnahme in ein Rückgewährschuldverhältnis umgewandelt; dies wiederum hat zur Folge, dass die Grundlage des titulierten Kaufpreisanspruchs entfällt[38].

c) Aufhebung des der Hypothekenhaftung unterliegenden Anwartschaftsrechts

253 **Fall 32** behandelt die Frage, unter welchen Voraussetzungen ein Anwartschaftsrecht, das dem Haftungsverband der Hypothek unterliegt, aufgehoben werden kann[39]: D betrieb auf einem ihm gehörenden Grundstück ein Fuhrunternehmen. Das Grundstück war mit einer Hypothek über 2 Millionen € zugunsten der Bank B belastet. Im Januar erwarb D von V einen vollautomatischen Gabelstapler unter Eigentumsvorbehalt. Die Finanzierung des Kaufpreises wurde von der Sparkasse S übernommen. S erhielt von V das folgende, von D gebilligte und mitunterzeichnete Schreiben: „Vereinbarungsgemäß soll Ihnen das Eigentum an dem Gabelstapler als Sicherheit übertragen werden. Wir übertragen Ihnen deshalb das Eigentum an dem Gabelstapler. Der Kunde hat der Eigentumsübertragung zugestimmt.“ Nach Eröffnung des Insolvenzverfahrens über das Vermögen des D gab der Insolvenzverwalter den Gabelstapler an die S heraus, die ihn sogleich verwertete. B beansprucht den Erlös für sich. Sie meint, der Gabelstapler sei als Betriebszubehör in den Haftungsverband der Hypothek gefallen, weshalb ihr ein vorrangiges Absonderungsrecht daran zugestanden habe.

B könnte einen **Anspruch aus § 49 InsO iVm. § 816 Abs. 1 S. 1** haben, wenn der Gabelstapler Zubehör im Sinne von § 1120 und seine Veräußerung ihr gegenüber rechtswidrig wäre. Was zunächst die Zubehöreigenschaft des Gabelstaplers betrifft, so ist sie nach § 97 Abs. 1 eindeutig zu bejahen[40]. Das Anwartschaftsrecht des D steht, wie wir bereits im Zusammenhang mit dem Vermieterpfandrecht gesehen haben (Rn. 217), dem Eigentum gleich und ist somit zunächst nach § 1120 von der Hypothekenhaftung erfasst gewesen; die Hypothekenhaftung setzt sich sodann an dem Vollrecht fort. Hier hat allerdings der Vorbehaltsverkäufer das Eigentum an die S übertragen. Diese Übereignung, die sich nach § 929 S. 1 vollzog[41], ist auch nicht nach § 161 Abs. 1 unwirksam. Durch die Finanzierung und Auszahlung des Kaufpreises durch S wäre es zwar an sich im Verhältnis zwischen V und D zum Eintritt der Bedingung gekommen. Doch hat D bereits zuvor der

37 So auch *Baur/Stürner* § 59 Rn. 42.

38 Näher dazu MünchKomm/*Schürnbrand/Weber*, 8. Aufl. 2019, § 508 Rn. 53 ff.

39 In Anlehnung an **BGHZ 92, 280 ff.**; dazu *Tiedtke* NJW 1985, 1305 ff.; *ders.* NJW 1988, 28 ff.; *Kollhosser* JZ 1985, 370 ff.; *Mand* Jura 2004, 221, 223 ff.

40 BGHZ 92, 280 hatte über einen Lkw zu entscheiden; zu dessen Zubehöreigenschaft s. BGHZ 85, 234 ff. (ablehnend).

41 Nämlich dadurch, dass D nunmehr nicht mehr dem V, sondern ausschließlich der S den Besitz mittelt, s. BGHZ 92, 280, 288; allg. dazu Rn. 162 ff.

Verfügung zugestimmt und damit die aufschiebend bedingte Übereignung im Zusammenwirken mit V rückgängig gemacht[42].

Fraglich ist jedoch, ob V und D ohne Mitwirkung des Hypothekengläubigers B das Anwartschaftsrecht aufheben und dadurch der Hypothekenhaftung entziehen konnten. Dies erscheint zweifelhaft, wenn man berücksichtigt, dass nach **§ 1276 Abs. 1 S. 1** ein verpfändetes Recht durch Rechtsgeschäft nur mit Zustimmung des Pfandgläubigers aufgehoben werden kann. BGHZ 92, 280 (290 f.) spricht dieser Vorschrift für vorliegenden Zusammenhang zwar jegliche Bedeutung ab, da sie dem im Vergleich zum Sach-Pfandgläubiger stärkeren Schutz des Rechts-Pfandgläubigers Rechnung trage und sich deshalb nicht auf die Aufhebung des Anwartschaftsrechts übertragen lasse. Der Sach-Pfandgläubiger könne nämlich „im Falle der – der Aufhebung des verpfändeten Rechts entsprechenden – Zerstörung der verpfändeten Sache durch den Eigentümer lediglich Schadensersatzansprüche geltend machen."

An dieser Begründung (und damit zugleich am Ergebnis der Entscheidung) wird allerdings zu Recht kritisiert, dass der in § 1276 Abs. 1 geregelten Aufgabe eines Rechts nicht die Zerstörung der Sache, sondern die Aufgabe des Eigentums nach § 959 entspreche[43]. Letztlich also geht es um den Unterschied zwischen **Rechts- und Verfügungsobjekt** (Rn. 5 ff.). Die Aufgabe eines Rechts aber ist Verfügung und kann sich somit nur auf das Recht selbst, nicht dagegen auf das durch das Recht zugeordnete Rechtsobjekt beziehen. Gibt aber der Eigentümer einer Sache sein Eigentum auf, so bleibt nicht nur die – dann herrenlose – Sache existent. Vielmehr bleiben in diesem Fall auch etwaige vom Eigentümer bereits abgespaltene Eigentumssplitter und damit auch ein etwaiges Pfandrecht bestehen; der Eigentümer kann also Rechte Dritter an der Sache nicht einseitig durch Aufgabe des Eigentums zum Erlöschen bringen[44]. Übertragen auf unseren Sachverhalt bedeutet dies, dass die Aufhebung des Anwartschaftsrechts zwar ohne Zustimmung der B möglich war[45], dadurch aber die Haftung nach § 1120 nicht beseitigt werden konnte; dazu hätte es vielmehr der Entfernung des Gabelstaplers vom Grundstück bedurft (§§ 1121 f.).

d) Inhaltsänderung

Eine weitere Form der Verfügung über das Anwartschaftsrecht ist Gegenstand von **Fall 33**[46]: V verkauft mit Vertrag vom 1.8. einen Lkw unter EV an K, dem der Lkw auch übergeben wird. Am 13.9. überträgt K sein Anwartschaftsrecht an D zur Sicherung einer Darlehensforderung. In der Folgezeit gewährt V dem K ein Darlehen. Dabei wird der Vertrag vom 1.8. dahin gehend geändert, dass der Lkw nunmehr auch die Darlehensforderung des V gegen K sichern solle. Als K mit der Rückzahlung des von V empfangenen Darlehens in Verzug gerät, nimmt V den Lkw an sich und veräußert ihn, obwohl K in der Zwischenzeit den Kaufpreis voll gezahlt hat. D verlangt Herausgabe des Verkaufserlöses von V. 254

In Betracht kommt ein **Anspruch aus § 816 Abs. 1 S. 1**. Danach hätte V als Nichtberechtigter eine dem Berechtigten D gegenüber wirksame Verfügung über den Lkw vornehmen müssen. Hier bestehen an der Nichtberechtigung des V Zweifel, wenn man davon ausgeht, dass V und K vereinbart haben, dass der Lkw auch das Darlehen des V si-

42 Vgl. dazu BGHZ 92, 280, 288.
43 So namentlich *Tiedtke*, aaO (Fn. 39); s. ferner Soergel/*Habersack* § 1276 Rn. 2.
44 Statt aller Jauernig/*Berger* § 959 Rn. 4.
45 Nämlich in entsprechender Anwendung des § 959.
46 **BGHZ 75, 221, 224 ff.**; s. dazu die Anmerkung von *Forkel*, NJW 1980, 774 f.

chern und somit die Bedingung erst mit Erfüllung auch dieser Verbindlichkeit des K eintreten solle. Zu berücksichtigen ist aber, dass K bei Abänderung des Kaufvertrags nicht mehr Inhaber des Anwartschaftsrechts war. Zwar bleibt das Anwartschaftsrecht auch nach Übertragung auf einen Dritten mit dem Kaufvertrag verknüpft und von dessen Fortbestand abhängig. Der Verkäufer kann somit auch mit Wirkung gegenüber dem Erwerber des Anwartschaftsrechts vom Kaufvertrag zurücktreten und dadurch das Anwartschaftsrecht zum Erlöschen bringen. Auch hat der Erwerber eine Aufhebung des Kaufvertrags hinzunehmen, die lediglich aus dem Kaufvertrag erwachsene Rechte, wie etwa Anfechtung oder Rücktritt, ersetzen soll[47]. Doch können Verkäufer und Käufer ohne Zustimmung des Erwerbers den zunächst vereinbarten einfachen Eigentumsvorbehalt nicht mehr auf andere Forderungen des Verkäufers erweitern und dadurch den Eintritt der Bedingung zu Lasten des Erwerbers (D) erschweren. Die Erweiterung stellt sich vielmehr als eine Verfügung über das Anwartschaftsrecht dar, die nur wirksam ist, wenn der Anwartschaftsberechtigte selbst verfügt oder die Voraussetzungen des § 185 vorliegen. Bleibt es somit aus Sicht des D bei einem einfachen Eigentumsvorbehalt, so ist das Anwartschaftsrecht mit Zahlung des Kaufpreises durch K zum Vollrecht erstarkt. V hat somit als Nichtberechtigter über das Eigentum des D verfügt und nach § 816 Abs. 1 S. 1 den Erlös herauszugeben.

IV. Geltendmachung des Eigentumsvorbehalts durch den Verkäufer

1. Herausgabeverlangen unter Aufrechterhaltung des Kaufvertrags?

255 Das Besitzrecht des Käufers endet grundsätzlich erst durch den Rücktritt des Verkäufers. Der Verkäufer kann also nicht, gestützt auf § 985, Herausgabe verlangen und gleichzeitig am Kaufvertrag festhalten; solange der Kaufvertrag noch besteht, ist der Käufer vielmehr sowohl aus dem Kaufvertrag als auch aufgrund seines Anwartschaftsrechts zum Besitz der Sache berechtigt (Rn. 245). **§ 449 Abs. 2**, der dies nun ausdrücklich bestimmt, ist zwar abdingbar, und zwar vorbehaltlich des § 508 S. 5 (Rn. 256) auch im Rahmen eines Verbrauchsgüterkaufs[48]. Anders als noch unter Geltung des § 455 a.F.[49] wird man allerdings eine Individualvereinbarung verlangen müssen; eine Klausel, durch die sich der Verkäufer ein vorläufiges Rückholrecht vorbehält, mithin das Recht einräumt, mit Verzug des Käufers Herausgabe verlangen zu können, ohne vom Vertrag zurücktreten zu müssen, ist dagegen unangemessen im Sinne des § 307 Abs. 2 Nr. 1[50].

256 Innerhalb des persönlichen und sachlichen Anwendungsbereichs der §§ 506 ff. ist allerdings die Vorschrift des **§ 508 S. 5** zu beachten. Auszugehen ist zunächst davon, dass der Kauf unter Eigentumsvorbehalt einen **Zahlungsaufschub zugunsten des Käufers** enthält und somit in aller Regel Teilzahlungsgeschäft im Sinne des § 507 ist. Voraussetzung ist zwar, dass der Käufer ein besonderes **Entgelt** für die Stundung des Kaufpreises zahlt, der Ratenzahlungspreis also über dem fiktiven Barzahlungspreis liegt; doch wird dies häufig der Fall sein. Die Folge ist, dass der Kaufvertrag den Formvorschriften der §§ 507, 492 Abs. 1 S. 1 bis 4, Abs. 2 und 3, 502 unterliegt und der Käufer das Widerrufs-

47 So tendenziell auch BGHZ 75, 221, 229.
48 Näher *Habersack/Schürnbrand* JuS 2002, 833, 836.
49 Vgl. **BGHZ 96, 182, 190 ff.**; OLG Schleswig NJW-RR 1988, 1459, 1460; 4. Aufl. Rn. 255.
50 *Habersack/Schürnbrand* JuS 2002, 833, 836 f.; zustimmend *Bülow* DB 2002, 2090, 2091 (Fn. 11).

recht nach §§ 507, 495 Abs. 1 hat. Ein Rücktritt des Verkäufers ist zudem nur unter den besonderen Voraussetzungen der §§ 508 S. 1, 498 Abs. 1 möglich; das Anwartschaftsrecht, welches infolge des Rücktritts des Verkäufers erlischt, wird also nur durch einen qualifizierten Ratenverzug im Sinne des § 498 gefährdet. Ergänzt wird diese Regelung aber durch § 508 S. 5, wonach das Wiederansichnehmen der Kaufsache durch den Verkäufer als Ausübung des Rücktrittsrechts gilt. Diese sogenannte **„Rücktrittsfiktion"** soll es dem Käufer ersparen, weiterhin zur Zahlung der Raten verpflichtet zu sein, obschon er Besitz und Nutzungsmöglichkeit verloren hat. Die Rücknahme der Sache durch den Verkäufer soll deshalb die Rückabwicklung des Kaufvertrags (und damit allerdings auch das Erlöschen des Anwartschaftsrechts, s. Rn. 244) zur Folge haben, sofern nicht Verkäufer und Käufer eine sogenannte Vergütungsvereinbarung treffen[51].

2. Verjährung der Kaufpreisforderung

Fall 34 geht der Frage nach, ob V den Eigentumsvorbehalt auch nach Verjährung der Kaufpreisforderung geltend machen kann: K zahlt trotz wiederholter Mahnung den seit 3.6.2019 fälligen Kaufpreis nicht. Am 5.1.2024 beruft er sich auf Verjährung. Nunmehr verlangt V Herausgabe der unter Eigentumsvorbehalt gelieferten Sache. 257

In Betracht kommt zunächst ein Anspruch aus **§ 346 Abs. 1**. Unter Geltung des alten Schuldrechts war allerdings mit Verjährung der Kaufpreisforderung ein auf Zahlungsverzug gestützter Rücktritt des Verkäufers (und damit ein Anspruch aus § 346 Abs. 1) ausgeschlossen[52]. Hieran hat § 218 Abs. 1 S. 1 zwar im Grundsatz festgehalten. **§§ 216 Abs. 2 S. 2, 218 Abs. 1 S. 3** sehen jedoch für den Eigentumsvorbehalt eine Ausnahme vor. Danach kann der Rücktritt vom Vertrag auch erfolgen, wenn der gesicherte Anspruch, d.h. die Kaufpreisforderung, verjährt ist. Obschon also vorliegend nach §§ 195, 199 Verjährung eingetreten ist[53], kann V nach § 323 zurücktreten und hierdurch den Anspruch aus § 346 Abs. 1 begründen[54]. Mit Erklärung des Rücktritts erlangt V zusätzlich einen Herausgabeanspruch aus **§ 985**. Infolge des Rücktritts sind nämlich sowohl das kaufvertragliche Recht zum Besitz als auch das Anwartschaftsrecht und das mit ihm verbundene Besitzrecht entfallen (Rn. 244 f.)[55]. Ein rücktrittsunabhängiges Rückholrecht ist dagegen nach neuem Recht ausgeschlossen[56].

V. Der Eigentumsvorbehalt in Zwangsvollstreckung und Insolvenz

1. Stellung des Verkäufers

Der Kauf unter Eigentumsvorbehalt ist **gegenseitiger** Vertrag. Bis zur vollständigen Zahlung des Kaufpreises hat weder der Verkäufer noch der Käufer seine kaufvertraglichen Pflichten vollständig erfüllt: Der Käufer schuldet noch Zahlung des Restkaufpreises, der 258

51 Näher dazu, insbesondere zu der umstrittenen Frage, ob die Voraussetzungen der §§ 508 S. 1, 498 Abs. 1 vorliegen müssen, *Habersack/Schürnbrand* JuS 2002, 833, 835 f. mit weit. Nachw.

52 MünchKomm/*Westermann*, 8. Aufl. 2019, § 449 Rn. 32.

53 S. hierzu auch die Überleitungsvorschrift des Art. 229 § 6 EGBGB.

54 Zur Rechtslage nach altem Recht (analoge Anwendung des § 223 Abs. 2 a.F. und damit Wegfall des Besitzrechts) s. die Nachw. in Fn. 55.

55 So in entsprechender Anwendung des § 223 Abs. 2 a.F. bereits BGHZ 34, 191, 194 ff.; BGHZ 70, 96, 98 ff.; näher 4. Aufl. Rn. 257 sowie *Habersack/Schürnbrand* JuS 2002, 833, 836.

56 Rn. 255 f.; zur hiervon abweichenden Rechtslage nach § 223 Abs. 2 a.F. s. die Nachw. in Fn. 55.

Verkäufer hat den Käufer noch nicht zum Eigentümer der Sache gemacht. Bei Insolvenz des Käufers hat der Insolvenzverwalter somit das **Wahlrecht** aus §§ 103 Abs. 1, 107 Abs. 2 InsO. Er kann Erfüllung des Kaufvertrags verlangen mit der Folge, dass der Restkaufpreis nach § 55 Abs. 1 Nr. 2 InsO in voller Höhe als Masseschuld zu begleichen ist. Entscheidet er sich gegen Erfüllung, so kann der Verkäufer[57] – anders als der Sicherungseigentümer, der nach § 51 Nr. 1 InsO nur absonderungsberechtigt ist (Rn. 223) – die noch in seinem Eigentum stehende Sache **nach § 47 InsO aussondern**[58]. Allerdings besteht das Recht zur Aussonderung nur hinsichtlich der gelieferten Sache. Hinsichtlich eines **Surrogats**, welches, wie im Fall des verlängerten Eigentumsvorbehalts, an die Stelle des Vorbehaltseigentums getreten ist, hat der Verkäufer dagegen nur das Recht zur abgesonderten Befriedigung nach §§ 51 Nr. 1, 50 Abs. 1 InsO. Entsprechendes gilt bei erweitertem Eigentumsvorbehalt nach Eintritt des Erweiterungsfalles.

259 Einer **Pfändung** der Sache durch andere Gläubiger des Käufers (zu der es wegen des Gewahrsams des Käufers kommen kann, § 808 ZPO) kann der Verkäufer nach § 771 ZPO widersprechen[59]. Bis zur vollständigen Zahlung des Kaufpreises ist er nämlich noch Eigentümer, so dass die Pfändung eine **schuldnerfremde Sache** betrifft. Den Gläubigern des Käufers bleibt zunächst nur die Möglichkeit, das Anwartschaftsrecht und das künftige Eigentum des Käufers zu pfänden (Rn. 249 ff.).

2. Stellung des Käufers

260 Bei Insolvenz des Verkäufers ist dem Insolvenzverwalter nach § 107 Abs. 1 InsO das **Wahlrecht** (Rn. 258) **genommen**. Der Käufer hat also nicht zu befürchten, dass der Insolvenzverwalter Nichterfüllung wählt und dadurch das Anwartschaftsrecht wegen Ausfalls der Bedingung erlischt (Rn. 244)[60]. Der Käufer kann vielmehr Erfüllung des Kaufvertrags verlangen und durch Zahlung des Restkaufpreises Eigentümer werden.

261 Kommt es zur Pfändung der Sache durch Gläubiger des Verkäufers (was wegen § 809 ZPO nur ausnahmsweise der Fall sein wird), hat der Käufer aufgrund seines Anwartschaftsrechts die **Drittwiderspruchsklage nach § 771 ZPO**[61]. Der Befugnis (wie auch der Obliegenheit) zum Widerspruch gegen die Pfändung steht im Übrigen nicht die Vorschrift des § 161 Abs. 1 S. 2 entgegen. Zwar sind danach auch im Wege der Zwangsvollstreckung erfolgte Verfügungen unwirksam; davon unberührt bleibt jedoch der durch Hoheitsakt bewirkte Eigentumserwerb durch den Ersteher[62].

---

57 Die Bank, die das Eigentum vom Vorbehaltsverkäufer erwirbt und für den Käufer den Erwerb finanziert, ist hingegen nur zur abgesonderten Befriedigung berechtigt, s. **BGHZ 176, 86 Rn. 23 ff.**; dazu *Smid* WM 2008, 2089 ff., aber auch *Kieninger*, Festschrift für Canaris, 2017, S. 635, 645 ff.; s. ferner BGH NJW 2014, 2358: Aussonderungsrecht des Erwerbers im Rahmen eines echten Factorings.

58 BGH NJW 1970, 1733, 1735; BGH NJW 2008, 1803 Rn. 24 mit weit. Nachw.

59 **BGHZ 54, 214, 218**; *Baur/Stürner* § 59 Rn. 30.

60 Allg. zur Insolvenzfestigkeit einer aufschiebend bedingten Verfügung BGHZ 155, 87, 92; BGH NJW 2006, 915; zur Rechtslage vor Inkrafttreten der InsO s. BGHZ 98, 160, 168 f.

61 **BGHZ 55, 20, 26 ff.**

62 BGHZ 55, 20, 25; Staudinger/*Bork* § 161 Rn. 9.

VI. Verlängerter Eigentumsvorbehalt

1. Verschaffung des Eigentums an der neu hergestellten Sache

Bereits einleitend wurde darauf hingewiesen, dass die unter Eigentumsvorbehalt gelieferte Ware vom Käufer häufig verarbeitet oder weiterveräußert werden soll (Rn. 234). Dem Sicherungsinteresse des Vorbehaltsverkäufers wird deshalb in der Praxis durch eine Vereinbarung Rechnung getragen, wonach an die Stelle des durch Verarbeitung oder Weiterveräußerung verlorenen Eigentums des Vorbehaltsverkäufers ein **Surrogat** tritt. In den Fällen der Verarbeitung nach § 950 ist dies das Eigentum an der neu hergestellten Sache. **262**

Die Problematik sei anhand von **Fall 35** verdeutlicht: Importeur V liefert dem Textilhersteller K mehrere Ladungen Baumwolle. Der Lieferung liegen die Verkaufsbedingungen des V zugrunde. Diese bestimmen unter anderem: „Die Ware bleibt bis zur Zahlung des Kaufpreises Eigentum des Verkäufers. Eine Be- oder Verarbeitung der Vorbehaltsware erfolgt im Auftrag des Verkäufers, und zwar in der Weise, dass der Verkäufer als Hersteller im Sinne des § 950 BGB anzusehen ist, also in jedem Zeitpunkt und Grad der Verarbeitung an den Erzeugnissen Eigentum behält. Bei Verarbeitung mit anderen, nicht dem Verkäufer gehörenden Waren durch den Käufer steht dem Verkäufer das Miteigentum an der neuen Sache zu, und zwar im Verhältnis des Rechnungswertes der Vorbehaltsware zu dem Wert der anderen verarbeiteten Waren zur Zeit der Verarbeitung." Nach Erhalt der Ware wird K zahlungsunfähig; die Eröffnung des Insolvenzverfahrens wird mangels Masse abgelehnt. V verlangt Herausgabe der Pullover, die aus der von ihm gelieferten Baumwolle gefertigt worden sind. K verweigert die Herausgabe unter Hinweis darauf, dass er die Ware in gemieteten Räumen hergestellt habe und der Vermieter D ebenfalls Herausgabe verlange.

Gefragt ist nach den **Rechtsfolgen einer Verarbeitung nach § 950**, wenn die Verarbeitung auf der Grundlage einer sog. Verarbeitungsklausel erfolgt. Der BGH geht zwar von dem zwingenden Charakter des § 950 aus; doch könne durch Vereinbarung bestimmt werden, wer Hersteller im Sinne der Vorschrift sei und somit das Eigentum originär erwerbe[63]. Anders sei es nur, wenn der die Verarbeitung durchführende Käufer äußerlich erkennbar von der vereinbarten Form der Verarbeitung abgewichen sei[64]. Das Schrifttum ist gespalten: Ein Teil des Schrifttums hält § 950 für abdingbar, so dass die Verarbeitungsklausel zur Folge habe, dass der Lieferant nach § 947 (also originär) **Miteigentümer der neuen Sache** werde[65]. Die wohl herrschende Lehre folgt dagegen der Rechtsprechung darin, dass § 950 zwingend sei. Sie hält aber auch Dispositionen über die Person des Herstellers für ausgeschlossen. Sofern nicht objektiv eine Lage geschaffen werde, in der typischerweise Fremdverarbeitung stattfindet (wie dies etwa bei der Lohnherstellung der Fall ist), könne deshalb die Verarbeitungsklausel nur im Sinne einer **antizipierten Übertragung des Voll- oder Miteigentums** an der neuen Sache ausgelegt werden[66].

Der zuletzt genannten Ansicht ist zu folgen. Gegen die Ansicht des BGH spricht bereits, dass sie einerseits von der zwingenden Geltung des § 950 ausgeht, andererseits Dispositionen über die Person des Herstellers anerkennt; dies kann nur als widersprüchlich be-

63 **BGHZ 20, 159 ff.**; ebenso OLG Karlsruhe WM 1979, 343; *Prütting* Rn. 464.
64 BGH NJW 1989, 3213 f.
65 *Flume* NJW 1950, 841 ff.; *Baur/Stürner* § 53 Rn. 22; eingehend *Dolezalek* AcP 195 (1995), 392 ff.
66 Grüneberg/*Herrler* § 950 Rn. 9, 11; *Medicus/Petersen* Rn. 519; Westermann/*Gursky* § 53 III 2 e; *Wilhelm* Rn. 1073 ff.

zeichnet werden. Gegen den dispositiven Charakter des § 950 und damit gegen die an zweiter Stelle genannte Ansicht spricht, dass §§ 946 ff. den originären Erwerb des Eigentums regeln. Dieser aber muss aus Gründen der Rechtssicherheit und -klarheit an objektive und zwingende Kriterien geknüpft werden; andernfalls wäre es für außenstehende Dritte nicht zu durchschauen, wer Eigentümer des neuen Produkts ist. Ist somit der an dritter Stelle genannten, im Schrifttum herrschenden Ansicht zu folgen, so bedeutet dies, dass zunächst K originäres Eigentum an den Pullovern erworben hat. Daran vermag auch die – in der Verarbeitungsklausel zu sehende – antizipierte Sicherungsübereignung nichts zu ändern; sie verschafft dem V nur abgeleitetes Eigentum, kann also nicht verhindern, dass es für eine juristische Sekunde zum **Durchgangseigentum** des K kommt (Rn. 217). Dies wiederum hat zur Folge, dass V nur das mit dem **Vermieterpfandrecht** belastete Sicherungseigentum erworben hat (Rn. 217). Dieses Ergebnis vermag auch wertungsmäßig zu überzeugen: Wenn V den Besitz an seinen Sachen aus den Händen gibt, so muss er es nicht nur hinnehmen, dass K als Nichtberechtigter verfügt. Er hat es vielmehr auch hinzunehmen, dass die Verarbeitung in gemieteten Räumen erfolgt und es dadurch zur Belastung des neuen Produkts mit dem Vermieterpfandrecht gekommen ist; der Verzicht auf Publizität hat eben seinen Preis.

263 Geht man mit der hier vertretenen Ansicht davon aus, dass die Verarbeitungsklausel nur im Sinne einer antizipierten Sicherungsübereignung ausgelegt werden kann, so finden die in Rn. 204 ff. dargestellten Grundsätze Anwendung. Dem Lieferanten obliegt es insbesondere, dafür Sorge zu tragen, dass es nicht zu einer anfänglichen Übersicherung kommt (Rn. 219); dem trägt die Praxis dadurch Rechnung, dass sie nur auf der Übertragung von Miteigentum besteht. Bei nachträglicher Übersicherung erwächst dem Käufer ein Anspruch auf vollständige oder partielle Freigabe des Sicherungsgutes (Rn. 220 ff.).

2. Vorausabtretung der Forderung aus der Weiterveräußerung der Vorbehaltsware

a) Grundlagen

264 Ist die Vorbehaltsware zur Weiterveräußerung durch den Käufer bestimmt, so bietet es sich an, dass der Vorbehaltsverkäufer den Vorbehaltskäufer nach § 185 Abs. 1 ermächtigt, über das Eigentum im Rahmen des gewöhnlichen Geschäftsbetriebs zu verfügen, und der Vorbehaltskäufer dem Vorbehaltsverkäufer als Ersatz für den Verlust des Eigentums die Forderung aus dem Weiterverkauf abtritt. Diese Vorauszession, die nach hM nur **Bestimmbarkeit** der abgetretenen Forderung voraussetzt und deshalb ungeachtet des Umstands, dass im Zeitpunkt der Abtretung weder die Person des Zweitkäufers noch die Höhe des Kaufpreises feststeht, wirksam ist[67], wird zunächst dem Zweitkäufer gegenüber nicht aufgedeckt. Sie erfolgt vielmehr nur zur Sicherung des Kaufpreisanspruchs des Vorbehaltsverkäufers und hat somit den Charakter einer **Sicherungszession** (Rn. 206).

b) Rechtsfolgen eines wirksamen Abtretungsverbots

265 Zu Komplikationen kommt es, wenn die Forderung des Vorbehaltskäufers nicht abgetreten werden kann, weil der Zweitkäufer auf der Vereinbarung eines Abtretungsverbots bestanden hat.

---

67 Jauernig/*Stürner* § 398 Rn. 11; *Medicus/Petersen* Rn. 523.

Fall 36 zeigt einige Aspekte der Problematik auf: Baustofflieferant V, dessen AGB einen verlängerten Eigentumsvorbehalt vorsehen, liefert Baumaterialien an K, ein nicht in das Handelsregister eingetragenes Bauunternehmen. K wurde von dem – gleichfalls nicht in das Handelsregister eingetragenen – Bauträger D mit dem Bau einer Garage beauftragt. Der Bauvertrag verbietet die Abtretung der gegen D gerichteten Werklohnforderung des K. K baute die von V an die Baustelle gelieferten Stoffe ein. Nach Eröffnung des Insolvenzverfahrens über das Vermögen der K nimmt V den D aus abgetretenem Recht auf Zahlung eines Teils der noch offenen Werklohnforderung in Anspruch.

Ein **Anspruch** des V **aus § 631 Abs. 1** kommt nur unter der Voraussetzung in Betracht, dass ihm die Forderung gegen D wirksam abgetreten worden ist. Dem könnte das vertraglich vereinbarte Abtretungsverbot entgegenstehen. Seine Wirksamkeit unterstellt, hätte es nach § 399, 2. Fall zur Folge, dass die Abtretung **absolut unwirksam** wäre[68]. Das Abtretungsverbot könnte jedoch nach § 354a Abs. 1 S. 1 HGB unwirksam sein[69]. Nach dieser Vorschrift entfaltet ein Abtretungsverbot keine Wirkungen, soweit es sich auf Geldforderungen aus einem beiderseitigen Handelsgeschäft bezieht. Nach § 343 Abs. 1 HGB müssen somit K und D Kaufmann sein; zudem muss das Geschäft zum Betrieb des jeweiligen Handelsgewerbes gehören.

Was zunächst die **Kaufmannseigenschaft** von K und D betrifft, so sind sie zwar beide nicht in das Handelsregister eingetragen. Nach § 1 Abs. 1 HGB ist jedoch Kaufmann im Sinne des HGB jeder, der ein **Handelsgewerbe** betreibt. Voraussetzung für die Kaufmannseigenschaft ist also allein das Vorliegen eines Handelsgewerbes. Handelsgewerbe aber ist nach § 1 Abs. 2 HGB jeder Gewerbebetrieb, es sei denn, dass das Unternehmen nach Art oder Umfang einen in kaufmännischer Weise eingerichteten Geschäftsbetrieb nicht erfordert. Auf die Eintragung kommt es somit nach § 1 Abs. 1 HGB nicht an; sie hat lediglich **deklaratorische** Bedeutung. Anderes gilt allein in den Fällen der §§ 2 und 3 betreffend kleingewerbliche Unternehmen (im Sinne des § 1 Abs. 2, 2. Halbs. HGB) und land- und forstwirtschaftliche Unternehmen; sie erlangen die Kaufmannseigenschaft erst durch die **konstitutiv** wirkende Eintragung (zu deren Herbeiführung sie im Übrigen nicht verpflichtet sind). Doch wird man hier von einem Handelsgewerbe im Sinne des § 1 Abs. 2 HGB ausgehen können. Sind somit K und D Kaufleute, so setzt das Vorliegen eines Handelsgeschäfts nach § 343 Abs. 1 weiter voraus, dass das Geschäft zum Betrieb des Handelsgewerbes gehört. Dies kann auch unabhängig von der Vermutung des § 344 Abs. 1 HGB sowohl für K als auch für D bejaht werden; ganz offensichtlich handelt es sich nicht um ein der privaten Verbrauchssphäre zuzurechnendes Geschäft.

Nach § 354a S. 1 HGB ist das zwischen K und D vereinbarte Abtretungsverbot unwirksam. Die weitere Folge ist, dass V Inhaber der Forderung geworden ist und er somit D aus eigenem Recht in Anspruch nehmen kann. D kann jedoch nach § 354a S. 2 HGB auch dann mit befreiender Wirkung an K leisten, wenn er von der Abtretung Kenntnis hat[70].

---

68 BGHZ 40, 156, 159 ff.; BGHZ 102, 293, 301; zur grundsätzlichen Wirksamkeit eines AGB-förmigen Abtretungsausschlusses s. BGH BB 2006, 2379 mit weit. Nachw.

69 Eingehend zu dieser – am 30.7.1994 in Kraft getretenen – Vorschrift *Wagner* NJW 1995, 180 f.; *ders.* WM 1994, 2093 ff.; aus der Rechtsprechung namentlich BGH ZIP 2005, 445; BGH BB 2006, 2379 (keine analoge Anwendung auf Rechtsgeschäfte, die nicht für beide Vertragspartner ein Handelsgeschäft darstellen); beachte auch die durch das Risikobegrenzungsgesetz (Rn. 409) eingefügte Ausnahme des § 354a Abs. 2 HGB.

70 Näher zu den Folgen dieser – verunglückten – Regelung *Canaris* Handelsrecht, 24. Aufl., 2006, § 26 II.

266 Die Vereinbarung eines wirksamen Abtretungsverbots hat häufig auch Auswirkungen auf die Eigentumsverhältnisse an der unter Eigentumsvorbehalt gelieferten Sache. Zunächst einmal fehlt dem Vorbehaltskäufer die Befugnis, über die fremde Sache zu verfügen. Denn zwar wurde er vom Vorbehaltsverkäufer nach § 185 Abs. 1 ermächtigt, dies aber offensichtlich nur in der erkennbaren Erwartung, dass es zur Abtretung der Forderung aus dem Weiterverkauf kommt. Scheitert die Abtretung an dem Zessionsverbot, so **entfällt** auch die **Verfügungsermächtigung des Vorbehaltskäufers**[71]. Der Zweitkäufer erwirbt in diesem Fall von dem Nichteigentümer. Da er allerdings selbst die Abtretung der gegen ihn gerichteten Forderung ausgeschlossen hat, hat er zu erkennen gegeben, dass er selbst davon ausgeht, sein Verkäufer (der Vorbehaltskäufer) habe die Ware nur unter verlängertem Eigentumsvorbehalt erworben. Angesichts dessen darf der Zweitkäufer weder auf die Verfügungsbefugnis des Vorbehaltskäufers noch auf dessen Eigentum vertrauen; er ist somit weder nach § 366 Abs. 1 HGB (dazu Rn. 153) noch nach §§ 932 ff. geschützt[72]. Unter Geltung des § 354a HGB (Rn. 265) hat sich die Problematik freilich weitgehend erledigt[73].

c) Kollision zwischen verlängertem Eigentumsvorbehalt und Globalzession[74]

267 Die Forderung aus dem Weiterverkauf der Vorbehaltsware, welche im Wege der Vorauszession an die Stelle des Vorbehaltseigentums tritt, ist häufig bereits Gegenstand einer zwischen dem Vorbehaltskäufer und seiner Bank vereinbarten Globalzession.

Die Problematik soll anhand von **Fall 37** verdeutlicht werden: Großhändler K hat seiner Bank B zur Sicherung eines Kontokorrentkredits seine gegenwärtigen und künftigen Forderungen gegen Abnehmer mit den Anfangsbuchstaben L–Z abgetreten. Die zum Verkauf bestimmten Waren bezieht K unter anderem bei V. In den – Vertragsbestandteil gewordenen – Lieferbedingungen des V findet sich die Vereinbarung eines verlängerten Eigentumsvorbehalts. Als K zahlungsunfähig wird, zieht B unter anderem eine von der Globalzession umfasste Forderung gegen S ein. Diese Forderung beruhte auf dem Verkauf eines größeren Warenpostens, den K nach Vornahme der Globalzession von V unter verlängertem Eigentumsvorbehalt bezogen hatte. Kann V von B den eingezogenen Betrag beanspruchen?

V könnte einen **Anspruch aus § 816 Abs. 2** haben. Voraussetzung ist danach, dass S an einen Nichtberechtigten eine Leistung bewirkt hat, die dem Berechtigten gegenüber wirksam ist. Es müssten also B Nichtberechtigter und V Berechtigter gewesen sein; zudem müsste die Leistung an B dem V gegenüber wirksam sein, was unter den genannten Voraussetzungen in direkter oder entsprechender Anwendung des § 408 Abs. 1 der Fall wäre[75]. Was zunächst die Frage betrifft, ob B Nichtberechtigter ist, so ist von dem **Priori-**

71 *Medicus/Petersen* Rn. 526; zur grundsätzlichen Wirksamkeit eines AGB-mäßigen Abtretungsausschlusses s. aber BGH BB 2006, 2379 mit weit. Nachw.

72 BGHZ 74, 274 ff.; BGH NJW 1999, 425, 426; s. ferner BGH ZIP 2003, 2211: Grobe Fahrlässigkeit des Erwerbers, der nach den Umständen mit verlängertem Eigentumsvorbehalt rechnen muss und weiß, dass Vorausabtretung deswegen ins Leere geht weil er selbst seine Leistung bereits im Voraus an seinen abtretungspflichtigen Vertragspartner erbracht hat.

73 So zu Recht *K. Schmidt* NJW 1999, 400 f.

74 Eingehend zum Folgenden *Baur/Stürner* § 59 Rn. 50 ff.; *Berger* § 32 Rn. 17 ff.; *Bülow* Rn. 1796 ff.; *Medicus/Petersen* Rn. 525 ff.; *Grunewald/Riesenhuber* § 47 I 3 Rn. 932 ff.; *Jork* JuS 1994, 1019 ff.; *Picker* JuS 1988, 375 ff.; *Hennrichs* JZ 1993, 225 ff.; *Vieweg/Lorz* § 11 Rn. 18 ff.

75 § 408 Abs. 1 erfasst seinem Wortlaut nach nur den Fall, dass die Globalzession nach der Vorauszession zugunsten des Verkäufers erfolgt; häufiger ist jedoch der umgekehrte Fall. – In jedem Fall hat V (wäre er denn Berechtigter) die Möglichkeit, die Leistung an B nach §§ 362 Abs. 2, 185 Abs. 1 zu genehmigen.

tätsprinzip auszugehen; danach ist von mehreren miteinander kollidierenden Verfügungen nur die zeitlich frühere wirksam. Da die Globalzession an B zeitlich vor der Vorauszession an V erfolgt ist, hat dies an sich zur Folge, dass B Berechtigter war und deshalb der eingezogene Betrag ihm gebührt. Freilich ist dabei vorausgesetzt, dass die Globalzession an B wirksam war. Dem aber könnte entgegenstehen, dass die Globalzession auch Forderungen umfasst, die einem verlängerten Eigentumsvorbehalt unterliegen. In der Tat geht die hM davon aus, dass eine solche **Globalzession** (also das Verfügungsgeschäft!) **sittenwidrig** und damit nach § 138 Abs. 1 unwirksam ist[76]; eine in AGB enthaltene Globalzession ist nach dieser Ansicht zudem unangemessen im Sinne des § 307 Abs. 1. Zur Begründung wird angeführt, dass K durch die Globalzession zum **Vertragsbruch** gegenüber V genötigt werde: Infolge der bereits erfolgten Abtretung der Forderung könne diese dem V nicht mehr als Surrogat für das vorbehaltene Eigentum übertragen werden, was als Verletzung der vertraglichen Abrede mit V und möglicherweise sogar als Unterschlagung der Ware[77] zu qualifizieren sei. Im Ergebnis bedeutet dies, dass der verlängerte Eigentumsvorbehalt auch einer zeitlich früher vereinbarten Globalzession vorgeht[78]. Für Fall 37 ergibt sich daraus, dass B Nichtberechtigter und V Berechtigter war. V kann somit nach § 816 Abs. 2 die von B vereinnahmte Zahlung beanspruchen, ohne dass B einwenden könnte, sie habe K im Vertrauen auf die Wirksamkeit der Globalzession und ihr Recht auf den eingezogenen Betrag weiteren Kredit gewährt[79].

Die Bank als Globalzessionar kann dem Verdikt der Sittenwidrigkeit (und dem Risiko, ohne Sicherheit dazustehen) nur entgehen, wenn sie die Globalzession durch eine sogenannte **dingliche Teilverzichtsklausel** einschränkt[80], also mit dem Zedenten vereinbart, dass Forderungen, die einem verlängerten Eigentumsvorbehalt unterliegen, nicht von der Globalzession erfasst sein sollen. Eine obligatorische Teilverzichtsklausel, wonach die Bank verpflichtet ist, solche Forderungen an den jeweiligen Lieferanten abzutreten, soll dagegen nicht genügen; denn sie belaste den Lieferanten mit dem Risiko der Insolvenz der Bank. Im Übrigen beansprucht der verlängerte Eigentumsvorbehalt nach der Rechtsprechung des BGH auch gegenüber einer Globalzession im Rahmen des **unechten Factoring** Geltung[81]. Das **echte Factoring**, bei dem der Factor die Forderung auf eigene Rechnung erwirbt und damit das Risiko der Insolvenz des Schuldners der abgetretenen Forderung trägt, entspricht dagegen auch nach Ansicht des BGH einer – dem Vorbehaltskäufer vom Vorbehaltsverkäufer gestatteten – Einziehung der Forderung; die Globalzession ist deshalb wirksam[82]. 268

76 **BGHZ 30, 149, 152 f.**; BGH NJW 1999, 940 („Sicherung der schutzwürdigen Belange des Kreditnehmers und seiner Lieferanten"); BGH ZIP 1999, 997; grundlegend *Flume* NJW 1950, 841, 847; *ders.* NJW 1959, 913, 918.

77 Zur Abhängigkeit der Verfügungsermächtigung von der Vorauszession s. Rn. 266.

78 Zu anderen Lösungsmöglichkeiten, insbesondere zu dem – in BGHZ 32, 361 freilich abgelehnten – Teilungsprinzip s. *Baur/Stürner* § 59 Rn. 52 ff.; krit. auch *Kieninger*, Festschrift für Canaris, 2017, S. 635, 650 ff.

79 Speziell dazu **BGHZ 56, 173 ff.**

80 **BGHZ 72, 308, 310**; BGH NJW 1974, 942 f.; BGH NJW 1999, 940, dort auch zu den subjektiven Voraussetzungen des § 138 Abs. 1: keine verwerfliche Gesinnung der Bank, wenn sie nach den Umständen des Einzelfalles – insbesondere wegen der Unüblichkeit des verlängerten Eigentumsvorbehalts in der betreffenden Branche – eine Kollision der Sicherungsrechte für ausgeschlossen halten durfte. Die Unwirksamkeit nach § 307 bleibt davon allerdings unberührt.

81 BGHZ 82, 50, 64 f.; dazu *Vieweg/Lorz* § 11 Rn. 27; dagegen aber mit guten Gründen ein beachtlicher Teil des Schrifttums, s. *Baur/Stürner* § 59 Rn. 59 f. mit Nachw. Zu weiteren Kollisionsfällen s. *Baur/Stürner* aaO.

82 BGHZ 69, 254, 257 ff.

269 Wird weder die Globalzession noch die Vorauszession an den Verkäufer aufgedeckt, so kann der Schuldner nach § 407 mit befreiender Wirkung an den Zedenten (also den Vorbehaltskäufer) leisten. Die Leistung an den Vorbehaltskäufer kommt freilich de facto der Bank zugute, wenn sie auf das bei ihr geführte Konto des Vorbehaltskäufers erfolgt; denn auch in diesem Fall mindert die eingegangene Zahlung den Schuldsaldo des Käufers. Handelt es sich bei der getilgten Forderung um eine solche, die einem verlängerten Eigentumsvorbehalt unterliegt, so scheitert ein Anspruch des Vorbehaltsverkäufers gegen die Bank aus § 816 Abs. 2 allerdings daran, dass die Bank zwar **Zahlstelle, nicht** aber **Leistungsempfänger** ist. Zwar hat der Verkäufer in diesem Fall einen Anspruch aus § 816 Abs. 2 gegen den Vorbehaltskäufer; da dieser aber ohnehin den Kaufpreis schuldet, ist dem Verkäufer mit einem zusätzlichen Anspruch aus § 816 Abs. 2 nicht gedient. Der BGH hat allerdings dem Verkäufer einen Anspruch gegen die Bank zugesprochen und darauf hingewiesen, dass diese sich nach § 242 wie ein Leistungsempfänger behandeln lassen müsse, wenn sie ihre Position als Zahlstelle dazu ausnutzt, „die von der Rechtsprechung an eine Globalabtretung mit Rücksicht auf die schutzwerten Belange der Vorbehaltslieferanten gestellten strengen Anforderungen zu unterlaufen.“[83] Ein solcher Fall sei anzunehmen, wenn der Vorbehaltskäufer verpflichtet werde, die Bank als ausschließliche Zahlstelle anzugeben.

83 **BGHZ 72, 316, 320 ff.**; s. ferner OLG Brandenburg WM 1999, 267, *Peters/Lwowski* WM 1999, 258 ff.

Fünfter Teil

Allgemeines Grundstücksrecht

§ 13 Verfügungen über Grundstücksrechte

I. Grundlagen

Wir haben gesehen, dass dem Besitz unter anderem die Funktion zukommt, für die Publizität der Rechtsverhältnisse an beweglichen Sachen zu sorgen (Rn. 18, 147 ff.). Für Rechte an Grundstücken hat der Gesetzgeber auf ein anderes, sehr viel verlässlicheres und aussagekräftigeres **Publizitätsmittel** zurückgegriffen, nämlich auf das **Grundbuch**. In ihm ist jede rechtsgeschäftliche Verfügung über ein Grundstücksrecht zu verlautbaren. Von wesentlicher Bedeutung ist dabei, dass die Eintragung in das Grundbuch nicht nur deklaratorischer Natur, sondern **Wirksamkeitsvoraussetzung** der rechtsgeschäftlichen Verfügung ist. Durch die damit verbundene Instrumentalisierung des Eigeninteresses der Verfügenden an der Eintragung ist nicht nur die optimale Verwirklichung des Publizitätsgrundsatzes gewährleistet. Vielmehr erübrigt sich durch dieses System auch eine Vorschrift nach Art des § 14 HGB, wonach auf die Verletzung von Anmeldepflichten mit der Festsetzung von Zwangsgeld zu reagieren ist. 270

Der Verzicht auf den Besitz als Publizitätsmittel hat es dem Gesetzgeber im Übrigen erlaubt, **besitzlose dingliche Rechte an Grundstücken** einzuführen. Insbesondere die Grundpfandrechte setzen, anders als das Mobiliarpfand, nicht voraus, dass der dinglich Berechtigte (der Grundpfandgläubiger) Besitz an dem Grundstück erlangt. Vor diesem Hintergrund erübrigt sich zugleich die Sicherungsübereignung des Grundstücks, zumal sie, nicht anders als die Bestellung eines Grundpfandrechts, die Eintragung in das Grundbuch voraussetzen würde und damit nicht unter Verzicht auf einen Publizitätsakt durchgeführt werden könnte (Rn. 286). Die Besitzlosigkeit wichtiger Grundstücksrechte bringt es ferner mit sich, dass ein Grundstück häufig mit mehreren dinglichen Rechten belastet ist, mag es sich bei diesen Rechten um solche gleichen oder unterschiedlichen Inhalts handeln. Zwar begegnet, wie §§ 1208, 1209 zeigen, die Belastung einer Sache mit mehreren beschränkten dinglichen Rechten auch im Bereich des Mobiliarsachenrechts; angesichts des im Grundsatz bestehenden Erfordernisses des Besitzes des dinglich Berechtigten handelt es sich dabei allerdings um Ausnahmetatbestände[1]. Für den Bereich des Immobiliarsachenrechts ist dagegen die Belastung eines Grundstücks mit mehreren Grundpfandrechten oder Nutzungsrechten gang und gäbe. Dies wirft die Frage auf, ob diese Rechte miteinander konkurrieren (also gleichen Rang haben) oder in einer Rangordnung stehen; der Gesetzgeber hat sich, wie wir im Zusammenhang mit Fall 42 (Rn. 311) sehen werden, für die Einführung einer **festen Rangordnung** entschieden. 271

Auch ein noch so ausgeklügeltes Grundbuchsystem vermag allerdings nicht zu verhindern, dass im Einzelfall wahre Rechtslage und Grundbucheintragung voneinander abweichen, das Grundbuch also unrichtig ist. Die **Unrichtigkeit des Grundbuchs** kann etwa darauf beruhen, dass das Grundbuchamt eine Rechtsänderung einträgt, obschon das rechtsge- 272

1 Von praktischer Relevanz ist die Belastung mit einem gesetzlichen besitzlosen Pfandrecht und einem (gesetzlichen oder rechtsgeschäftlichen) Besitzpfandrecht.

schäftliche Element des Verfügungstatbestands – im Fall des § 873 Abs. 1 also die Einigung – unwirksam ist. Denkbar ist des Weiteren, dass es zu einer Parzellenverwechslung kommt. Vor allem aber ist das Erfordernis der Eintragung auf **rechtsgeschäftliche Verfügungen** beschränkt; mit Erwerb kraft Gesetzes kommt es demgemäß zur Unrichtigkeit des Grundbuchs. Stets reagiert die Rechtsordnung auf den durch die Verlautbarung einer tatsächlich nicht bestehenden Rechtslage verursachten Rechtsschein mit der Möglichkeit des **gutgläubigen Erwerbs**: Zugunsten des redlichen Erwerbers gilt das Grundbuch grundsätzlich als richtig. Allerdings hat der Berechtigte die Möglichkeit, durch Geltendmachung des in § 894 geregelten **Grundbuchberichtigungsanspruchs** die Richtigkeit des Grundbuchs herbeizuführen und dadurch den Rechtsschein zu zerstören; zudem kann er nach § 899 einen **Widerspruch** gegen die Richtigkeit des Grundbuchs eintragen lassen.

II. Materielles und formelles Grundstücksrecht

1. Grundprinzipien

273 Das BGB enthält zwar den Grundsatz, **dass** jede rechtsgeschäftliche Verfügung über ein Grundstücksrecht zu ihrer Wirksamkeit der Eintragung in das Grundbuch bedarf (Rn. 270). Es regelt jedoch nicht, **wie** es zu dieser Eintragung kommt. Dieses sogenannte formelle Grundbuchrecht ist vielmehr Gegenstand der **Grundbuchordnung** und der Verordnung zur Durchführung der Grundbuchordnung (sog. Grundbuchverfügung). Im Einzelnen sind dort die Organisation der Grundbuchämter, die Einrichtung der Grundbücher und die Voraussetzungen sowie das Verfahren der Eintragung geregelt.

274 Für die Zwecke der vorliegenden Darstellung genügt es, einige Prinzipien des Eintragungsverfahrens in Erinnerung zu rufen[2]. Auszugehen ist zunächst davon, dass die **Eintragung** an **formelle Voraussetzungen gebunden** ist, die sich nicht durchweg mit den im BGB geregelten materiell-rechtlichen Anforderungen decken. Materiell-rechtlich irrelevant ist beispielsweise das Eintragungserfordernis des § 47 Abs. 2 GBO (Rn. 315). Auch bedarf es, um ein weiteres Beispiel anzuführen, nach § 873 Abs. 1 für die Bestellung einer Hypothek nur einer formlosen Einigung zwischen dem Eigentümer und dem Gläubiger sowie der Eintragung in das Grundbuch. §§ 19, 29 GBO verlangen dagegen als Voraussetzung für die Eintragung[3] eine öffentlich beglaubigte Eintragungsbewilligung des Eigentümers. Damit geht die GBO einerseits, nämlich hinsichtlich der Form, über die materiell-rechtlichen Voraussetzungen hinaus; andererseits bleibt sie insoweit hinter diesen zurück, als das Grundbuchamt auf den Nachweis einer dinglichen Einigung verzichtet. Auch wenn es somit für die Eintragung allein auf das Vorliegen der formellen Voraussetzungen ankommt, darf doch das Grundbuchamt, auch wenn die Eintragungsvoraussetzungen erfüllt sind, nicht sehenden Auges zur Unrichtigkeit des Grundbuchs beitragen; bei erkennbar unwirksamer materiell-rechtlicher Einigung ist deshalb der Antrag auf Eintragung abzulehnen[4]. Entsprechendes gilt bei erkennbar fehlender Berechtigung

---

2 Eingehend zum Ganzen *H. Schmitz* JuS 1994, 363 ff., 1054 ff., JuS 1995, 53 ff., 245 ff., 333 ff., 438 ff.; *Baur/Stürner* §§ 14–16; Westermann/*Eickmann* §§ 68, 69; *Wieling/Finkenauer* § 19; zum Verhältnis zwischen Einigung und Eintragung s. *Wieling* AcP 209 (2009), 578 ff.

3 Also nicht im Sinne einer materiell-rechtlichen Wirksamkeitsvoraussetzung der Einigung nach § 873 Abs. 1.

4 BGHZ 35, 135, 139; BGHZ 106, 108, 110; s. aber auch BayObLG DNotZ 1995, 63: bloße Zweifel an der Wirksamkeit des Rechtsgeschäfts rechtfertigen die Ablehnung der Eintragung noch nicht; zur umstrittenen Frage, ob das Grundbuchamt befugt ist, AGB auf ihre Vereinbarkeit mit den §§ 307 ff. nachzuprüfen, s. *Baur/Stürner* § 16 Rn. 61 ff. mit weit. Nachw.

des Verfügenden; obschon das Grundbuch in diesem Fall nicht zwangsläufig unrichtig würde (es besteht ja die Möglichkeit gutgläubigen Erwerbs), darf doch das Grundbuchamt nicht wissentlich daran mitwirken, dass der Berechtigte sein Recht verliert[5].

Des Weiteren ist stets zu bedenken, dass die Eintragung nur **ein** Merkmal des mehraktigen Verfügungstatbestands bildet; nur das rechtsgeschäftliche Element (nach § 873 Abs. 1 also die dingliche Einigung) und die Eintragung als Publizitätstatbestand zusammen bilden also das Verfügungsgeschäft, von dessen Vorliegen der Eintritt der von den Parteien gewollten Rechtsfolgen abhängig ist. Insoweit gilt nichts anderes als im Mobiliarsachenrecht, wo nach §§ 929 ff. nur die Einigung und die Übergabe bzw. ein Übergabesurrogat zusammen den Übergang des Eigentums bewirken. Kommt es etwa zur Eintragung, fehlt es aber an einer wirksamen Einigung, so liegt der Tatbestand des § 873 Abs. 1 nicht vor; die Verfügungswirkungen bleiben aus. Die Eintragung heilt also keineswegs etwaige **materiell-rechtliche Mängel des dinglichen Rechtsgeschäfts**. Da allerdings das Grundbuch unrichtig ist, hat das Grundbuchamt nach § 53 Abs. 1 S. 1 GBO von Amts wegen einen Widerspruch einzutragen und dadurch den von der Eintragung ausgehenden Rechtsschein zu zerstören. **275**

Ein drittes Grundprinzip schließlich hängt mit der Rechtsnatur der Eintragung und den in der GBO geregelten Eintragungsvoraussetzungen zusammen. Es besagt, dass die Eintragung, so sie denn erfolgt und das rechtsgeschäftliche Element des Verfügungsgeschäfts (im Fall des § 873 Abs. 1 also die dingliche Einigung) vorliegt, die Verfügungswirkungen auch dann herbeiführt, wenn das Eintragungsverfahren den Vorschriften des Grundbuchrechts zuwider durchgeführt wurde. Davon betroffen sind **sachlich richtige Eintragungen**, die der Grundbuchbeamte etwa wegen Fehlens von Eintragungsvoraussetzungen nicht vornehmen durfte oder unter Verletzung des Prioritätsgrundsatzes des § 17 GBO vorgenommen hat. Haben sich also der Eigentümer und der Nießbraucher über die Bestellung des Nießbrauchs wirksam geeinigt, so entsteht das Nießbrauchrecht mit seiner Eintragung in das Grundbuch auch dann, wenn es an einer Bewilligungserklärung des Eigentümers fehlt oder das Grundbuchamt dem Prioritätsgrundsatz des § 17 GBO zuwider die Eintragung des Nießbrauchs vor Erledigung eines zeitlich früher gestellten Antrags auf Eintragung eines Dritten als neuer Eigentümer vorgenommen hat (Rn. 278 ff.). Davon zu unterscheiden sind ihrer Art nach unzulässige Eintragungen[6], ferner inhaltlich zwar zulässige, aber aus materiell-rechtlichen Gründen unrichtige Eintragungen[7]. **276**

2. Eintragungsvoraussetzungen

a) Antrag

Erste Voraussetzung einer Eintragung ist nach § 13 GBO ein Antrag. Bei ihm handelt es sich um eine **Verfahrenshandlung**. Nach § 16 Abs. 1 GBO gilt der Grundsatz der **Bedingungs- und Befristungsfeindlichkeit**. Eine Ausnahme von diesem Grundsatz enthält allerdings § 16 Abs. 2 GBO. Ihr kommt vor allem im Zusammenhang mit der Veräußerung eines Grundstücks Bedeutung zu; in diesem Fall nämlich beantragt der Veräußerer häufig, dass die Umschreibung des Eigentums nur gleichzeitig mit der Eintragung einer **277**

5 BayObLG Rpfleger 1994, 453 ff.; *Baur/Stürner* § 23 Rn. 38.

6 Sie sind wirkungslos, s. *Prütting* Rn. 270, und nach § 53 Abs. 1 S. 2 GBO von Amts wegen zu löschen; näher dazu *Lieder* AcP 211 (2011) 857, 864 ff.

7 S. dazu bereits Rn. 275 sowie Rn. 311, ferner **BGH NJW-RR 2014, 788 Rn. 18 ff.**: Unrichtigkeit des Grundbuchs bei Abweichung von einer materiell-rechtlichen Rangvereinbarung gem. § 879 Abs. 3.

seinen Restkaufpreisanspruch sichernden Hypothek eingetragen werden soll. Trägt das Grundbuchamt unter Missachtung der Bedingung allein den Eigentumswechsel ein, so ist dieser gleichwohl wirksam (Rn. 276). Der Veräußerer hat in diesem Fall allerdings einen Amtshaftungsanspruch aus Art. 34 GG iVm. § 839 Abs. 1 und 3[8].

278 **Antragsberechtigt** ist nach § 13 Abs. 1 S. 2 GBO jeder, dessen Recht von der Eintragung betroffen wird oder zu dessen Gunsten die Eintragung erfolgen soll, im Fall der Veräußerung also sowohl der bisherige Eigentümer als auch der Erwerber. Der Antragsberechtigung desjenigen, zu dessen Gunsten die Eintragung erfolgen soll, kommt vor allem mit Blick auf § 31 GBO Bedeutung zu. Nach dieser Vorschrift kann nämlich der Antrag vom Antragsteller (und nur von ihm) bis zur Eintragung ohne weiteres zurückgenommen werden. Dies gilt auch dann, wenn der Antragsteller durch die Rücknahme des Antrags seinen schuldvertraglichen Pflichten zuwiderhandelt oder gar schon eine bindende Einigung im Sinne des § 873 Abs. 2 vorliegt. Infolge der Rücknahme hat sich der Antrag erledigt, so dass das Grundbuchamt nunmehr nach § 17 GBO später beantragte Eintragungen vornehmen darf. Jeder Erwerber eines Grundstücksrechts tut also gut daran, selbst oder durch einen Vertreter Antrag auf Eintragung zu stellen oder seinen Anspruch durch eine **Vormerkung** zu sichern.

279 **Fall 38** zeigt die Problematik auf: V verkauft am 1.10. in notariell beurkundeter Form an K ein Hausgrundstück für 800 000 € und lässt es gegen eine Anzahlung in Höhe von 200 000 € an ihn auf. Beide weisen den Notar an, die Auflassungsurkunde bis zur vollständigen Zahlung des Kaufpreises durch K aufzubewahren und sodann in ihrem Namen beim Grundbuchamt die Eintragung zu beantragen. Noch ehe K die Restzahlung geleistet hat, erfährt er, dass V das Grundstück inzwischen in notarieller Form an den bar zahlenden D veräußert und dieser den Antrag auf Eintragung gestellt hat. Kann K den Eigentumserwerb durch D noch verhindern?

In der Einigung zwischen V und D könnte ein Widerruf der gegenüber K erklärten Auflassung liegen. Indes setzt dies voraus, dass die Auflassung nicht bindend und somit ein Widerrufsrecht gegeben ist. Daran fehlt es hier. Dabei braucht nicht entschieden zu werden, ob § 873 Abs. 2 auch auf die Auflassung Anwendung findet oder ob § 925 Abs. 1 als spezielle Vorschrift anzusehen ist[9]; denn selbst wenn § 873 Abs. 2 auf die Auflassung Anwendung finden sollte, lägen die in dieser Vorschrift geregelten Voraussetzungen einer Bindung an die Einigung angesichts der vorliegend erfolgten notariellen Beurkundung vor. Die Bindung an die Einigung hat allerdings keine Verfügungsbeschränkung zur Folge, so dass die zweite Auflassung des V durchaus wirksam ist. Nach §§ 873 Abs. 1, 925 Abs. 1 wird somit derjenige Eigentümer, der die noch ausstehende Eintragung in das Grundbuch bewirkt. Dies ist allein D. Da er nämlich bereits den Antrag gestellt hat, ist nach § 17 GBO sein Antrag vor einem etwaigen Antrag des K zu bearbeiten; selbst wenn K nunmehr den Restkaufpreis zahlen würde, könnte er den Eigentumserwerb durch D nicht mehr verhindern. Ist D erst einmal in das Grundbuch eingetragen, so scheitert die Eintragung des K an §§ 19, 39 GBO (Rn. 281 ff.).

280 Ausnahmsweise erfolgen **Eintragungen auch ohne Antrag**. Wichtig sind die Amtslöschung gemäß § 53 Abs. 1 S. 2 GBO, der Amtswiderspruch gemäß § 53 Abs. 1 S. 1 GBO (Rn. 275), die Eintragung auf Ersuchen einer Behörde gemäß § 38 GBO (etwa in den Fällen der §§ 19, 34, 130, 146 ZVG, § 941 ZPO), die Eintragung eines Widerspruchs

---

8 Das Richterprivileg des § 839 Abs. 2 kommt nicht zur Anwendung, s. *Baur/Stürner* § 15 Rn. 12.

9 Zu Recht im zweiten Sinne Jauernig/*Berger* § 873 Rn. 18; aA – für Bindung nur unter den Voraussetzungen des § 873 Abs. 2 – *Bassenge* Rpfleger 1977, 8; *Baur/Stürner* § 22 Rn. 11.

oder einer Vormerkung bei unerledigten Anträgen gemäß § 18 Abs. 2 GBO und die Löschung gegenstandsloser Eintragungen nach § 84 GBO.

b) Eintragungsbewilligung

Nach § 19 GBO setzt die Eintragung des Weiteren voraus, dass der von der Eintragung Betroffene die Eintragung bewilligt. Diese Eintragungsbewilligung ist, wie wir bereits gesehen haben, von der materiell-rechtlichen Erklärung des Betroffenen scharf zu unterscheiden (Rn. 274). Nach hM handelt es sich bei der Bewilligung um eine **Erklärung rein verfahrensrechtlicher Natur**[10], für die freilich die Vorschriften des BGB über Willenserklärungen grundsätzlich entsprechend gelten[11]. Zwar hat die Bewilligung als solche eine Änderung der materiellen Rechtslage nicht zur Folge; sie ist also keine Verfügung. Sie legitimiert jedoch die Umschreibung im Grundbuch und hat somit verfügungsähnlichen Charakter, so dass insbesondere § 185 entsprechende Anwendung findet. Auch für die Bewilligung gilt im Übrigen der Grundsatz der **Abstraktheit**; sie ist also auch dann wirksam, wenn es an einer Verpflichtung zu ihrer Erteilung fehlt. **281**

Was die Person des **Bewilligungsberechtigten** betrifft, so ist zu unterscheiden. Soll eine Rechtsänderung im Sinne des § 873 Abs. 1 eingetragen werden, so bedarf es nach § 19 GBO der Bewilligung des durch die begehrte Eintragung in seinem materiellen Recht Betroffenen. Maßgebend ist insoweit die tatsächlich bestehende Rechtslage. Doch darf auch das Grundbuchamt nach § 891 von der Richtigkeit des Grundbuchs ausgehen und den als Berechtigten Eingetragenen als Betroffenen behandeln[12]. Soll dagegen das Grundbuch berichtigt werden, so ist in der Regel der Buchberechtigte betroffen; nach § 894 ist er zur Erteilung der Eintragungsbewilligung verpflichtet. **282**

Das Gesetz kennt eine Reihe von Ausnahmen von dem sogenannten formellen Konsensprinzip des § 19 GBO (s. noch Rn. 326). Besonders wichtig ist diejenige des § 20 GBO, wonach im Fall der Übereignung eines Grundstücks die Bewilligung nach § 19 GBO nicht genügt und dem Grundbuchamt stattdessen[13] die **Auflassung** vorzulegen ist; insoweit gilt also das sogenannte **materielle Konsensprinzip**. Die dem Grundbuchamt vorzulegende Auflassung bedarf nach § 29 GBO sogar der öffentlichen Beglaubigung oder Beurkundung; demgegenüber liegt nach § 925 Abs. 1 eine materiell-rechtlich wirksame Auflassung auch bei mündlichen Erklärungen vor (Rn. 289). Weder einer Bewilligung noch einer vergleichbaren Erklärung bedarf es dagegen in den Fällen der §§ 885, 899 Abs. 2, §§ 22, 26, 38 GBO. **283**

c) Voreintragung des Betroffenen

Nach § 39 Abs. 1 GBO soll die (rechtsändernde oder berichtigende) Eintragung schließlich nur erfolgen, wenn der Betroffene (Rn. 282) als Berechtigter voreingetragen ist. Die Prüfung, ob der Bewilligende verfügungsbefugt ist, ist somit auch für die Zwecke des Eintragungsverfahrens entbehrlich. Auch der Grundsatz des § 39 Abs. 1 GBO gilt allerdings nicht ausnahmslos. Die Voreintragung ist vielmehr bei der Kettenauflassung (Rn. 302, 304), bei der Eintragung von Briefgrundpfandrechten (§ 39 Abs. 2 GBO) und in den Fällen des § 40 GBO entbehrlich. **284**

---

10 Offengelassen aber von BGHZ 84, 202, 207 mit weit. Nachw.
11 Dazu näher *Baur/Stürner* § 16 Rn. 27 ff.; *Prütting* Rn. 280.
12 *Baur/Stürner* § 16 Rn. 32.
13 Vgl. RGZ 141, 374, 376, aber auch BayObLG Rpfleger 1975, 26.

285 **Fall 39** zeigt die Bedeutung des § 40 GBO auf: X ist der einzige Sohn und Alleinerbe des verstorbenen E. Er will ein zum Nachlass gehörendes, noch auf E eingetragenes Grundstück an D veräußern. Zu diesem Zweck schließen X und D einen notariell beurkundeten Kaufvertrag und erklären formgerecht die Auflassung. D legt Kaufvertrags- und Auflassungsurkunde dem Grundbuchamt vor und beantragt seine Eintragung. Wie wird das Grundbuchamt verfahren?

Das Grundbuchamt wird die begehrte Eintragung vornehmen, wenn die **Eintragungsvoraussetzungen** erfüllt sind. Was zunächst das Erfordernis eines Antrags betrifft, so ist es in Fall 39 erfüllt; insbesondere ist nach § 13 Abs. 1 S. 2 GBO auch der Erwerber eines Grundstücks antragsberechtigt. Die nach § 19 GBO im Allgemeinen erforderliche Eintragungsbewilligung ist im Fall der Auflassung entbehrlich; nach §§ 20, 29 GBO tritt vielmehr die Auflassungsurkunde an die Stelle der Eintragungsbewilligung. Der Eintragung des D könnte somit allenfalls entgegenstehen, dass der durch die Eintragung betroffene X nicht als Berechtigter im Grundbuch eingetragen ist; genau dies ist aber nach § 39 Abs. 1 GBO grundsätzlich Voraussetzung für die Eintragung. § 40 Abs. 1 GBO enthält allerdings eine Ausnahme unter anderem für den Fall, dass der Betroffene Erbe des eingetragenen Berechtigten ist und die Übertragung oder die Aufhebung (nicht: die Belastung) eines Rechts eingetragen werden soll. In diesem Fall wäre es Formalismus, wollte man verlangen, dass der Verfügende voreingetragen wird, um sofort darauf wieder ausgetragen werden zu können. Allerdings kann nach § 35 Abs. 1 GBO der Nachweis der Erbfolge nur durch **Erbschein, öffentliches Testament** oder **Erbvertrag** geführt werden. Das Grundbuchamt wird also die Eintragung vornehmen, wenn die Erbenstellung des X in entsprechender Form nachgewiesen wird.

III. Der Verfügungstatbestand im Einzelnen

1. Der Grundsatz des § 873 Abs. 1

286 Vorbehaltlich spezieller Vorschriften nach Art der §§ 1154, 1188, 1195 f. bedarf es nach § 873 Abs. 1 zur Übertragung des Eigentums an einem Grundstück, zur Belastung eines Grundstücks mit einem Rechte sowie zur Übertragung oder Belastung eines solchen Rechtes der **Einigung des Berechtigten und des anderen Teils** sowie der **Eintragung der Rechtsänderung in das Grundbuch**. Mit dieser an die Spitze des Zweiten Abschnitts gestellten, sämtliche Verfügungen über Grundstücksrechte betreffenden allgemeinen Vorschrift ist der Gesetzgeber zwar ganz erheblich von der Regelungstechnik der – jeweils nur ein bestimmtes Verfügungsgeschäft regelnden – §§ 929 ff., 1030 ff., 1204 ff. abgewichen. Auch die Verfügung über Grundstücksrechte ist allerdings als gestreckter Erwerbstatbestand ausgestaltet, so dass uns im Rahmen des § 873 Abs. 1 eine Reihe bereits bekannter Probleme wiederbegegnen wird. So wird zu fragen sein, ob und unter welchen Voraussetzungen dem Erwerber bereits vor erfolgter Eintragung ein Anwartschaftsrecht zusteht. Auch werden wir sehen, dass die Eintragung als Publizitäts- und Rechtsscheinstatbestand den Erwerb vom Nichtberechtigten ermöglicht und insoweit dem Besitz im Sinne der §§ 929 ff. durchaus vergleichbar ist. Des Weiteren begegnet auch im Zusammenhang mit § 873 Abs. 1 die uns schon bekannte Unterscheidung zwischen Berechtigung und Verfügungsbefugnis; es wird deshalb zu fragen sein, ob sich der Erwerber nach erfolgter Einigung auftretende Verfügungsbeschränkungen in der Person des Veräußerers entgegenhalten lassen muss.

Es wurde bereits ausgeführt, dass erst **Einigung und Eintragung gemeinsam** die dingliche Rechtsänderung bewirken (Rn. 275). Beide müssen sich zudem auf dasselbe Recht beziehen. Haben sich also V und K hinsichtlich der Parzelle a geeinigt und kommt es sodann zur Eintragung bei Parzelle b, so hat K nichts erworben; das Grundbuch ist vielmehr hinsichtlich der Parzelle b unrichtig[14]. Die Reihenfolge zwischen Einigung und Eintragung ist freilich ebenso gleichgültig wie der zeitliche Abstand, der zwischen beiden liegt (Rn. 335a). Dem Verfügenden muss allerdings das Recht, über das er verfügt, noch **im Augenblick der Rechtsänderung** zustehen. Ist also zwischen Einigung und Eintragung das Recht auf einen Einzelrechtsnachfolger übergegangen, so bedarf es entweder einer neuen Einigung mit dem nunmehr Berechtigten oder einer Genehmigung durch diesen[15]. Anderes gilt dagegen bei Gesamtrechtsnachfolge; der Gesamtrechtsnachfolger nimmt auch hinsichtlich der bereits erfolgten Einigung die Rechtsstellung des Vorgängers ein[16]. **287**

Im Einzelnen fallen unter § 873 Abs. 1: **288**

- die **Übertragung des Eigentums** an einem Grundstück (wobei § 925 allerdings hinsichtlich der Einigung zwei Sondervorschriften enthält, dazu Rn. 289 ff.)
- die „Belastung eines Grundstücks mit einem Rechte“, also die **Begründung eines beschränkten dinglichen Rechts** (wobei wir in Rn. 13 und Rn. 57 gesehen haben, dass Verfügungsobjekt auch in diesem Fall das Eigentum ist)
- die **Übertragung** eines beschränkten dinglichen Rechts (dazu bereits Rn. 63)
- die **Belastung** eines beschränkten dinglichen Rechts, also etwa die in § 1291 geregelte Verpfändung einer Grundschuld.

2. Die Auflassung im Besonderen

Für die Einigung über den Eigentumsübergang enthält § 925 zwei wichtige Sondervorschriften. Nach der **Formvorschrift des § 925 Abs. 1 S. 1** muss die – vom Gesetz als „Auflassung“ bezeichnete – Einigung abweichend von § 873 Abs. 1 bei gleichzeitiger Anwesenheit beider Teile vor einer zuständigen Stelle (im Sinne des § 925 Abs. 1 S. 2 und 3) erklärt werden. Eine Beurkundung der Auflassung ist zwar zulässig (und aus Gründen des Eintragungsverfahrens zu empfehlen, s. Rn. 283), materiell-rechtlich aber nicht erforderlich;[17] es genügt vielmehr eine **mündliche Einigung**, sofern sie den Anforderungen des § 925 Abs. 1 S. 1 entspricht. Nach zutreffender, freilich umstrittener Ansicht ist die formwirksam erklärte Auflassung auch unabhängig von den Voraussetzungen des § 873 Abs. 2 bindend (Rn. 279). Auch die Auflassung ist allerdings kein höchstpersönliches Rechtsgeschäft; Stellvertretung ist also zulässig. **289**

Nach § 925 Abs. 2 ist die Auflassung **bedingungs- und befristungsfeindlich**; eine gleichwohl unter einer Bedingung oder Zeitbestimmung erfolgte Auflassung ist unwirksam. „Vorübergehendes“ Grundeigentum ist somit nicht denkbar; davon betroffen ist insbesondere die Vereinbarung eines Eigentumsvorbehalts (Rn. 230 ff.). Allerdings hindert der Grundsatz der Bedingungs- und Befristungsfeindlichkeit die Parteien nicht daran, die die Auflassung entgegennehmende Stelle (also den Notar) anzuweisen, den Eintragungs- **290**

14 Näher dazu *Baur/Stürner* § 19 Rn. 30, dort auch zu dem – durch entsprechende Anwendung des § 139 zu lösenden – Problem, dass sich Einigung und Eintragung nur teilweise decken (also mehr oder weniger eingetragen wird).

15 *Baur/Stürner* § 19 Rn. 33; Jauernig/*Berger* § 873 Rn. 10.

16 Vgl. die Nachw. in Fn. 15; ferner BGHZ 48, 351, 356.

17 Ganz hM, vgl. RGZ 99, 65 ff.; BGHZ 22, 312 ff.; eingehend *Dümig* ZfIR 2003, 583 ff.; aA *Pajunk*, Die Beurkundung als materielles Formerfordernis der Auflassung, 2002, passim.

antrag erst bei Eintritt einer bestimmten Bedingung oder Ablauf einer bestimmten Zeit zu stellen. Zudem kann der **Antrag** unter den Voraussetzungen des § 16 Abs. 2 GBO unter einer Bedingung stehen (Rn. 277). Auch fallen **„Rechtsbedingungen"** nicht unter den Begriff der Bedingung im Sinne der §§ 925 Abs. 2, 158[18]. Vor allem aber ist es durch § 925 Abs. 2 nicht ausgeschlossen, einen bedingten oder befristeten Anspruch auf Übereignung durch eine Vormerkung zu sichern.

291 Die Wirkungen der Auflassung sollen am Beispiel von **Fall 40** verdeutlicht werden: V veräußert sein Landgut an K. Die Eintragung erfolgt alsbald nach der Auflassung im Sommer 2023. Als Termin für die Übergabe des Grundstücks ist der 1.2.2024 vorgesehen. G, ein Gläubiger des V, lässt vor Übergabe einen auf dem Landgut verwendeten Rasenmäher pfänden. Kann K etwas dagegen unternehmen? Wie ist die Rechtslage, wenn der Rasenmäher bei Veräußerung des Landguts nicht dem V, sondern dem E gehörte, K aber gutgläubig den V für den Eigentümer hielt?

K könnte zunächst im Wege der **Erinnerung nach § 766 ZPO** geltend machen, dass die Pfändung wegen Missachtung des § 865 Abs. 2 S. 1 ZPO unzulässig sei. Indes steht die Erinnerung nach § 766 ZPO nur dem Schuldner (V), dem dinglich gesicherten Gläubiger und einem Zwangsverwalter zu[19]; K wäre somit selbst dann nicht erinnerungsbefugt, wenn er Eigentum an dem Rasenmäher erworben hätte. In diesem Fall könnte er aber mittels der **Drittwiderspruchsklage nach § 771 ZPO** geltend machen, dass der Pfändung sein Eigentum und damit ein „die Veräußerung hinderndes Recht" entgegenstehe (Rn. 165). Fraglich ist deshalb, ob K im Zeitpunkt der Pfändung Eigentümer des Rasenmähers war. Grundsätzlich wird Eigentum an beweglichen Sachen nach §§ 929 ff. nur durch Einigung und Übergabe bzw. Übergabesurrogat erworben; da die Übergabe erst nach der Pfändung erfolgen sollte und für ein Übergabesurrogat nichts ersichtlich ist, bedeutet dies, dass ein Eigentumserwerb nach §§ 929 ff. noch nicht erfolgt war. Nach § 926 Abs. 1 S. 1 erlangt allerdings der Erwerber eines Grundstücks mit dem Eigentum an dem Grundstück auch das Eigentum an den zur Zeit des Erwerbes vorhandenen **Zubehörstücken**, wenn Veräußerer und Erwerber darüber einig sind, dass sich die Veräußerung auch auf das Zubehör erstrecken soll. Nach § 926 Abs. 1 S. 2 ist ein entsprechender Wille im Zweifel anzunehmen. Die Vorschrift erleichtert mithin die Eigentumsverschaffung an Zubehörstücken, um dadurch die wirtschaftliche Einheit von Grundstück und Zubehör zu erhalten[20]: Voraussetzung für den Erwerb des Eigentums an dem Zubehör ist allein das Vorliegen einer Einigung im Sinne des § 929 S. 1 (die sich im Übrigen aus Gründen des Spezialitätsgrundsatzes auf jedes zu übereignende Zubehörstück beziehen muss, Rn. 16 f.); eine Übergabe oder ein Übergabesurrogat ist dagegen entbehrlich. Da der Rasenmäher nach § 97 Abs. 1 S. 1 Zubehör ist und eine die Vermutung des § 926 Abs. 1 S. 2 außer Kraft setzende Vereinbarung nicht vorliegt, hat K bereits im Sommer 2018 und damit vor der Pfändung durch G Eigentum am Rasenmäher erworben. Er kann somit der Pfändung durch G widersprechen.

Anders verhält es sich, wenn V gar nicht Eigentümer des Rasenmähers war. In diesem Fall finden nach § 926 Abs. 2 zwar die Vorschriften der §§ 932 bis 936 Anwendung; für den guten Glauben des Erwerbers ist jedoch die Zeit der Erlangung des Besitzes maßge-

18 Zulässig ist also insbesondere eine Abrede, wonach die Auflassung unter der „Bedingung" steht, dass eine nach §§ 1643, 1821 Abs. 1 Nr. 1 erforderliche Genehmigung erteilt wird.

19 Thomas/Putzo/*Seiler* § 865 Rn. 6.

20 Eine entsprechende Regelung für das Verpflichtungsgeschäft ist in § 311c enthalten.

bend. Dies bedeutet, dass veräußererfremdes Zubehör nicht nach § 926 Abs. 1 S. 1 erworben werden kann. Der Erwerb vollzieht sich vielmehr nach §§ 932 ff. und setzt somit voraus, dass der Erwerber noch bei Vollendung des Erwerbstatbestands – hier bei Übergabe – gutgläubig ist. Daran fehlt es.

3. Sonstige Verfügungen

§ 873 regelt mit der **Übertragung und der Belastung eines Rechts** zwei besonders bedeutsame Verfügungsgeschäfte. 292

➔ **Definition:** Der Kreis der Verfügungsgeschäfte geht jedoch darüber hinaus, bezeichnet man doch als **Verfügung** ein jedes Rechtsgeschäft, das unmittelbar auf ein bestehendes Recht einwirkt, neben der Übertragung und Belastung also auch die Inhaltsänderung und die Aufhebung eines Rechts[21].

a) Inhaltsänderung

Was zunächst die Inhaltsänderung betrifft, so kann sie sich nur auf beschränkte dingliche Rechte (also nicht auf das Eigentum[22]) beziehen. Sie setzt nach §§ 877, 873 die dingliche Einigung zwischen dem Berechtigten und dem Grundeigentümer sowie die Eintragung voraus. Ist das zu ändernde Recht mit dem Recht eines Dritten belastet (s. Rn. 288), so bedarf es nach §§ 877, 876 auch der Zustimmung des Dritten, wenn die Inhaltsänderung für ihn rechtlich von Nachteil ist[23]. Schließlich darf die Inhaltsänderung **gleich- oder nachrangige Rechte** nicht beeinträchtigen. Eine Inhaltsänderung, durch die die Haftung des Grundstücks verschärft wird, bedarf somit der Zustimmung der Inhaber gleich- oder nachrangiger Rechte[24]; §§ 1119 Abs. 2, 1186, 1198, 1203 präzisieren diesen Grundsatz. 293

b) Aufhebung

Die Aufhebung eines beschränkten dinglichen Rechts (und nur sie, s. Rn. 295) ist in § 875 geregelt. Erforderlich sind die Erklärung des Berechtigten, dass er das Recht aufhebe, und die Eintragung der Aufhebung in das Grundbuch. Ist das aufzuhebende Recht mit dem **Recht eines Dritten** belastet, so muss nach § 876 auch dieser zustimmen; denn mit der Aufhebung des belasteten Rechts erlischt das Verfügungsobjekt und mit ihm auch das Recht des Dritten. Handelt es sich bei dem aufzuhebenden Recht um ein Grundpfandrecht, so setzt die Aufhebung nach §§ 1183, 1192 Abs. 1 zudem die Zustimmung des Eigentümers voraus; denn er verliert durch die Aufhebung des Grundpfandrechts seine Chance auf Erwerb eines Eigentümergrundpfandrechts. 294

Von der in § 875 geregelten Aufhebung eines „Rechts an einem Grundstück" zu unterscheiden ist 295

- die Aufgabe des Eigentums – sie ist in § 928 geregelt
- die Aufgabe eines Rechts an einem beschränkten dinglichen Recht – sie erfolgt nach Maßgabe der §§ 1072, 1064 (Nießbrauch), §§ 1273, 1255 (Pfandrecht).

---

21 S. bereits Rn. 21 f., ferner Grüneberg/*Ellenberger* vor § 104 Rn. 16; aus der Rechtsprechung etwa BGHZ 75, 221, 226; BGHZ 101, 24, 26.
22 Zu den Sonderregeln des WEG s. aber Staudinger/*C. Heinze* § 877 Rn. 43 ff.
23 Zu dieser einschränkenden Auslegung s. BGHZ 91, 343, 346.
24 Staudinger/*C. Heinze* § 877 Rn. 75.

4. Die Rechtslage zwischen Einigung und Eintragung

a) Schutz vor Zwischenverfügungen

296 Liegen die dingliche Einigung, der Eintragungsantrag und die Eintragungsbewilligung vor, so vergeht häufig noch lange Zeit, bis es zur Eintragung und damit zum Erwerb des Vollrechts kommt. In der Zwischenzeit ist der Erwerber zwar unter den Voraussetzungen des § 873 Abs. 2 gegen einen Widerruf der Einigungserklärung geschützt (Rn. 279, dort auch zur Rechtslage bei der Auflassung). Zudem erfährt er einen gewissen Schutz durch den **Prioritätsgrundsatz des § 17 GBO**; denn dieser bewirkt letztlich, dass weitere Verfügungen des Veräußerers nicht zu Lasten desjenigen gehen, dessen Erwerb bereits durch Stellung des Eintragungsantrags eingeleitet ist (Rn. 279). Allerdings ist der Erwerber wegen der Möglichkeit zur Rücknahme des Antrags nach § 31 GBO nur geschützt, wenn er selbst den Antrag gestellt hat (Rn. 278); zudem handelt es sich bei § 17 GBO um eine Vorschrift des formellen Grundbuchrechts, deren Verletzung die einmal eingetretene dingliche Rechtslage unberührt lässt (Rn. 276). Im praktischen Regelfall hat jedoch der Erwerber, der selbst den Eintragungsantrag gestellt hat und dem die Eintragungsbewilligung erteilt wurde, beeinträchtigende Zwischenverfügungen des Veräußerers nicht zu befürchten.

b) Nachträgliche Verfügungsbeschränkungen

297 Der Erwerber ist allerdings unter den Voraussetzungen der §§ 13, 17, 31 GBO nicht nur gegen beeinträchtigende Zwischenverfügungen geschützt. Nach § 878 schaden ihm vielmehr auch nach Vornahme einer bindenden Einigung und Stellung des Antrags eintretende Verfügungsbeschränkungen des Veräußerers nicht mehr. Dem liegt die Erwägung zugrunde, dass es unter den Voraussetzungen des § 878 allein Sache des Grundbuchamtes ist, die Rechtsänderung herbeizuführen, und die damit verbundene Verzögerung nicht zu Lasten des Erwerbers gehen soll. Die Vorschrift weicht deshalb von dem Grundsatz ab, dass der Veräußerer im Zeitpunkt der Rechtsänderung noch verfügungsbefugt sein muss (Rn. 146). Ihr kommt vor allem bei Insolvenz des Veräußerers Bedeutung zu; der in § 81 Abs. 1 S. 1 InsO vorgesehene Verlust der Verfügungsbefugnis berührt den Erwerber unter den Voraussetzungen des § 878 nicht[25].

298 Liegen die Voraussetzungen des § 878 noch nicht vor, so beurteilt sich die Lage des Erwerbers dagegen nach § 81 Abs. 1 S. 2 InsO iVm. § 892 Abs. 1 S. 2, §§ 135 Abs. 2, 136: Solange die Verfügungsbeschränkung noch nicht in das Grundbuch eingetragen ist, besteht die Möglichkeit des **gutgläubigen Erwerbs** von dem in seiner Verfügungsbefugnis eingeschränkten Eigentümer (Rn. 140). Unanwendbar ist § 878 schließlich, wenn der Veräußerer vor Eintragung der Rechtsänderung stirbt oder geschäftsunfähig wird; in diesem Fall gilt vielmehr § 130 Abs. 2.

c) Anwartschaftsrecht des Erwerbers[26]

299 **aa) Voraussetzungen.** Mit bindender Einigung, Erteilung der Eintragungsbewilligung durch den Veräußerer[27] und Stellung des Eintragungsantrags durch den Erwerber hat Letz-

25 S. aber auch BGHZ 136, 87; dazu *Scholz* ZIP 1999, 1693 ff.

26 Näher dazu *Habersack* JuS 2000, 1145; *J. Hager* JuS 1991, 1; *Konzen*, in: 50 Jahre BGH, Festgabe aus der Wissenschaft, 2000, Bd. 1, S. 871; *Mülbert* AcP 202 (2002) 912, 923 ff.; *ders.* AcP 214 (2014), 309 ff.; *Vieweg/Lorz* § 13 Rn. 60 ff.; s. ferner Rn. 54 ff.

27 Im Fall der Auflassung tritt nach § 20 GBO die Auflassungsurkunde an die Stelle der Eintragungsbewilligung, s. Rn. 283. Für die Frage eines Anwartschaftsrechts des Auflassungsempfängers bedeutet dies, dass es der Eintragungsbewilligung nicht bedarf, es also genügt, dass der Erwerber die Auflassungsurkunde vorlegt.

terer, wie die Ausführungen in Rn. 296 ff. gezeigt haben, eine **gesicherte Rechtsstellung** erlangt. Die ganz hM spricht denn auch dem Erwerber ein Anwartschaftsrecht zu, wobei allerdings die Meinungen darüber, unter welchen Voraussetzungen von einem solchen Recht gesprochen werden kann, stark divergieren. Während ein Teil des Schrifttums davon ausgeht, dass schon die dingliche Einigung ein Anwartschaftsrecht des Erwerbers hervorbringe[28], sind die Rechtsprechung und gewichtige Stimmen des Schrifttums der Ansicht, dass von einem Anwartschaftsrecht grundsätzlich erst mit bindender Einigung, Eintragungsantrag des Erwerbers (Rn. 277 f.) und Eintragungsbewilligung des Veräußerers[29] gesprochen werden könne[30]. Der Eintragungsantrag des Erwerbers und die Bewilligung des Veräußerers können nach dieser herrschenden Ansicht dadurch ersetzt werden, dass zugunsten des Erwerbers eine Vormerkung eingetragen wird[31]. Ein anderer Teil des Schrifttums will dagegen ein Anwartschaftsrecht überhaupt nur bei Vorliegen der dinglichen Einigung und der Eintragung einer Vormerkung anerkennen[32]; ohne Vormerkung ist nach dieser Ansicht ein Anwartschaftsrecht nicht denkbar. Wieder andere stehen der Annahme eines Anwartschaftsrechts des Auflassungsempfängers generell skeptisch gegenüber[33].

Zu folgen ist der zuletzt genannten, die Existenz eines Anwartschaftsrechts des Auflas- **300**
sungsempfängers generell ablehnenden Ansicht[34]. Allgemein setzt die Anerkennung eines Anwartschaftsrechts voraus, dass der Erwerber über eine gesicherte Position verfügt, die durch den Veräußerer nicht mehr einseitig zerstört werden kann; der Erwerber muss mit anderen Worten einseitig das Vollrecht zur Entstehung bringen können. In Fall 38 (Rn. 279) mussten wir aber feststellen, dass allein das Vorliegen einer bindenden Einigung noch keine gesicherte Position des Erwerbers begründet. Aber auch für den Fall, dass der Erwerber den Eintragungsantrag gestellt hat und zudem die Eintragungsbewilligung des Veräußerers vorliegt[35], läuft der Erwerber immer noch Gefahr, dass das Grundbuchamt entweder seinen Antrag zu Unrecht nach § 18 Abs. 1 S. 1 GBO zurückweist und sodann einem zweiten Antrag stattgibt oder der Vorschrift des § 17 GBO zuwiderhandelt. Eine Position, die durch einen Verfahrensfehler des Grundbuchamtes oder durch einen Akt der Zurückweisung in sich zusammenfällt, kann indes kaum als ein dem Eigentum vergleichbares subjektives Recht qualifiziert werden.

Entgegen der herrschenden Meinung sollte aber auch dann nicht von einem Anwart- **301**
schaftsrecht gesprochen werden, wenn es zwar an einem Eintragungsantrag des Erwerbers fehlt, zu seinen Gunsten aber eine **Vormerkung** eingetragen[36] ist. Der Anerkennung des Anwartschaftsrechts steht in diesem Fall zwar nicht entgegen, dass die Position des Berechtigten infolge der Akzessorietät der Vormerkung (Rn. 331 f.) von dem Fortbestand des vormerkungsgesicherten Anspruchs abhängig ist; denn eine ganz vergleichbare

28 So namentlich *Reinicke/Tiedtke* NJW 1982, 2281, 2282 ff.
29 Dieses Erfordernis wird vom BGH (s. Nachw. in Fn. 30) nicht eigens betont, was aber wohl darauf zurückzuführen ist, dass es der BGH mit dem Anwartschaftsrecht des Auflassungsempfängers zu tun hatte und in diesem Fall die Vorlage der Auflassungsurkunde genügt, s. Fn. 27.
30 **BGHZ 45, 186, 190 f.**; BGHZ 83, 395, 399; BGHZ 106, 108, 111; *Baur/Stürner* § 19 Rn. 15 f.; eingehend *Konzen* (Fn. 26), S. 875 ff.
31 S. die Nachw. in Fn. 30.
32 So *Medicus/Petersen* Rn. 469.
33 Vgl. MünchKomm/*Lettmaier* § 873 Rn. 92 f.; *Eichenhofer* AcP 185 (1985), 162 ff.; *Kupisch* JZ 1976, 417 ff.; *Medicus* DNotZ 1990, 275 ff.; *Mülbert* AcP 202 (2002) 912, 923 ff.
34 Näher zum Folgenden *Habersack* JuS 2000, 1145 ff.
35 S. für den Auflassungsempfänger aber Fn. 27.
36 Konsequenterweise müsste die hM sogar den Antrag auf Eintragung der Vormerkung (nebst Eintragungsbewilligung oder einstweiliger Verfügung im Sinne des § 885) genügen lassen; so denn auch Grüneberg/*Herrler* § 925 Rn. 25.

Abhängigkeit ist auch dem Anwartschaftsrecht des Vorbehaltskäufers eigen (Rn. 244). Auch lässt sich gegen die Anerkennung eines Anwartschaftsrechts nicht anführen, dass bei Fehlen eines Eintragungsantrags die Vorschrift des § 878 nicht zur Anwendung gelangt und somit die bereits erfolgte Einigung insbesondere bei Insolvenz des Veräußerers nicht zum Erwerb des Vollrechts führt (Rn. 297 f.). Denn der durch Vormerkung gesicherte Anspruch ist auch in diesem Fall nach § 106 Abs. 1 InsO insolvenzfest. Der Erwerber muss dann zwar den Insolvenzverwalter auf Abgabe der Einigungserklärung und auf Erteilung der Eintragungsbewilligung in Anspruch nehmen[37]. Indes kann der Erwerb des Vollrechts angesichts der Sicherungswirkung der Vormerkung (Rn. 340 f.) weder durch den Veräußerer noch durch einen Dritten vereitelt werden; allein darauf, nicht auf die Notwendigkeit eines die Willenserklärung des Veräußerers ersetzenden Urteils (s. § 894 ZPO) kann es ankommen. Genau dies zeigt aber, dass die gesicherte Position des Erwerbers allein auf der Vormerkung als solcher beruht; die hM müsste demnach konsequenterweise auf das Vorliegen der dinglichen Einigung gänzlich verzichten und ein Anwartschaftsrecht schon aufgrund des Bestehens einer Vormerkung annehmen. Dies aber würde zu völlig unangemessenen, der Systematik des BGB zuwiderlaufenden Ergebnissen führen. So hätte die Anerkennung eines Anwartschaftsrechts zur Folge, dass der vormerkungsgesicherte Anspruch nach § 925 zu übertragen wäre (Rn. 302); demgegenüber geht § 401 davon aus, dass die **Übertragung des vormerkungsgesicherten Anspruchs nach § 398** zu erfolgen hat und der Zessionar kraft Gesetzes auch die Vormerkung erwirbt (Rn. 331, 338). Schon dies zeigt, dass die Unterschiede zwischen der Rechtsstellung des vormerkungsgesicherten Gläubigers (mag die dingliche Einigung bereits erfolgt sein oder nicht) und derjenigen des Einigungsempfängers und Antragsstellers nicht durch die Kategorie des Anwartschaftsrechts verwischt werden dürfen[38]. Der vormerkungsgesicherte Gläubiger ist zwar nahezu umfassend geschützt; die „Verdinglichung" seines Anspruchs beruht jedoch auf den gesetzlichen Wirkungen der Vormerkung, nicht dagegen auf der Erhöhung dieser Position zu einem Anwartschaftsrecht.

301a Die vorstehend angeführten Bedenken werden bestätigt, wenn man berücksichtigt, dass es zur Eintragung einer Vormerkung auch in Fällen kommen kann (und regelmäßig auch kommt), in denen nach herrschender Meinung ein Anwartschaftsrecht schon deshalb vorliegt, weil – zusätzlich zur Eintragung der Vormerkung – die Auflassung erklärt worden und seitens des Erwerbers Antrag auf Eintragung gestellt worden ist[39]. In diesem Fall müsste die herrschende Meinung davon ausgehen, dass der Erwerber sowohl seinen vormerkungsgesicherten Anspruch (Rn. 302 ff.) als auch sein (angebliches) Anwartschaftsrecht übertragen kann. Die Folge wäre die Konkurrenz zweier „Anwartschaftsrechte", die sich sinnvollerweise nur dahin gehend auflösen ließe, dass man dem Erwerber des vormerkungsgesicherten Anspruchs das Recht aus § 888 Abs. 1 auch gegenüber dem Erwerber der (angeblichen) dinglichen Position zuspräche. Dies aber zeigt in aller Deutlichkeit, dass das BGB den Schutz des Erwerbs von Grundstücksrechten durch die Vormerkung zu verwirklichen sucht, und bestätigt die – in Rn. 300 zunächst auf verfahrensrechtliche Erwägungen gestützten – Bedenken gegen die Annahme eines „vormerkungsentkleideten", also allein auf Auflassung und Eintragungsantrag des Erwerbers gestützten Anwartschaftsrechts.

37 Ist eine Zwischenverfügung erfolgt, so ist der Dritte nach § 888 auf Erteilung der Löschungsbewilligung in Anspruch zu nehmen.

38 So zu Recht MünchKomm/*Lettmaier* § 873 Rn. 92; Staudinger/*C. Heinze* § 873 Rn. 184; Staudinger/*Pfeifer/Diehn* § 925 Rn. 140 f.; Jauernig/*Berger* § 873 Rn. 20.

39 Näher *Habersack*, JuS 2000, 1145, 1147 f.; zust. *Mülbert* AcP 202 (2002) 912, 928 f.

bb) Verfügungen über das Anwartschaftsrecht.

(1) Übertragung. Auf der Grundlage der herrschenden Meinung ist das Anwartschaftsrecht des Erwerbers eines Grundstücksrechts, ebenso wie dasjenige des Vorbehaltskäufers (Rn. 246 ff.), **subjektives Recht** und als solches Gegenstand von Verfügungen ist. Was seine Übertragung betrifft, so hat sie in entsprechender Anwendung des § 925 zu erfolgen, wobei allerdings eine Eintragung weder erforderlich noch möglich ist[40]. Mit Eintragung erstarkt es zum Vollrecht, und zwar unmittelbar in der Person des Erwerbers des Anwartschaftsrechts, also ohne Durchgangserwerb des Veräußerers[41]. Es bedarf mithin keiner Voreintragung des Veräußerers des Anwartschaftsrechts; der Erwerber kann vielmehr, gestützt auf die Eintragungsbewilligung des Grundstücksveräußerers, seine Eintragung beantragen[42], sofern er nur die Übertragung des Anwartschaftsrechts in der Form des § 29 GBO nachweist. **302**

Das Anwartschaftsrecht kann, wiederum auf der Grundlage der herrschenden Meinung, nach § 892 Abs. 1 S. 1 vom **Bucheigentümer** erworben werden, wobei es nach § 892 Abs. 2 auf Gutgläubigkeit im Zeitpunkt des Eintragungsantrags ankommt; insoweit entspricht die Rechtslage derjenigen beim Eigentumsvorbehalt (Rn. 245). Das auf diese Weise erworbene Anwartschaftsrecht kann sodann als solches übertragen werden; dabei handelt der Anwartschaftsveräußerer als Berechtigter. Die in Rn. 248 erörterte Frage eines gutgläubigen Zweiterwerbs des Anwartschaftsrechts stellt sich dagegen vorliegend schon deshalb nicht, weil der Anwartschaftsveräußerer noch nicht eingetragen und somit ein Rechtsscheintatbestand nicht gegeben ist. **303**

Die in Rn. 302 beschriebene Möglichkeit der **„Kettenauflassung"** besteht im Übrigen auch unabhängig von der Anerkennung und Übertragung eines Anwartschaftsrechts. Voraussetzung ist, dass der Ersterwerber mit **Einwilligung des Veräußerers** (der ja noch Eigentümer ist) über das ihm bereits aufgelassene Grundstück (also nicht über sein Anwartschaftsrecht) verfügt; dabei hat bereits das RG in der ersten Auflassung eine Einwilligung des Veräußerers im Sinne des § 185 Abs. 1 in die Weiterveräußerung gesehen[43]. Auch auf diesem Wege kommt es sodann zum **Direkterwerb** des Dritten. **304**

Von der Übertragung des Anwartschaftsrechts ist die **Übertragung des schuldrechtlichen Anspruchs** auf das Eigentum oder das beschränkte dingliche Recht an dem Grundstück zu unterscheiden. Nach hier vertretener Ansicht (Rn. 301 ff.) bildet sie – neben der „Konstruktion" mit Hilfe des § 185 Abs. 1 (Rn. 304) – die einzige Möglichkeit zur Übertragung der Position des Auflassungsempfängers. Die Abtretung erfolgt nach § 398, verschafft aber dem Zessionar noch keine dingliche Position. Ist allerdings der abgetretene Anspruch durch eine Vormerkung gesichert, geht diese nach § 401 ebenfalls auf den Zessionar über. Nach BGH NJW 1994, 2947 kann der gesicherte Anspruch und mit ihm die Vormerkung auch noch **nach Vornahme der Auflassung** abgetreten werden, so dass die Verkehrsfähigkeit des Anspruchs gesichert ist und damit die Anerkennung eines übertragbaren Anwartschaftsrechts nicht mehr mit einem dringenden Verkehrsbedürfnis legi- **305**

40 BGHZ 49, 197, 202; BGHZ 114, 161, 164; näher dazu *Konzen* (Fn. 26), S. 886 ff.

41 BGHZ 49, 197, 205.

42 Der Antrag des Zweiterwerbers ist freilich nur als Änderung des vom Anwartschaftsveräußerer bereits gestellten Antrags zu verstehen und behält deshalb dessen zeitlichen Rang im Sinne des § 17 GBO, so zu Recht *Reinicke/Tiedtke* NJW 1982, 2281, 2284.

43 **RGZ 129, 150, 153**; s. ferner BGH DNotZ 1998, 281, 282.

timiert werden kann[44]. Überdies kann der Anspruch aus § 888 (Rn. 340 f.) auch von demjenigen geltend gemacht werden, dem das Grundstück mit Zustimmung des vormerkungsgesicherten Käufers (§§ 362 Abs. 2, 185) übereignet wurde. Dem Erwerber sollen in diesem Fall die Wirkungen der Vormerkung zugute kommen.

306 Bejaht man mit der herrschenden Meinung ein Anwartschaftsrecht des Auflassungsempfängers, ist dies auch im Zusammenhang mit der **Formvorschrift des § 311b Abs. 1** bedeutsam. Nach dieser Vorschrift bedürfen alle Verträge der notariellen Beurkundung, die mindestens eine Partei zur Übertragung oder zum Erwerb von Grundeigentum verpflichten. Vor dem Hintergrund, dass das Anwartschaftsrecht die Rechtsnatur des Vollrechts teilt (Rn. 243), steht es auch im Zusammenhang mit § 311b Abs. 1 dem Grundeigentum gleich; die Verpflichtung zum Erwerb oder zur Veräußerung des Anwartschaftsrechts ist deshalb – anders als diejenige zur Abtretung des Auflassungsanspruchs[45] – formbedürftig[46].

307 **Fall 41** verdeutlicht die Problematik: V verkauft dem K formwirksam ein Grundstück und lässt es an ihn auf. Zugunsten des K wird eine Auflassungsvormerkung in das Grundbuch eingetragen. Der Antrag auf Eintragung des Eigentums des K soll dagegen erst nach vollständiger Zahlung des Kaufpreises gestellt werden. Noch vor Zahlung des Restkaufpreises durch K macht D dem V ein besseres Angebot. K ist zwar ebenfalls mit der Aufhebung des Kaufvertrags einverstanden, meint aber, die Aufhebung bedürfe der notariellen Beurkundung.

Nach § 311b Abs. 1 S. 1 unterliegt ein Vertrag dem Erfordernis notarieller Beurkundung, durch den für mindestens eine Partei die Verpflichtung zur Übertragung oder zum Erwerb von Grundeigentum begründet wird. Die **Aufhebung eines Vertrags** beseitigt dagegen die vertraglich übernommenen Erwerbs- und Übertragungsverpflichtungen und kann deshalb als solche grundsätzlich formfrei erfolgen. Dies gilt nach neuerer Ansicht des BGH selbst dann, wenn der aufzuhebende Vertrag bereits vollzogen wurde und der Käufer infolge der Vertragsaufhebung nach § 812 zur Rückübereignung verpflichtet wird; § 311b Abs. 1 S. 1 findet danach nur für den – in der Praxis allerdings ganz überwiegend gegebenen – Fall Anwendung, dass der Aufhebungsvertrag selbst eine (vertragliche) Rückkaufsvereinbarung enthält[47]. Vor dem Hintergrund, dass das Anwartschaftsrecht des Auflassungsempfängers dem Vollrecht gleichsteht, bedeutet dies, dass die Vertragsaufhebung auch dann formbedürftig ist, wenn der Käufer bereits ein Anwartschaftsrecht erworben hat und aufgrund des Aufhebungsvertrags zu dessen Rückübertragung verpflichtet sein soll[48]. Auf der Grundlage der herrschenden Meinung kommt hier die Anwendung des § 311b Abs. 1 S. 1 deshalb in Betracht, weil K zwar noch keinen Eintragungsantrag gestellt hat, wohl aber zu seinen Gunsten eine Auflassungsvormerkung eingetragen ist (Rn. 299 f.). Die Vertragsaufhebung bedürfte danach also der notariellen Beurkundung.

Auch wenn man mit der herrschenden Meinung ein Anwartschaftsrecht bejahen und deshalb § 311b Abs. 1 S. 1 zur Anwendung bringen wollte, hätten V und K allerdings immer

44 Es bedarf aber in jedem Fall einer Auflassung vom Veräußerer an den Zessionar, s. *Habersack* JuS 2000, 1145, 1148 f., dort auch zu den mit der Übertragung des (angeblichen) Anwartschaftsrechts verbundenen Komplikationen.

45 Zur Unanwendbarkeit des § 311b Abs. 1 s. BGHZ 89, 41, 45; BGH NJW 1994, 1344, 1346.

46 BGHZ 83, 395, 400; Grüneberg/*Grüneberg* § 311b Rn. 6; Jauernig/*Stadler* § 311b Rn. 21, dort auch dazu, dass die Verpflichtung zur Übertragung des Auflassungsanspruchs nicht dem § 311b Abs. 1 unterliegt.

47 **BGHZ 127, 168, 173 f.**; näher dazu *Eckardt* JZ 1996, 934 ff.

48 BGHZ 83, 395, 399 ff.; Jauernig/*Stadler* § 311b Rn. 18; aA *Medicus/Petersen* Rn. 469, *Wilhelm* Rn. 2334 a.E.

noch die Möglichkeit, vor oder gleichzeitig mit der Aufhebung des Kaufvertrags zunächst das Anwartschaftsrecht zu beseitigen[49]; dies könnte durch einvernehmliche Aufhebung der Auflassung, durch die Herbeiführung des Erlöschens der Vormerkung[50] oder (was hier allerdings nicht in Betracht kommt) durch Rücknahme des Eintragungsantrags gemäß § 31 GBO geschehen. Wird die umgekehrte Reihenfolge eingehalten, heilt zwar das nachträgliche Erlöschen des Anwartschaftsrechts entsprechend § 311b Abs. 1 S. 2 den zunächst formunwirksam geschlossenen Aufhebungsvertrag[51]. Bejaht man allerdings (entgegen der hier vertretenen Ansicht, s. Rn. 301) ein Anwartschaftsrecht schon bei Bestehen einer Auflassungsvormerkung, erlöschen die Vormerkung und das Anwartschaftsrecht nicht aufgrund der formlos vereinbarten Vertragsaufhebung; denn die Vertragsaufhebung wäre in diesem Fall – eben wegen der Existenz des Anwartschaftsrechts – formbedürftig.

(2) Verpfändung. Nach § 1274 Abs. 1 S. 1 hat die Verpfändung des von der herr- **308**
schenden Meinung anerkannten Anwartschaftsrechts nach Maßgabe der §§ 873, 925 zu erfolgen, im Fall der Eigentumsanwartschaft also durch Auflassung. Eine Eintragung ist dagegen weder erforderlich noch möglich[52]. Erstarkt des Anwartschaftsrecht zum Vollrecht, so setzt sich das Pfandrecht **analog § 1287** an dem Vollrecht fort (Rn. 203); im Fall der Eigentumsanwartschaft erlangt also der Pfandgläubiger analog § 1287 S. 2 eine Sicherungshypothek an dem Grundstück[53]. Anstelle des Anwartschaftsrechts kann natürlich auch der Anspruch auf Übertragung des Eigentums verpfändet werden. Die Verpfändung erfolgt in diesem Fall nach §§ 1279, 1280; der Surrogationstatbestand des § 1287 findet unmittelbar Anwendung. Auch im Zusammenhang mit der Verpfändung besteht deshalb keine Notwendigkeit, dem Auflassungsempfänger ein Anwartschaftsrecht zuzusprechen[54].

(3) Pfändung. Die Pfändung des Anwartschaftsrechts erfolgt nach herrschender Mei- **309**
nung nach § 857 ZPO[55]. Mit Eigentumserwerb des Vollstreckungsschuldners soll der Vollstreckungsgläubiger analog § 848 Abs. 2 S. 2 ZPO eine Sicherungshypothek am Grundstück erlangen. Auch hier ändert sich im Ergebnis nichts, wenn nicht das Anwartschaftsrecht, sondern der Anspruch auf Übertragung des Eigentums gepfändet wird; die Rechtslage beurteilt sich dann nach § 848 Abs. 1 und 2 ZPO. Auch für die Pfändung gilt deshalb, dass Gründe für die Anerkennung eines Anwartschaftsrechts nicht ersichtlich sind.

cc) Schutz. Das Anwartschaftsrecht ist nach hM wie das **Vollrecht** geschützt[56]. In Be- **310**
tracht kommen danach also Ansprüche aus §§ 985, 1004, ferner solche aus § 823 Abs. 1 und 2. Die mit dieser Verdoppelung der Rechtszuständigkeit verbundene allgemeine Pro-

49 BGH NJW 1993, 3323, 3326, ebenso *Wilhelm* Rn. 2334.

50 Entsprechend § 875, s. BGH NJW 1994, 2947, 2949.

51 Näher *Ernst* ZIP 1994, 605, 609 mit weit. Nachw.

52 **BGHZ 49, 197, 202 f.**; s. aber auch BayObLG DNotZ 1983, 758 (Eintragung bei der Vormerkung); näher *Konzen* (Fn. 26), S. 890 ff.

53 BGHZ 49, 197, 205; Jauernig/*Berger* § 873 Rn. 21.

54 Soweit *Hager* (JuS 1991, 1, 9) zur Verteidigung des Anwartschaftsrechts darauf hinweist, dass die Verpfändung des Eigentumsverschaffungsanspruchs die Existenz desselben voraussetzt, ist dem entgegenzuhalten, dass umgekehrt der Anspruch bestehen, es aber infolge Unwirksamkeit der Auflassung an der Existenz des (angeblichen) Anwartschaftsrechts als Gegenstand der Verpfändung fehlen kann.

55 BGHZ 49, 197, 203; BGHZ 106, 108, 111; Jauernig/*Berger* § 873 Rn. 21. Zur Pfändung des Anwartschaftsrechts des Vorbehaltskäufers s. Rn. 249 ff.

56 BGHZ 49, 197, 201; BGHZ 114, 161, 163 ff.; Staudinger/*Hager* § 823 Rn. B 151; aA *Medicus/Petersen* Rn. 469; *Habersack* JuS 2000, 1145, 1149 f.

blematik wurde bereits im Zusammenhang mit dem Anwartschaftsrecht des Vorbehaltskäufers angesprochen (Rn. 243). Im vorliegenden Zusammenhang kommt hinzu, dass der durch Vormerkung geschützte Erwerber von dem Zwischenerwerber (und nur von ihm) entsprechend §§ 987 ff. Nutzungs- und Schadensersatz verlangen kann (Rn. 336, 341)[57]. Die entsprechende Anwendung der genannten Vorschriften ermöglicht nicht nur eine differenzierende, auf das Maß der Schutzbedürftigkeit des Dritten abstellende Problemlösung. Sie ist vielmehr auch vor dem Hintergrund zu sehen, dass das Forderungsrecht des Gläubigers, wie die in §§ 883 Abs. 2, 888 Abs. 1 angeordnete relative Unwirksamkeit zeigt (Rn. 340), nur im Verhältnis zu dem vormerkungswidrig Eingetragenen, nicht aber gegenüber jedermann eine gewisse Verdinglichung erfahren hat. Die Annahme, der vormerkungsgesicherte Gläubiger habe ein absolutes Recht, verkennt diesen Zusammenhang. Was den Gläubiger betrifft, der zwar die Auflassung erklärt und Antrag auf Eintragung gestellt hat, aber nicht durch Vormerkung gesichert ist, so genießt er Schutz, soweit er bereits berechtigter Besitzer des Grundstücks ist; auch erscheint es denkbar, dass der persönliche Schutzbereich nachbarrechtlicher Vorschriften, insbesondere des § 909, auch den Auflassungsempfänger umfasst. Im Übrigen aber erscheint es veranlasst, den Erwerber auf seine vertraglichen Ansprüche gegen den Veräußerer zu verweisen, zumal er von diesem nach § 285 auch Abtretung etwaiger Ansprüche gegen den Schädiger verlangen kann.

5. Der Rang der Grundstücksrechte

311 Die Bedeutung des Ranges zeigt sich spätestens bei der **Zwangsversteigerung**: Je schlechter der Rang, desto höher das Risiko des Ausfalls (§§ 10, 44, 52, 91 ZVG).

Einige grundsätzliche Fragen zur Rangordnung sollen in **Fall 42** angesprochen werden: Grundeigentümer E einigt sich am 9.7. mit A über die Bestellung einer Grundschuld; A stellt noch am gleichen Tag Antrag auf Eintragung. Am 16.7. bewilligt E dem B eine Grundschuld; B beantragt die Eintragung am 17.7. Infolge eines Versehens des Grundbuchbeamten wird die Grundschuld des B vor derjenigen des A eingetragen. Kann A verlangen, dass seine Grundschuld an erster Stelle eingetragen wird? Wie ist die Rechtslage, wenn sich E mit A auf die Eintragung einer erstrangigen und mit B auf die Eintragung einer zweitrangigen Grundschuld geeinigt hatte?

1. Im **Ausgangsfall** könnte A einen **Anspruch auf Grundbuchberichtigung aus § 894** haben. Voraussetzung ist danach, dass das Grundbuch unrichtig ist. Dem könnte die Vorschrift des § 879 Abs. 1 S. 1 entgegenstehen, wonach sich das Rangverhältnis zwischen mehreren in derselben Abteilung eingetragenen Rechten nach der **Reihenfolge der Eintragungen** bestimmt. Da die Grundschuld des B vor derjenigen des A eingetragen wurde, hätte dies zur Folge, dass A nur eine zweitrangige Grundschuld erworben hat und das Grundbuch somit richtig ist. § 45 Abs. 1 GBO bestimmt allerdings, dass mehrere in einer Abteilung des Grundbuchs zu bewirkende Eintragungen die Reihenfolge und damit auch den Rang erhalten, welche der **Zeitfolge der Anträge** entspricht; dies ist die konsequente Fortschreibung des Prioritätsgrundsatzes des § 17 GBO. Vorliegend hat der Grundbuchbeamte die Eintragungen unter Verletzung des § 45 Abs. 1 GBO vorgenommen. Da allerdings §§ 17, 45 GBO lediglich Vorschriften des formellen Grundbuchrechts sind, hat ihre Verletzung keine Auswirkungen auf die materielle Rechtslage (Rn. 276);

57 Näher zum Folgenden *Habersack* JuS 2000, 1145, 1149 f.

für Letztere bewendet es vielmehr auch dann bei der Maßgeblichkeit der Eintragung gemäß § 879 Abs. 1 S. 1, wenn die Eintragungen unter Missachtung des Prioritätsgrundsatzes der §§ 17, 45 Abs. 1 GBO erfolgt sind.

Scheidet somit ein Anspruch auf Grundbuchberichtigung aus[58], so fragt sich, ob A gegen B einen **Anspruch aus ungerechtfertigter Bereicherung** hat. Da es an einer Leistung des B fehlt, kommt nur ein Anspruch aus Nichtleistungskondiktion (§ 812 Abs. 1 S. 1, 2. Alt.) in Betracht. Doch steht auch diesem Anspruch entgegen, dass § 879 materiellrechtliche Grundlage des Ranges ist und somit den Rechtsgrund auch für die verfahrensfehlerhaft zustande gekommene Eintragung bildet[59] A hat nach allem lediglich einen **Amtshaftungsanspruch aus Art. 34 GG, § 839**.

2. Haben sich, wie in der **Abwandlung**, E und A auf die Eintragung einer erstrangigen Grundschuld und E und B auf die Eintragung einer zweitrangigen Grundschuld geeinigt, so fragt sich zunächst, ob A und B überhaupt eine Grundschuld erworben haben. Dies ist deshalb fraglich, weil § 879 Abs. 3 zwar eine von § 879 Abs. 1 abweichende Regelung der Rangverhältnisse zulässt (die entsprechende Verfahrensvorschrift findet sich in § 45 Abs. 3 GBO!), eine solche Rangvereinbarung aber Teil der dinglichen Einigung ist. Decken sich aber Rangvereinbarung und Eintragung nicht, so beurteilt sich die Wirksamkeit des dinglichen Rechtsgeschäfts nach § 139[60]. Freilich spricht der mutmaßliche Parteiwille wohl gegen die Gesamtnichtigkeit des Rechtsgeschäfts und damit für die Entstehung des Grundpfandrechts entsprechend der Eintragung im Grundbuch. Als Zwischenergebnis kann deshalb festgehalten werden, dass B eine erstrangige und A eine zweitrangige Grundschuld erworben hat und das Grundbuch richtig ist.

Es bleibt somit die Frage nach schuldrechtlichen Ansprüchen. Ein Direktanspruch des A gegen B kommt nur bei Vorliegen einer entsprechenden Vereinbarung zwischen diesen beiden in Betracht, woran es hier fehlt. Ein Anspruch aus Nichtleistungskondiktion scheitert auch in der Abwandlung daran, dass § 879 Abs. 1 S. 1 den Rechtsgrund für die abredewidrig erfolgte Eintragung bildet. Allerdings hat E gegen B einen **Anspruch auf Rangrücktritt gemäß § 880**; dieser Anspruch lässt sich zwanglos aus der Rangvereinbarung (zweitrangige Grundschuld!) ableiten. A wiederum hat gegen E aus der Rangvereinbarung einen Anspruch auf Einräumung einer erstrangigen Grundschuld. Die Erfüllung dieses Anspruchs ist dem E infolge der Eintragung einer erstrangigen Grundschuld zugunsten des B unmöglich geworden, so dass A nach § 285 von E Abtretung des gegen B gerichteten Anspruchs auf Rangrücktritt verlangen kann[61].

---

58 Auch ein Amtswiderspruch nach § 53 Abs. 1 S. 1 GBO muss angesichts des Umstands, dass das Grundbuch nicht unrichtig ist, ausscheiden, s. BayObLG Rpfleger 1995, 16; aus demselben Grund findet § 22 GBO keine Anwendung.

59 **BGHZ 21, 98, 100 f.**; *Hoche* JuS 1962, 60 ff.; Jauernig/*Berger* §§ 879 ff. Rn. 5; aA Soergel/*Kern* § 879 Rn. 12; *Stadler* AcP 189 (1989), 459 ff. Vgl. auch BGH ZIP 2005, 1268: Macht der nachrangige Grundschuldgläubiger von seinem gesetzlichen Ablösungsrecht Gebrauch, muss er den vorrangigen Grundschuldgläubiger selbst dann in voller Höhe des dinglichen Rechts befriedigen, wenn eine entsprechende persönliche Forderung, deren Sicherung das vorrangige Grundpfandrecht dient, nicht besteht. Erzielt der vorrangige Grundschuldgläubiger aufgrund der Ablösung des dinglichen Rechts einen Übererlös, findet zwischen den beiden Grundschuldgläubigern kein bereicherungsrechtlicher Ausgleich statt.

60 BGH NJW-RR 1990, 206; zur Unrichtigkeit des Grundbuchs bei Abweichung von einer materiell-rechtlichen Rangvereinbarung gem. § 879 Abs. 3 s. auch BGH NJW-RR 2014, 788 Rn. 19 ff.

61 Eingehend *J. Wilhelm* JZ 1990, 501, 509 ff.; krit. aber Soergel/*Kern* § 879 Rn. 24.

§ 14 Unrichtigkeit des Grundbuchs[1]

I. Grundlagen

312 Die Eintragung in das Grundbuch soll für die **Publizität der Rechtsverhältnisse an Grundstücken** sorgen und entspricht insoweit dem Besitz an beweglichen Sachen. Wir haben freilich bereits gesehen, dass die wahre Rechtslage von der durch das Grundbuch verlautbarten abweichen kann (Rn. 270). Nach §§ 892, 893 soll sich der Rechtsverkehr auch in diesen – ohnehin seltenen – Fällen auf die Eintragung verlassen können: Das Grundbuch genießt **öffentlichen Glauben in Bezug auf die Richtigkeit und Vollständigkeit** der Eintragungen. § 891 ergänzt diese Vorschriften um **zwei Vermutungen**. Die positive Vermutung des § 891 Abs. 1 besagt, dass ein eingetragenes Recht besteht und dem Eingetragenen zusteht. Die negative Vermutung des § 891 Abs. 2 besagt, dass ein gelöschtes Recht nicht besteht. Dagegen enthält § 891 keine Vermutung der Vollständigkeit des Grundbuchs.

313 Die §§ 892, 893 enthalten **materiell-rechtliche Rechtsscheintatbestände** und sind somit im Ausgangspunkt mit den §§ 932 ff. durchaus vergleichbar. Während nach §§ 932 ff. die Besitzverschaffungsmacht des Veräußerers für die Berechtigung spricht (Rn. 147 ff.), soll sich der Rechtsverkehr in den Fällen der §§ 892 f. auf den Inhalt des Grundbuchs verlassen können. Der Schutzbereich der §§ 892 f. geht freilich, wie wir sehen werden, deutlich über denjenigen der §§ 932 ff. hinaus. Denn zum einen wird ein gutgläubiger Dritter nach §§ 892 f. grundsätzlich so gestellt, wie er stünde, wenn das Grundbuch richtig und vollständig wäre (Rn. 316 ff.); demgegenüber helfen §§ 932 ff. nur über die fehlende Berechtigung des Veräußerers hinweg (Rn. 152 ff.). Zum anderen gehen die §§ 892 f. generell davon aus, dass der wahre Berechtigte den durch das unrichtige oder unvollständige Grundbuch erzeugten Rechtsschein veranlasst hat; ein dem § 935 Abs. 1 vergleichbarer Ausnahmetatbestand (dazu Rn. 169 ff.) ist ihnen also fremd.

II. Die geschützten Geschäfte

314 Was den Kreis der geschützten Rechtsvorgänge betrifft, so kann zunächst auf die Ausführungen in Rn. 149 ff. verwiesen werden: Auch §§ 892 f. schützen nämlich grundsätzlich (s. aber Rn. 338, 386 f., 411) nur **rechtsgeschäftliche** Verfügungen und verlangen zudem das Vorliegen eines **Verkehrsgeschäfts**[2]. Im Einzelnen erfasst **§ 892 Abs. 1 S. 1**

- den rechtsgeschäftlichen Erwerb eines **Rechts an einem Grundstück**, also die Übertragung des Eigentums, die Bestellung eines beschränkten dinglichen Rechts und die Übertragung eines solchen Rechts
- den rechtsgeschäftlichen Erwerb eines **Rechts an einem solchen Rechte**, also etwa die Bestellung einer Hypothek an einem Erbbaurecht oder eines Pfandrechts an einer Grund- oder Rentenschuld.

---

1 Dazu *Tiedtke* Jura 1983, 518 ff.; *Vieweg/Lorz* § 13 Rn. 43 ff.; *Wiegand* JuS 1975, 205 ff.

2 Dazu Rn. 150 f.; speziell zu § 892 Abs. 1 BGHZ 173, 71 (Übertragung eines Miteigentumsanteils unter Miteigentümern); OLG Naumburg NJW 2003, 3209: Grundstücksübertragung auf einen Dritten zur Erfüllung eines Vermächtnisses ist Verkehrsgeschäft. – Zur Frage eines Rückerwerbs des nichtberechtigten Veräußerers s. Rn. 165.

Stets muss es sich also um ein Verfügungsgeschäft handeln. Hieraus erklärt sich die Vorschrift des **§ 893 letzter Halbsatz**, wonach § 892 auch dann Anwendung findet, wenn zwischen demjenigen, zu dessen Gunsten ein Recht im Grundbuch eingetragen ist, und einem Dritten ein Rechtsgeschäft vorgenommen wird, das eine Verfügung über dieses Recht enthält. Davon betroffen sind etwa die Inhaltsänderung und die Aufhebung eines Rechts (Rn. 293 f.), aber auch die Bewilligung einer Vormerkung (Rn. 337). Die von § 893 gleichfalls erfasste **Leistung an den eingetragenen Nichtberechtigten** schließlich ist vor allem im Zusammenhang mit der Leistung auf Grundpfandrechte von Bedeutung (Rn. 376 ff., 411).

Besonderheiten gelten für die **Gesellschaft bürgerlichen Rechts**. Bereits in Rn. 45 haben wir gesehen, dass sie als solche am Rechtsverkehr teilnimmt und als solche Inhaber der in ihrem Namen begründeten Rechte und damit insbesondere auch Grundeigentümer ist[3]. Bis zum Inkrafttreten des MoPeG (Rn. 45) am 1.1.2024 existierte allerdings kein die Gesellschafter der GbR und deren Vertretungsbefugnis verlautbarendes Register: Zu dem Handelsregister hatte und hat die GbR mangels Kaufmannseigenschaft keinen Zugang, und ein auf die GbR zugeschnittenes **Gesellschaftsregister** ist erst durch das MoPeG geschaffen worden. Die Einzelheiten sind in §§ 707 ff. geregelt. Nach § 707a Abs. 3 S. 1 ist auf die Eintragung § 15 HGB anzuwenden; die Eintragung in das Gesellschaftsregister entfaltet damit negative (§ 15 Abs. 1 HGB) und positive (§ 15 Abs. 3 HGB) **Publizitätswirkung**. Zwar ist die Eintragung nach § 707 Abs. 1 nicht obligatorisch, sondern **fakultativ**. Nach § 47 Abs. 2 GBO soll aber für eine GbR ein Recht nur eingetragen werden, wenn sie im Gesellschaftsregister eingetragen ist. Damit – wie auch mit § 707a Abs. 1 S. 2, § 40 Abs. 1 S. 3 GmbHG, § 67 Abs. 1 S. 3 AktG und § 51 Abs. 2 Schiffsregisterordnung – schafft das Gesetz einen starken Anreiz, die Eintragung herbeizuführen und hierdurch für einen aus dem Handelsrecht bekannten Verkehrsschutz zu sorgen: Will eine GbR ein Grundstücksrecht erwerben, führt an ihrer Registrierung aus rein registerrechtlichen Gründen – materiell-rechtlich setzt der Erwerb die Eintragung in das Gesellschaftsregister nicht voraus (Rn. 273) – kein Weg vorbei. Mit der Schaffung des Gesellschaftsregisters hat sich im Übrigen eine **„Objektpublizität"**, wie sie bislang von § 899a bezweckt war[4], erübrigt; die Vorschrift ist denn auch durch das MoPeG aufgehoben worden. **315**

III. Die drei Fiktionen des § 892

1. § 892 Abs. 1 S. 1

§ 892 Abs. 1 enthält drei Fiktionen[5]. Davon betreffen die Fiktionen des § 892 Abs. 1 S. 1 eintragungsfähige dingliche Rechte, diejenige des § 892 Abs. 1 S. 2 dagegen eintragungsfähige Verfügungsbeschränkungen. Was zunächst die Vorschrift des § 892 Abs. 1 S. 1 anlangt, so gilt nach dieser Vorschrift der **unrichtige Grundbuchinhalt als richtig und vollständig**. Dies bedeutet im Einzelnen, dass **316**

3 S. BGH NZG 2006, 939 f.; BGH NJW 2006, 2191.

4 Eingefügt durch Gesetz vom 11.8.2009, BGBl. I S. 2713; dazu 9. Aufl. Rn. 315; näher BT-Drucks. 16/13437 S. 31; *Wicke* GWR 2009, 336, 338; *Schürnbrand/Weiß* ZJS 2009, 607, 609; zum Nachweis der Vertretungsverhältnisse bei Löschung einer von der GbR erwirkten Zwangshypothek mit der vollstreckbaren Ausfertigung des Urteils, aufgrund dessen die Eintragung der Hypothek erfolgte, s. BGH ZIP 2011, 2355 Rn. 13 ff.

5 Jauernig/*Berger* vor § 892 Rn. 3 unter zutr. Hinweis darauf, dass die Unrichtigkeit des Grundbuchs vorausgesetzt ist und die als richtig geltende Tatsache somit nicht zutreffen kann; aA MünchKomm/*H. Schäfer* § 892 Rn. 1 ff. (unwiderlegliche Vermutung).

- zu Unrecht eingetragene eintragungsfähige Rechte als **bestehend** gelten: Weist also das Grundbuch den E zu Unrecht als Eigentümer oder als Inhaber einer Grundschuld aus, so gilt E als Inhaber des Rechts.
- tatsächlich bestehende Rechte als mit dem **eingetragenen Inhalt bestehend** gelten: Ist also E tatsächlich Inhaber einer Grundschuld über 100 000 €, wird er aber durch das Grundbuch als Inhaber einer Grundschuld über 1 000 000 € ausgewiesen, so gilt er als Inhaber einer Grundschuld über 1 000 000 €.
- zu Unrecht nicht oder nicht mehr eingetragene (aber eintragungsfähige) Rechte als **nicht mehr bestehend** gelten: Ist also E nach § 1287 S. 2 Inhaber einer Sicherungshypothek geworden, so gilt diese im Fall ihrer Nichteintragung[6] als nicht bestehend mit der Folge, dass ein Erwerber des Grundstücks dieses lastenfrei erwerben kann.

317 Die Wirkungen des § 892 Abs. 1 S. 1 (wie auch diejenigen des § 893) sollen im Zusammenhang mit den Ausführungen zur Vormerkung und zu den Grundpfandrechten verdeutlicht werden (Rn. 337 f., 384 ff.). Hier soll zunächst die Feststellung genügen, dass der redliche Erwerber das Recht so erwirbt, als stimmten tatsächliche Rechtslage und Inhalt des Grundbuchs überein. Der Erwerb erfolgt also, ebenso wie im Fall der §§ 932 ff., zu Lasten des wahren Berechtigten, der grundsätzlich auf Ausgleichsansprüche gegen den verfügenden Nichtberechtigten (insbesondere aus § 816 Abs. 1 S. 1) angewiesen ist (Rn. 148). Stellt man § 892 Abs. 1 S. 1 den §§ 932 ff., 936 gegenüber, so lässt sich sagen, dass die Fiktion der Richtigkeit über die fehlende Berechtigung des Veräußerers hinweghilft und damit den §§ 932 bis 934 (Rn. 152 ff.) entspricht, während die Fiktion der Vollständigkeit einen lastenfreien Erwerb ermöglicht und somit dem § 936 (Rn. 172 ff.) entspricht. Im Übrigen schützt auch § 892 nicht den guten Glauben an die Geschäftsfähigkeit oder Vertretungsmacht des Veräußerers. Was den guten Glauben an die Verfügungsbefugnis betrifft, so schützt § 892 Abs. 1 S. 2 zwar vor gesetzlichen Verfügungsbeschränkungen des Veräußerers (Rn. 318 f.); dagegen findet § 366 HGB (Rn. 153 f.) auf unbewegliche Sachen keine Anwendung.

2. § 892 Abs. 1 S. 2

318 Nach § 892 Abs. 1 S. 2 gelten zu Unrecht nicht oder nicht mehr eingetragene **Verfügungsbeschränkungen** als nicht bestehend. Der Wortlaut der Vorschrift spricht zwar nur von **relativen** Verfügungsbeschränkungen und hat somit vor allem solche aufgrund einer einstweiligen Verfügung (§ 938 ZPO) im Auge. Ihnen gleich stehen allerdings die sogenannten **zweckbeschränkten** Verfügungsbeschränkungen, darunter insbesondere diejenigen gemäß §§ 1984 Abs. 1 S. 1, 2211, 2113 ff., § 81 Abs. 1 S. 1 InsO[7].

Nach § 892 Abs. 1 S. 2 wird allerdings nur das Nichtbestehen nicht (mehr) eingetragener Verfügungsbeschränkungen fingiert. Dagegen enthält die Vorschrift keine Fiktion des Bestehens zu Unrecht eingetragener Verfügungsbeschränkungen.

319 **Fall 43**[8] verdeutlicht die Konsequenzen: Nach dem Tod des E wird V als Eigentümer eines zum Nachlass gehörenden Grundstücks eingetragen. Zugunsten des N wird ein Nacherbenvermerk eingetragen. Mit Zustimmung des N veräußert V das Grundstück an K. Hat K nach seiner Eintragung Eigentum erworben, wenn sich herausstellt, dass nicht N, sondern Z Nacherbe geworden ist?

6 Das in § 873 Abs. 1 geregelte Erfordernis der Eintragung gilt nicht, s. Rn. 270, 272.
7 Statt aller Jauernig/*Berger* § 873 Rn. 3, § 892 Rn. 6; s. ferner § 81 Abs. 1 S. 2 InsO.
8 Nach *Baur/Stürner* § 23 Rn. 41 ff., dort weitere Beispiele.

K hat zwar Eigentum vom Eigentümer V erworben. V war jedoch nach § 2113 Abs. 1 in seiner Verfügungsbefugnis beschränkt. Zwar schließt die Zustimmung des Nacherben entsprechend § 185 Abs. 1 die Unwirksamkeit der Verfügung aus[9]. Vorliegend hat jedoch nicht der Nacherbe, sondern der N der Verfügung zugestimmt; dadurch wird die Verfügungsbeschränkung des V nicht aufgehoben. Auch §§ 2113 Abs. 3, 892 Abs. 1 S. 2 vermögen daran nichts zu ändern. Zwar bestimmt § 892 Abs. 1 S. 2 ausdrücklich, dass nicht in das Grundbuch eingetragene Verfügungsbeschränkungen als nicht bestehend gelten. Doch begründet die Vorschrift, anders als diejenige des § 892 Abs. 1 S. 1, nur die Fiktion der Vollständigkeit des Grundbuchs: Eine nicht eingetragene Verfügungsbeschränkung gilt als nicht bestehend; nicht dagegen gilt eine eingetragene Verfügungsbeschränkung als tatsächlich bestehend. K wird somit nicht geschützt, soweit er darauf vertraut hat, dass N Nacherbe ist. Mit Eintritt des Nacherbfalls ist die Verfügung zugunsten des K vielmehr absolut unwirksam. Zwar fehlt es an der Eintragung eines „richtigen", zugunsten des Z lautenden Nacherbenvermerks; schon der auf den N lautende Nacherbenvermerk hat indes die Bösgläubigkeit des K zur Folge[10].

IV. Ausschluss des Erwerbs

1. Unredlichkeit

Nach § 892 Abs. 1 S. 1, letzter Halbs. ist ein Erwerb vom Nichtberechtigten ausgeschlossen, wenn ein **Widerspruch** gegen die Richtigkeit eingetragen oder die Unrichtigkeit dem Erwerber bekannt ist. Unredlich im Sinne der §§ 892 f. ist also nur derjenige, der **positive Kenntnis** hinsichtlich der Unrichtigkeit hat; grob fahrlässige Unkenntnis genügt dagegen nicht[11]. Erforderlich ist zudem, dass der Erwerber aus den Tatsachen, die die Unrichtigkeit des Grundbuchs ergeben, auch den zutreffenden rechtlichen Schluss zieht[12]. Dagegen setzen §§ 892 f. nicht voraus, dass der Erwerber Kenntnis vom Inhalt des Grundbuchs hat; geschützt ist also auch derjenige, der von einer Einsichtnahme in das Grundbuch absieht (Rn. 322). **320**

Was den maßgeblichen Zeitpunkt betrifft, so müsste der Erwerber an sich noch bei Vollendung des Rechtserwerbs gutgläubig sein (s. Rn. 160). Schon § 878, § 17 GBO haben uns allerdings gezeigt, dass die mit dem Erfordernis der Eintragung verbundene Verzögerung des Rechtserwerbs nicht zu Lasten des Erwerbers gehen soll. Genau aus diesem Grund erklärt § 892 Abs. 2 den **Zeitpunkt der Antragsstellung (§ 13 Abs. 2 GBO)** für maßgeblich. Der so verstandene Normzweck des § 892 Abs. 2 macht deutlich, dass die Vorschrift nur unter der Voraussetzung zur Anwendung gelangt, dass, abgesehen von der Eintragung, **sämtliche Voraussetzungen** für den Erwerb des Rechts erfüllt sind[13]. Fehlt es dagegen im Zeitpunkt der Antragsstellung noch an einer anderen Erwerbsvoraussetzung, so kommt es auf den Zeitpunkt ihres Eintritts an. So verhält es sich etwa, wenn die dingliche Einigung der Antragsstellung nachfolgt, ferner dann, wenn die Valutierung der Hypothek oder die Briefübergabe erst nach Antragsstellung erfolgt[14]. Nach § 892 Abs. 2 **321**

9 BGHZ 40, 115, 119.
10 So auch *Baur/Stürner* § 23 Rn. 43.
11 Zur davon abweichenden Rechtslage nach § 932 Abs. 2 s. Rn. 155 ff.
12 KG NJW 1973, 56, 58 f.
13 Wohl allg.M., s. *Baur/Stürner* § 23 Rn. 33.
14 Jauernig/*Berger* § 892 Rn. 20; zur – umstrittenen – Rechtslage beim Fehlen öffentlich-rechtlicher Genehmigungen s. Grüneberg/*Herrler* § 892 Rn. 25.

wird also nur der für die Gutgläubigkeit maßgebende Zeitpunkt vorverlegt, nicht hingegen der Zeitpunkt der Vollendung des gutgläubigen Erwerbs. § 892 Abs. 2 ist allerdings auch auf den gutgläubigen Erwerb einer bewilligten Vormerkung anwendbar; nach hM hindert in diesem Fall die nach Antragsstellung eintretende Bösgläubigkeit nicht den späteren Erwerb des dinglichen Rechts (s. Rn. 337).

2. Widerspruch

322 Der Unredlichkeit steht die Eintragung eines Widerspruchs gegen die Richtigkeit des Grundbuchs gleich. Der Widerspruch zerstört mithin den vom unrichtigen Grundbuch ausgehenden Rechtsschein, mag der Erwerber von dem Widerspruch Kenntnis haben oder nicht; die **Bösgläubigkeit** des Erwerbers wird gleichsam **fingiert**. Die Bedeutung dieses Rechtssatzes ist vor dem Hintergrund zu sehen, dass §§ 892 f. einen „abstrakten" Vertrauensschutz begründen: Geschützt ist auch derjenige, der vom eingetragenen Nichtberechtigten erwirbt, ohne zuvor in das Grundbuch gesehen zu haben. Ein solcher Erwerber läuft demnach Gefahr, die Wohltaten der §§ 893 f., die aus seiner Sicht ohnehin nur ein Zufallsgeschenk darstellen, allein aufgrund der Eintragung eines Widerspruchs und damit unabhängig von seiner Kenntnis hinsichtlich der Unrichtigkeit des Grundbuchs zu verlieren.

323 Die Eintragung des Widerspruchs erfolgt nach § 899 Abs. 2 S. 1 entweder aufgrund einer **Bewilligung** des Betroffenen oder – so der Regelfall – aufgrund einer **einstweiligen Verfügung**. Voraussetzung ist nach § 899 Abs. 1 allein die Unrichtigkeit des Grundbuchs; der in diesem Fall bestehenden Gefahr eines Rechtsverlusts nach §§ 892 f. soll der Berechtigte durch die Zerstörung des maßgeblichen Rechtsscheins begegnen können. Daraus folgt, dass der Widerspruch nur wirkt, wenn er **zugunsten des Berechtigten eingetragen** ist[15]. Ist also B zu Unrecht als Eigentümer eingetragen, so ist K auch dann nach §§ 892 f. geschützt, wenn zwar zugunsten des C ein Widerspruch eingetragen ist, Eigentümer aber der E ist. Wieder anders ist die Rechtslage, wenn der Widerspruch zu Unrecht eingetragen ist. In diesem Fall ist das Grundbuch richtig, so dass der Widerspruch schon deshalb dem Erwerb (der ja vom Berechtigten erfolgt!) nicht entgegensteht.

324 § 892 Abs. 2 findet auf den Widerspruch keine Anwendung. Ein Erwerb vom Nichtberechtigten ist also auch dann ausgeschlossen, wenn der Widerspruch in dem **Zeitpunkt**, in dem der vom Nichtberechtigten Erwerbende den Eintragungsantrag gestellt hat, noch nicht eingetragen war. Unangenehme Überraschungen kann der Erwerber im Allgemeinen dadurch vermeiden, dass er von dem **Einsichtsrecht** aus § 12 GBO Gebrauch macht, das sich nach Abs. 1 S. 2 der Vorschrift auch auf die **noch nicht erledigten Eintragungsanträge** bezieht. Auch für die Eintragung des Widerspruchs gilt nämlich der Prioritätsgrundsatz des § 17 GBO (Rn. 278 f.); das Grundbuchamt darf also den Widerspruch nicht vor Erledigung des zeitlich früher gestellten Antrags desjenigen, der vom Nichtberechtigten erwirbt, bearbeiten. Allerdings gilt auch insoweit, dass die Verletzung des § 17 GBO die materiell-rechtliche Lage unberührt lässt (Rn. 276, 311). Wird also der Widerspruch entgegen § 17 GBO vorgezogen, so ist die Möglichkeit eines Erwerbs vom Nichtberechtigten vereitelt.

15 *Medicus/Petersen* Rn. 550; s. auch BGH NJW 1985, 3070, 3071.

Fall 44 verdeutlicht die Wirkungen des Widerspruchs: B ist aufgrund eines Erbscheins als Eigentümer eines zum Nachlass des verstorbenen A gehörenden Grundstücks in das Grundbuch eingetragen. Zur Sicherung eines alsbald aufzunehmenden Darlehens einigt er sich mit dem redlichen G über die Bestellung einer Buchgrundschuld. G beantragt die Eintragung. Kurze Zeit darauf, aber noch vor Abschluss des Darlehensvertrags zwischen B und G, erfährt E, dass das Testament, aufgrund dessen dem B der Erbschein erteilt worden war, widerrufen war und er Alleinerbe des A geworden ist. Daraufhin erwirkt er mittels einstweiliger Verfügung einen Widerspruch gegen die Richtigkeit des Grundbuchs und beantragt dessen Eintragung; zudem setzt er B von der Unrichtigkeit des Grundbuchs in Kenntnis. Das Grundbuchamt trägt den Widerspruch noch vor der Grundschuld des G ein, weil es der Ansicht ist, es dürfe nicht sehenden Auges den E „enteignen". Hat G die Grundschuld erworben? **325**

In Betracht kommt nur ein **Erwerb vom Nichtberechtigten**. Die Voraussetzungen des **§ 892 Abs. 1 S. 1** liegen denn auch vor. Fraglich ist allein, ob einer der Ausschlusstatbestände des § 892 Abs. 2 gegeben ist. Was zunächst die **Redlichkeit** des G betrifft, so muss sie nach § 892 Abs. 2 nur im Zeitpunkt der Antragstellung vorliegen. Dies gilt zwar nur unter der – ungeschriebenen – Voraussetzung, dass mit Ausnahme der Eintragung sämtliche Erwerbsvoraussetzungen vorliegen (Rn. 321). Dies ist jedoch vorliegend der Fall: Zur Entstehung der Buchgrundschuld bedarf es weder der Übergabe eines Briefes noch der Begründung einer zu sichernden Forderung (Rn. 395). Der Erwerb der Grundschuld scheitert somit nicht an der nach Antragstellung erlangten Kenntnis des G. Es bleibt zu fragen, ob die Eintragung des **Widerspruchs** den Erwerb der Grundschuld verhindert hat. Da § 892 Abs. 2 den maßgeblichen Zeitpunkt nur hinsichtlich der Kenntnis des Erwerbers vorverlegt, bleibt es hinsichtlich des Widerspruchs bei § 892 Abs. 1 S. 1. Danach schließt die Eintragung eines Widerspruchs den Erwerb vom Nichtberechtigten auch dann noch aus, wenn sie nach Stellung des auf Eintragung der Rechtsänderung gerichteten Antrags erfolgt. Auch kommt es nicht auf die zeitliche Reihenfolge der Eintragungsanträge an. Selbst wenn also, wie vorliegend, das Grundbuchamt den Antrag auf Eintragung des Widerspruchs entgegen § 17 GBO vorzieht, berührt dies nicht die materiell-rechtlichen Wirkungen des Widerspruchs.

V. Grundbuchberichtigung

1. Grundlagen

Die Unrichtigkeit des Grundbuchs ist aus Sicht des Berechtigten aus zwei Gründen unerfreulich. Zum einen droht ihm nach § 892 der Verlust seines Rechts. Zum anderen ist ihm angesichts des Erfordernisses der Eintragung und der formell-rechtlichen Eintragungsvoraussetzungen die Möglichkeit einer rechtsgeschäftlichen Verfügung über sein Recht genommen. Während der ersten Gefahr durch die Eintragung eines Widerspruchs nach § 899 begegnet werden kann, muss der Berechtigte, wenn er als solcher in das Grundbuch eingetragen werden will, die in der GBO geregelten Eintragungsvoraussetzungen erfüllen. Dazu zählt insbesondere die Eintragungsbewilligung des eingetragenen Buchberechtigten (Rn. 281 ff.). Nach § 22 GBO ist sie zwar dann nicht erforderlich, wenn die Unrichtigkeit des Grundbuchs in der Form des § 29 GBO nachgewiesen werden kann. Im Übrigen aber hält die GBO auch bei Unrichtigkeit des Grundbuchs an den allgemeinen Eintragungsvoraussetzungen fest. Die Verzahnung des materiellen mit dem formellen Recht erfolgt durch § 894, wonach der durch die Unrichtigkeit des Grundbuchs Betroffene einen **materiell-rechtlichen Anspruch auf Abgabe der Berichtigungsbewilligung** **326** hat. Anspruchsgegner ist derjenige, dessen Bewilligung nach § 19 GBO erforderlich ist, um die Eintragung der wahren Rechtslage herbeizuführen.

327 Der in § 894 geregelte Grundbuchberichtigungsanspruch, dessen **Vollstreckung nach § 894 ZPO** erfolgt[16], entspricht funktional dem Herausgabeanspruch aus § 985: Er verwirklicht das Eigentum, indem er dafür sorgt, dass der wahre Berechtigte als solcher ausgewiesen wird, und ist somit ein **dinglicher Anspruch**[17]. Es kann deshalb weitgehend auf die Ausführungen in Rn. 64 ff., 76 ff. verwiesen werden. Nach § 898 unterliegt der Berichtigungsanspruch allerdings **keiner Verjährung**[18]. Wie der Anspruch aus § 985 ist auch derjenige aus § 894 **nicht selbständig übertragbar und verpfändbar** (Rn. 70, 98). Die Ausübung des Anspruchs kann jedoch einem anderen überlassen werden; gemäß § 857 Abs. 3 ZPO ist dadurch sichergestellt, dass die Gläubiger des Berechtigten in dessen nicht eingetragenes dingliches Recht vollstrecken können. Die Bedeutung dieser Möglichkeit zeigt sich etwa in dem Fall, dass Schuldner S nicht eingetragener Eigentümer eines Grundstücks ist. Wegen § 39 GBO kann G in diesem Fall erst in das Grundstück vollstrecken, nachdem er den Berichtigungsanspruch des S gegen den Bucheigentümer gepfändet und durchgesetzt hat.

2. Gegenrechte des Buchberechtigten

328 Der nach § 894 in Anspruch genommene Buchberechtigte kann insbesondere einwenden, dass der Berechtigte schuldrechtlich zur Herbeiführung des Grundbuchstandes **verpflichtet** sei. Dieser auf § 242 und auf eine entsprechende Anwendung des § 986 Abs. 1 gestützte Einwand ist vor allem in dem Fall gegeben, dass die Unrichtigkeit des Grundbuchs auf der Unwirksamkeit des dinglichen Geschäfts beruht, das entsprechende Verpflichtungsgeschäft aber wirksam ist. Des Weiteren kann der Grundbuchberichtigungsanspruch nach Ansicht des BGH **verwirkt** werden[19].

3. Analoge Anwendung der §§ 987 ff.

329 Die Parallelen zwischen § 985 und § 894 lassen die Frage nach der analogen Anwendung der §§ 987 ff. aufkommen.

Fall 45 führt in die Problematik ein: Bucheigentümer B hat in Kenntnis der dinglichen Rechtslage auf das Grundstück des Eigentümers E nützliche Verwendungen gemacht. Kann er diese dem Anspruch des E auf Grundbuchberichtigung entgegenhalten?

Dem B könnte vorliegend ein **Zurückbehaltungsrecht aus § 273 Abs. 1** zustehen. Der danach erforderliche **Gegenanspruch** könnte sich aus **§ 812 Abs. 1 S. 1, 2. Alt.** ergeben[20]. Fraglich ist jedoch, ob der Geltung des Bereicherungsrechts vorliegend nicht entgegensteht, dass der gegen B gerichtete Berichtigungsanspruch ein dem Herausgabe-

16 Die Rechtskraft des der Klage auf Abgabe der Bewilligungserklärung stattgegebenden Urteils umfasst allerdings nur die Buchposition, nicht dagegen die eine Vorfrage bildende dingliche Rechtslage als solche, s. **BGH NJW 2019, 71** Rn. 21 ff.

17 BGH NJW 2019, 71 Rn. 21 ff. – Ein Anspruch auf Grundbuchberichtigung kann sich – insbesondere bei Nichtigkeit des Kausalgeschäfts – auch aus § 812 ergeben, s. zu diesem „schuldrechtlichen Berichtigungsanspruch“ *Baur/Stürner* § 18 Rn. 32 f.

18 Nach BGH NJW 1993, 2178 soll der Anspruch aber verwirkt werden können!

19 S. Fn. 18.

20 Allg. zur Verwendungskondiktion *Medicus/Petersen* Rn. 892 ff.

anspruch aus § 985 durchaus vergleichbarer dinglicher Anspruch ist und der nach § 985 auf Herausgabe in Anspruch genommene Besitzer Verwendungen grundsätzlich nur nach Maßgabe der §§ 994 ff. geltend machen kann (Rn. 99 ff., 117 ff.). Zu fragen ist also, ob die §§ 987 ff., 994 ff. auf den Berichtigungsanspruch entsprechende Anwendung finden. Dies setzt die Vergleichbarkeit der beiden Sachverhalte und das Bestehen einer planwidrigen Regelungslücke voraus. Was zunächst die erste Voraussetzung betrifft, so entspricht die Stellung des nichtberechtigten Besitzers bei wertender Betrachtung durchaus derjenigen des Buchberechtigten. Wie der nichtberechtigte Besitzer agiert auch der Buchberechtigte im Rechtskreis des Eigentümers; insbesondere hindert er ihn an der Verfügung über sein Eigentum. Auch im Fall des § 894 prallen zudem das Interesse des Eigentümers an Realisierung seines Eigentums und das Interesse des Bucheigentümers an einer nur beschränkten Haftung auf Schadens- und Nutzungsersatz und an der Geltendmachung von Verwendungen aufeinander; wie im Fall des § 985 scheint es auch im Fall des § 894 veranlasst, hinsichtlich der Verantwortlichkeit und der Befugnis zur Geltendmachung von Verwendungen zwischen dem gut- und dem bösgläubigen Schuldner sowie zwischen notwendigen und nützlichen Verwendungen zu unterscheiden. Da das Gesetz für § 894 keine besondere Regelung über Sekundäransprüche enthält, liegen die Voraussetzungen einer Analogie zu den Vorschriften der §§ 987 ff., 994 ff. somit vor[21]. Dies bedeutet, dass jedenfalls die allgemeine Verwendungskondition aus § 812 Abs. 1 S. 1, 2. Fall durch das abgestufte System der §§ 994 ff. verdrängt wird (Rn. 124). Da B bösgläubig war, steht ihm nur das Wegnahmerecht analog § 997 zu. Bei Gutgläubigkeit hätte der dagegen den Verwendungsersatzanspruch aus § 996 analog, den er in analoger Anwendung des § 1000 gegenüber dem Berichtigungsanspruch des E geltend machen könnte[22].

§ 15 Vormerkung[1]

I. Grundlagen

1. Das Schutzbedürfnis auf Seiten des Gläubigers

Wir haben gesehen, dass der rechtsgeschäftliche Erwerb eines Rechts an einem Grundstück die Eintragung in das Grundbuch voraussetzt. Bis zur Eintragung läuft der obligatorisch Berechtigte Gefahr, dass der Verpflichtete anderweit über das Recht verfügt und dadurch die Erfüllung des Anspruchs unmöglich wird (Rn. 279). Der Gläubiger hat dann zwar gegebenenfalls wegen dieser Unmöglichkeit Anspruch auf Schadensersatz statt der Leistung (§§ 280 Abs. 1, 3; 283); an der Wirksamkeit der Verfügung zugunsten des Dritten kann er dagegen – vorbehaltlich der §§ 138, 826[2] – nicht mehr rütteln. Dem Sicherungsinteresse des Erwerbsaspiranten trägt das in §§ 883 ff. geregelte Institut der Vormerkung Rechnung. Ihre Eintragung in das Grundbuch hat unter anderem zur Folge, dass jede danach getroffene Verfügung, die den gesicherten Anspruch vereiteln oder beein- **330**

21 Für analoge Anwendung der §§ 987 ff., 994 ff. denn auch die ganz hM, s. RGZ 139, 353 ff.; BGHZ 75, 288, 292; BGH NJW 1985, 382, 383 f.; *Medicus/Petersen* Rn. 454; aA *Heck* § 42.12a, § 43 IV 4 c.

22 Für analoge Anwendung des § 273 Abs. 2 dagegen RGZ 114, 266 ff.; BGHZ 41, 30 ff.; dagegen zu Recht *Medicus/Petersen* Rn. 454.

1 Dazu *J. Hager* JuS 1990, 429 ff.; *Schwerdtner* Jura 1985, 316 ff.; *Tiedtke* Jura 1981, 354 ff.

2 Dazu *Baur/Stürner* § 20 Rn. 2.

trächtigen würde, dem Inhaber dieses Anspruchs gegenüber unwirksam ist. Dies wiederum bringt es mit sich, dass der Schuldner ungeachtet der anderweit getroffenen Verfügung zur Erfüllung des durch die Vormerkung gesicherten Anspruchs imstande bleibt und sich nicht auf Unmöglichkeit berufen kann. Dem vormerkungsgesicherten Gläubiger bleibt mithin der Primäranspruch erhalten. Während also der Widerspruch **gegen die Richtigkeit des Grundbuchs protestiert** (Rn. 322 ff.), wird durch die Vormerkung **ein Recht prophezeit**.

2. Voraussetzungen

a) Zu sichernder Anspruch

331 Die Vormerkung setzt nach § 883 Abs. 1 S. 1 einen zu sichernden Anspruch voraus; sie ist also ein **akzessorisches Recht** (Rn. 62, 186 f.) und geht als solches analog § 401 Abs. 1 auf den Zessionar des gesicherten Anspruchs über (Rn. 301, 338). Der Anspruch muss **obligatorischer Natur** sein, wobei allerdings die Grundlage unerheblich ist; als zu sichernder Anspruch kommt mithin jede auf Rechtsgeschäft oder Gesetz beruhende Forderung in Betracht, neben im Schuldrecht geregelten Ansprüchen etwa auch der Anspruch eines Vermächtnisnehmers. Der gesicherte Anspruch muss sich gegen denjenigen richten, dessen Grundstück oder Grundstücksrecht von der Vormerkung betroffen wird; dieses in § 886 angedeutete **Identitätsgebot** ergibt sich daraus, dass die Vormerkung nur gegen nachträgliche Leistungshindernisse auf Seiten des Schuldners schützen soll (Rn. 330)[3]. Was den **Inhalt** des Anspruchs betrifft, so muss er nach § 883 Abs. 1 S. 1 auf Einräumung oder Aufhebung eines Rechts an einem Grundstück oder an einem das Grundstück belastenden Recht oder auf Änderung des Inhalts oder des Ranges eines solchen Rechts gerichtet sein; erfasst werden mithin sämtliche Ansprüche auf **Vornahme einer Verfügung** über das Eigentum oder ein beschränktes dingliches Recht an dem Grundstück (s. Rn. 288, 292 ff.). Von praktischer Bedeutung sind die sogenannte Auflassungs- oder Eigentumsvormerkung (sie sichert den Anspruch auf Übertragung des Eigentums an einem Grundstück) und die in § 1179 geregelte Löschungsvormerkung. Der Letzteren steht der gesetzliche Löschungsanspruch aus § 1179a gleich; er ist nach § 1179a Abs. 1 S. 3 in gleicher Weise gesichert, als wenn eine Vormerkung eingetragen wäre (s. dazu noch Rn. 355 f.).

332 Infolge ihres akzessorischen Charakters kann die Vormerkung nicht ohne einen zu sichernden Anspruch bestehen. Zwar lockert § 883 Abs. 1 S. 2 – ebenso wie §§ 765 Abs. 2, 1113 Abs. 2, 1204 Abs. 2 – die Akzessorietät dahin gehend auf, dass auch ein künftiger oder bedingter Anspruch durch Vormerkung gesichert werden kann[4]. Im Übrigen aber ist die Vormerkung **streng akzessorisch**, so dass

3 BGHZ 134, 182, 188; s. aber auch **BGHZ 200, 179 Rn. 9 ff.**: Vormerkung erlischt nicht, wenn zeitgleich Verpflichtungen aus dem vormerkungsgesicherten Anspruch und Eigentum an dem von der Vormerkung betroffenen Grundstück auf den neuen Schuldner übergehen.

4 Zu den diesbezüglichen Anforderungen s. *Baur/Stürner* § 20 Rn. 22 ff.; *Preuß* AcP 201 (2001), 580 ff.; im Zusammenhang mit §§ 117 Abs. 1, 313 S. 2 (nachträgliche Entstehung des vorgemerkten Anspruchs) s. **BGHZ 54, 56 ff.**; dazu *Lüke* JuS 1971, 341 ff.; *Medicus/Petersen* Rn. 555; s. ferner BGHZ 134, 182 (Vormerkungsfähigkeit eines doppelt bedingten Anspruchs); BGH NJW 2002, 2461, 2462 f. (Vormerkungsfähigkeit des bei Grundstücksübertragung vorbehaltenen Anspruchs des Veräußerers auf Rückübereignung für den Fall, dass der Erwerber oder dessen Gesamtrechtsnachfolger sich als grob undankbar erweist); BGH NJW 2002, 2874 (Vormerkungsfähigkeit des Anspruchs des Veräußerers aus einem auf den Tod des Übernehmers befristeten Grundstücksübergabevertrag); OLG Düsseldorf DNotZ 2021 199 (keine Vormerkungsfähigkeit gegenseitiger Zuwendungsversprechen gem. § 2301).

- bei Nichtentstehen des zu sichernden Anspruchs auch die Vormerkung nicht zur Entstehung gelangt,
- das Erlöschen des zu sichernden Anspruchs zum Erlöschen auch der Vormerkung führt[5] und
- die Vormerkung als solche nicht Gegenstand von Verfügungen sein kann, sie vielmehr dem jeweiligen Inhaber des zu sichernden Anspruchs zusteht (Rn. 338).

Fall 46 verdeutlicht den akzessorischen Charakter der Vormerkung: Bucheigentümer B verkauft dem redlichen K ein im Eigentum des E stehendes Grundstück. Zugunsten des K wird eine Auflassungsvormerkung eingetragen. Kurze Zeit darauf verstirbt B; Alleinerbe ist K. Zwischenzeitlich hat E die Berichtigung des Grundbuchs erwirkt. K verlangt von E die Zustimmung, selbst als Eigentümer des Grundstücks eingetragen zu werden. Zu Recht? **333**

Ein solcher **Anspruch** könnte sich **aus § 888 Abs. 1** ergeben. Voraussetzung ist danach das Bestehen einer Vormerkung. Dem Erwerb der Vormerkung durch K steht zwar nicht entgegen, dass B Nichtberechtigter war; denn nach §§ 892 f. kann die Vormerkung auch vom Nichtberechtigten erworben werden (Rn. 337). Die Vormerkung ist jedoch ein akzessorisches Recht und setzt deshalb das **Bestehen eines zu sichernden Anspruchs** voraus. An einem solchen könnte es hier fehlen. Da nämlich K Alleinerbe des Schuldners B geworden ist, haben sich die Stellung des Gläubigers und diejenige des Schuldners in einer Person vereinigt; eine solche **Konfusion** hat aber im Allgemeinen das Erlöschen des Schuldverhältnisses und damit auch der vormerkungsgesicherten Forderung zur Folge. Der BGH hat denn auch mit Blick auf den Eintritt der Konfusion das Erlöschen der Vormerkung bejaht[6]. Dagegen spricht allerdings, dass die Vormerkung dem gesicherten Anspruch beträchtliche dingliche Wirkungen verleiht. Zwar erlangt der vormerkungsgesicherte Gläubiger nicht die Stellung eines dinglich Berechtigten; seine Stellung ist aber einer solchen durchaus vergleichbar (Rn. 336). Vor diesem Hintergrund sprechen die besseren Gründe für die **analoge Anwendung des § 889**, wonach das dingliche Recht an einem Grundstück – in entsprechender Anwendung: der vormerkungsgesicherte Anspruch nebst Vormerkung – nicht durch das Zusammenfallen mit dem Eigentum erlischt[7]. In die gleiche Richtung weist auch § 1256 Abs. 2, nach dessen Maßgabe ein Pfandrecht dann, wenn es mit dem Eigentum in einer Person zusammenfällt, nicht erlischt, wenn der Pfandgläubiger ein rechtliches Interesse am Fortbestand des Pfandrechtes hat. Hinzu kommt folgende Überlegung: Solange K als Erbe des B seine Haftung nach §§ 1975 ff. beschränken kann, besteht die Möglichkeit, dass nach § 1976 oder § 1991 Abs. 2 seine infolge des Erbfalls durch Konfusion erloschene Forderung wieder auflebt, was auch zum Wiederaufleben der Vormerkung führen müsste! Folgt man dem, ist K somit Inhaber einer Vormerkung und kann, da die Grundbuchberichtigung einer vormerkungswidrigen „Verfügung" im Sinne des § 883 Abs. 2 gleichsteht,[8] von E die Erteilung der Eintragungsbewilligung verlangen. Dem Anspruch aus § 888 Abs. 1 steht

5 S. dazu BGH NJW 2012, 2654: Nach Erlöschen des durch Vormerkung gesicherten Rückübereignungsanspruchs aus einem Rückkaufsrecht kein „Aufladen" der Vormerkung mit Rückübereignungsanspruch aus einem weiteren Kaufvertrag mit einem Dritten; BGH ZIP 2023, 1369: Rechtskräftige Entscheidung, mit der Nichtigkeit des Grundstückskaufvertrags festgestellt wird, hat präjudizielle Bedeutung für Entscheidung über Grundbuchberichtigung.

6 **BGH NJW 1981, 447 f.**; zum vergleichbaren Fall, dass der vormerkungsgesicherte Vorkaufsberechtigte das Grundstück erbt, s. **BGH JZ 2000, 679** m. Anm. *Gebauer/Haubold*, aber auch OLG Schleswig NJW-RR 1999, 1528.

7 So auch *Medicus/Petersen* Rn. 554; im Ergebnis auch *Wacke* NJW 1981, 1577, 1579 f.

8 Vgl. BGH NJW 1981, 446 f.; MünchKomm/*Lettmaier* § 885 Rn. 46.

auch nicht entgegen, dass der – trotz Konfusion als fortbestehend geltende – Anspruch des K auf Übereignung nach dem Tod des B an sich nicht mehr erfüllt werden kann (sofern nicht K die Erbschaft ausschlägt). Die analoge Anwendung des § 889 verschafft dem K vielmehr die Möglichkeit, die noch ausstehende Auflassung sowohl in seiner Eigenschaft als Erbe des Schuldners als auch in seiner Eigenschaft als Gläubiger aus § 433 Abs. 1 S. 1 BGB zu erklären. Hierfür spricht nicht zuletzt der Rechtsgedanke des § 185 Abs. 2 S. 1, 3. Fall; ihm mag man allenfalls entnehmen, dass die Geltendmachung der beschränkten Erbenhaftung den Eigentumserwerb hindert. Mit Erklärung der Auflassung und Eintragung in das Grundbuch wird K deshalb Eigentümer. Als Gesamtrechtsnachfolger des B haftet K dem E allerdings aus §§ 816 Abs. 1 S. 1, 1922 Abs. 1.

b) Bewilligung oder einstweilige Verfügung

334 Nach § 885 Abs. 1 S. 1 erfolgt die Eintragung der Vormerkung auf Grund einer einstweiligen Verfügung oder auf Grund der Bewilligung desjenigen, dessen Grundstück oder Recht von der Vormerkung betroffen ist. Bei der Bewilligung handelt es sich um eine materiell-rechtliche Voraussetzung; sie ist **einseitiges Rechtsgeschäft** (§ 873 Abs. 1 findet also auf die Vormerkung keine Anwendung!) und von der in § 19 GBO geregelten Eintragungsvoraussetzung (Rn. 281) zu unterscheiden. Nach hM hat der Gläubiger schon aufgrund des Schuldvertrags, der den Schuldner zur Übertragung oder Bestellung des Rechts verpflichtet, einen Anspruch auf Bewilligung einer Vormerkung; der Anspruch auf Bewilligung setzt also nicht etwa den Abschluss einer besonderen Sicherungsabrede voraus[9]. Die Bewilligung kann durch den Erlass einer einstweiligen Verfügung ersetzt werden. **Verfügungsanspruch** im Sinne des § 936 ZPO ist dann der durch die Vormerkung zu sichernde Anspruch. Der Glaubhaftmachung eines Verfügungsgrundes bedarf es dagegen nach § 885 Abs. 1 S. 2 nicht; dies deshalb, weil die Gefährdung des zu sichernden Anspruchs gerade aus dem Fehlen einer jeden dinglichen Sicherung folgt.

c) Eintragung

335 Auch für die Vormerkung gilt schließlich das Erfordernis der Eintragung in das Grundbuch; die Eintragung wirkt auch im Fall der Vormerkung **konstitutiv**. Im Fall einer bewilligten Vormerkung müssen deshalb die Voraussetzungen der §§ 13, 19, 39 GBO eingehalten werden (Rn. 277 ff.); die Eintragung der gerichtlich verfügten Vormerkung erfolgt dagegen auf gerichtliches Ersuchen gemäß § 941 ZPO iVm. § 38 GBO[10].

335a **Fall 47** ist der Entscheidung **BGHZ 143, 175** nachgebildet und beschäftigt sich mit der Frage, unter welchen Voraussetzungen eine erloschene Auflassungsvormerkung zur Sicherung eines neuen deckungsgleichen Anspruchs verwendet werden kann (dazu auch BGH NJW 2008, 578 und BGH NJW 2012, 2032): K kauft von V mit notariellem Vertrag vom 19.9. ein Grundstück. Die zu seinen Gunsten bewilligte Auflassungsvormerkung wird am 16.10. in das Grundbuch eingetragen. Am 11.11. schließen die Parteien einen weiteren Kaufvertrag über das Grundstück, jetzt zu einem ermäßigten Preis und mit der ausdrücklichen Abrede, dass das Eigentum frei von Belastungen in Abteilung III zu verschaffen sei. In der Präambel des neuen Vertrags heißt es, dass der Vertrag vom 19.9. durch die neue Beurkundung insgesamt aufgehoben und ein neuer Grundstückskaufvertrag geschlossen werde. V bewilligt dem K erneut eine – inhaltsgleiche – Auflassungsvormerkung; zudem wird vereinbart, dass die am 19.9. bewilligte Vormerkung im

9 MünchKomm/*Lettmaier* § 885 Rn. 2.
10 Es ersetzt den Antrag und die Bewilligung (im Sinne des § 19 GBO).

Falle ihrer bereits erfolgten Eintragung aufgrund des am 11.11. geschlossenen Vertrags als fortbestehend gelten soll. Die Löschung der alten und die Eintragung der neuen Vormerkung sind denn auch nicht erfolgt. Am 2.12. wird für D eine Hypothek eingetragen. K verlangt daraufhin von D die Zustimmung zur Löschung der Hypothek. Zu Recht?

Der von K geltend gemachte Anspruch auf Zustimmung zur Löschung der Hypothek könnte sich aus § 888 Abs. 1 ergeben. Dass es sich bei der Eintragung der Hypothek um eine *vormerkungswidrige Verfügung* im Sinne des § 883 Abs. 2 handelt, steht angesichts der Vereinbarung lastenfreien Übergangs außer Frage. Problematisch ist allein, ob K eine Vormerkung erworben hat. Diesbezüglich gilt es zu erkennen, dass zwar eine Bewilligung des V im Sinne des § 885 Abs. 1 S. 1 und die Eintragung vorliegen und bei Eintragung der Vormerkung auch ein Anspruch aus dem Vertrag vom 19.9. bestand, im Vertrag vom 11.11. aber ausdrücklich die Aufhebung des zunächst geschlossenen Vertrags vereinbart worden ist. Das mit einer solchen Vertragsaufhebung verbundene Erlöschen des Schuldverhältnisses[11] und damit auch des vormerkungsgesicherten Anspruchs aus § 433 Abs. 1 hat mit Blick auf den Grundsatz der Akzessorietät an sich das Erlöschen auch der Vormerkung zur Folge (Rn. 331 f.).

Hier besteht allerdings die Besonderheit, dass mit Abschluss des Vertrags vom 11.11. ein zu sichernder Anspruch entstanden ist und V in diesem Zusammenhang erneut die Eintragung einer Vormerkung bewilligt hat. Es fragt sich deshalb, ob die am 16.10. eingetragene Vormerkung nunmehr den aus dem neuen Vertrag resultierenden Anspruch sichert. Dem könnte entgegenstehen, dass eine erneute Eintragung der Vormerkung unterblieben ist, das Grundbuch vielmehr eine Vormerkung nur für den Anspruch aus dem Vertrag vom 19.9. aufweist. Der BGH hat indes die an sich gebotene Neueintragung der Vormerkung nebst Löschung der alten Vormerkung als „unnötigen Formalismus“ bezeichnet und entschieden, dass die Beteiligten die die erloschene Vormerkung betreffende Eintragung ohne Löschung und Neueintragung durch **erneute Bewilligung** zur Sicherung eines der Eintragung entsprechenden neuen Anspruchs verwenden können[12]. Zur Begründung seiner Ansicht hat er auf §§ 879 Abs. 2, 892 Abs. 2 hingewiesen, wonach die Eintragung der dinglichen Einigung zeitlich vorangehen kann. Da auch § 885 Abs. 1 eine bestimmte Reihenfolge nicht vorschreibe, vielmehr anerkannt sei, dass die Bewilligung der Eintragung nachfolgen könne[13], sei die Neueintragung der Vormerkung entbehrlich, sofern sich die spätere Bewilligung zwar auf eine neue schuldrechtliche Grundlage stützt, Eintragung und nachträgliche Bewilligung aber einander entsprechen. Die zuletzt genannte Voraussetzung liege bereits dann vor, wenn Eintragung und (nachträgliche) Bewilligung der Vormerkung den gleichen sicherungsfähigen, auf dingliche Rechtsänderung gerichteten Anspruch betreffen; nicht erforderlich sei dagegen, dass die beiden Rechtsakte in einem „beabsichtigten Zusammenhang“ stehen.

11 Die Parteien können die Wirkungen des Schuldverhältnisses ex nunc oder ex tunc beseitigen, s. BGH NJW 1978, 2198; Jauernig/*Stürner* vor § 362 Rn. 3. – Hätten die Parteien lediglich eine Vertragsänderung vereinbart, so würden der ursprüngliche Anspruch und die für diesen bestellte Vormerkung fortbestehen.

12 BGHZ 143, 175, 179 ff. = NJW 2000, 805; s. ferner BGH NJW 1973, 613, 614 f.: Ein Erwerber, der aufgrund eines unwirksamen Vertrags mit einem Nichtberechtigten in das Grundbuch eingetragen wurde, erlangt durch nachfolgende vertragliche Einigung mit dem wahren Rechtsinhaber ohne Neueintragung das Eigentum; BGH NJW 2008, 578: Eine zur Sicherung eines durch Rücktritt bedingten Rückauflassungsanspruchs eingetragene Vormerkung kann, ohne dass es einer erneuten Eintragung bedürfte, durch Bewilligung auf weitere Rücktrittsgründe erstreckt werden.

13 Vgl. MünchKomm/*Lettmaier* § 885 Rn. 14; Soergel/*Kern* § 885 Rn. 6.

Der aus dem Vertrag vom 11.11. resultierende Anspruch ist somit durch eine wirksam entstandene Vormerkung gesichert, so dass K von D die nach § 19 GBO erforderliche Löschungsbewilligung beanspruchen kann. Nur der Vollständigkeit halber sei darauf hingewiesen, dass sich der Rang der neu bewilligten Vormerkung und damit auch des Rechts, dessen Einräumung der Gläubiger beanspruchen kann (Rn. 339), nicht nach der alten Eintragung, sondern nach dem Zeitpunkt der neuen Bewilligung bestimmt. Vorliegend ist dies freilich ohne Relevanz, da die Vormerkung bereits am 11.11. entstanden, die Eintragung der Hypothek dagegen erst am 2.12. erfolgt ist.

3. Rechtsnatur und Schutz

336 Obschon die Vormerkung in das Grundbuch eingetragen wird, handelt es sich bei ihr doch nicht um ein Recht an einem Grundstück. Denn im Unterschied zu einem Grundpfandrecht oder einem Nutzungsrecht verkörpert die Vormerkung keine – vom Eigentum abgespaltenen – Eigentümerbefugnisse. Andererseits verschafft die Vormerkung dem Gläubiger eine Position, die derjenigen eines bereits dinglich Berechtigten nahe kommt. Mit der heute ganz hM soll deshalb die Vormerkung als ein Sicherungsmittel qualifiziert werden, das einem Anspruch auf dingliche Rechtsänderung gewisse (im Einzelnen in Rn. 339 ff. darzustellende) **dingliche Wirkungen verleiht**[14]. Die wohl hM qualifiziert den durch eine Vormerkung gesicherten Anspruch des Gläubigers sogar als **„sonstiges Recht"** im Sinne des § 823 Abs. 1; folgerichtig spricht sie dem Vormerkungsgläubiger auch Ansprüche aus § 1004 zu[15]. Die Anwendung der §§ 823 Abs. 1, 1004 sieht sich jedoch den in Rn. 301 gegen die Anerkennung eines Anwartschaftsrechts angeführten Erwägungen ausgesetzt. Als vorzugswürdig erscheint es deshalb, den Vormerkungsgläubiger im Verhältnis zu dem nach § 888 Abs. 1 Verpflichteten (und nur diesem gegenüber!) durch die entsprechende Anwendung der §§ 989 f. zu schützen (Rn. 341).

II. Erwerb der Vormerkung vom Nichtberechtigten

1. Ersterwerb

337 Die Frage eines Erwerbs der Vormerkung vom Nichtberechtigten wurde bereits im Zusammenhang mit **Fall 47** angesprochen; von der ganz hM wird sie für die **bewilligte** Vormerkung bejaht[16]. Da allerdings die Vormerkung nicht als dingliches Recht an dem Grundstück qualifiziert werden kann und somit die Bewilligung auch keine Verfügung ist, lässt sich die Möglichkeit eines Erwerbs vom Nichtberechtigten nicht unmittelbar auf §§ 892 Abs. 1, 893 stützen; in Betracht kommt deshalb nur die **analoge Anwendung des § 893**. Ist die Vormerkung einmal vom Nichtberechtigten erworben (wobei auch insoweit hinsichtlich der Redlichkeit des Erwerbers § 892 Abs. 2 Anwendung findet)[17], so wird der Erwerb des dinglichen Rechts durch den vormerkungsgesicherten Gläubiger weder durch die nachträgliche Unredlichkeit noch durch die Eintragung eines Widerspruchs gegen die Richtigkeit des Grundbuchs verhindert[18]; diese **„große" Lösung** ist heute ganz

14 Vgl. BGHZ 235, 277 Rn. 28 = ZIP 2023, 1128; BGHZ 60, 46, 49; *Baur/Stürner* § 20 Rn. 61; allgemein zur „Verdinglichung obligatorischer Rechte" *Canaris*, Festschrift für Flume, 1978, S. 371 ff.

15 Jauernig/*Berger* § 888 Rn. 5; *Baur/Stürner* § 20 Rn. 42; *J. Hager* JuS 1990, 429, 437.

16 **BGHZ 28, 182 ff.**; BGH NJW 1981, 446, 447; *Medicus/Petersen* Rn. 553; Jauernig/*Berger* § 883 Rn. 26.

17 BGHZ 28, 182, 187; zu § 892 Abs. 2 s. Rn. 320 ff.

18 **BGH NJW 1981, 446, 447.**

herrschend. Ist es zwischenzeitlich zur Grundbuchberichtigung gekommen, so kann der vormerkungsgesicherte Gläubiger den Berechtigten auf Erteilung der Eintragungsbewilligung[19] in Anspruch nehmen. Zu bedenken ist allerdings, dass der öffentliche Glaube des Grundbuchs den zu sichernden Anspruch nicht erfasst. Fehlt es also an einem solchen Anspruch, so besteht auch nicht die Möglichkeit des Erwerbs der Vormerkung nach §§ 892 f.[20]. Diese Vorschriften helfen zwar über die fehlende Berechtigung hinsichtlich der Vormerkung hinweg; dagegen ermöglichen sie weder einen gutgläubigen Forderungserwerb noch den Erwerb einer „forderungsentkleideten Vormerkung“[21].

2. Zweiterwerb

Umstritten ist die Frage, ob die Vormerkung vom **nichtberechtigten Zedenten** des zu sichernden Anspruchs erworben werden kann. Klarheit besteht freilich insoweit, als sich die Frage nur in dem Fall stellt, dass der zu sichernde Anspruch besteht (Rn. 337) und es lediglich an dem Bestand der Vormerkung fehlt (insbesondere weil der Zedent seinerseits die Vormerkung nicht gutgläubig erworben hat); fehlt es dagegen an einem solchen Anspruch, so scheitern die Entstehung und der abgeleitete Erwerb einer Vormerkung schon aus Gründen der Akzessorietät. **338**

Fall 48 zeigt die Rechtslage auf, wenn der zu sichernde Anspruch besteht: Bucheigentümer B und K schließen einen Kaufvertrag über das auf B eingetragene Grundstück. B bewilligt dem K eine Vormerkung, die auch eingetragen wird. K weiß allerdings, dass Eigentümer des Grundstücks der E ist. Nach Eintragung der Vormerkung tritt K seinen Anspruch auf Übereignung an den redlichen Z ab. Anschließend erwirkt E die Berichtigung des Grundbuchs. Z verlangt von E die Zustimmung, selbst als Eigentümer des Grundstücks eingetragen zu werden. Zu Recht?

Nach **§ 888 Abs. 1** hat Z einen Anspruch gegen E auf Erteilung der nach § 19 GBO erforderlichen **Eintragungsbewilligung**, wenn er Inhaber einer Vormerkung geworden ist. Dem Erwerb der Vormerkung könnte freilich entgegenstehen, dass K zwar Inhaber des abgetretenen Anspruchs, nicht aber Inhaber der im Grundbuch eingetragenen Vormerkung war. Denn zwar hätte K nach § 893 eine Vormerkung von dem Bucheigentümer B erwerben können (mit der Folge, dass Z sodann die Vormerkung vom Berechtigten erworben hätte); der Erwerb scheiterte jedoch an der Kenntnis des K hinsichtlich der Nichtberechtigung des B.

Die damit aufgeworfene Frage nach der Möglichkeit eines **redlichen Zweiterwerbs der Vormerkung** ist überaus umstritten. Während ein Gutteil des Schrifttums die Frage verneint[22], haben sich der BGH und ein anderer Teil der Lehre für die Möglichkeit des Erwerbs ausgesprochen[23]; in seinem **Grundsatzurteil vom 9.12.2022** hat der V. Zivilsenat des BGH seine bisherige Linie bekräftigt und fortgeführt[24]. Die Stellungnahme hat zu berücksichtigen, dass sich der Zweiterwerb der Vormerkung nach **§§ 398, 401** vollzieht:

19 Anders noch *J. Baur* JZ 1967, 437: Anspruch sei in diesem Fall auf materiell-rechtliche Zustimmung nach § 185 gerichtet.

20 BGHZ 25, 16, 24 f.; Jauernig/*Berger* § 883 Rn. 25.

21 Zur davon abweichenden Rechtslage bei der Verkehrshypothek s. § 1138 und dazu Rn. 386 f.

22 Insbes. *Baur/Stürner* § 20 Rn. 52; *Medicus/Petersen* Rn. 556 f.

23 **BGHZ 25, 16, 23 f.**; *Berger* § 13 Rn. 31; Westerman/*Eickmann* § 84 IV 1; *Wunner* NJW 1969, 116 ff.; *Wellenhofer* § 19 Rn. 36; eingehend *Mülbert* AcP 197 (1997) 336, 337 ff.

24 **BGHZ 235, 277 Rn. 22 ff.** = ZIP 2023, 1128 mit zahlreichen Nachw. und mit konsequenter Darlegung, dass es für die Gutgläubigkeit auf den Zeitpunkt der Abtretung der gesicherten Forderung ankommt.

Als akzessorisches Recht folgt die Vormerkung der zu sichernden Forderung; Gegenstand der Verfügung ist also die Forderung, nicht die Vormerkung. Schon im Zusammenhang mit der vergleichbaren Problematik beim Mobiliarpfandrecht haben wir allerdings gesehen, dass ein gutgläubiger Zweiterwerb der Vormerkung nicht allein unter Hinweis auf § 401 und das Fehlen einer rechtsgeschäftlichen Verfügung über das akzessorische Recht verneint werden kann (Rn. 202). Entscheidend ist vielmehr, dass die Abtretung des durch Vormerkung gesicherten Anspruchs – ebenso wie diejenige des durch ein Pfandrecht gesicherten Anspruchs – nach § 398 und damit unter Verzicht auf jegliche Publizität erfolgt; dadurch unterscheidet sich die Rechtslage von derjenigen bei der Hypothek (Rn. 386 f.). Die Möglichkeit eines gutgläubigen Zweiterwerbs ist deshalb entgegen der hM zu verneinen, und zwar unabhängig davon, ob der Ersterwerber seinerseits als Inhaber einer Vormerkung in das Grundbuch eingetragen ist. In Ermangelung einer Vormerkung hat Z somit keinen Anspruch aus § 888 Abs. 1.

III. Die Wirkungen der Vormerkung

1. Überblick

339 Die Vormerkung verleiht dem gesicherten Anspruch beträchtliche dingliche Wirkungen. Deren wichtigste ist die **Sicherungswirkung**, die wir in Rn. 340 f. näher kennen lernen werden. Der Sicherungswirkung vergleichbar ist die **Rangwirkung**. Sie ist in § 883 Abs. 3 geregelt und besagt, dass sich der Rang des Rechts, dessen Einräumung der Gläubiger beanspruchen kann, nach der Eintragung der Vormerkung bestimmt. Das eingetragene Recht erhält demnach den Rang, den es hätte, wäre es sogleich anstelle der Vormerkung eingetragen worden. Die sogenannte **Vollwirkung** schließlich äußert sich in Fällen, in denen der vormerkungsgesicherte Gläubiger mit anderen Gläubigern des Schuldners konkurriert. So kann sich der Erbe des Schuldners gemäß § 884 nicht auf die Beschränkung seiner Haftung berufen; er haftet mit anderen Worten unbeschränkbar. In der Insolvenz des Schuldners kann der durch die Vormerkung gesicherte Gläubiger nach § 106 InsO vom Insolvenzverwalter die Erfüllung des Anspruchs verlangen[25]. In der Einzelzwangsvollstreckung schließlich wird das vorgemerkte Recht nach § 48 ZVG wie ein bereits eingetragenes Recht berücksichtigt[26].

2. Die Sicherungswirkung im Besonderen

340 Die Eintragung einer Vormerkung beschränkt den Schuldner zwar nicht in seiner Verfügungsbefugnis; erst recht begründet sie keine Grundbuchsperre. Nach § 883 Abs. 2 S. 1 ist jedoch eine nach Eintragung der Vormerkung getroffene Verfügung[27] insoweit unwirksam, als sie den durch die Vormerkung gesicherten Anspruch vereiteln oder beeinträchtigen würde (Rn. 330). Die Unwirksamkeit ist somit nach § 883 Abs. 2 S. 1 zunächst **objektiv begrenzt**. Aus § 888 Abs. 1 folgt darüber hinaus, dass die Unwirksam-

25 S. dazu auch BGH ZIP 2001, 2008: Künftiger Auflassungsanspruch, der durch eine vor Eröffnung des Insolvenzverfahrens eingetragene Vormerkung gesichert ist, ist insolvenzfest; ferner BGH ZIP 2021, 967: Maßgeblicher Zeitpunkt für Rechtshandlung im Sinne des AnfG ist Antrag auf Eintragung der Vormerkung zur Sicherung eines Anspruchs auf künftige unentgeltliche Grundstücksübertragung.

26 Näher dazu BGHZ 46, 124, 126 f.; Staudinger/*Kesseler* § 883 Rn. 352.

27 Nach § 883 Abs. 1 S. 2 gilt dies auch für Verfügungen im Rahmen der Zwangsvollstreckung oder Arrestvollziehung sowie für solche des Insolvenzverwalters; s. dazu Staudinger/*Kesseler* § 883 Rn. 235.

keit auch in subjektiver Hinsicht begrenzt ist; denn danach ist die vormerkungswidrige Verfügung nur dem vormerkungsgeschützten Gläubiger gegenüber und damit **relativ** unwirksam[28]. Ist somit eine den vormerkungsgesicherten Anspruch vereitelnde oder beeinträchtigende Verfügung (ganz oder teilweise) dem Gläubiger gegenüber unwirksam, so bedeutet dies, dass der Schuldner im Verhältnis zum Gläubiger noch zur Erfüllung des vorgemerkten Anspruchs imstande ist[29]; denn für den Gläubiger entspricht die dingliche Rechtslage nach §§ 883 Abs. 2, 888 Abs. 1 weiterhin derjenigen vor erfolgter Zwischenverfügung. Daraus folgt des Weiteren, dass sich der Schuldner dem Gläubiger gegenüber nicht auf Unvermögen berufen kann; infolge der Sicherungswirkung der Vormerkung behält der Gläubiger vielmehr seinen Primäranspruch. Freilich benötigt der Gläubiger zur Durchsetzung seines Primäranspruchs nach § 19 GBO die Bewilligung des durch die Eintragung Betroffenen; dies aber ist der zwischenzeitlich vormerkungswidrig Eingetragene. § 888 Abs. 1 gewährt deshalb dem Gläubiger einen **Anspruch auf Erteilung dieser Bewilligung**. Die Bewilligung ist zwar nur aus verfahrensrechtlichen Gründen erforderlich (Rn. 281 ff.). Doch folgt daraus keineswegs, dass der zur Erteilung der Bewilligung Verpflichtete nicht aus §§ 280 Abs. 1 und 2, 286, 288 in Anspruch genommen werden kann, wenn er der Erfüllung seiner Verpflichtung nicht rechtzeitig nachkommt; der BGH bejaht denn auch in seiner neueren Rechtsprechung die Verzugshaftung des vormerkungswidrig Eingetragenen[30].

Fall 49 soll die **Reichweite** der Sicherungswirkung verdeutlichen: Aufgrund eines unrichtigen Erbscheins wird V als Eigentümer eines Haus- und Gartengrundstücks in das Grundbuch eingetragen. Auf liquide Mittel angewiesen, verkauft er das Grundstück am 19.5. an den gutgläubigen K. Als Termin für Auflassung und Übergabe wird der 4.12. vereinbart. Zur Sicherung des Anspruchs des K wird für diesen am 15.6. eine von V bewilligte Auflassungsvormerkung eingetragen. V hält den Kaufvertrag, freilich zu Unrecht, für unwirksam. Nach Bewilligung der Vormerkung bestellt er deshalb zugunsten seines Nachbarn A ein Wegerecht an dem Grundstück, das im August eingetragen wird. Eine der beiden Etagen des Wohnhauses vermietet er an B, der zum 1.9. die Wohnung bezieht. Schließlich überträgt V eine für ihn ebenfalls aufgrund des Erbscheins eingetragene Eigentümergrundschuld zur Sicherung eines ihm von C gewährten Darlehens an diesen, was am 1.9. in das Grundbuch eingetragen wird. K erfährt am 8.9. sowohl von der Unrichtigkeit des Grundbuchs hinsichtlich des Eigentums des V als auch von den von V vorgenommenen Rechtsgeschäften. Diese hält K allesamt für unwirksam. A, B und C berufen sich gegenüber K auf die Eintragung des V im Grundbuch. A macht darüber hinaus geltend, er habe im Vertrauen auf den Bestand des Wegerechts einen befahrbaren Weg auf dem Grundstück ausbauen lassen, wodurch ihm Kosten in Höhe von 2000 € entstanden seien. Welche Ansprüche hat K – bei Fälligkeit seines kaufvertraglichen Anspruchs und nach Erwerb des Eigentums – gegen A, B und C? 341

1. a) Zu prüfen ist, ob K von A nach **§ 888 Abs. 1 die nach § 19 GBO erforderliche Bewilligung zur Löschung des Wegerechts** verlangen kann. Voraussetzung ist zunächst, dass K Inhaber einer Vormerkung geworden ist. Wie im Einzelnen in Rn. 337

28 **BGHZ 105, 259, 261**; Jauernig/*Berger* § 883 Rn. 14; s. ferner BGH ZIP 1999, 791 zur Zulässigkeit der Eintragung eines Vorrangs nach § 880 sowie zur Zulässigkeit der Eintragung eines Vermerks, aus dem sich ergibt, dass die Zwischenverfügung gegenüber der rangbesseren Auflassungsvormerkung des Käufers wirksam ist. – Zur von § 883 Abs. 2 abweichenden Rechtslage nach § 161 s. Rn. 241.

29 Ungeachtet der Vormerkung hat der Gläubiger also den Schuldner (und nicht den Zwischenerwerber) auf Erfüllung der gesicherten Forderung in Anspruch zu nehmen!

30 **BGHZ 208, 133** Rn. 5 ff. = NJW 2016, 2104 mit weit. Nachw.; BGHZ 209, 270 Rn. 17; aA noch BGHZ 49, 263, 266 f. Allg. zur Anwendung schuldrechtlicher Normen auf sachenrechtliche Ansprüche in Rn. 35 ff., 72 ff.

ausgeführt, kann die bewilligte Vormerkung entsprechend § 893 auch vom Nichtberechtigten erworben werden. Was den für die Gutgläubigkeit maßgeblichen Zeitpunkt betrifft, so findet § 892 Abs. 2 Anwendung; entscheidend ist demnach die Stellung des Antrags auf Eintragung der Vormerkung (Rn. 337). Die Nichtberechtigung des V steht somit dem Erwerb der Vormerkung durch K nicht entgegen. Da auch die sonstigen Voraussetzungen für den Erwerb der Vormerkung gegeben sind (Rn. 331 ff.), kommt es für den Anspruch aus § 888 Abs. 1 nur noch auf das Vorliegen einer vormerkungswidrigen Verfügung im Sinne des § 883 Abs. 2 S. 1 an. Das Wegerecht ist eine Dienstbarkeit im Sinne der §§ 1018, 1090 und damit ein beschränktes dingliches Recht; seine Bestellung ist somit eine Verfügung über das Eigentum am Grundstück (Rn. 288). Es konnte nach § 892 trotz Eintragung der Auflassungsvormerkung erworben werden. Da K von V Übertragung des unbelasteten Grundeigentums verlangen kann, hat die Verfügung auch eine Beeinträchtigung des gesicherten und durch Eigentumserwerb nicht erloschenen Anspruchs zur Folge[31]. Die Bestellung des Wegerechts ist somit dem K gegenüber unwirksam, so dass K nach § 888 Abs. 1 einen Anspruch gegen A auf Erteilung der Löschungsbewilligung hat.

b) Sonstige Ansprüche des K kommen nicht in Betracht. Insbesondere scheidet ein **Berichtigungsanspruch nach § 894** aus. Da nämlich die vormerkungswidrige Verfügung materiell-rechtlich voll wirksam ist und auch die Unwirksamkeit im Verhältnis zum Inhaber der Vormerkung nur eintritt, wenn dieser sich darauf beruft, fehlt es an der Unrichtigkeit des Grundbuchs.[32] Einem **Anspruch aus § 812 Abs. 1 S. 1, 2. Fall** schließlich steht entgegen, dass A die Dienstbarkeit durch Leistung des V erlangt hat[33].

c) Dem A könnte freilich das **Zurückbehaltungsrecht aus § 1000** zustehen. Voraussetzung ist danach zunächst das Bestehen einer **Vindikationslage**. Daran fehlt es vorliegend allerdings schon deshalb, weil K im Zeitpunkt des Wegausbaus nicht Eigentümer des Grundstücks war; zudem erscheint der Besitz des A am Grundstück fraglich. Dies schließt freilich nur die direkte Anwendung der §§ 994 ff., 1000 aus. Im Zusammenhang mit § 894 haben wir jedoch gesehen, dass die genannten Vorschriften analoger Anwendung durchaus zugänglich sind (Rn. 329). Die dort angestellten Gründe für die Analogie lassen sich auch auf § 888 übertragen. Sind somit §§ 994 ff., 1000 auf das Verhältnis zwischen dem vormerkungsgesicherten Gläubiger und dem nach § 888 Abs. 1 zur Erteilung der Bewilligung verpflichteten Erwerber entsprechend anwendbar[34], so fragt sich, ob A gutgläubig im Sinne des § 990 Abs. 1 war. Dies ist angesichts der Eintragung der Vormerkung zu verneinen. Anders verhielte es sich nur, wenn A leicht fahrlässig angenommen hätte, das Grundbuch sei in Bezug auf die Vormerkung unrichtig[35]; doch ist dafür nichts ersichtlich. Nach §§ 994 Abs. 2, 996 kann A somit nur Ersatz notwendiger Verwendungen verlangen, wozu der Ausbau des Weges wohl nicht zählt. Ein Zurückbehaltungsrecht aus § 1000 steht dem A mithin nicht zu. Ein auf einen Anspruch aus

31 Bei der Auflassungsvormerkung hat jede andere Verfügung beeinträchtigende (oder gar vereitelnde) Wirkung im Sinne des § 883 Abs. 2; zum Fortbestand der Vormerkung trotz Eintragung des K als Eigentümer s. BGH NJW 2010, 3367 mit weit. Nachw.

32 Grüneberg/*Herrler* § 888 Rn. 2.

33 Näher dazu *Medicus/Petersen* Rn. 727.

34 So auch die ganz hM, s. **BGHZ 75, 288, 291 ff.**; BGHZ 87, 296, 297; Grüneberg/*Herrler* § 888 Rn. 9 f.; zur Frage der entsprechenden Anwendung auch der §§ 987 ff. betreffend Nutzungsersatz s. **BGHZ 144, 323, 326 ff.** (zu bejahen jedenfalls bei Vorliegen der Voraussetzungen des § 292 im Verhältnis zum Auflassungsschuldner); zum Schadensersatz s. Rn. 336.

35 Näher Staudinger/*Kesseler* § 888 Rn. 94 ff.

§§ 951, 812 Abs. 1 S. 1 Alt. 2 gestütztes Zurückbehaltungsrecht aus § 273 kommt schon wegen des Vorrangs der §§ 994 ff. gegenüber der Verwendungskondiktion nicht in Betracht (Rn. 124).

2. Im Verhältnis zwischen K und B kommt ein **Herausgabeanspruch aus § 985** in Betracht[36]. Die Voraussetzungen dieser Vorschrift liegen zwar vor; fraglich ist jedoch, ob dem B ein mietvertragliches Recht zum Besitz zusteht. Nach § 566 geht der Mietvertrag grundsätzlich auf den Erwerber des Grundstücks über, so dass der Mieter auch im Verhältnis zum neuen Eigentümer nach § 986 Abs. 1 zum Besitz berechtigt ist. Fraglich ist jedoch, ob dies auch bei Veräußerung durch den Bucheigentümer gilt. Auszugehen ist zunächst davon, dass der Abschluss des Mietvertrags keine Verfügung über das Grundstück enthält, so dass auch die Vorschriften über den gutgläubigen Erwerb keine Anwendung finden können[37]. Gleichwohl muss dies nicht bedeuten, dass B ein auch dem K gegenüber wirkendes Recht zum Besitz nicht erwerben konnte. Denn zum einen stellt der Wortlaut des § 566 allein auf die Identität von Vermieter und Veräußerer, nicht dagegen auf das Eigentum des Veräußerers ab. Zum anderen soll der Erwerber durch die Möglichkeit des gutgläubigen Erwerbs nur so gestellt werden, als habe er vom wahren Eigentümer erworben (s. auch Rn. 142). Vorbehaltlich des § 883 Abs. 2 S. 1 hätte K dann aber gleichfalls den Mietvertrag gegen sich gelten lassen müssen. Dies führt zu der weiteren Frage, welche Bedeutung der zugunsten des K eingetragenen Vormerkung zukommt. Klar ist zunächst, dass eine direkte Anwendung des § 883 Abs. 2 S. 1 schon in Ermangelung einer Verfügung ausscheiden muss. Was die Frage einer entsprechenden Anwendung betrifft, so lässt sich für sie anführen, dass der Mietvertrag angesichts des § 566 einer Verfügung durchaus ähnlich ist. Auch muss man fragen, ob es veranlasst ist, den Mieter, der ja nur obligatorisch berechtigt ist, besser zu stellen als den Erwerber eines dinglichen Wohnungsrechts im Sinne des § 1093; Letzteres nämlich wäre zweifelsohne dem Vormerkungsgläubiger gegenüber unwirksam. Die hM verneint gleichwohl und durchaus zu Recht die entsprechende Anwendung des § 883 Abs. 2 S. 1[38]. Zur Begründung verweist sie vor allem auf den Schutzzweck des § 566, ferner darauf, dass das Eigentum als solches durch die Überlassung der Sache an den Mieter nicht beeinträchtigt wird, zumal der Erwerber als neuer Vermieter den Anspruch auf den Mietzins erhält. Ist demnach die entsprechende Anwendung des § 883 Abs. 2 S. 1 zu verneinen, hat B ein auch gegenüber K wirkendes Recht zum Besitz.

3. Im Verhältnis K ./. C schließlich kommt ein **Anspruch aus § 888 Abs. 1** in Betracht. Problematisch ist insoweit allein das Vorliegen einer **beeinträchtigenden Verfügung** im Sinne des § 883 Abs. 2 S. 1. Dies deshalb, weil sich die Grundschuld des V, hätte er sie nicht auf C übertragen, ohnehin in eine **Fremdgrundschuld** verwandelt hätte; K hätte also in jedem Fall mit einer Fremdgrundschuld belastetes Eigentum erworben. Allein der Umstand, dass nunmehr C anstelle des V Inhaber der Grundschuld ist, kann aber nicht als Beeinträchtigung des Eigentums des K angesehen werden[39]. Hier ist zwar zu beachten,

---

36 Denkbar ist auch ein (vorrangig zu prüfender) Anspruch aus § 546 Abs. 1, s. Rn. 91; auch wenn man die analoge Anwendung des § 883 Abs. 2 S. 1 bejaht (s. dazu die Ausführungen im Text zu § 985), ist der Anspruch indes mangels Beendigung des Mietvertrags ausgeschlossen. Ein Anspruch aus § 888 Abs. 1 ist hingegen schon deshalb nicht zu prüfen, weil das mietvertragliche Recht des B nicht eingetragen ist.

37 Für Anwendung des § 893 aber MünchKomm/*Kohler*, 8. Aufl. 2020, § 893 Rn. 12; wie die hM nun MünchKomm/*H. Schäfer* § 893 Rn. 12.

38 **BGHZ 13, 1**; BGH NJW 1989, 451; Soergel/*Kern* § 883 Rn. 47; *Wellenhofer* § 18 Rn. 19; Jauernig/*Berger* § 883 Rn. 17; Staudinger/*Kesseler* § 883 Rn. 249; aA *Prütting* Rn. 190; *Wilhelm* Rn. 2289.

39 BGHZ 60, 216, 220 f.

dass V nur Scheinerbe ist. Stand ihm somit die Eigentümergrundschuld gar nicht zu, so konnte C zwar nur gutgläubig erwerben. Doch hat auch dies nicht zur Folge, dass sich die Übertragung der Grundschuld aus Sicht des K als beeinträchtigende Verfügung darstellt. Denn die Grundschuld stünde ja, wäre sie nicht von C gutgläubig erworben worden, weiterhin dem wahren Erben zu. K müsste somit die Grundschuld in jedem Fall gegen sich gelten lassen, so dass es an einer beeinträchtigenden Verfügung fehlt. Anders verhielte es sich nur, wenn V sich die Grundschuld selbst bestellt hätte. Da nämlich diese Bestellung in Ermangelung eines Verkehrsgeschäfts unwirksam wäre (Rn. 150 ff., 314), wäre die Grundschuld erst infolge des gutgläubigen Erwerbs durch C entstanden. Die Übertragung wäre in diesem Fall als beeinträchtigende Verfügung relativ unwirksam.

3. Exkurs: Die Sicherungswirkung des dinglichen Vorkaufrechts

342 In seinen Wirkungen der Vormerkung vergleichbar ist das in §§ 1094 ff. geregelte dingliche Vorkaufsrecht. Nach § 1094 Abs. 1 handelt es sich bei ihm um ein beschränktes dingliches Recht. Es gewährt seinem Inhaber ein durch den Verkauf des belasteten Grundstücks **aufschiebend bedingtes Gestaltungsrecht**[40]. Anders als das schuldrechtliche Vorkaufsrecht der §§ 463 ff. ermöglicht das dingliche Vorkaufsrecht auch dann noch den Erwerb des belasteten Grundstücks, wenn dieses bereits dem Dritten übereignet wurde. Dafür sorgt § 1098 Abs. 2, wonach das Vorkaufsrecht Dritten gegenüber die **Wirkung einer Auflassungsvormerkung** hat[41].

343 **Fall 50** verdeutlicht die Wirkungen des dinglichen Vorkaufsrechts: Zugunsten des Z ist ein dingliches Vorkaufsrecht am Grundstück des E eingetragen. E verkauft das Grundstück am 1.4. an K; am 1.6. setzt er davon den Z in Kenntnis; am 1.5. wurde K als Eigentümer eingetragen. Mitte Juni übt Z gegenüber E sein Vorkaufsrecht aus und teilt dies dem K mit; dieser hatte bereits das Haus bezogen, den Kaufpreis an E geleistet und 30 000 € für die Reparatur des Daches aufgewendet. Welche Ansprüche hat Z gegenüber E und K?

Z könnte gegen E einen auf **Übereignung des Grundstücks** gerichteten Anspruch haben. Der dafür erforderliche Kaufvertrag ist nach §§ 1098 Abs. 1 S. 1, 464 Abs. 1 und 2 durch Ausübung des Vorkaufsrechts gegenüber E zustande gekommen. Fraglich ist jedoch, ob sich der Erfüllungsanspruch dem Einwand der Unmöglichkeit aus § 275 Abs. 1 ausgesetzt sieht. Dies wäre der Fall, wenn K auch mit Wirkung gegenüber Z Eigentümer des Grundstücks wäre; in diesem Fall wäre Z auf die Geltendmachung von Ansprüchen aus §§ 437 Nr. 3, 435, 440, 283, 280 Abs. 1, 3 beschränkt. Da allerdings zugunsten des Z ein dingliches Vorkaufsrecht eingetragen war, ist die Vorschrift des § 1098 Abs. 2 zu beachten, wonach dieses Vorkaufsrecht Dritten gegenüber die Wirkung einer Auflassungsvormerkung hat. Die Übereignung des Grundstücks an K ist somit nach §§ 883 Abs. 2 S. 1, 888 Abs. 1 iVm. § 1098 Abs. 2 dem Z gegenüber unwirksam. Aus Sicht des Z ist deshalb noch E Eigentümer des Grundstücks, so dass diesem die Erfüllung des Kaufvertrags noch möglich ist. Z kann somit den E auf Vornahme der Auflassung in Anspruch nehmen.

Nach **§ 19 GBO** benötigt Z zwar zur Eintragung in das Grundbuch und damit zum Erwerb des Eigentums die **Bewilligung** des bereits eingetragenen K. Doch ist K nach

40 BGHZ 67, 395, 397 f.

41 Eingehend dazu *Wieling/Klinck* AcP 202 (2002), 745 ff.

§§ 1098 Abs. 2, 888 Abs. 1 zur Erteilung dieser Bewilligung verpflichtet. K hat allerdings gegenüber dem Anspruch des Z aus § 888 Abs. 1 **das Zurückbehaltungsrecht aus § 1100 S. 1**. Nach dieser Vorschrift kann nämlich der neue Eigentümer (K) die Erteilung der Bewilligung von der Erstattung des bereits an E geleisteten Kaufpreises durch Z abhängig machen. Soweit Z den Kaufpreis erstattet, wird er nach § 1101 von seiner Verpflichtung zur Zahlung des Kaufpreises an E frei.

Was die Aufwendungen für die Dachreparatur betrifft, so könnte dem K das **Zurückbehaltungsrecht aus § 1000** zustehen. Wie wir im Zusammenhang mit § 888 Abs. 1 gesehen haben, finden die §§ 994 ff. auf das Verhältnis zwischen dem vormerkungsgesicherten Gläubiger und dem nach § 888 Abs. 1 Verpflichteten entsprechende Anwendung (Rn. 341). Nach § 1098 Abs. 2 hat dies auch für das Verhältnis zwischen dem Vorkaufsberechtigten und dem Zwischenerwerber zu gelten. Da es sich bei der Dachreparatur um eine notwendige Verwendung handelt, folgt der Ersatzanspruch des K aus § 994 Abs. 2 iVm. §§ 683, 670. K hat somit auch das Zurückbehaltungsrecht aus § 1000.

Sechster Teil

Grundpfandrechte

§ 16 Grundlagen[1]

I. Funktion und Beteiligte

1. Funktion

344 Das BGB kennt, anders als die meisten europäischen Rechtsordnungen, mit der Hypothek (§§ 1113 ff.), der Grundschuld (§§ 1191 ff.) und der Rentenschuld (§§ 1199 ff.) verschiedene Arten von Grundpfandrechten[2]. Ihnen gemeinsam ist zunächst ihre Eigenschaft als beschränktes dingliches Recht: Sowohl die Hypothek als auch Grund- und Rentenschuld verkörpern die vom Eigentum[3] abgespaltene **Befugnis zur Verwertung des belasteten Grundstücks** (Rn. 57 ff.). Schon im Zusammenhang mit dem Mobiliarpfandrecht (Rn. 175 f.) haben wir festgestellt, dass zwar grundsätzlich jeder Gläubiger in das gesamte Vermögen des Schuldners und damit auch in den mit einem (Grund-)Pfandrecht belasteten Gegenstand vollstrecken kann. Er konkurriert dabei jedoch mit den sonstigen Gläubigern. Die dingliche Sicherung begründet dagegen eine **Vorzugsstellung**, die insbesondere bei der Vollstreckung eines anderen Gläubigers in den belasteten Gegenstand und bei Insolvenz des Schuldners zum Tragen kommt. Berücksichtigt man, dass Grundstücke im Allgemeinen wertbeständig sind, so wird deutlich, dass sich Grundpfandrechte besonders gut als Kreditsicherheit eignen. Es kommt hinzu, dass das BGB für Rechte an Grundstücken im Allgemeinen und damit auch für Grundpfandrechte auf den Besitz als Publizitätsmittel verzichtet und stattdessen die Registrierung dieser Rechte vorgeschrieben hat (Rn. 270 f.); anders als das Mobiliarpfandrecht sind die Grundpfandrechte somit **besitzlose Pfandrechte**. Auch dies trägt zur großen wirtschaftlichen Bedeutung des grundpfandrechtlich gesicherten Kredits bei[4].

2. Beteiligte

345 Schon am Beispiel des Mobiliarpfandrechts haben wir gesehen, dass die Verpfändung sowohl durch den **Schuldner** der zu sichernden Forderung als auch durch einen **Dritten** erfolgen kann (Rn. 177 f.). Entsprechendes gilt für die Grundpfandrechte; auch bei ihnen begegnet also sowohl die Absicherung eigener als auch die Absicherung fremder Schuld. In beiden Fällen erlangt der Gläubiger neben seinem Anspruch aus der gesicherten Forderung das Vorzugsrecht aus dem Grundpfandrecht; dieses Recht aus dem Grundpfand-

---

1 Eingehende Darstellung des Rechts der Grundpfandrechte bei *K. Reischl* JuS 1998, 125 ff., 220 ff., 318 ff., 414 ff., 514 ff.

2 Zur Verbreitung der Hypothek in den Rechtsordnungen der anderen Mitgliedstaaten s. *Habersack* JZ 1997, 857, 860 ff.; zu den entstehungsgeschichtlichen Hintergründen der §§ 1113 ff., 1191 ff. *Wilhelm*, Festschrift für Baums, 2017, Band II, S. 1429 ff.

3 Nach § 1114 kann auch Bruchteilseigentum belastet werden; näher dazu sowie zur Rechtslage bei nachträglichem Erwerb des Alleineigentums durch den Miteigentümer *v. Reichenberg* NJW 2018, 342 ff.

4 Laut aktueller Statistik der Bundesbank beläuft sich das Gesamtvolumen der Hypothekarkredite an inländische Unternehmen und Privatpersonen Stand 2. Quartal 2023 insgesamt auf 1.701,4 Milliarden Euro; Daten abrufbar über Statista oder die Zeitreihen-Datenbanken auf bundesbank.de.

recht ist **dinglicher Natur** und strikt von der zu sichernden Forderung zu unterscheiden. Es versteht sich, dass die Absicherung fremder Schuld eine Reihe zusätzlicher Fragen aufwirft, von denen vor allem diejenige nach dem Regress des aus dem Grundpfandrecht in Anspruch genommenen Grundeigentümers näher erörtert werden soll (Rn. 376 ff.). Weitere Fragen entstehen, wenn der Verpfänder nicht mit dem Eigentümer des Grundstücks identisch ist, was bei Unrichtigkeit des Grundbuchs der Fall sein kann (Rn. 312 ff.). Es gelangen dann die schuldrechtlichen Ausgleichsmechanismen zur Anwendung (Rn. 178).

3. Geltung des Trennungs- und Abstraktionsgrundsatzes

Die Bestellung eines Grundpfandrechts ist dingliches Rechtsgeschäft im Sinne der Ausführungen in Rn. 19 ff. Es gilt also das Trennungs- und Abstraktionsprinzip (Rn. 27 ff.). Ungeachtet ihres akzessorischen Charakters ist deshalb auch bei der Hypothek zwischen der Verpflichtung zur Bestellung und dem dinglichen Bestellungsakt zu unterscheiden. Wie wir schon im Zusammenhang mit dem Mobiliarpfandrecht (Rn. 191) gesehen haben, begründet die zu sichernde Forderung als solche auch dann keine Pflicht zur Bestellung eines (Grund-)Pfandrechts, wenn der Eigentümer des belasteten Grundstücks zugleich Schuldner ist. Rechtsgrund der Pfandrechtsbestellung ist vielmehr die **Sicherungsabrede**, mithin eine gesonderte Abrede, wonach sich der Verpfänder (im Fall der Grundpfandrechte also der Eigentümer oder Bucheigentümer des Grundstücks) zur Bestellung des beschränkten dinglichen Rechts verpflichtet[5]. Ist diese Abrede unwirksam, ist das Grundpfandrecht, sofern es nicht seinerseits mangelbehaftet ist, gleichwohl wirksam; es kann freilich nach § 812 Abs. 1 S. 1, 1. Fall kondiziert werden. Besteht dagegen die zu **sichernde Forderung nicht**, so ist zu unterscheiden: Soll eine **Grundschuld** bestellt werden, so entsteht sie auch in diesem Fall als solche (Rn. 392 f., 395); die **Hypothek** ist dagegen nach §§ 1163 Abs. 1 S. 1, 1177 Abs. 1 Eigentümergrundschuld (Rn. 354, 361, 372). **346**

Die dingliche Einigung als rechtsgeschäftlicher Teil des Bestellungsakts kann zwar ihrerseits unwirksam sein (Rn. 29, 31). Sie ist aber nicht schon deshalb nach **§ 138 Abs. 1** nichtig, weil der Darlehensvertrag, dem die gesicherte Forderung entstammt, sittenwidrig ist[6]. Auch finden nach der Rechtsprechung des BGH die zur Sittenwidrigkeit einer Bürgschaft entwickelten Grundsätze[7] auf die Bestellung einer Sicherungsgrundschuld keine Anwendung[8]. Dies ist durchaus folgerichtig: Anders als der Bürge haftet nämlich der Grundeigentümer ausschließlich dinglich und damit beschränkt auf das belastete Grundstück. Da die besagte Rechtsprechung zu § 765 den Bürgen vor allem vor einer krassen wirtschaftlichen Überforderung schützen will, der Grundeigentümer aber, wenn er ein Grundpfandrecht bestellt, allenfalls den Verlust des Grundstücks riskiert, fehlt es an der Vergleichbarkeit mit der Übernahme einer ruinösen Bürgschaft. Die dingliche Einigungserklärung und die auf Abschluss der Sicherungsabrede (Rn. 394) bezogene Wil- **346a**

5 S. dazu noch Rn. 394; vgl. für das dingliche Wohnungsrecht auch BGH WM 1999, 549, 550; krit. und für zweigliedrigen, aus Sicherungsabrede und gesicherter Forderung bestehenden Rechtsgrund *Leitmeier* NJW 2022, 14 ff.; dagegen zu Recht *Schnauder* WM 2022, 449, 450 ff., der wiederum entgegen der hM (und nicht überzeugend) den Rechtsgrund im „allgemeinen Prinzip der Zweckerreichung" erblickt.

6 **BGH NJW-RR 2000, 1431, 1433.**

7 Vgl. BGH NJW 1999, 2584; BGH NJW 2001, 2466; *Nobbe/Kirchhof* BKR 2001, 5 ff.; kritisch *Habersack/Giglio* WM 2001, 1100 ff.

8 **BGH ZIP 2002, 1439 f.**; dazu *Clemente* BKR 2002, 975 f.

lenserklärung können auch nicht nach § 312g widerrufen werden; § 312 Abs. 2 Nr. 2 idF des Gesetzes zur Umsetzung der Verbraucherrechterichtlinie und zur Änderung des Gesetzes zur Regelung der Wohnungsvermittlung vom 20.9.2013[9] schließt ein solches Widerrufsrecht nunmehr aus[10].

II. Arten

1. Hypothek, Grundschuld, Rentenschuld

347 Hypothek einerseits und Grund- und Rentenschuld andererseits gemeinsam ist ihr typischer (wenn auch nicht notwendiger) Zweck, die **Finanzierung des Erwerbs einer Immobilie** zu sichern[11], unterscheiden sich aber vor allem in der Frage der **Akzessorietät**. Während die Hypothek, ebenso wie das Mobiliarpfandrecht, die Vormerkung und die Bürgschaft, eine zu sichernde Forderung voraussetzt, also akzessorisch ist, fehlt der Grundschuld und der Rentenschuld eine entsprechende Abhängigkeit. Grund- und Rentenschuld sind vielmehr nicht akzessorische Rechte. Gleichwohl werden sie in der Praxis als Kreditsicherheit eingesetzt. Die Verknüpfung mit der zu sichernden Forderung erfolgt, ebenso wie bei der Sicherungsübereignung und -abtretung, über die **Sicherungsabrede**. Sie regelt unter anderem, wann und zu welchem Zweck der Gläubiger von dem Grundpfandrecht Gebrauch machen darf; wie bei Sicherungsübereignung und -abtretung (Rn. 213) hat sie also die Funktion, das dinglich unbegrenzte Recht des Gläubigers auf schuldrechtlichem Weg zu konkretisieren und zu beschränken.

348 Grund- und Rentenschuld unterscheiden sich ihrerseits voneinander nur insoweit, als die Grundschuld auf die Erbringung einer Einmalzahlung „aus dem Grundstücke" gerichtet ist, während bei der Rentenschuld „in wiederkehrenden Terminen eine bestimmte Geldsumme aus dem Grundstücke zu zahlen ist". § 1199 Abs. 1 bezeichnet deshalb die **Rentenschuld** als eine **besondere Form der Grundschuld**. Die praktische Bedeutung der Rentenschuld ist gering; wenn überhaupt, so greift die Praxis auf die Tilgungshypothek und auf die in §§ 1105 ff. geregelte Reallast zurück[12]. Im Folgenden wird die Rentenschuld nicht besonders hervorgehoben; die Ausführungen zur Grundschuld beanspruchen freilich auch für sie Geltung.

2. Einzel- und Gesamtgrundpfandrechte

349 Während die Bestellung mehrerer Grundschulden für eine Forderung durchaus in Betracht kommt, ist es aus Gründen der Akzessorietät ausgeschlossen, für eine Forderung mehrere Hypotheken zu bestellen[13]. Dies ist misslich, wenn eine Mehrzahl kleinerer

9 BGBl. I, S. 3642.

10 Näher MünchKomm/*Wendehorst* § 312 Rn. 77 ff. – Zum Widerrufsrecht nach § 312 a.F. s. BGHZ 165, 363, 366 ff. (Verbrauchereigenschaft des persönlichen Schuldners ist nicht erforderlich); BGH NJW 1996, 55, 56 (Widerrufsrecht jedenfalls dann, wenn der Sicherungsgeber die Verpflichtung zur Bestellung des Grundpfandrechts in der dem Vertragspartner erkennbaren Erwartung übernimmt, ihm selbst oder einem bestimmten Dritten werde daraus irgendein Vorteil, etwa die Gewährung eines Darlehens, erwachsen).

11 Zur verbreitet als „Umkehrhypothek" bezeichneten Grundschuld zur Sicherung des ratierlich zu erfüllenden Anspruchs aus einem Immobilienverzehrkeditvertrag im Sinne des § 491 Abs. 3 S. 4 s. *Kraft* AcP 222 (2022), 401 ff.

12 Zur Tilgungshypothek s. *Baur/Stürner* § 36 Rn. 52 ff.; zur Reallast BGH NJW 1995, 2780, 2781; *Baur/Stürner* § 35.

13 RGZ 131, 16, 20; *Baur/Stürner* § 36 Rn. 125.

Grundstücke als Kreditsicherheit eingesetzt werden soll. Praktische Abhilfe schafft in diesem Fall die **Gesamthypothek**. Nach § 1132 handelt es sich bei ihr um **eine** Hypothek für eine Forderung an mehreren Grundstücken; die Folge ist, dass jedes Grundstück in Höhe der gesamten Forderung belastet ist. Befriedigt der Eigentümer eines der mit einer Gesamthypothek belasteten Grundstücke den Gläubiger, so findet nach § 1143 Abs. 2 hinsichtlich der Hypothek die Vorschrift des § 1173 Anwendung; danach ist also die Gesamthypothek grundsätzlich **„regresslos“**[14]. Von § 1173 unberührt bleibt allerdings der Übergang der gesicherten Forderung nach § 1143 Abs. 1[15].

Nach §§ 1192 Abs. 1, 1132 kann zwar auch eine **Gesamtgrundschuld** bestellt werden. **350**
Der praktische Anreiz ist freilich gering: Da nämlich die Grundschuld ein nicht akzessorisches Recht ist, ist es ohne weiteres möglich, mehrere Einzelgrundschulden zur Sicherung einer Forderung zu bestellen.

3. Buch- und Briefgrundpfandrechte

Nach §§ 1116 Abs. 1 und 2, 1192 Abs. 1 wird, sofern nicht etwas anderes in das Grund- **351**
buch eingetragen ist, über die Hypothek oder Grundschuld ein **Brief erteilt**. Mit der Erteilung eines solchen Briefes verbindet sich die Möglichkeit, die hypothekarisch gesicherte Forderung bzw. die Grundschuld **außerhalb des Grundbuchs** zu übertragen: Zur Abtretung der durch Briefhypothek gesicherten Forderung oder der Grundschuld genügt nach §§ 1154 Abs. 1, 1192 Abs. 1 die dingliche Einigung (im Sinne des § 873 Abs. 1), eine schriftliche Abtretungserklärung und die Übergabe des Briefes. Die Übergabe des Briefes **ersetzt** somit, wie § 1154 Abs. 3 deutlich zeigt, die nach § 873 Abs. 1 an sich erforderliche **Eintragung** in das Grundbuch. Dies hat zur Folge, dass sich dem Grundbuch zwar entnehmen lässt, dass das Grundstück mit einem Briefgrundpfandrecht belastet ist; nicht ersichtlich ist aber, ob Inhaber des Grundpfandrechts noch der eingetragene Erstberechtigte oder aber ein Rechtsnachfolger desselben ist. Die weitere Folge ist, dass sich der abgeleitete Erwerb des Briefgrundpfandrechts außerhalb des Anwendungsbereichs der §§ 892, 893 vollzieht. Es bedarf deshalb einer Verknüpfung zwischen dem Inhalt des Grundbuchs einerseits und dem Brief andererseits (Rn. 388).

Nach §§ 1116 Abs. 1, 1192 Abs. 1 ist das Grundpfandrecht zwar im Zweifel Briefrecht. **352**
Die Parteien haben jedoch nach §§ 1116 Abs. 2, 1192 Abs. 1 die Möglichkeit, die Erteilung eines Briefes auszuschließen. Ein solches **Buchgrundpfandrecht** unterliegt dann vollumfänglich dem § 873 Abs. 1; jede Übertragung macht also eine entsprechende Eintragung in das Grundbuch erforderlich.

Die Unterscheidung zwischen Buch- und Briefrecht steht in gewissem Zusammenhang **353**
mit der Unterscheidung zwischen **Verkehrs- und Sicherungshypothek**. Während die Sicherungshypothek nach § 1184 Abs. 1 streng akzessorisch ist – das Recht des Gläubigers aus der Hypothek bestimmt sich bei ihr „nur nach der Forderung“ –, ist die Akzessorietät der Verkehrshypothek, wiewohl auch sie der Sicherung einer Forderung dient, aus Gründen des Verkehrsschutzes nicht unerheblich **gelockert**. Vor dem Hintergrund, dass die Erteilung eines Briefes die Umlauffähigkeit der hypothekarisch gesicherten Forderung steigern soll, ist es konsequent, dass nach § 1185 Abs. 1 bei der Sicherungshypothek (die ja von Gesetzes wegen streng akzessorisch und daher auch unabhängig von dem Ge-

14 BGHZ 108, 179, 186; zum Löschungsanspruch des Eigentümers des mit einer – zur Eigentümergesamtgrundschuld gewordenen – Gesamthypothek belasteten Grundstücks s. BGH NJW 2009, 847 Rn. 28 ff.
15 Detailliert Soergel/*Heukenkamp* § 1173 Rn. 2 ff.

sichtspunkt der Erteilung eines Briefes wenig verkehrsfähig ist) die Erteilung eines Briefes ausgeschlossen ist. Die Sicherungshypothek ist also stets Buchhypothek. Demgegenüber ist die Verkehrshypothek nach § 1116 Abs. 1 und 3 im Zweifel Briefhypothek; die Erteilung eines Briefes kann aber ausgeschlossen werden, ohne dass dadurch die Eigenschaft als Verkehrshypothek verloren geht. Bei der **Grundschuld** begegnet zwar gleichfalls die Unterscheidung zwischen Brief- und Buchrecht, nicht aber diejenige zwischen Verkehrs- und Sicherungsrecht. Auch die zur Sicherung einer Forderung bestellte Grundschuld (die „Sicherungsgrundschuld“) ist also nicht akzessorisches Recht; sie kann sowohl als Brief- als auch als Buchrecht bestellt werden.

353a Nach § 1195 S. 1 kann die Grundschuld in der Weise bestellt werden, dass der Brief auf den Inhaber ausgestellt wird. Der für eine solche **Inhabergrundschuld** ausgestellte Grundschuldbrief ist nach § 1195 S. 2 **Inhaberpapier** und unterliegt den §§ 793 ff[16]; die Übertragung der Grundschuld erfolgt mithin durch Übereignung des Briefs nach §§ 929 ff., 932 ff. (Rn. 5). Demgegenüber ist die in §§ 1187 – 1189 geregelte **Inhaberhypothek** nach § 1187 S. 2 stets **Sicherungshypothek**, ist also streng akzessorisch (Rn. 389 ff.). Allerdings findet nach § 1187 S. 3 die Vorschrift des § 1154 Abs. 3 keine Anwendung, so dass die Übertragung der gesicherten Forderung (nicht: der Hypothek, s. Rn. 382) nicht durch Einigung und Eintragung, sondern nach wertpapierrechtlichen Grundsätzen und damit im Falle eines Inhaberpapiers durch Einigung und Übergabe der die gesicherte Forderung verkörpernden Urkunde nach §§ 929 ff., 932 ff. erfolgt; die strenge Akzessorietät der Hypothek sorgt dann für die Verknüpfung mit der wertpapierrechtlich verbrieften und damit umlauffähigen Forderung.

4. Fremd- und Eigentümergrundpfandrechte

354 Die Unterscheidung zwischen Fremd- und Eigentümergrundpfandrechten ist im Zusammenhang mit sogenannten Zwischenfinanzierungen (dazu Rn. 372), vor allem aber mit Blick auf den Rang der Grundpfandrechte von Bedeutung: Tilgt der Eigentümer des belasteten Grundstücks ein erstrangiges Grundpfandrecht, sind zwar die nachrangigen Grundpfandgläubiger daran interessiert, im Rang aufzurücken. Dem gegenläufig ist jedoch das Interesse des Eigentümers, nunmehr die frei gewordene Rangstelle erneut für Kreditzwecke einzusetzen. Bedenkt man zudem, dass sich die nachrangigen Gläubiger ihren Nachrang regelmäßig durch eine höhere Verzinsung der gesicherten Forderung „bezahlen“ lassen, tritt die ratio des § 1163 Abs. 1 S. 2, wonach mit dem Erlöschen der gesicherten Forderung der Eigentümer die Hypothek erwirbt, klar zum Vorschein. Da allerdings die Hypothek akzessorisch ist, bestimmt § 1177 Abs. 1 S. 1, dass das Eigentümergrundpfandrecht, sofern nicht dem Eigentümer ausnahmsweise die Forderung zusteht, Eigentümergrundschuld ist. Übertragen auf die Fremdgrundschuld bedeutet dies: Wird sie durch den Eigentümer getilgt[17], so erwirbt dieser eine Eigentümergrundschuld.

355 Nach § 1179 kann allerdings eine Verpflichtung des Eigentümers, ein im Nachhinein erworbenes Eigentümergrundpfandrecht löschen zu lassen und dadurch das Aufrücken gleich- oder nachrangiger Rechte zu ermöglichen, durch Vormerkung gesichert werden.

---

16 S. dazu auch BGHZ 217, 178 Rn. 34 ff.: Darlehensvertrag, der durch Bestellung eines Pfandrechts an einem Inhabergrundschuldbrief gesichert ist, fällt nicht unter die Ausnahme des § 491 Abs. 2 S. 2 Nr. 2; zur Verpfändung s. *Damrau* WM 2021, 1921 ff.

17 Davon zu unterscheiden ist jedoch die Tilgung der zu sichernden Forderung; in diesem Fall bleibt die Grundschuld zunächst Fremdgrundschuld und wird erst nach Rückübertragung auf den Eigentümer zur Eigentümergrundschuld (Rn. 400).

Verfügungen über das Eigentümergrundpfandrecht sind dann dem Inhaber der Vormerkung gegenüber unwirksam, soweit sie den Anspruch auf Löschung vereiteln oder beeinträchtigen (Rn. 340 f.). Da insbesondere nachrangige Grundpfandgläubiger an einem entsprechenden Aufrücken interessiert sind, war die Bewilligung solcher Vormerkungen ganz übliche Vertragspraxis. Der damit verbundenen Überfrachtung der Grundbücher hat der Gesetzgeber durch Erlass der §§ 1179a/b Rechnung getragen[18]. Danach gehört nun der Anspruch auf Löschung vor- oder gleichrangiger Eigentümergrundpfandrechte zum gesetzlichen Inhalt des Grundpfandrechts; dieser Löschungsanspruch ist zudem nach § 1179a Abs. 1 S. 3 in gleicher Weise gesichert, als wenn gleichzeitig mit der begünstigten Hypothek eine Vormerkung eingetragen worden wäre. Folgerichtig besteht die Möglichkeit, eine **Löschungsvormerkung** eintragen zu lassen, nur noch unter den Voraussetzungen des § 1179 Abs. 1 Nr. 1 und 2.

Angesichts des gesetzlichen Löschungsanspruchs aus §§ 1179a/b ist die Eigentümergrundschuld grundsätzlich nur vorläufiger Natur. Anderes gilt dagegen **356**

- bei Fehlen nach- oder gleichrangiger Grundpfandgläubiger
- im Fall des § 1179a Abs. 2 S. 2 iVm. § 1163 Abs. 2, also bei noch ausstehender Briefübergabe
- gemäß § 1196 Abs. 3 bei der vom Eigentümer für sich selbst bestellten Eigentümergrundschuld
- entsprechend § 1196 Abs. 3 bei Erwerb einer Fremdgrundschuld durch den Eigentümer, wenn dies vor Bestellung eines neuen gleich- oder nachrangigen Grundpfandrechts eingetragen worden ist[19].

III. Rechtsnatur und Schutz der Grundpfandrechte

1. Dingliches Verwertungsrecht

Hypothek und Grundschuld verkörpern die vom Eigentum abgespaltene, d.h. zu einem beschränkten dinglichen Recht verselbständigte Befugnis zur Verwertung des Grundstücks; sie sind also dingliche Verwertungsrechte[20]. Als solche berechtigen sie den Inhaber, wegen einer bestimmten Geldsumme auf das belastete Grundstück zuzugreifen[21]. Dagegen ist der Eigentümer trotz des missverständlichen Wortlauts der §§ 1113 Abs. 1, 1191 Abs. 1, 1199 Abs. 1 aufgrund des Grundpfandrechts[22] **nicht zur Zahlung verpflichtet**. Er hat vielmehr die Verwertung des Grundstücks durch den Grundpfandgläubiger zu dulden, sofern er nicht von seinem in § 1142 geregelten **Recht zur Befriedigung** des Grundpfandgläubigers Gebrauch macht und dadurch die Zwangsvollstreckung abwendet. Wie wir schon am Beispiel des Mobiliarpfandrechts gesehen haben, setzt die **357**

18 Zur Verfassungsmäßigkeit dieser Vorschriften s. BGHZ 99, 363, 370; näher zum Inhalt der §§ 1179a/b *Baur/Stürner* § 46 Rn. 36 ff.; *Wilhelm* Rn. 1688, 1690 ff.; *Ganter* WM 2021, 709 ff.; *Schapp* JuS 1979, 544 ff.

19 **BGH NJW 1997, 2597.**

20 Eingehend zur Rechtsnatur *Wieling/Finkenauer* § 26 I 1 Rn. 2; *v. Lübtow*, Festschrift für Heinrich Lehmann, Bd. 1, 1956, S. 328 ff.

21 Die Verwertungsbefugnis des Eigentümers ist allerdings nach § 1197 Abs. 1 und 2 stark eingeschränkt; zur Qualifizierung auch der Eigentümergrundschuld als selbständiges beschränktes dingliches Recht s. im Übrigen Staudinger/*Wolfsteiner* § 1177 Rn. 4 f.

22 Davon zu unterscheiden ist die zu sichernde Forderung, die den Schuldner (der nicht zwangsläufig mit dem Eigentümer des belasteten Grundstücks identisch ist) zur Zahlung verpflichtet!

Verwertungsbefugnis den Eintritt der Pfandreife voraus. Ein erheblicher Unterschied zur Rechtslage beim Mobiliarpfand besteht allerdings insoweit, als die Verwertung nach § 1147 im Wege der Zwangsvollstreckung erfolgt; anders als der Inhaber eines Mobiliarpfandrechts benötigt also der Grundpfandgläubiger einen auf Duldung der Zwangsvollstreckung gerichteten **dinglichen Titel gegen den eingetragenen Eigentümer** (§ 1148). Sofern nicht der Grundpfandgläubiger im Besitz einer vollstreckbaren Urkunde im Sinne des § 794 Abs. 1 Nr. 5 ZPO[23] oder eines anderen Titels ist, muss er also den Eigentümer auf Duldung der Zwangsvollstreckung verklagen. Auf der Grundlage dieses Duldungstitels kann er sodann nach Maßgabe des ZVG die Zwangsversteigerung und/oder Zwangsverwaltung des Grundstücks betreiben.

2. Der dingliche Charakter der Verwertungsbefugnis

358 Das Verwertungsrecht des Grundpfandgläubigers hat dinglichen Charakter; es „lastet" auf dem Eigentum und ist somit vom **jeweiligen Grundeigentümer** hinzunehmen. Der Eigentümer eines mit einem Grundpfandrecht belasteten Grundstücks kann dieses demnach nur belastet veräußern; der zu einem beschränkten dinglichen Recht verselbständigten Verwertungsbefugnis hat er sich bereits zuvor begeben. In einer solchen Situation wird häufig vereinbart, dass das Grundpfandrecht unter Anrechnung auf den Kaufpreis übernommen wird. Dabei ist freilich exakt zwischen dem Anspruch aus der Hypothek und demjenigen aus der persönlichen Forderung zu unterscheiden.

359 **Fall 51** zeigt die Problematik auf: Grundstückseigentümer E bestellt dem H zur Sicherung eines ihm von diesem gewährten Darlehens eine Hypothek. Später veräußert er das Grundstück an K. Die Hypothek wird auf den Kaufpreis angerechnet, ohne dass H hierüber informiert wird. An wen kann sich H bei Fälligkeit des Darlehens halten?

Nach **§ 1147** hat H zunächst einen **Anspruch aus der Hypothek auf Duldung der Zwangsvollstreckung**. Dieser Anspruch ist Ausfluss des dinglichen Rechts an dem Grundstück und damit gegen den jeweiligen Eigentümer gerichtet. Nach Veräußerung des Grundstücks an K hat also dieser die Zwangsvollstreckung zu dulden; nach § 1142 kann er allerdings den Gläubiger befriedigen und dadurch die Zwangsvollstreckung abwenden.

Was den **Anspruch aus § 488 Abs. 1 Satz 2** betrifft, so richtet sich dieser gegen E **persönlich**. Die Übereignung des Grundstücks vermag daran nichts zu ändern. Denkbar ist jedoch die Vereinbarung einer Schuldübernahme. Eine solche setzt zwar nach §§ 414 f. die Zustimmung des Gläubigers voraus, woran es vorliegend fehlt. Für den Fall, dass die Forderung durch eine Hypothek[24] gesichert ist, bestimmt allerdings § 416 Abs. 1, dass die Schuldübernahme als genehmigt gilt, wenn sie der Veräußerer dem Gläubiger anzeigt und Letzterer nicht binnen sechs Monaten widerspricht. Dies erklärt sich aus der dinglichen Sicherung des Gläubigers; sie rechtfertigt es, das Schweigen des Gläubigers als Zu-

---

23 Zur Wirksamkeit einer formularmäßigen Vollstreckungsunterwerfung, die auch bei Abtretung von Grundschuld und Forderung Geltung beansprucht, s. BGH NJW 2010, 2041 Rn. 26 ff.; OLG Celle WM 2009, 1185, 1188 f.; OLG Schleswig ZIP 2009, 1802, 1803 f.; *Bork* ZIP 2008. 2049 ff.; *Habersack* NJW 2008, 3173 ff.; aA LG Hamburg WM 2008, 1450 (aus verfahrensrechtlichen Gründen aufgehoben durch BGH ZIP 2009, 855); *Schimansky* WM 2008, 1049 ff. Zum Verzicht auf den Nachweis gem. §§ 795, 726 Abs. 1 ZPO s. *Reymann*, Festschrift für Martinek, 2020, S. 653 ff.

24 Zur Frage der entsprechenden Anwendung auf die Grundschuld s. Jauernig/*Stürner* § 416 Rn. 3, aber auch BGH NJW 1983, 2503.

stimmung zu werten. Vorliegend fehlt es allerdings an einer entsprechenden Anzeige durch den Veräußerer, so dass § 416 Abs. 1 schon deshalb keine Anwendung findet. Selbst wenn also E und K eine Übernahme der Schuld vereinbart haben sollten, hat diese in Ermangelung einer Zustimmung im Sinne der §§ 414 f. und der Voraussetzungen des § 416 Abs. 1 nicht den Übergang der Verbindlichkeit auf K bewirkt. Im Außenverhältnis[25] ist also weiterhin E Schuldner des H.

3. Schutz

Der Gläubiger hat im Falle eines bevorstehenden oder bereits erfolgten Eingriffs in die Substanz des Grundstücks oder des Zubehörs die in §§ 1133 bis 1135 (ggf. iVm. § 1192 Abs. 1) genannten Rechte. Diese Vorschriften setzen ein Verschulden nicht voraus und sind somit ein besonderer Anwendungsfall der allgemeinen **actio negatoria** des § 1004 (Rn. 126 ff.). Als beschränktes dingliches Recht ist das Grundpfandrecht **„sonstiges" Recht im Sinne des § 823 Abs. 1**, so dass seine schuldhafte Verletzung – etwa in Form einer Beschädigung der haftenden Gegenstände – einen Schadensersatzanspruch des Gläubigers begründet[26]; dieser Anspruch kann freilich in Konkurrenz zu einem Anspruch des Eigentümers aus § 823 Abs. 1 treten, eine Konkurrenz, die, wie auch im Fall des Anwartschaftsrechts (Rn. 56), über die entsprechende Anwendung des § 432 aufzulösen ist[27]. Die hM qualifiziert darüber hinaus die §§ 1133 bis 1135 als **Schutzgesetz** und gelangt so zu einem Anspruch aus § 823 Abs. 2[28]. **360**

§ 17 Hypothek

I. Verkehrshypothek

1. Bestellung

Die Bestellung der Hypothek ist **„Belastung des Grundstücks"** im Sinne des § 873 Abs. 1 und setzt deshalb eine entsprechende dingliche **Einigung** zwischen Eigentümer (bzw. Bucheigentümer, s. Rn. 384) und Gläubiger und die **Eintragung** in das Grundbuch voraus[1]; der Inhalt der Eintragung bestimmt sich nach § 1115. Infolge der Akzessorietät der Hypothek bedarf es darüber hinaus des Bestehens der **zu sichernden Forderung**, wobei § 1113 Abs. 2 – ebenso wie §§ 883 Abs. 1 S. 2, 1204 Abs. 2 – eine künftige oder bedingte Forderung genügen lässt (Rn. 189, 332, 363). Fehlt es an einer Forderung, so hat dies allerdings nicht die Unwirksamkeit des Bestellungsakts zur Folge; nach §§ 1163 Abs. 1 S. 1, 1177 Abs. 1 kommt es vielmehr zum Erwerb einer Eigentümergrundschuld durch den Eigentümer (s. bereits Rn. 354 ff., ferner Rn. 372). Anders als bei dem Mobiliarpfand ist also bei der Hypothek streng zwischen der Bestellung der Hypothek als **361**

25 Zum Innenverhältnis zwischen E und K s. Rn. 378.

26 BGH NJW 1991, 695, 696; näher Staudinger/*Wolfsteiner* § 1133 Rn. 3.

27 **BGHZ 114, 161, 165 ff.**

28 BGH NJW 1991, 695, 696; Jauernig/*Berger* § 1133-1135 Rn. 5; dagegen zu Recht Staudinger/*Wolfsteiner* § 1133 Rn. 3.

1 Die Eintragung muss sich grundsätzlich mit der Einigung decken. Ist ein anderer Betrag eingetragen als gewollt, so finden §§ 139 f. Anwendung, s. Staudinger/*C. Heinze* § 873 Rn. 191, 196. Zur Unwirksamkeit der Einigung s. Rn. 346 f.

Grundpfandrecht und ihrem Erwerb als Fremdhypothek durch den Gläubiger zu unterscheiden[2]. Damit nicht zu verwechseln ist freilich die – sowohl für das Mobiliarpfand als auch für Hypothek und Sicherungsgrundschuld geltende – Unterscheidung zwischen der zu sichernden Forderung und dem **Rechtsgrund** der Bestellung, der, von den Fällen des gesetzlichen Erwerbs und des Erwerbs im Wege der Zwangsvollstreckung abgesehen (Rn. 389), in einer gesonderten Verpflichtungsabrede zu sehen ist (Rn. 346).

362 Für die Verkehrshypothek, die, wie wir bereits in Rn. 353 gesehen haben, entweder Brief- oder Buchhypothek ist, findet sich eine ergänzende Bestimmung in § 1117. Danach erwirbt der Gläubiger, „sofern nicht die Erteilung des Hypothekenbriefes ausgeschlossen", also die Bestellung einer Buchhypothek vereinbart und die Ausschließung der Brieferteilung nach § 1116 Abs. 2 S. 3 eingetragen ist[3], die Hypothek erst, wenn ihm der **Brief** von dem Eigentümer des Grundstücks **übergeben** wird. Die Übergabe kann allerdings nach § 1117 Abs. 2 durch die Vereinbarung ersetzt werden, dass der Gläubiger berechtigt sein soll, sich den Brief von dem Grundbuchamt aushändigen zu lassen. Bis zur Übergabe des Briefes oder der Vornahme einer Vereinbarung im Sinne des § 1117 Abs. 2 ist die Hypothek nach §§ 1163 Abs. 2, 1177 Abs. 1 S. 1 Eigentümergrundschuld.

363 **Fall 52** zeigt die Voraussetzungen einer Übergabe des Briefes auf: E bewilligt und beantragt aufgrund entsprechender Einigung mit G die Bestellung einer Briefhypothek für diesen, und zwar zur Sicherung eines von G dem E versprochenen Darlehens. Nach erfolgter Eintragung der Hypothek beauftragt E den D, den Brief beim Grundbuchamt abzuholen und ihm (dem E) abzuliefern. D holt zwar auftragsgemäß den Brief ab. Er legt den Brief jedoch dem G vor, dem gegenüber er sich als Beauftragter des E ausgibt. G nimmt den Brief Zug um Zug gegen Auszahlung der Darlehensvaluta entgegen. Hat G eine Hypothek erworben?

G ist Inhaber einer **Fremdhypothek**, wenn die Voraussetzungen für den Erwerb eines solchen Rechts erfüllt sind. Was zunächst die dingliche **Einigung und Eintragung** in das Grundbuch betrifft, so sind diese ausweislich des Sachverhalts erfolgt. Problematischer ist das Vorliegen einer **zu sichernden Forderung**. Zwar haben E und G einen Darlehensvertrag geschlossen. Nach herrschender Meinung[4] entsteht der Anspruch auf Rückzahlung des Darlehens aus § 488 Abs. 1 Satz 2 allerdings erst mit Hingabe des Darlehens, ist also zuvor künftiger Natur, so dass die Hypothek bis zu diesem Zeitpunkt nach §§ 1163 Abs. 1, 1177 Abs. 1 S. 1 dem Eigentümer des Grundstücks als Eigentümergrundschuld zusteht. Vorliegend ist es zwar zur Auszahlung des Darlehens gekommen, freilich weder an den Darlehensnehmer E noch an einen von diesem zur Entgegennahme der Darlehensvaluta ermächtigten Dritten. Allerdings hatte E den D mit der Abholung des Briefes beauftragt und dadurch das Risiko einer abredewidrigen Vorlage desselben veranlasst. Entsprechend § 370 ist D deshalb als ermächtigt anzusehen, das Darlehen auch mit Wirkung gegenüber E zu empfangen.

Besteht somit eine zu sichernde Forderung, so setzt die Entstehung der Hypothek schließlich die **Übergabe des Hypothekenbriefes** voraus. In Ermangelung einer Abrede im Sinne von § 1117 Abs. 2 bedarf es insoweit nach § 1117 Abs. 1 S. 1 und 2 entweder der Übertragung des Besitzes am Brief durch den Eigentümer oder eines Übergabesurrogates im Sinne der §§ 930 f. Hier kommt allein eine Übergabe im Sinne des § 1117 Abs. 1 S. 1

2 Besonders klar Jauernig/*Berger* § 1113 Rn. 13.
3 Zur Rechtslage bei Divergenz von Einigung und Eintragung s. Grüneberg/*Herrler* § 1116 Rn. 3.
4 Grüneberg/*Weidenkaff* § 488 Rn. 9; *Soergel/Eckert*, 13. Aufl. 2007, § 607 Rn. 15; aA MünchKomm/*Berger* § 488 Rn. 43 („nicht fällig").

in Betracht; dessen Voraussetzungen decken sich mit denjenigen einer Übergabe im Sinne des § 929 S. 1. Das Vorliegen einer solchen Übergabe ist jedoch fraglich, hat E den D doch gerade nicht angewiesen, den Hypothekenbrief dem G auszuhändigen. Eine Übergabe im Sinne des § 1117 Abs. 1 S. 1 wird man deshalb nur annehmen können, wenn man mit der Rechtsprechung des BGH nicht nur die Übergabe durch eine tatsächliche **Geheißperson**, sondern auch die Übergabe durch eine vermeintliche Geheißperson der Übergabe durch den Veräußerer gleichstellt. Dagegen bestehen jedoch erhebliche Bedenken (Rn. 166); schließt man sich diesen an, fehlt es an einer Übergabe im Sinne des § 1117 Abs. 1 S. 1 mit der Folge, dass G keine Hypothek erworben hat. Das Grundpfandrecht ist vielmehr noch Eigentümergrundschuld des E, so dass nach § 952 Abs. 2 E Eigentümer des Briefes ist und nach § 985 Herausgabe desselben verlangen kann. Zum Erwerb der Hypothek durch G bedarf es demnach an sich einer erneuten Übergabe. Allerdings hat G nach erfolgter Rückgabe des Briefes an E einen Anspruch auf Aushändigung des Briefes. Nach § 242 („dolo agit qui petit quod statim redditurus est") ist es dem G somit erlaubt, die Rückgabe des Briefes zu verweigern und auf einer Einigung im Sinne des §§ 1117 Abs. 1 S. 2, 929 S. 2 zu bestehen, wonach nunmehr er rechtmäßiger Besitzer des Briefes ist.

Fall 53 zeigt die Bedeutung einer Abrede im Sinne des § 1117 Abs. 2 auf: V verkauft dem E eine Maschine. Zur Sicherung des von V gestundeten Kaufpreisanspruchs vereinbaren beide die Bestellung einer Briefhypothek am Grundstück des E, der auch die Eintragungsbewilligung erteilt. Entsprechend einer mit V getroffenen Vereinbarung weist E das Grundbuchamt an, den Brief unmittelbar dem V auszuhändigen. Aus Versehen übersendet das Grundbuchamt nach Eintragung der Hypothek den Brief dem E. Daraufhin beansprucht V Herausgabe des Briefes. E verweigert dies unter Hinweis auf die noch ausstehende Lieferung. Hat V einen Anspruch auf Herausgabe des Briefes, wenn man davon ausgeht, dass der vertraglich vorgesehene Zeitpunkt für die Lieferung noch nicht erreicht ist? **364**

V könnte einen **Anspruch auf Herausgabe des Hypothekenbriefes aus § 985**[5] haben. Voraussetzung ist, dass V Eigentümer des Briefes ist. Nach § 952 Abs. 2 wäre dies der Fall, wenn V eine Hypothek erworben hätte. Die allgemeinen Voraussetzungen des § 873 Abs. 1 – Einigung und Eintragung – liegen vor. Was das Erfordernis einer Übergabe des Briefes im Sinne des § 1117 Abs. 1 betrifft, so kann dieses nach § 1117 Abs. 2 durch eine Abrede des Inhalts ersetzt werden, dass der Gläubiger (V) berechtigt sein soll, sich den Brief von dem Grundbuchamt aushändigen zu lassen. Schon diese **Vereinbarung ersetzt die Übergabe**, mag es auch danach nicht zur Aushändigung des Briefes an den Gläubiger kommen. Das Übergabeerfordernis ist somit erfüllt. Schließlich bedarf es zum Erwerb der Hypothek durch den Gläubiger einer zu sichernden Forderung. Eine solche besteht hier in Form des Anspruchs auf Zahlung des Kaufpreises. Unerheblich ist, dass diese Forderung noch nicht fällig und es zudem noch nicht zur Lieferung der Maschine gekommen ist[6]. Somit hat V eine Hypothek und damit zugleich das Eigentum an dem Hypothekenbrief erworben. Da E Besitzer des Briefes ist und weder ein Recht zum Besitz hat noch nach § 273 Abs. 1 die Herausgabe unter Hinweis auf die noch ausstehende Lieferung der Maschine verweigern kann (dazu Rn. 97), ist V berechtigt, Herausgabe zu verlangen.

---

5 Denkbar ist auch ein vertraglicher Anspruch aus der zwischen V und E getroffenen Abrede im Sinne des § 1117 Abs. 2, der vor dem Anspruch aus § 985 zu prüfen wäre.

6 Die Rechtslage unterscheidet sich somit von derjenigen bei Nichtvalutierung des Darlehens, s. Rn. 363.

2. Geltendmachung

365 Nach § 1147 erfolgt die Befriedigung des Gläubigers aus dem Grundstück und den mithaftenden Gegenständen (Rn. 367 ff.) im Wege der **Zwangsvollstreckung**. Die Zwangsvollstreckung erfolgt nach Wahl des Gläubigers im Wege der Zwangs**verwaltung** gem. § 146 ZVG und der Zwangs**versteigerung** gem. § 20 ZVG. Inhalt und Funktion der – den Duldungsanspruch des Hypothekengläubigers begründenden – Vorschrift des § 1147 haben wir bereits kennen gelernt (Rn. 357). In der Klausur bildet die Vorschrift die **Anspruchsgrundlage**, deren Voraussetzungen schon dann erfüllt sind, wenn der Gläubiger Inhaber einer Hypothek ist; zu prüfen ist dann freilich noch, ob der Eigentümer eine Einwendung oder Einrede hat (Rn. 373 ff.). Die Durchsetzung des Duldungsanspruchs wird durch die Vorschrift des § 1148 erleichtert, wonach der Eingetragene kraft unwiderlegbarer Vermutung als Eigentümer gilt.

366 Eine dem § 1229 (Rn. 200) entsprechende Vorschrift findet sich in § 1149; nach ihr kann der Eigentümer, bevor nicht auch ihm gegenüber die Fälligkeit der Forderung (insoweit ist § 1141 zu beachten!) eingetreten ist, dem Gläubiger nicht das Recht einräumen, zum Zwecke der Befriedigung die Übereignung des Grundstücks zu verlangen oder die Veräußerung des Grundstücks anders als durch Zwangsvollstreckung zu bewirken. Dieses den Schutz des Grundeigentümers bezweckende **Verbot der Verfallvereinbarung** will freilich nur vertragliche Modifizierungen der Verwertungsbefugnis des **dinglich gesicherten** Gläubigers verhindern. Abreden zwischen dem Eigentümer und dem dinglich nicht gesicherten Gläubiger, die auf eine Sicherungsübereignung des Grundstücks hinauslaufen, werden also durch § 1149 nicht ausgeschlossen[7]. Der aus der Sicherungsabrede folgende Anspruch des Sicherungsgebers auf Rückübereignung des Grundstücks (Rn. 220 ff.) kann zudem durch Vormerkung gesichert werden, ohne dass dem § 925 Abs. 2 entgegensteht[8]; die auflösend bedingte Sicherungsübereignung eines Grundstücks ist dagegen nach § 925 Abs. 2 unwirksam.

3. Mithaftende Gegenstände

367 Nach §§ 1120 bis 1130 erstreckt sich die Hypothek auf eine Reihe weiterer Gegenstände; diese Gegenstände bilden entweder mit dem belasteten Grundstück eine wirtschaftliche Einheit oder treten als Surrogat an die Stelle der Nutzungen des Grundstücks oder, wie die in §§ 1127 ff. geregelten Versicherungsforderungen, an die Stelle eines der Hypothekenhaftung unterliegenden Gegenstands.

a) Erzeugnisse, Bestandteile und Zubehör

368 Was zunächst die in §§ 1120 bis 1122 geregelten Erzeugnisse, Bestandteile und Zubehörstücke betrifft, so werden sie unter dem Gesichtspunkt der wirtschaftlichen Einheit erfasst: Der Zugriff auf das mit der Hypothek belastete Grundstück soll nicht zur sinnlosen Zerschlagung wirtschaftlicher Werte führen. Die Haftung beschränkt sich auf Sachen des Grundeigentümers; das Anwartschaftsrecht steht freilich, wie wir im Einzelnen in Rn. 217, 253 gesehen haben, auch im Zusammenhang mit §§ 1120 ff. dem Eigentum gleich. Auch für die nach §§ 1120 bis 1122 mithaftenden Gegenstände gilt, dass die Haftung erst durch die **Beschlagnahme des Grundstücks** (Rn. 365) realisiert wird; die Haf-

7 **BGHZ 130, 101 ff.**; **BGH ZIP 2003, 107 f.**; näher dazu *Tiedtke* ZIP 1996, 57 ff.
8 *Baur/Stürner* § 22 Rn. 8.

tung ist also zunächst nur eine potentielle. Bis zur Beschlagnahme können die mithaftenden Gegenstände deshalb nach §§ 1121 f. durch **Veräußerung und Entfernung** vom Grundstück aus der Haftung entlassen werden. Zudem können sie, abgesehen von Zubehörstücken und wesentlichen Bestandteilen, durch Dritte gepfändet werden; der Hypothekengläubiger hat in diesem Fall nur die Klage auf vorzugsweise Befriedigung nach § 805 ZPO[9]. Die Pfändung von mithaftendem Zubehör ist dagegen nach § 865 Abs. 2 S. 1 ZPO unzulässig (Rn. 291). Erfolgt die Pfändung gleichwohl, so ist sie zwar nicht nichtig[10]; der Vollstreckungsschuldner, der Hypothekengläubiger und der Zwangsverwalter haben jedoch die Erinnerung nach § 766 ZPO[11].

b) Miet- oder Pachtzinsforderung

Nach § 1123 Abs. 1 erstreckt sich die Hypothek auch auf etwaige Miet- oder Pachtzinsforderungen; die Einzelheiten, insbesondere die Wirkung von Vorausverfügungen gegenüber dem Gläubiger, sind in §§ 1123 Abs. 2, 1124 f. geregelt. Die Einbeziehung der Miet- oder Pachtzinsforderungen ist vor dem Hintergrund zu sehen, dass infolge der Vermietung oder Verpachtung des belasteten Grundstücks eine unmittelbare Nutzung des Grundstücks durch den nach § 150 ZVG zu bestellenden Zwangsverwalter nicht in Betracht kommt; die Miet- oder Pachtzinsforderungen sollen deshalb als **Surrogat** an die Stelle der **Nutzungen** treten. Der Gläubiger kann auf die Miet- oder Pachtzinsforderungen allerdings nur im Wege der Zwangsverwaltung zugreifen (§§ 148 Abs. 1 ZVG). Die Beschlagnahme zum Zwecke der Zwangsversteigerung umfasst dagegen nach § 21 Abs. 2 ZVG die Miet- und Pachtzinsforderungen gerade nicht; sie ist vielmehr darauf gerichtet, den Gläubiger aus der Sachsubstanz zu befriedigen. **369**

Die §§ 1123 ff. sind im Zusammenhang mit § 152 Abs. 2 ZVG zu sehen, wonach ein Miet- oder Pachtvertrag auch dem Zwangsverwalter gegenüber wirksam ist, sofern das Grundstück vor der Beschlagnahme dem Mieter oder Pächter überlassen worden war. Der Mieter oder Pächter kann also sein aus dem Miet- oder Pachtvertrag folgendes Recht zum Besitz des Grundstücks auch dem Zwangsverwalter entgegengehalten und dadurch eine auf § 985 gestützte Herausgabe (und damit die unmittelbare Nutzung durch den Zwangsverwalter) abwehren. Wurde das Grundstück dagegen verliehen, so findet § 152 Abs. 2 ZVG keine Anwendung: Der Leihvertrag entfaltet im Verhältnis zum Zwangsverwalter keine Wirkung, so dass dieser Herausgabe verlangen und anschließend das Grundstück selbst nutzen kann. **370**

c) Versicherungsforderungen

Versicherungsforderungen stellen, soweit sie die Zerstörung oder Wertminderung eines der Hypothekenhaftung unterliegenden Gegenstandes absichern, ein **Surrogat** dar und unterliegen deshalb nach §§ 1127 ff. ebenfalls der Haftung. Dabei ist freilich zwischen Gebäudeversicherungen und sonstigen Schadensversicherungen zu unterscheiden. Was zunächst die **Gebäudeversicherung** betrifft, so erlangt der Gläubiger nach § 1128 Abs. 3 kraft Gesetzes ein Pfandrecht an der Versicherungsforderung; einer Beschlagnahme der Forderung bedarf es nicht. Der Versicherer hat deshalb bei Eintritt des Versicherungsfalles nicht nur die Voraussetzungen des § 1128 Abs. 1 und 2 zu beachten. Über § 1128 **371**

9 Jauernig/*Berger* §§ 1120–1122 Rn. 4.

10 So aber noch RGZ 153, 257, 259.

11 S. bereits Rn. 291; ferner BGH WM 1987, 74, 76, wonach der Hypothekengläubiger außerdem die Drittwiderspruchsklage nach § 771 ZPO hat.

Abs. 3 gelangen vielmehr auch die §§ 1281, 1282 zur Anwendung, so dass der Versicherer vor Fälligkeit der Hypothek (s. § 1141) nur an Hypothekengläubiger und Eigentümer gemeinsam und nach Fälligkeit nur an den Hypothekengläubiger allein leisten kann. Die weiteren Folgen der Leistung sind in § 1287 geregelt (dazu Rn. 203). Hinsichtlich **sonstiger Schadensversicherungen** verweist § 1129 auf §§ 1123 Abs. 2 S. 1, 1124 Abs. 1 und 3; die Haftung der Versicherungsforderung wird also erst durch Beschlagnahme (s. §§ 20 Abs. 2, 21 Abs. 1, 148 Abs. 1 ZVG) realisiert, wobei Vorausverfügungen des Eigentümers dem Gläubiger gegenüber nur in den Grenzen des § 1124 Abs. 1 wirksam sind.

4. Vorläufige Eigentümergrundschuld

372 Infolge ihrer Akzessorietät (Rn. 347) setzt die Hypothek grundsätzlich eine zu sichernde Forderung voraus. Bereits in Rn. 354, 361 wurde allerdings darauf hingewiesen, dass das Nichtentstehen oder das Erlöschen der zu sichernden Forderung den Bestand des dinglichen Rechts nicht in Frage stellt; die Hypothek wird vielmehr nach §§ 1163 Abs. 1 S. 1 und 2, 1177 Abs. 1 zur Eigentümergrundschuld[12]. Entsprechendes gilt nach §§ 1163 Abs. 2, 1177 Abs. 1 bis zur Erteilung des Hypothekenbriefes (Rn. 362). Jedenfalls in diesem Fall ist die Eigentümergrundschuld freilich nur vorläufiger Natur: Mit Übergabe des Briefes erwirbt der Gläubiger ohne weiteres die Hypothek, vorausgesetzt, die sonstigen Entstehungsvoraussetzungen (Rn. 361 ff.) liegen vor. Nicht anders verhält es sich, wenn die zu sichernde Forderung noch entstehen kann, mithin bei der Hypothek für eine künftige Forderung im Sinne des § 1113 Abs. 2; mit Entstehung der Forderung – nach herrschender Meinung also mit der Auszahlung des Darlehens (Rn. 363) – wird aus der Eigentümergrundschuld eine Fremdhypothek. Der Gläubiger hat es danach also in der Hand, durch Auszahlung des Darlehens die Fremdhypothek zur Entstehung zu bringen; ihm steht deshalb vor Auszahlung des Darlehens ein **Anwartschaftsrecht** zu, über das er wie über das Vollrecht, also durch Abtretung der künftigen Forderung in der Form des § 1154 (dazu Rn. 382), verfügen kann[13]. Der Eigentümer wiederum kann über seine vorläufige Eigentümergrundschuld verfügen, vorausgesetzt, es handelt sich um ein Briefrecht[14]; in der Praxis geschieht dies denn auch zum Zwecke der sogenannten Zwischenfinanzierung[15].

5. Gegenrechte des Eigentümers

a) Abgeleitete Einreden und Einwendungen

373 Die Befugnis des Eigentümers[16] zur Geltendmachung der aus dem Rechtsverhältnis zwischen dem Gläubiger und dem persönlichen Schuldner entstammenden („abgeleiteten" oder „forderungsbezogenen") Einreden hat in § 1137 eine Regelung erfahren, die derje-

12 Dies gilt auch in den Fällen des § 1113 Abs. 2, s. Rn. 189.

13 Eingehend dazu Staudinger/*Wolfsteiner* § 1163 Rn. 33 ff.; Soergel/*Platschek* § 1163 Rn. 11; allgemein zum Anwartschaftsrecht in Rn. 54 ff.; s. ferner Rn. 241 ff., 299 ff.

14 Ist die Erteilung des Hypothekenbriefes ausgeschlossen, so setzt die Übertragung der vorläufigen Eigentümergrundschuld nach § 1154 Abs. 3 die Umschreibung im Grundbuch voraus. Regelmäßig steht aber bereits der Gläubiger im Grundbuch. Ein Anspruch des Eigentümers auf Grundbuchberichtigung scheitert in der Regel an dem nur vorübergehenden Charakter dieses Zustands: Mit Auszahlung des Darlehens soll ja der Gläubiger eine Hypothek erwerben!

15 Näher Staudinger/*Wolfsteiner* § 1163 Rn. 37; *Medicus/Petersen* Rn. 460, 471.

16 Der Schuldner der zu sichernden Forderung kann selbstverständlich eigene („forderungsbezogene") Einreden und Einwendungen geltend machen, nicht dagegen die „pfandrechtsbezogenen" Einreden und Einwendungen des Eigentümers.

nigen des § 1211 voll entspricht – ein Umstand, der angesichts des akzessorischen Charakters von Mobiliarpfandrecht und Hypothek nicht überraschen kann. Auch der Eigentümer des mit der Hypothek belasteten Grundstücks kann also gegenüber dem Duldungsanspruch aus § 1147 sämtliche Einreden des Schuldners geltend machen; eine Ausnahme hiervon enthält allein § 216 Abs. 1 betreffend die Einrede der Verjährung. Zudem kann sich der Eigentümer nach § 1137 Abs. 1 S. 1 iVm. § 770 auf etwaige Gestaltungsrechte des Schuldners und auf eine Aufrechnungsbefugnis des Gläubigers berufen. Wegen sämtlicher Einzelheiten sei zunächst auf die Ausführungen in Rn. 196 ff. verwiesen. Für die Hypothek sind nur wenige Besonderheiten hervorzuheben:

- **Einwendungen des Schuldners** haben nach §§ 1163 Abs. 1, 1177 Abs. 1 zur Folge, dass die Hypothek dem Eigentümer als Eigentümergrundschuld zusteht; das dingliche Recht wird also, anders als im Fall des Mobiliarpfandes (Rn. 196), in seinem Bestand nicht berührt.
- Für die **Verkehrshypothek** besteht nach § 1138 die Möglichkeit des einredefreien Erwerbs; der Eigentümer läuft also Gefahr, seine abgeleiteten Einreden – Entsprechendes gilt für die Einwendungen! – dem Zessionar der gesicherten Forderung nicht mehr entgegenhalten zu können (Rn. 386 f., 391); hieran hat auch § 1192 Abs. 1a nichts geändert, so dass die Verkehrshypothek nunmehr ein höheres Maß an Verkehrsschutz bietet als die Sicherungsgrundschuld (Rn. 393, 409).
- § 1137 ist Ausdruck des akzessorischen Charakters der Hypothek und findet deshalb auf die **Grundschuld** keine Anwendung (Rn. 396 f.).

b) Eigene Einreden und Einwendungen

Wie der Bürge und der Verpfänder einer beweglichen Sache (s. Rn. 196) kann auch der Eigentümer des mit einer Hypothek belasteten Grundstücks selbstverständlich auch eigene („pfandrechtsbezogene") Einreden und Einwendungen geltend machen. Was zunächst Einwendungen betrifft, so richten sie sich gegen die **Wirksamkeit des dinglichen Rechts**; insoweit läuft der Eigentümer allerdings Gefahr, dass es nach § 892 Abs. 1 zum Erwerb des vermeintlichen Grundpfandrechts vom Buchgläubiger und damit zum Verlust der Einwendung kommt (Rn. 385). Einreden lassen zwar den Bestand der Hypothek unberührt, hindern aber den Gläubiger an der **Durchsetzung des Duldungsanspruchs** aus § 1147. Die Befugnis des Eigentümers, eigene Einreden gegenüber dem Gläubiger geltend zu machen, versteht sich von selbst und ist in § 1157 S. 1 vorausgesetzt. Aber auch die in § 1157 S. 1 geregelte Befugnis des Eigentümers, diese Einreden einem Zessionar der gesicherten Forderung (der ja nach § 1153 Abs. 1 auch die Hypothek erwirbt) gegenüber geltend zu machen, ist an sich selbstverständlich; §§ 404, 412, 413 bringen diesen Grundsatz klar zum Ausdruck. Die eigentliche Bedeutung des § 1157 liegt deshalb in Satz 2 der Vorschrift, wonach die §§ 892, 894–899, 1140 auch für die eigenen Einreden des Eigentümers gelten und es somit zu einem einredefreien Erwerb der Hypothek durch den Zessionar der gesicherten Forderung kommen kann (dazu im Einzelnen Rn. 391, 408 ff.). Der gutgläubige Zessionar ist sodann „Berechtigter" im Sinne der §§ 1157 S. 2, 892, so dass ein Folgeerwerber die Grundschuld auch dann einredefrei erwirbt, wenn er von dem früheren Bestehen der Einrede oder Einwendung wusste[17]. **374**

Wichtig ist, dass § 1157 nicht Ausprägung des akzessorischen Charakters der Hypothek ist; auch geht es in § 1157 S. 2 (anders als in § 1138) nicht um eine Lockerung der Ak- **375**

17 BGH ZIP 2001, 367.

zessorietät der Verkehrshypothek. Die Vorschrift regelt vielmehr die allgemeine Frage, ob **Einreden** gegen ein Recht auch dem **Rechtsnachfolger gegenüber** geltend gemacht werden können. Daraus folgt, dass sie sowohl auf die Grundschuld (Rn. 396 f.) als auch auf die Sicherungshypothek (Rn. 391) Anwendung findet; anderes gilt nach § 1192 Abs. 1a allerdings für die Sicherungsgrundschuld (Rn. 409).

6. Befriedigung des Gläubigers

a) Ausgangslage

376 Der hypothekarisch gesicherte Gläubiger hat zwei Ansprüche, nämlich zum einen den gegen den Schuldner gerichteten Anspruch aus der gesicherten **Forderung**, zum anderen den gegen den Eigentümer gerichteten Anspruch auf **Duldung der Zwangsvollstreckung**. Der Eigentümer ist zwar nicht zur Zahlung verpflichtet; er hat jedoch nach § 1142 das Recht, den Gläubiger zu befriedigen und dadurch die Geltendmachung des Duldungsanspruchs aus § 1147 abzuwenden. Unabhängig davon, ob der Eigentümer von seinem Befriedigungsrecht Gebrauch macht oder ob es zur Zwangsvollstreckung kommt, ist zu berücksichtigen, dass die Hypothek nur der Sicherung des Anspruchs gegen den Schuldner dient. Es stellt sich deshalb die Frage nach dem Schicksal der Forderung, wenn der Eigentümer leistet; des Weiteren fragt sich, was mit der Hypothek geschieht, wenn auf die persönliche Forderung geleistet wird. Im Einzelnen sind folgende Fallgestaltungen auseinanderzuhalten:

b) Leistung durch oder für den Schuldner

377 Leistet der Schuldner auf die persönliche Forderung, so erlischt diese; nach §§ 1163 Abs. 1 S. 2, 1177 Abs. 1 erwirbt der Eigentümer die Hypothek als **Eigentümergrundschuld**. Leistet ein Dritter (etwa der Eigentümer) für den Schuldner auf die Forderung, so ist zu differenzieren. Grundsätzlich hat die Leistung des Dritten das Erlöschen der Forderung und das Eingreifen der §§ 1163 Abs. 1 S. 2, 1177 Abs. 1 zur Folge. Anderes gilt in den Fällen der §§ 1150, 268 Abs. 3 S. 1; dann erwirbt der Dritte die Forderung und mit ihr (§§ 1153 Abs. 1, 412, 401) auch die Hypothek.

378 Zu Komplikationen kommt es, wenn der Schuldner auf die Forderung leistet, obschon im Innenverhältnis der mit ihm nicht identische Eigentümer zu leisten hat.

> **Fall 54** zeigt die Problematik auf: Grundeigentümer E bestellt dem H zur Sicherung eines ihm von diesem gewährten Darlehens eine Hypothek. Später veräußert er das Grundstück an K. Die Hypothek wird auf den Kaufpreis angerechnet, ohne dass H hierüber informiert wird. Von H auf Zahlung in Anspruch genommen, fordert E den K zur Zahlung an H auf. Da K dieser Aufforderung nicht nachkommt, sieht sich E zur Leistung gezwungen. Welche Rechte hat E gegen K

1. Zu prüfen ist zunächst, ob E den K aus **§§ 280 Abs. 3, 283 auf Schadensersatz statt der Leistung** in Anspruch nehmen kann, weil dieser einer Verpflichtung zur Freistellung des E von der Verbindlichkeit gegenüber H nicht nachgekommen ist und infolge der Zahlung durch E Unmöglichkeit eingetreten ist. Die dafür erforderliche Freistellungsverpflichtung des K könnte sich aus § 415 Abs. 3 S. 1 ergeben, wonach der Übernehmer einer Schuld, solange nicht der Gläubiger die erforderliche Genehmigung erteilt hat, im Zweifel dem Schuldner gegenüber verpflichtet ist, den Gläubiger rechtzeitig zu befriedigen. Wie im Einzelnen in Rn. 359 ausgeführt ist, bedurfte vorliegend die Schuldübernahme auch unter Berücksichtigung des § 416 der Genehmigung des Gläubigers. Da diese

nicht vorlag, war E zwar weiterhin persönlicher Schuldner. Im Innenverhältnis zwischen E und K sollte jedoch Letzterer einen Teil des Kaufpreises durch Befriedigung des H erbringen. Die Erfüllung dieser Verpflichtung ist dem K infolge seiner Weigerung, den H zu befriedigen, unmöglich geworden, so dass E nach §§ 280 Abs. 3, 283 Schadensersatz statt der Leistung verlangen kann.

2. Fraglich ist, ob E den K nach **§ 1147 auch auf Duldung der Zwangsvollstreckung** in Anspruch nehmen kann. Dies setzt voraus, dass E Inhaber einer Hypothek geworden ist. Grundsätzlich hat nach §§ 1163 Abs. 1 S. 2, 1177 Abs. 1 das Erlöschen der gesicherten Forderung den Erwerb der Hypothek durch den Eigentümer (K) zur Folge, in dessen Person sich die Hypothek sodann in eine Eigentümergrundschuld verwandelt. Etwas anderes gilt jedoch nach § 1164 Abs. 1 S. 1 immer dann, wenn der persönliche Schuldner den Gläubiger befriedigt und von dem Eigentümer oder von dessen Rechtsvorgänger Ersatz verlangen kann; dann geht die Hypothek auf den Schuldner über. So liegt es hier: E war, da die Schuldübernahme im Verhältnis zu H nicht wirksam war, persönlicher Schuldner. Nach Leistung an H kann er, wie wir gesehen haben, gemäß §§ 280 Abs. 3, 283 Ersatz von dem Eigentümer K verlangen. Nach § 1164 Abs. 1 S. 1 hat somit E die Hypothek erworben, die nunmehr seinen Ersatzanspruch gegen K sichert; § 1164 Abs. 1 hat demnach eine **gesetzliche Forderungsauswechslung** zur Folge. Die Vorschrift des § 1164 ist im Übrigen im Zusammenhang mit derjenigen des § 1165 zu lesen. Nach § 1165 hat nämlich unter anderem ein Verzicht des Gläubigers auf die Hypothek das Freiwerden des Schuldners zur Folge, soweit der Verzicht den Regress des Schuldners bei dem Eigentümer vereitelt!

c) Leistung durch den Eigentümer[18]

Sind Eigentümer und persönlicher Schuldner **nicht identisch**[19], so kann der Eigentümer unter den Voraussetzungen des § 1142 den Gläubiger befriedigen und dadurch die Zwangsvollstreckung in sein Grundstück (die er nach § 1147 dulden muss) abwenden. Nach § 1143 Abs. 1 S. 1 geht in einem solchen Fall die **Forderung auf den Eigentümer über**. Mit der Forderung geht nach § 1153 Abs. 1 auch die Hypothek auf den Eigentümer über; sie wird zur **Eigentümerhypothek** (dem Eigentümer steht ja die Forderung zu!), die allerdings nach § 1177 Abs. 2 wie eine Eigentümergrundschuld behandelt wird (was vor allem mit Blick auf § 1197 von Bedeutung ist)[20]. Zu berücksichtigen ist allerdings, dass § 1143 Abs. 1 S. 1 nur bei Leistung des Eigentümers auf die Hypothek Anwendung findet. Leistet der Eigentümer dagegen auf die Forderung, so erwirbt er infolge des Erlöschens der Forderung eine Eigentümergrundschuld (§§ 1163 Abs. 1 S. 2, 1177 Abs. 1, s. Rn. 377). Von einer Leistung des Eigentümers auf die Forderung ist im Zweifel auszugehen, wenn dieser nach § 415 Abs. 3 dem Schuldner gegenüber zur Leistung an den Gläubiger verpflichtet ist (Rn. 378)[21]. 379

18 Zum Ausgleich zwischen mehreren Sicherungsgebern s. BGHZ 108, 179, 183 ff. = NJW 1989, 2530; BGH NJW 1992, 3228, 3229; MünchKomm/*Habersack* § 774 Rn. 33 ff. mit weit. Nachw.; zur Frage einer Beteiligung des Erwerbers des belasteten Grundstücks am Ausgleich s. BGH NJW 2002, 1491.

19 Bei Identität von Eigentümer und Schuldner leistet dieser regelmäßig auf die Forderung (s. dazu Rn. 377). Wird ausnahmsweise auf die Hypothek geleistet, so erlischt die Forderung entsprechend § 364 Abs. 2; hinsichtlich der Hypothek finden sodann erneut die §§ 1163 Abs. 1 S. 2, 1177 Abs. 1 Anwendung.

20 Anderes gilt bei zwangsweiser Befriedigung des Gläubigers aus dem Grundstück, d.h. bei Durchsetzung des Duldungsanspruchs aus § 1147; nach § 1181 Abs. 1 erlischt dann die Hypothek, während die Forderung auch in diesem Fall nach § 1143 Abs. 1 auf den nicht schuldenden Eigentümer übergeht.

21 RGZ 143, 278, 287.

380 Einige Komplikationen im Zusammenhang mit § 1143 Abs. 1 seien am Beispiel von **Fall 55** erörtert: E, Eigentümer eines bebauten Grundstücks, ist von Schuldner S beauftragt worden, dem G zur Sicherung von dessen Darlehensforderung gegen S eine Hypothek zu bestellen. Als S bei Fälligkeit nicht leistet, zahlt E ohne weitere Rücksprache bei S an G, um die andernfalls drohende Zwangsvollstreckung abzuwenden. Nunmehr verlangt er Zahlung von Schuldner S. Dieser wendet ein, dass er (S) gegen den Anspruch des G hätte aufrechnen können. Hat E einen Anspruch gegen S?

1. In Betracht kommt zunächst ein **Anspruch des E aus § 670**[22]. Nach dem Sachverhalt besteht zwischen E und S ein Auftragsverhältnis. E hat somit Anspruch auf Ersatz all derjenigen Aufwendungen, die er den Umständen nach für erforderlich halten durfte. Dem Anspruch könnte entgegenstehen, dass E nach §§ 1137 Abs. 1 S. 1, 770 Abs. 2 berechtigt gewesen wäre, die Leistung zu verweigern. Bei objektiver Betrachtung war somit die Zahlung nicht erforderlich. Für § 670 ist zwar, wie schon der Wortlaut zum Ausdruck bringt, ein objektiver Maßstab mit subjektivem *Einschlag* maßgebend: Der Beauftragte hat nach seinem verständigen Ermessen aufgrund sorgfältiger Prüfung über die Erforderlichkeit der Aufwendungen zu entscheiden[23]. Doch fehlt es an der Erforderlichkeit nicht nur dann, wenn E von der Aufrechnungslage Kenntnis hatte. Man wird vielmehr annehmen müssen, dass es dem Eigentümer obliegt, sich vor Zahlung an den Schuldner zu wenden und nach der Existenz von Einreden und Gestaltungsrechten zu fragen. Vor diesem Hintergrund war die Leistung des E nicht erforderlich, so dass ein Anspruch aus § 670 nicht besteht.

2. Zu prüfen ist des Weiteren ein **Anspruch aus § 488 Abs. 1 S. 2**. E und S haben zwar keinen Darlehensvertrag geschlossen; doch könnte E die Darlehensforderung des G nach § 1143 Abs. 1 S. 1 im Wege der **cessio legis** erworben haben. Die Voraussetzungen des § 1143 Abs. 1 S. 1 liegen denn auch vor: E ist nicht persönlicher Schuldner und hat nicht auf die Forderung geleistet (was nach § 267 Abs. 1 durchaus denkbar gewesen wäre), sondern von seinem Recht aus § 1142 Abs. 1 Gebrauch gemacht. Fraglich ist jedoch, ob sich die auf E übergegangene Darlehensforderungen dem Einwand des S ausgesetzt sieht, er (S) hätte aufrechnen können. Maßgebend ist § 412, wonach die §§ 399 bis 404, 406 bis 410 auf die Übertragung der Forderung im Wege der cessio legis entsprechende Anwendung finden. Nach §§ 412, 406 kann der Schuldner eine gegenüber dem früheren Gläubiger bestehende Aufrechnungsbefugnis auch im Verhältnis zum neuen Gläubiger ausüben; S kann somit auch E gegenüber die Aufrechnung mit seiner gegen G gerichteten Forderung erklären und dadurch die Darlehensforderung zum Erlöschen bringen. Vor dem Hintergrund, dass E nach §§ 1137 Abs. 1 S. 1, 770 Abs. 2 die Leistung hätte verweigern können, ist dies nur konsequent. Die Aufrechnung des S gegenüber E hat zwar zur Folge, dass G von seiner Leistungsverpflichtung gegenüber S befreit wird, obschon er bereits die Leistung des E empfangen hat. Doch begründet dies keinen Anspruch des E gegen S, sondern allein eine **Rückgriffskondiktion** des E gegen G[24].

381 **Fall 56** zeigt den Zusammenhang zwischen dem Innenverhältnis zwischen Schuldner und Eigentümer und der cessio legis auf: E aus Fall 55 (Rn. 380) hat nicht im Auftrag des S eine Hypothek bestellt. Er hat vielmehr das mit der Hypothek belastete Grundstück des S unter Anrechnung der Hypothek auf den Kaufpreis erworben. Die Übernahme der Darlehensschuld des S

22 Näher zum Folgenden MünchKomm/*Habersack* § 774 Rn. 17 f.
23 Näher dazu Grüneberg/*Grüneberg* § 670 Rn. 4.
24 Allg. zur Rückgriffskondiktion *Medicus/Petersen* Rn. 950 ff.

durch E wurde durch Gläubiger G nicht genehmigt. Bei Fälligkeit der Darlehensforderung verweigert S die Zahlung. G wendet sich daraufhin an E, der ausdrücklich „auf die Hypothek" leistet, also von seinem Recht aus § 1142 Abs. 1 Gebrauch macht. Hat E einen Regressanspruch gegen S?

1. Ein Anspruch des E könnte sich aus **§§ 683 S. 1, 670** ergeben. Voraussetzung ist danach, dass E, indem er von seinem Befriedigungsrecht aus § 1142 Abs. 1 Gebrauch gemacht hat, in berechtigter Geschäftsführung ohne Auftrag gehandelt hat. Dem steht freilich entgegen, dass E aufgrund der mit S getroffenen Vereinbarung zu dessen Freistellung gegenüber G und damit zur Leistung auf die Forderung verpflichtet war (Rn. 378). Die Leistung auf die Hypothek widersprach somit dem wirklichen (und dem E bekannten) Willen des S.

2. In Betracht kommt aber ein Anspruch des E aus **§ 684 S. 1 iVm. § 818 Abs. 2**[25]. E hat, wie wir gesehen haben, in unberechtigter Geschäftsführung ohne Auftrag gehandelt, so dass die Voraussetzungen des § 684 S. 1 vorliegen. S ist somit nach Maßgabe des § 818 zur Herausgabe des durch die Geschäftsführung Erlangten verpflichtet. Infolge der Leistung des E ist S allerdings nicht von seiner Verbindlichkeit gegenüber G befreit worden; diese ist vielmehr gemäß § 1143 Abs. 1 S. 1 auf E übergegangen. Auch im Übrigen hat S durch die Leistung nichts erlangt, so dass ein Anspruch aus §§ 684 S. 1, 818 ausscheidet.

3. Es bleibt zu prüfen, ob E den S aus **§ 488 Abs. 1 S. 2** in Anspruch nehmen kann. Zwar hat E nicht selbst einen Darlehensvertrag mit S geschlossen. Nach § 1143 Abs. 1 S. 1 hat er jedoch die Forderung des G im Wege der cessio legis erworben. Fraglich ist allerdings, ob S einwenden kann, dass E zur Zahlung auf die Forderung verpflichtet war. Die Befugnis zur Geltendmachung dieser Einwendung ergibt sich nicht aus §§ 412, 404. Denn danach kann S zwar Einwendungen aus seinem Verhältnis zu G auch dem E als Zessionar entgegenhalten. Vorliegend geht es jedoch um eine Einwendung, die dem Innenverhältnis zwischen E und S entstammt. Für diesen Fall bestimmt § 1143 Abs. 1 S. 2 iVm. § 774 Abs. 1 S. 3, dass Einwendungen des Schuldners (S) aus einem zwischen ihm und dem Sicherungsgeber (E) bestehenden Rechtsverhältnisse „unberührt bleiben"; dies bedeutet, dass S auch insoweit, als E seinen Rückgriff auf die cessio legis stützt, nur im Rahmen des Innenverhältnisses zum Ersatz verpflichtet ist. Kraft des dadurch begründeten **Vorrangs des Innenverhältnisses** kann S also auch gegenüber der vom Eigentümer erworbenen Hauptforderung einwenden, er sei diesem nicht oder nicht in vollem Umfang zum Ausgleich verpflichtet[26]. Insbesondere kann S auch gegenüber dem Anspruch aus **§ 488 Abs. 1 S. 2** geltend machen, dass E nach § 415 Abs. 3 zur Leistung auf die Forderung verpflichtet war.

7. Abgeleiteter Erwerb der Hypothek

Als akzessorisches Recht ist die Hypothek nicht selbst Gegenstand von Verfügungen. Sie folgt vielmehr dem Hauptrecht, d.h. der zu sichernden Forderung. Dieses **Mitlaufgebot**, welches uns auch im Zusammenhang mit dem Mobiliarpfand begegnet ist (Rn. 186, 202), ergibt sich zwar bereits aus § 401 Abs. 1; durch § 1153 Abs. 1 wird es aber für un- **382**

25 Dazu, dass § 684 S. 1 eine Rechtsfolgenverweisung enthält, s. Jauernig/*Mansel* § 684 Rn. 1.
26 Näher dazu MünchKomm/*Habersack* § 774 Rn. 23 f.

abdingbar erklärt[27]. Die Hypothek wird somit durch Abtretung der gesicherten Forderung übertragen. In Abweichung von § 398 macht allerdings § 1154 die Wirksamkeit der Abtretung von der Einhaltung sachenrechtlicher Formen abhängig; die Existenz des Nebenrechts beeinflusst also die Art und Weise der Übertragung des Hauptrechts[28]. Im Einzelnen unterscheidet § 1154 Abs. 1 und 3 zwischen der Buch- und der Briefhypothek. Während nämlich die durch Buchhypothek gesicherte Forderung nach § 1154 Abs. 3 in der Form des § 873 Abs. 1 (also durch – auch formlos mögliche – Einigung im Sinne des § 398 S. 1 und durch Eintragung) abzutreten ist, kann die durch Briefhypothek gesicherte Forderung nach § 1154 Abs. 1 durch Einigung und Briefübergabe abgetreten werden. Die Abtretungserklärung des Zedenten bedarf allerdings der Schriftform; diese wiederum kann nach § 1154 Abs. 2 durch die Eintragung der Abtretung ersetzt werden.

383 § 1156 lockert die Akzessorietät der Verkehrshypothek, wie am Beispiel von **Fall 57** gezeigt werden soll: G ist Inhaber einer Forderung gegen S; E hat ihm als Sicherheit eine Buchhypothek an seinem Grundstück bestellt. Noch vor Eintritt der Fälligkeit der Forderung tritt G dieselbe am 14.5. an Z ab; Z wird als neuer Gläubiger in das Grundbuch eingetragen. Nach Fälligkeit will Z den S in Anspruch nehmen. Dieser rechnet allerdings mit einer – ihm seit 11.5. zustehenden – Forderung gegen G auf. Z, auf flüssige Mittel angewiesen, fragt, ob er sich an E halten kann.

Z könnte gegen E einen **Anspruch auf Duldung der Zwangsvollstreckung** in das Grundstück haben. Nach **§ 1147** setzt dies voraus, dass Z Inhaber einer Hypothek ist. Eine solche könnte Z von G erworben haben. Ausweislich des Sachverhalts war G Inhaber einer Hypothek; insbesondere stand ihm eine zu sichernde Forderung gegen S zu. Diese Forderung hat G in der Form des § 1154 Abs. 3 auf Z übertragen, so dass dieser gemäß § 1153 Abs. 1 auch Inhaber der Hypothek geworden ist.

Die Hypothek könnte sich jedoch gemäß §§ 1163 Abs. 1 S. 2, 1177 Abs. 1 in eine Eigentümergrundschuld verwandelt haben. Das danach erforderliche Erlöschen der zu sichernden Forderung könnte durch die Aufrechnungserklärung des S bewirkt worden sein. Zwar setzt die Aufrechnung nach § 387 voraus, dass zwei Personen einander Leistungen schulden; an dieser Gegenseitigkeit fehlte es im Zeitpunkt der Aufrechnung, war doch nach § 398 S. 2 nicht mehr G, sondern Z Gläubiger des S. Unter den – vorliegend gegebenen – Voraussetzungen des § 406 kann allerdings der Schuldner mit einer ihm gegen den Zedenten (G) zustehenden Forderung auch dem Zessionar (Z) gegenüber aufrechnen; die Folge ist, dass die abgetretene Forderung, vorliegend also die durch die Hypothek gesicherte Forderung, erlischt. Die Voraussetzungen der §§ 1163 Abs. 1 S. 2, 1177 Abs. 1 scheinen somit vorzuliegen. Für die Verkehrshypothek[29] lockert freilich § 1156 S. 1 die Akzessorietät der Hypothek dahin gehend auf, dass die §§ 406 bis 408 auf das Rechtsverhältnis zwischen dem Eigentümer und dem Zessionar (Z) **in Ansehung der Hypothek** keine Anwendung finden. Obschon also die zu sichernde Forderung im Verhältnis zwischen dem Zessionar und dem Schuldner[30] nach § 406 erlischt, ist diese Rechtsfolge hin-

27 Allerdings ist auch § 401 Abs. 1 zwingend, soweit es um die Untrennbarkeit von Haupt- und Bürgschaftsforderung geht, s. BGHZ 115, 177, 180; MünchKomm/*Habersack* § 765 Rn. 64 f. – Weder das Bankgeheimnis noch das Bundesdatenschutzgesetz steht der Wirksamkeit der Abtretung der Darlehensforderung eines Kreditinstituts entgegen, s. BGHZ 171, 180; BGH ZIP 2009, 2329 (Sparkasse); krit. *Schwintowski/Schantz* NJW 2008, 472 ff.

28 Dies ist keineswegs selbstverständlich, wie das Beispiel der durch Vormerkung oder durch ein Mobiliarpfand gesicherten Forderung zeigt (Rn. 202, 338).

29 Eine solche liegt hier vor, da der Sachverhalt nichts von einer Eintragung der Hypothek als Buchhypothek im Sinne des § 1184 Abs. 2 sagt (Rn. 353); zur Sicherungsgrundschuld s. noch Rn. 407.

30 Der durchaus mit dem Eigentümer identisch sein kann, s. Rn. 345.

sichtlich der Hypothek nach § 1156 S. 1 unbeachtlich. Die Folge ist, dass §§ 1163 Abs. 1 S. 2, 1177 Abs. 1 keine Anwendung finden und der neue Gläubiger Inhaber eines Grundpfandrechts bleibt; dieses Grundpfandrecht ist mangels Forderung eine Fremdgrundschuld. Z hat somit den Duldungsanspruch aus §§ 1147, 1192 Abs. 1[31].

8. Gutgläubiger Erwerb der Hypothek und der Einredefreiheit

a) Originärer Erwerb

Die Hypothek ist dingliches Recht und kann somit nach § 892 Abs. 1 S. 1 vom Bucheigentümer erworben werden. Insoweit gelten keine Besonderheiten: Zugunsten des Gläubigers gilt das Grundbuch als richtig, so dass zwar die fehlende Berechtigung des Bucheigentümers und etwaige Verfügungsbeschränkungen überspielt werden (Rn. 312 ff.), nicht aber das **Fehlen einer zu sichernden Forderung**. Der Gläubiger wird mit anderen Worten hinsichtlich des dinglichen Rechts so gestellt, als sei der Bucheigentümer der verfügungsbefugte Berechtigte. Fehlt es dagegen an einer zu sichernden Forderung, so scheitert der Erwerb der Hypothek nicht an der fehlenden Berechtigung oder der fehlenden Verfügungsbefugnis des Bestellers, sondern am **Grundsatz der Akzessorietät**. Das Grundpfandrecht entsteht in diesem Fall zwar, ist aber nach §§ 1163 Abs. 1, 1177 Abs. 1 Eigentümergrundschuld (Rn. 354, 372). Auch § 1138 vermag daran nichts zu ändern; diese Vorschrift findet nämlich nur auf den Zweiterwerb der Hypothek Anwendung (Rn. 386 f., 391). **384**

b) Abgeleiteter Erwerb

Der abgeleitete Erwerb einer Hypothek erfolgt, wie wir in Rn. 382 gesehen haben, nach §§ 1154 Abs. 1, 1153 Abs. 1 durch **Abtretung der zu sichernden Forderung**. Gleichwohl findet § 892 Abs. 1 auch in diesem Fall unmittelbar Anwendung, soweit der Zedent tatsächlich Inhaber der zu sichernden Forderung ist und der Mangel ausschließlich die Hypothek als dingliches Recht betrifft. Ist also G zwar Inhaber einer Forderung gegen E, hat er aber wegen der Unwirksamkeit der dinglichen Einigung (Rn. 361) keine Hypothek erworben, so erwirbt der Zessionar Z nach § 892 Abs. 1 gleichwohl eine Hypothek, wenn G im Grundbuch als Inhaber einer Buchhypothek[32] ausgewiesen ist. Die Akzessorietät der Hypothek steht dem schon deshalb nicht entgegen, weil eine zu sichernde Forderung existiert. Es bedarf demnach nicht der Heranziehung des § 1138, was mit Blick auf § 1185 Abs. 2 bedeutet, dass es nicht darauf ankommt, ob es sich um eine Verkehrs- oder um eine Sicherungshypothek handelt. **385**

Aber auch bei **Nichtbestehen einer zu sichernden Forderung** kann der Zessionar eine Verkehrshypothek erwerben, wie **Fall 58** zeigen soll: Der im Sinne des § 104 Nr. 2 geschäftsunfähige E nimmt bei G ein Darlehen auf und bestellt ihm hierfür eine Buchhypothek an seinem Grundstück. Noch vor Auszahlung des Darlehens überträgt G seine Rechte formgerecht auf Z. Hat Z Ansprüche gegen E? **386**

1. Z könnte einen **Anspruch aus §§ 488 Abs. 1 S. 2** gegen E haben. Dies setzt voraus, dass G als Zedent einen solchen Anspruch gegen E hatte und dieser Anspruch wirksam an Z abgetreten worden ist. Da die Willenserklärung des E nach § 105 Abs. 1 nichtig ist,

31 Zum schuldrechtlichen Ausgleich s. Staudinger/*Wolfsteiner* § 1156 Rn. 15.
32 Zur Rechtslage bei der Briefhypothek s. Rn. 388.

fehlt es allerdings schon an der ersten Voraussetzung. Da Z die angebliche Forderung des G auch nicht gutgläubig erwerben konnte[33], hat er keinen Anspruch aus **§ 488 Abs. 1 S. 2**. Auch ein Anspruch aus § 812 Abs. 1 S. 1, 1. Fall ist nicht gegeben, da G bislang das Darlehen noch nicht ausgezahlt hat.

2. In Betracht kommt aber ein **Anspruch aus § 1147**, gerichtet auf Duldung der Zwangsvollstreckung in das Grundstück. Voraussetzung dafür ist, dass Z eine Hypothek an dem Grundstück des E erworben hat. G selbst konnte ein solches Recht allerdings schon wegen der fehlenden Geschäftsfähigkeit des E nicht erwerben; über diesen Mangel half auch § 892 Abs. 1 nicht hinweg (Rn. 317). Es kommt hinzu, dass G keine Forderung gegen E hat, so dass ein Erwerb der Hypothek auch an dem Grundsatz der Akzessorietät scheitert[34]. G war somit, was die Hypothek betrifft, Nichtberechtigter. Nach § 892 Abs. 1 S. 1 gilt allerdings zugunsten des Z der Inhalt des Grundbuchs als richtig. Infolge der **Richtigkeitsfiktion** wird Z also so gestellt, als wäre G Inhaber einer Hypothek gewesen. Allerdings hilft § 892 Abs. 1 S. 1 nur insoweit über die fehlende Berechtigung hinweg, als der Mangel der Berechtigung die Hypothek als dingliches Recht betrifft. Soweit dagegen der Mangel in der Berechtigung des G die Hypothek als akzessorisches Recht betrifft, erfährt Z nach § 892 Abs. 1 S. 1 keinen Schutz; denn in diesem Fall beruht der Mangel auf dem Fehlen der zu sichernden Forderung und damit primär auf schuldrechtlichem Gebiet. § 1138 lockert allerdings die Akzessorietät der Verkehrshypothek insoweit, als er die Vorschriften der §§ 891 bis 899 „für die Hypothek auch in Ansehung der Forderung“ (und der Einreden aus § 1137, s. Rn. 373, 391, 409) für anwendbar erklärt. Dies bedeutet, dass das **Bestehen der Forderung** „für die Hypothek“, also für den Erwerb des dinglichen Rechts durch den Zessionar, **fingiert** wird. Obschon also der Zessionar eine Forderung nicht erwerben kann (s. noch Rn. 388), steht der akzessorische Charakter der Hypothek dem Erwerb eines dinglichen Verwertungsrechts durch den Zessionar nicht entgegen. Dieses Verwertungsrecht des Zessionars ist dann allerdings in Ermangelung einer zu sichernden Forderung **Fremdgrundschuld**[35].

3. Es kann also festgehalten werden, dass Z einen Anspruch aus § 1147 hat. Über den Mangel des dinglichen Rechts half § 892 Abs. 1 S. 1 in unmittelbarer Anwendung hinweg. Der Mangel der Forderung, der infolge des akzessorischen Charakters der Hypothek durchaus das dingliche Recht des G betrifft, wurde dagegen nicht durch § 892 Abs. 1 S. 1 kompensiert; insoweit bedurfte es vielmehr der Heranziehung der §§ 1138, 892 Abs. 1 S. 1. Dies wiederum zeigt, dass Z, wäre G als Inhaber einer Sicherungshypothek eingetragen gewesen, wegen § 1185 Abs. 2 kein Grundpfandrecht erworben hätte.

387 **Fall 59** soll die Funktion des § 1138 noch einmal verdeutlichen: S schließt mit B einen Darlehensvertrag und bestellt ihr für das noch auszuzahlende Darlehen eine Buchhypothek an seinem Grundstück; die Hypothek wird am 11.2. eingetragen. Noch vor Valutierung des Darlehens tritt B am 18.2. ihre Forderung an den Z ab. Hat Z einen Anspruch auf Duldung der Zwangsvollstreckung?

Da die Forderung auf Rückzahlung des Darlehens aus § 488 Abs. 1 Satz 2 nicht bereits mit Abschluss des Darlehensvertrages, sondern erst mit Auszahlung des Darlehens ent-

33 Auch §§ 892, 1138 ermöglichen keinen Erwerb der Forderung vom Nichtberechtigten, s. sogleich im Text; für das Vorliegen der Voraussetzungen des § 405 gibt es keine Anhaltspunkte.

34 Wegen der Geschäftsunfähigkeit des E kommt es nicht einmal zur Entstehung einer Eigentümergrundschuld nach §§ 1163 Abs. 1, 1177 Abs. 1.

35 Näher *Maurer* JA 2021, 369 ff.

steht, war B im Zeitpunkt der Abtretung nicht Inhaber einer Hypothek; nach §§ 1163 Abs. 1 S. 1, 1177 Abs. 1 stand die Hypothek vielmehr dem S als Eigentümergrundschuld zu. Z hat somit vom Nichtberechtigten erworben. Auch die unmittelbare Anwendung des § 892 kann dem Z nicht zum Erwerb eines dinglichen Rechts verhelfen; die Vorschrift findet nämlich nur insoweit unmittelbar Anwendung, als der akzessorische Charakter des dinglichen Rechts keine Rolle spielt. Im Fall einer Verkehrshypothek erklärt allerdings § 1138 den § 892 Abs. 1 S. 1 für die Hypothek auch in Ansehung der Forderung für anwendbar. Z konnte in diesem Fall somit eine **„forderungsentkleidete Hypothek"** und somit eine Fremdgrundschuld erwerben. Handelt es sich dagegen um eine Sicherungshypothek, so ist § 1138 gemäß § 1185 Abs. 2 unanwendbar. B als Gläubigerin konnte in diesem Fall nur über ihr Anwartschaftsrecht verfügen, also die künftige (Rn. 363) Forderung in der Form des § 1154 Abs. 1 abtreten (Rn. 372). Mit Auszahlung des Darlehens durch B oder Z entsteht die Hypothek sodann in der Person des Zessionars[36].

Der abgeleitete Erwerb einer Briefhypothek vom Nichtberechtigten bildet den Gegenstand von **388**
Fall 60: E hat dem G zur Sicherung eines dem S gewährten Darlehens eine Briefhypothek bestellt. G tritt die gesicherte Forderung durch öffentlich beglaubigte Abtretungserklärung an A ab, A sodann in schriftlicher Form an B. Nunmehr nimmt B sowohl E als auch S in Anspruch. Es stellt sich heraus, dass G bei Vornahme der Abtretung vorübergehend geschäftsunfähig war.

1. Zu prüfen ist zunächst[37], ob B einen **Anspruch aus § 1147** gegen E hat. Dies setzt voraus, dass B Inhaber einer Hypothek ist. Auszugehen ist davon, dass G Inhaber einer zu sichernden Forderung und einer Hypothek war. Die von ihm erklärte Abtretung der gesicherten Forderung ist zwar formgerecht erfolgt; sie ist jedoch nach § 105 Abs. 2 unwirksam. A konnte somit weder Hypothek noch Forderung erwerben; denn §§ 892, 1138 helfen zwar über die fehlende Berechtigung des Veräußerers, nicht aber über die mangelnde Geschäftsfähigkeit hinweg. War A somit Nichtberechtigter, so kommt ein Erwerb der Hypothek durch B nach §§ 892, 1138 in Betracht. Allerdings vollzog sich der Erwerb außerhalb des Grundbuchs; es handelt sich nämlich um eine Briefhypothek, bei der die Abtretung der gesicherten Forderung nach § 1154 Abs. 1 durch Einigung, schriftliche Abtretungserklärung und Briefübergabe erfolgen kann. Die Nichtanwendbarkeit der §§ 892, 1138 würde freilich den Zweck des § 1154 Abs. 1, die Umlauffähigkeit der Hypothek zu erleichtern, in sein Gegenteil verkehren; denn bei Nichtgeltung der §§ 892, 1138 wäre die Praxis gut beraten, von der „Erleichterung" des § 1154 Abs. 1 keinen Gebrauch zu machen und gemäß § 1154 Abs. 2 die schriftliche Abtretungserklärung durch Eintragung der Abtretung in das Grundbuch zu ersetzen. Der Gesetzgeber hat dies erkannt und in § 1155 geregelt, dass der Briefbesitzer unter bestimmten Voraussetzungen einem eingetragenen Gläubiger gleichsteht[38]: Unter den Voraussetzungen des § 1155 S. 1 finden die Vorschriften der §§ 891 bis 899 in gleicher Weise Anwendung, „wie wenn der Besitzer des Briefes als Gläubiger im Grundbuch eingetragen wäre." Wichtig ist, dass der **Hypothekenbrief nach § 1155 keinen öffentlichen Glauben** genießt. Der Brief kann vielmehr nach § 1140 den öffentlichen Glauben des Grundbuchs zerstören; schon bei Di-

36 *Baur/Stürner* § 46 Rn. 27; für die Auszahlung durch den Zessionar auch BGHZ 36, 84, 89 f.; näher Staudinger/*Wolfsteiner* § 1163 Rn. 34, der allerdings bei Auszahlung durch den Zedenten Durchgangserwerb durch diesen annimmt.

37 Wie wir sehen werden, führt der gutgläubige Erwerb der Hypothek zum Mitlauf der Forderung. Es bietet sich deshalb an, zunächst die Rechtslage hinsichtlich der Hypothek zu klären; andernfalls müssten diese Ausführungen in die Prüfung des persönlichen Anspruchs integriert werden.

38 Eingehend zum Folgenden *Baur/Stürner* § 38 Rn. 31 ff.

vergenz von Brief und Grundbuch, bei Existenz eines Vermerks auf dem Brief, der die Unrichtigkeit des Grundbuchs erkennen lässt[39], oder bei Existenz eines auf dem Brief vermerkten Widerspruchs gegen die Richtigkeit des Grundbuchs ist die Berufung auf §§ 892, 893 ausgeschlossen! Nach § 1155 S. 1 wird aber der Briefbesitzer in das Grundbuch „projiziert"; der Briefbesitz ersetzt den Bucheintrag. §§ 1140, 1155 S. 1 lässt sich also entnehmen, dass Buch und Brief übereinstimmen müssen, soll ein Erwerb vom Nichtberechtigen möglich sein.

Damit der Briefbesitzer in das Grundbuch „projiziert" wird, muss sich sein Gläubigerrecht „aus einer zusammenhängenden, auf einen eingetragenen Gläubiger zurückzuführenden Reihe von öffentlich beglaubigten Abtretungserklärungen" ergeben. Nur eine solche „Kette" ersetzt den Bucheintrag; die – für die Abtretung nach § 1154 Abs. 1 durchaus genügende – Schriftform vermag also einen Schutz des guten Glaubens nicht zu begründen. Allerdings setzt § 1155 S. 1 nicht voraus, dass die Abtretung an den Erwerber, der sich auf die Legitimation des Zedenten beruft, ihrerseits öffentlich beglaubigt ist; entscheidend ist vielmehr allein, dass der **Zedent** durch eine Kette öffentlich beglaubigter (und zudem echter[40]) Erklärungen (die nach § 1155 S. 2 durch gerichtlichen Überweisungsbeschluss und durch öffentlich beglaubigtes Anerkenntnis einer kraft Gesetzes erfolgten Übertragung der Forderung ersetzt werden können) ausgewiesen ist[41].

Im vorliegenden Zusammenhang ist B deshalb so zu stellen, als wäre A in das Grundbuch eingetragen. Dann aber hätte er nach §§ 892, 1138 die Hypothek vom Nichtberechtigten A erwerben können (Rn. 386 f.). Da auch der Brief keinen Hinweis auf die Nichtberechtigung des A enthält, Brief und Grundbuch also übereinstimmen, hat B nach § 892, §§ 1138, 892 (jeweils in Verbindung mit § 1155 S. 1) eine Hypothek erworben[42]. Der Umstand, dass A nur durch eine einzige öffentlich beglaubigte Abtretungserklärung in das Grundbuch „projiziert" wird, es also an einer „Kette" fehlt, steht dem Eingreifen des § 1155 S. 1 nicht entgegen.

2. Was die Frage eines **Anspruchs des B aus § 488 Abs. 1 S. 2** betrifft, so ist davon auszugehen, dass G Inhaber dieser Forderung war und diese nach § 105 Abs. 2 nicht durch Abtretung an A verloren hat. Auch B konnte zwar das dingliche Recht erwerben (s. unter 1.); § 1138 fingiert jedoch das Bestehen der Forderung nur für die Hypothek, ohne selbst einen gutgläubigen Erwerb der Forderung zu ermöglichen (Rn. 386 f.). Die Folge wäre freilich, dass B Inhaber des dinglichen Rechts wäre, während die Forderung bei G bliebe. Es käme also zu einem Auseinanderfallen von „Hauptrecht" (Forderung) und „Anhängsel" (Hypothek) – ein Zustand, der dem in § 1153 Abs. 1 und 2 eigens betonten und für zwingend erklärten Gleichlauf von Forderung und Hypothek widerspräche und den Eigentümer der Gefahr einer doppelten Inanspruchnahme aussetzen würde. Die wohl hM entnimmt deshalb insbesondere dem § 1153 Abs. 2 das sogenannte **„Mitlaufgebot"**;

39 Ein handschriftlicher Vermerk genügt; praktisch bedeutsam ist insbesondere die Quittierung von Teilzahlungen.

40 Zutr. Jauernig/*Berger* § 1155 Rn. 4; *Baur/Stürner* § 37 Rn. 34; aA – gefälschte Erklärung genügt, sofern „äußerlich einwandfrei" – RGZ 85, 58; RGZ 86, 262; differenzierend MünchKomm/*Lieder* § 1155 Rn. 12.

41 Zur Rechtslage bei einer „Unterbrechung" der Kette s. einerseits Jauernig/*Berger* § 1155 Rn. 8, andererseits *Baur/Stürner* § 38 Rn. 37; *Prütting* Rn. 689.

42 Die Ausführungen unter 2. werden zeigen, dass B auch die Forderung erworben hat, so dass es sich tatsächlich um eine Hypothek und nicht um eine Grundschuld handelt. Im Übrigen bedarf es der Anwendung des § 892, um den dinglichen Mangel zu überspielen; §§ 1138, 892 sind zusätzlich anzuwenden, um für die Hypothek den schuldrechtlichen Mangel zu überspielen (s. Rn. 386 f.); § 892 ist somit im Fall eines Doppelmangels „doppelt" zu prüfen.

danach soll der gutgläubige Erwerber der Hypothek auch die Forderung erwerben, **sofern sie denn überhaupt besteht**[43]. Nach dieser Ansicht hat also der Erwerb der Hypothek durch B dem G auch die persönliche Forderung entrissen, so dass B den S aus **§ 488 Abs. 1 S. 2** Abs. 1 in Anspruch nehmen kann.

II. Sicherungshypothek

1. Entstehung

Die Sicherungshypothek ist nach § 1185 Abs. 1 stets Buchhypothek. Ihre **rechtsgeschäftliche Bestellung** erfolgt somit nach § 873 Abs. 1, also durch Einigung und Eintragung; nach § 1184 Abs. 2 ist die Hypothek im Grundbuch als Sicherungshypothek zu bezeichnen. In einer Reihe von Fällen entsteht die Sicherungshypothek allerdings auch **kraft Gesetzes**; besonders hervorzuheben sind die in § 1287 S. 2, § 848 Abs. 2 S. 2 ZPO enthaltenen Surrogationstatbestände (s. Rn. 203). Schließlich kann die Sicherungshypothek auch im Wege der **Zwangsvollstreckung** oder durch richterliche Anordnung entstehen; hingewiesen sei vor allem auf §§ 866 f., 932 ZPO, § 128 ZVG. 389

2. Strenge Akzessorietät

Nach § 1184 Abs. 1 ist die Sicherungshypothek streng akzessorisch: Bei ihr bestimmt sich das Recht des Gläubigers aus der Hypothek „nur nach der Forderung"; auch kann sich der Gläubiger „zum Beweise der Forderung nicht auf die Eintragung berufen". Die Vorschriften der §§ 1138, 1139, 1141, 1156, welche die Akzessorietät der Verkehrshypothek nicht unerheblich lockern (Rn. 366, 371, 383, 386 f.), finden deshalb nach § 1185 Abs. 2 auf die Sicherungshypothek keine Anwendung. Dies bedeutet also, dass die §§ 406–408 auch in Ansehung der Hypothek anwendbar sind und somit der Zessionar sein dingliches Recht insbesondere durch nachträgliche Leistung des Schuldners an den Zedenten verliert (Rn. 383). Die Nichtgeltung des § 1141 hat zur Folge, dass die Kündigung der Hypothek zwischen Gläubiger und persönlichem Schuldner zu erfolgen hat[44]. Will der Gläubiger seinen Duldungsanspruch aus § 1147 geltend machen, so muss er auch für diese Zwecke das Bestehen einer zu sichernden **Forderung nachweisen**; hat er dagegen eine Verkehrshypothek, so kann er sich nach § 1138 bei deren Geltendmachung auch in Ansehung der Forderung auf die Vermutung des § 891 berufen[45]. Die Nichtgeltung des § 1138 bringt es des Weiteren mit sich, dass ein Erwerb der Sicherungshypothek vom Nichtberechtigten nur unter der Voraussetzung möglich ist, dass die zu sichernde Forderung besteht und auf den Erwerber übergeht; der Erwerb einer „forderungsentkleideten Hypothek" ist also ausgeschlossen (Rn. 386 f.). 390

Fall 61 soll die Grenzen des gutgläubigen Erwerbs der Einredefreiheit der Sicherungshypothek in Erinnerung rufen: E nimmt bei G ein Darlehen auf und bestellt ihm hierfür eine Sicherungshypothek an seinem Grundstück. Nach Auszahlung des Darlehens überträgt G seine Rechte formgerecht auf Z. Kann E dem Z entgegenhalten, dass er nach der – nicht in das Grundbuch eingetragenen – Vereinbarung mit G das Darlehen erst in einem Jahr zurückzuzahlen braucht? 391

---

43 Soergel/*Konzen*, 13. Aufl. 2001, § 1138 Rn. 17; *Wilhelm* Rn. 1487a ff. (1497); dagegen aber mit guten Gründen *Petersen/Rothenfußer* WM 2000, 657 ff, sowie jetzt auch Soergel/*Platschek* § 1138 Rn. 7.

44 Jauernig/*Berger* § 1185 Rn. 3.

45 Für die Klage aus der persönlichen Forderung gilt dagegen § 891 in keinem Fall!

1. In Betracht kommt zunächst ein **Anspruch des Z gegen E aus § 488 Abs. 1 S. 2.** Daran, dass Z nach §§ 398 S. 2, 1154 Abs. 3 Inhaber eines solchen Anspruchs geworden ist, besteht nach dem Sachverhalt kein Zweifel. Der Anspruch ist jedoch derzeit nicht durchsetzbar; nach § 404 kann nämlich E die ihm gegenüber dem Zedenten zustehenden Einreden und damit auch die Einrede der fehlenden Fälligkeit auch dem Zessionar entgegenhalten.

2. Was den **Anspruch aus § 1147** betrifft, so hat Z die dafür erforderliche Hypothek nach § 1153 Abs. 1 mit der zu sichernden Forderung erworben. Nach § 1137 Abs. 1 kann E allerdings die ihm als persönlichem Schuldner zustehende Einrede der fehlenden Fälligkeit auch gegen die Hypothek geltend machen. Zwar gilt nach § 1138 die Vorschrift des § 892 für die Hypothek auch in Ansehung der Einreden des Eigentümers aus § 1137; die Akzessorietät der Hypothek wird also, bezogen auf die Durchsetzbarkeit, nicht unerheblich gelockert. Doch gilt dies nach § 1185 Abs. 2 nicht für die Sicherungshypothek. Bei ihr muss sich also auch der gutgläubige Erwerber die **abgeleiteten Einreden** entgegenhalten lassen. Anderes gilt dagegen für die **eigenen Einreden** im Sinne des § 1157 S. 1 (Rn. 374); sie können nach §§ 1157 S. 2, 892 auch im Fall der Sicherungshypothek verloren gehen.

§ 18 Sicherungsgrundschuld[1]

I. Begriff und Funktion

392 Die Grundschuld ist zwar Grundpfandrecht; anders als die Hypothek setzt sie jedoch nicht die Existenz einer zu sichernden Forderung voraus. Die Grundschuld entsteht also auch dann, wenn sie (wie ganz überwiegend) als Sicherheit für eine Forderung des Gläubigers bestellt wird und diese Forderung nicht entsteht; auch bleibt sie als **Fremd**grundschuld bestehen, wenn die zu sichernde Forderung erlischt (Rn. 347). Infolge des **nicht akzessorischen** Charakters der Grundschuld finden nach § 1192 Abs. 1 die Vorschriften über die Hypothek nur entsprechende Anwendung, und auch dies nur, „soweit sich nicht daraus ein anderes ergibt, dass die Grundschuld nicht eine Forderung voraussetzt." Daraus folgt, dass manche Vorschriften des Hypothekenrechts überhaupt keine Anwendung auf die Grundschuld finden. Die meisten Vorschriften sind dagegen „entsprechend" anwendbar, was häufig bedeutet, dass nicht auf die Forderung, sondern auf die Grundschuld abzustellen ist; so verhält es sich insbesondere bei §§ 1143 Abs. 1, 1154 (Rn. 403, 404).

393 In der Praxis dient die Grundschuld, wiewohl sie nicht akzessorisch ist, zumeist der Sicherung einer Forderung; nach § 1192 Abs. 1a S. 1 handelt es sich dann um eine – gleichfalls nicht akzessorische – **Sicherungsgrundschuld**[2]. Der Gläubiger erhält auch in diesem Fall ein nicht akzessorisches, also ein von der Existenz der zu sichernden Forderung unabhängiges Grundpfandrecht. Dieses dingliche Recht wird jedoch schuldrechtlich,

1 Dazu etwa *Lamb* JA 1987, 1 ff.; *Meyer* Jura 2009, 561 ff.; *H. Roth*, Festschrift für Laufs, 2006, S. 623 ff.; *Tiedtke* Jura 1980, 407 ff.; *Weller* JuS 2009, 969 ff.; Rechtsprechungsüberblick bei *Clemente* BKR 2002, 975 ff.

2 Nicht zu verwechseln mit der Sicherungshypothek (Rn. 389 ff.); auch die Sicherungsgrundschuld ist Grundschuld, also nicht akzessorisches Grundpfandrecht, s. statt aller **BGH NJW 2018, 3441** Rn. 25; s. aber noch Rn. 409.

nämlich über die sogenannte **Sicherungsabrede**, mit der zu sichernden Forderung verknüpft: Der Gläubiger darf von seinem Verwertungsrecht nur insoweit Gebrauch machen, als ein Sicherungsbedürfnis besteht und Verwertungsreife eingetreten ist. Die Rechtslage ist somit derjenigen bei der Sicherungsübereignung durchaus vergleichbar (Rn. 210 ff.). Auch im Fall der Grundschuld ist die durch die Sicherungsabrede herbeigeführte Verknüpfung von dinglichem Recht und zu sichernder Forderung nur schuldrechtlicher Natur. Anders als die Hypothek, die nach §§ 1163 Abs. 1, 1177 Abs. 1 bei Nichtentstehen oder Erlöschen der zu sichernden Forderung als solche nicht entsteht, wird also die Grundschuld von **Mängeln** der zu sichernden Forderung nur mittelbar berührt: Der Gläubiger ist dann zwar aufgrund der Sicherungsabrede verpflichtet, die **Grundschuld zurückzugewähren**, doch hindert ihn diese Verpflichtung nicht daran, abredewidrig über seine (!) Grundschuld zu verfügen. Aus Sicht der Praxis bietet die Sicherungsgrundschuld nach wie vor eine Reihe von Vorteilen. So kann sie vom Gläubiger bereits vor Valutierung des Darlehens erworben werden. Auch bleibt sie trotz des Erlöschens der gesicherten Forderung Fremdgrundschuld und kann nunmehr zur Sicherung einer anderen Forderung des Gläubigers herangezogen werden; es besteht also die Möglichkeit einer Forderungsauswechslung, ohne dass es der Neubestellung eines Grundpfandrechts, der Rückübertragung der vom Eigentümer erworbenen Eigentümergrundschuld oder der Einhaltung der Voraussetzungen des § 1180 bedarf[3]. Darüber hinaus bietet die Grundschuld die Möglichkeit einer „geheimen" Belastung des Grundstücks: Der Eigentümer braucht sich nur eine Eigentümerbriefgrundschuld bestellen und diese sodann nach §§ 1192 Abs. 1, 1154 auf den Gläubiger zu übertragen, in dessen Person die Grundschuld zur Fremdgrundschuld wird. Gelitten hat indes die Verkehrsfähigkeit der Sicherungsgrundschuld; nach der 2008 eingefügten Vorschrift des § 1192 Abs. 1a bleibt sie nun nicht unerheblich hinter derjenigen der Verkehrshypothek zurück (Rn. 409).

Die **Sicherungsabrede** hat verschiedene Funktionen[4]. Zunächst begründet sie die Pflicht **394**
des Sicherungsgebers[5] zur Bestellung einer Grundschuld; sie bildet also den **Rechtsgrund** für die Gewährung des dinglichen Rechts[6] und verschafft zugleich einen – durch die Erledigung des Sicherungszwecks aufschiebend bedingten – Anspruch auf Rückgewähr der Grundschuld (Rn. 400). Des Weiteren bestimmt die Sicherungsabrede die zu sichernde Forderung; diesen Teil der Abrede nennt man **Zweckerklärung**[7]. Schließlich

---

3 Vgl. BGH NJW-RR 2015, 915 Rn. 10 ff.: Forderungsauswechslung auch noch nach erteilter Löschungsbewilligung. – Auch die Bestellung einer Höchstbetragshypothek ist keine vollwertige Alternative zur Sicherungsgrundschuld. Denn sie „gilt" nach § 1190 Abs. 3 als Sicherungshypothek und ist somit wenig verkehrsfähig (Rn. 389 ff.); es kommt hinzu, dass eine Unterwerfung unter die sofortige Zwangsvollstreckung nach § 794 Abs. 1 Nr. 5 S. 1, 2 ZPO nach hM unmöglich ist, da die Sicherungshypothek keine „*bestimmte* Geldsumme zum Gegenstand hat".

4 Eingehend *Samhat* WM 2019, 805 ff., 849 ff.

5 Dieser kann, muss aber nicht Schuldner der zu sichernden Forderung sein (Rn. 345). Regelmäßig ist der Besteller Eigentümer des belasteten Grundstücks; auch dies ist allerdings nicht notwendigerweise so.

6 Mit der fehlenden Akzessorietät hat dies allerdings nichts zu tun, s. Rn. 346.

7 Näher zur Unterscheidung zwischen enger und weiter Zweckerklärung *Habersack* WM 2018, 1625 ff., dort auch zur Abtretbarkeit der Sicherungsgrundschuld mit weitem Sichderungszweck sowie gesicherter Forderungen (insoweit aA *Obermüller* BKR 2017, 221 ff.); zur inhaltlichen Angemessenheit weiter Zweckerklärungen und zum überraschenden Charakter solcher Erklärungen in Fällen der Besicherung fremder Schuld s. die sogenannte „Anlass-Rechtsprechung", insbesondere **BGHZ 131, 55, 58 f.**; BGH ZIP 2000, 1202, 1203 f.; BGHZ 109, 197, 201; BGHZ 101, 29, 33 ff.; eingehend *Baur/Stürner* § 45 Rn. 13 ff.; Soergel/*Platschek* § 1191 Rn. 13; *Wilhelm*, in: 50 Jahre BGH, Festgabe aus der Wissenschaft, 2000, Bd. 1, S. 897 ff.; zur Einbeziehung von durch Abtretung erworbenen Forderungen in den Sicherungszweck s. BGH ZIP 2006, 1187, 1188; dazu sowie zur Einbeziehung von Forderungen Dritter s. *Kindler*, Festschrift für Kanzleiter, 2010, S. 227 ff. Zur Sicherungsabrede s. auch Rn. 191, 346a.

konkretisiert die Sicherungsabrede die **Rechte und Pflichten** der Parteien hinsichtlich der Sicherungsgrundschuld und des belasteten Grundstücks. So lässt sich ihr entnehmen, dass der Gläubiger zur Geltendmachung der Grundschuld nur bei Fälligkeit und Durchsetzbarkeit der gesicherten Forderung berechtigt und bei Erledigung des Sicherungszwecks zur Rückgewähr der Grundschuld sein soll (Rn. 394, 396). Auch verbietet es die Sicherungsabrede dem Gläubiger zumeist ausdrücklich, Grundschuld und gesicherte Forderung vor Eintritt der Verwertungsreife voneinander zu trennen; auch ein solches Verbot hat freilich nur schuldrechtliche Wirkung (Rn. 405). Aufgrund ihres relativen Charakters entfaltet die Sicherungsabrede grundsätzlich keine Wirkungen für und gegen Dritte; ein **Erwerber des belasteten Grundstücks** kann deshalb Einreden aus dem Sicherungsvertrag nur erheben, wenn ihm der Rückgewähranspruch übertragen worden ist[8].

II. Bestellung und Geltendmachung

395 Hinsichtlich der Bestellung der Sicherungsgrundschuld kann weitgehend auf die Ausführungen in Rn. 361 ff. verwiesen werden. Die Grundschuld entsteht also durch **Einigung und Eintragung**, wobei allerdings nach §§ 1192 Abs. 1, 1115 Abs. 1 nur die Grundschuld, nicht die gesicherte Forderung eingetragen wird. Ist die Grundschuld, wie zumeist, **Briefrecht** (Rn. 351), so findet § 1117 Anwendung; solange nicht der Brief übergeben oder die Übergabe durch eine Vereinbarung im Sinne des § 1117 Abs. 2 ersetzt worden ist, steht deshalb die Grundschuld nach § 1163 Abs. 2 dem Eigentümer zu[9]. Die Vorschrift des § 1163 Abs. 1 S. 1 und 2 ist dagegen Ausdruck der Akzessorietät der Hypothek und auf die Sicherungsgrundschuld unanwendbar; diese ist also unabhängig von der Entstehung und dem Fortbestand der zu sichernden Forderung **Fremdgrundschuld** (Rn. 393). Was die Geltendmachung und den Kreis der mithaftenden Gegenstände betrifft, so finden §§ 1120 ff., 1147 entsprechende Anwendung (Rn. 365 ff.).

III. Einwendungen und Einreden

396 Die Vorschrift des § 1137 (Rn. 373) ist Ausdruck der Akzessorietät der Hypothek und deshalb auf die Sicherungsgrundschuld unanwendbar. Auch bei der Sicherungsgrundschuld versteht es sich freilich von selbst, dass der Gläubiger zur Geltendmachung des Duldungsanspruchs aus § 1147 nicht berechtigt sein soll, wenn die gesicherte Forderung nicht besteht oder einredebehaftet ist[10]. Dies folgt aus dem Einsatz der Grundschuld zu Sicherungszwecken und lässt sich der Sicherungsabrede (Rn. 394) auch bei Fehlen einer ausdrücklichen Vereinbarung entnehmen. Die Folge ist, dass der Eigentümer – nicht dagegen der Erwerber des belasteten Grundstücks (Rn. 394) – solche dem Rechtsverhältnis zwischen dem persönlichen Schuldner und dem Gläubiger entstammenden Einwendungen und Einreden auch dem Grundschuldgläubiger gegenüber geltend machen kann; die Sicherungsabrede verknüpft also Grundschuld und gesicherte Forderung und transfor-

8 **BGH ZIP 2017, 2395** Rn. 16 ff., dort auch zur Möglichkeit konkludenter Abtretung.

9 Einer Heranziehung des § 1177 Abs. 1 bedarf es wegen § 1192 Abs. 1 nicht. Zu Verfügungen über die vorläufige Sicherungsgrundschuld s. Rn. 372.

10 Zur entsprechenden Problematik bei der Sicherungsübereignung s. Rn. 211; zur Darlegungs- und Beweislast s. BGH ZIP 2000, 204 = JuS 2000, 712.

miert die Gegenrechte des Schuldners zu **eigenen Einreden**[11] **des Eigentümers** im Sinne des § 1157, die nach § 1192 Abs. 1a S. 1 sogar jedem Erwerber der Grundschuld entgegengehalten werden können, mithin abweichend von § 1157 S. 2 BGB nicht im Wege des gutgläubigen Erwerbs untergehen können (Rn. 409). Anderes gilt wiederum bei Verjährung der gesicherten Forderung; nach § 216 Abs. 1 hindert sie auch den ursprünglichen Gläubiger nicht an der Verwertung der Grundschuld[12].

Von den die gesicherte Forderung betreffenden (und aufgrund der Sicherungsabrede **397**
auch gegen die Grundschuld gerichteten) Einreden des Eigentümers sind diejenigen Einreden und Einwendungen zu unterscheiden, die dem Eigentümer ohne Rücksicht auf die gesicherte Forderung zustehen. Hierzu zählen nicht nur **persönliche Einreden des Eigentümers** (etwa die Einrede der Stundung, die Einrede der Verjährung des Duldungsanspruchs[13], die auf die Unwirksamkeit der Sicherungsabrede gestützte Einrede aus § 821, s. Rn. 346, 394), sondern auch gegen den Bestand der Grundschuld gerichtete **Einwendungen** (Rn. 374). Für diese nicht der Sicherungsabrede entstammende Einwendungen und Einreden des Eigentümers gilt nach wie vor, dass sie einem Erwerber der Grundschuld nur nach Maßgabe der §§ 892 Abs. 1, 1157 S. 1 und 2 entgegengehalten werden können (Rn. 408 ff.).

IV. Befriedigung des Gläubigers

1. Ausgangslage

Wie bei der Hypothek (Rn. 376 ff.) ist auch bei der Sicherungsgrundschuld zwischen **398**
dem gegen den Eigentümer gerichteten Duldungsanspruch aus § 1147 und dem Anspruch aus der gesicherten Forderung gegen den Schuldner zu unterscheiden. Zudem gilt auch für die Grundschuld, dass der Eigentümer des belasteten Grundstücks nach § 1142 (iVm. § 1192 Abs. 1) die Zwangsvollstreckung in sein Grundstück durch freiwillige Leistung an den Gläubiger abwenden kann. Unabhängig davon, ob er von diesem Recht Gebrauch macht oder ob es zur Befriedigung des Gläubigers im Wege der Zwangsvollstreckung kommt, ist allerdings zu berücksichtigen, dass die Grundschuld der Sicherung der gegen den Schuldner gerichteten Forderung dient. Es stellen sich deshalb die uns bereits aus dem Hypothekenrecht bekannten **Regressprobleme**; die Problemlösung weicht freilich angesichts der fehlenden Akzessorietät der Grundschuld nicht unerheblich von derjenigen bei der Hypothek ab.

Im Einzelnen ist auch bei der Grundschuld zwischen der Leistung des Schuldners oder **399**
eines Dritten auf die Forderung und der Leistung des Eigentümers oder eines Dritten auf die Grundschuld zu unterscheiden. **Worauf** geleistet wird, bestimmt sich nach dem **Willen des Leistenden**. Häufig sieht der Sicherungsvertrag vor, dass Leistungen auf die ge-

---

11 Da der Bestand der Grundschuld weder durch das Fehlen noch durch das Erlöschen der zu sichernden Forderung in Frage gestellt wird, handelt es sich stets um eine Einrede des Eigentümers.

12 Davon macht wiederum § 216 Abs. 3 eine Ausnahme für Ansprüche auf Zinsen und andere wiederkehrende Leistungen, s. dazu BGH NJW 1993, 3318. S. ferner **BGH NJW 1999, 2590 und 3705**: Keine Hemmung der Verjährung von Grundschuldzinsen bis zum Eintritt des Sicherungsfalles. Näher zur Problematik der Grundschuldzinsen *Peters* JZ 2001, 1017 ff.; *Clemente* BKR 2002, 975, 976 f.

13 Zur Rechtslage bei Verjährung der gesicherten Forderung s. Rn. 396. Nach § 902 Abs. 1 S. 1 unterliegt der Anspruch aus § 1147 zwar grundsätzlich keiner Verjährung (Rn. 71); anderes gilt aber nach § 902 Abs. 1 S. 2 für auf Rückstände wiederkehrender Leistungen oder auf Schadensersatz gerichtete Ansprüche, s. dazu BGH WM 1999, 382.

sicherte Forderung erfolgen. Dadurch soll verhindert werden, dass sich die Grundschuld in eine Eigentümergrundschuld verwandelt; dies nämlich hätte zur Folge, dass die Grundschuld zur Sicherung später entstehender Forderungen der Bank rückübertragen werden müsste, was nicht nur aufwendig ist, sondern auch an dem zwischenzeitlich erfolgten Zugriff anderer Gläubiger des Eigentümers auf die Eigentümergrundschuld scheitern kann. Entsprechend allgemeinen Grundsätzen kann zwar auch bei Bestehen einer solchen Abrede auf die Grundschuld geleistet werden[14]; doch bedarf es dazu des zumindest konkludent erklärten Einverständnisses des Gläubigers. Fehlt es an einer Tilgungsvereinbarung, so ist im Zweifel davon auszugehen, dass der nicht schuldende Eigentümer auf die Grundschuld leistet, während der Schuldner, der nicht Eigentümer des belasteten Grundstücks ist, auf die Forderung leistet. Leistungen des schuldenden Eigentümers schließlich erfolgen im Zweifel auf die Forderung[15]. Anders verhält es sich nur bei Einmalzahlungen, die zu einer endgültigen Erledigung des Sicherungszwecks führen; die Leistung erfolgt dann im Zweifel auf Grundschuld und Forderung[16].

2. Leistung auf die Forderung

400 Leistet der Schuldner auf die persönliche Forderung, so erlischt diese[17]. Die nicht akzessorische Grundschuld wird dadurch in ihrem Bestand nicht berührt; § 1163 Abs. 1 S. 2 findet also keine Anwendung. Aufgrund des Sicherungsvertrags hat der Sicherungsgeber allerdings einen **aufschiebend bedingten Anspruch auf Rückgewähr der Grundschuld**; die Bedingung tritt mit endgültigem Wegfall des Sicherungszwecks ein[18]. Dieser Anspruch ist entweder auf Übertragung gemäß §§ 1192 Abs. 1, 1154, auf Verzicht gemäß §§ 1192, 1169, 1168 oder auf Aufhebung gemäß §§ 1192 Abs. 1, 1183, 875 gerichtet[19]. Während Übertragung und Verzicht die Entstehung einer Eigentümergrundschuld zur Folge haben, führt die Aufhebung zum Erlöschen der Grundschuld und damit zum Aufrücken nachrangiger Rechte. Auf eine nach dem Inhalt der Sicherungsabrede nicht durch die Grundschuld gesicherte Forderung kann der Sicherungsnehmer ein Zurückbe-

---

14 S. im Einzelnen BGH NJW 1976, 2132, 2133; ferner BGH NJW 1988, 707, 708 zur Unanwendbarkeit der Abrede bei Vollstreckung des Gläubigers; BGH NJW 1994, 2692 zur Unanwendbarkeit bei Leistungen des Insolvenzverwalters; ferner BGH NJW 1999, 1704 f.: Kein Tilgungsbestimmungsrecht des Schuldners nach § 366 Abs. 1 in der Zwangsvollstreckung.

15 Vgl. BGH NJW-RR 1993, 386, 389; *Baur/Stürner* § 45 Rn. 48 f.

16 BGH DNotZ 1981, 389; *Baur/Stürner* § 45 Rn. 48.

17 Leistungen eines Dritten auf die Forderung beurteilen sich nach §§ 267, 268; nach § 267 erlischt die Forderung, unter den Voraussetzungen des § 268 Abs. 1 bis 3 kommt es dagegen zur cessio legis der Forderung.

18 **BGHZ 197, 155 Rn. 7 ff.** (bei schuldhafter Nichterfüllung Schadensersatzhaftung des Sicherungsnehmers gegenüber Sicherungsgeber oder Zessionar des Anspruchs auf Rückgewähr); s. ferner **BGH ZIP 2002, 1390, 1391** (Wahlrecht des Sicherungsnehmers gem. § 262, welche von mehreren Sicherheiten er bei teilweiser Erledigung des Sicherungszwecks zurückgibt); BGH NJW-RR 1993, 386, 389; BGH ZIP 2002, 2033, 2034, dort auch zum Anspruch des arglistig getäuschten Grundeigentümers auf Freistellung von der dinglichen Haftung für eine vom Schädiger bestellte Grundschuld; s. ferner OLG München WM 1999, 1276: Erweiterung der Sicherungsabrede durch Eigentümer und Grundschuldgläubiger auch noch nach Abtretung des Rückgewähranspruchs. Eingehend zum Rückgewähranspruch *Lettl* WM 2002, 788 ff.; speziell zur Verjährung *Schäfer* WM 2009, 1308 ff.

19 Der Sicherungsgeber hat ein Wahlrecht, s. BGHZ 202, 150 Rn. 11; Jauernig/*Berger* § 1191 Rn. 15; s. ferner BGH NJW 2014, 3772: AGB-förmige Beschränkung des Rückgewähranspruchs auf Löschung der Grundschuld ist jedenfalls dann nach § 307 unwirksam, wenn die Klausel auch Fallgestaltungen erfasst, in denen der Sicherungsgeber bei Rückgewähr nicht mehr Grundstückseigentümer ist; BGH NJW 2018, 3098 Rn. 9 f.: Antrag auf „Freigabe“ der Grundschuld ist zwar nicht hinreichend bestimmt im Sinne des § 253 Abs. 2 Nr. 2 ZPO, Bestimmtheit kann aber ggf. durch Auslegung des Parteivortrags hergestellt werden.

haltungsrecht nach § 273 Abs. 1 nicht gründen[20]; andernfalls käme es zu einer faktischen Ausweitung des Sicherungszwecks der Grundschuld.

Problematisch ist der Fall, dass der Schuldner einen **Ersatzanspruch** gegen den Eigentümer hat. Eine zugunsten des Gläubigers bestellte Hypothek geht nach § 1164 auf den Schuldner über und sichert den Ersatzanspruch gegen den Eigentümer (Rn. 378). Handelt es sich dagegen um eine Grundschuld, so ist § 1164 unanwendbar[21]. Häufig wird allerdings der Schuldner auch Partei des Sicherungsvertrags sein; denn der Ersatzanspruch gegen den jetzigen Eigentümer beruht zumeist auf der Anrechnung der vom Veräußerer des Grundstücks bestellten Grundschuld auf den vom Erwerber und neuen Eigentümer zu zahlenden Kaufpreis (Rn. 378). In diesem Fall kann der Schuldner aufgrund des mit dem Gläubiger geschlossenen Sicherungsvertrags die Übertragung der Grundschuld verlangen, wodurch diese sich in eine Fremdgrundschuld verwandelt und den Ersatzanspruch gegen den derzeitigen Eigentümer sichert. Ist dagegen der derzeitige Eigentümer Partei des Sicherungsvertrags (oder Zessionar des aus dem Sicherungsvertrag folgenden Anspruchs auf Rückgewähr der Grundschuld), so kann er aufgrund des Innenverhältnisses zum Schuldner verpflichtet sein, diesem den **Rückgewähranspruch abzutreten**[22]; ist es bereits zur Rückgewähr der Grundschuld an den Eigentümer gekommen, so verwandelt sich der Anspruch des Schuldners auf Abtretung des Rückgewähranspruchs nach § 285 in einen Anspruch auf Übertragung der Eigentümergrundschuld, die nach erfolgter Abtretung zur Fremdgrundschuld wird[23]. **401**

3. Leistung auf die Grundschuld

Leistet der auch persönlich schuldende Eigentümer (oder für ihn ein Dritter) auf die Grundschuld, so besteht Einigkeit darüber, dass sich die Grundschuld kraft Gesetzes (also ohne dass es einer Übertragung vom Gläubiger auf den Eigentümer bedarf) in eine **Eigentümergrundschuld** verwandelt. Über die Begründung dieses Ergebnisses herrscht freilich Streit; die wohl hM spricht sich zu Recht für die analoge Anwendung der §§ 1142 f. aus[24]. Die Leistung auf die Grundschuld hat zugleich das Erlöschen der Forderung zur Folge[25], sei es, dass die Leistung auch auf die Forderung erfolgt (Rn. 399) oder – bei Leistung nur auf die Grundschuld – § 364 Abs. 2 eingreift. **402**

Leistet der Nur-Eigentümer auf die Grundschuld, so erwirbt er dieselbe nach §§ 1192 Abs. 1, 1143[26]. Bei Leistung eines Dritten auf die Grundschuld ist zu unterscheiden: Leistet der Dritte für den Eigentümer, so kommt es nach §§ 1192 Abs. 1, 1143 zum Erwerb der Grundschuld durch den Eigentümer. Macht dagegen der Dritte von einem Ablösungsrecht aus §§ 1192 Abs. 1, 1150 Gebrauch, so erwirbt er nach § 268 Abs. 3 (iVm. §§ 1192 Abs. 1, 1150) die Grundschuld als Fremdgrundschuld. Auf den **Bestand der** **403**

20 BGH NJW 2000, 2499 f. mit weit. Nachw.

21 Jauernig/*Berger* § 1191 Rn. 12; *Baur/Stürner* § 45 Rn. 86.

22 Vgl. auch BGH NJW 1991, 1821 f. (stillschweigende Abtretung des Rückgewähranspruchs bei Anrechnung der Grundschuld auf den Kaufpreis).

23 So auch Jauernig/*Berger* und *Baur/Stürner*, jew. aaO (Fn. 21); aA – für direkten Anspruch des Eigentümers gegen den Gläubiger auf Rückgewähr der Grundschuld – *Dieckmann*, Freundesgabe Söllner, 1990, S. 24, 32 ff.

24 So BGH NJW 1986, 2108, 2111; *Baur/Stürner* § 44 Rn. 24; Soergel/*Platschek* § 1192 Rn. 44; für analoge Anwendung des § 1163 Abs. 1 S. 2 dagegen *Wilhelm* Rn. 1796; *Wellenhofer* § 28 Rdnr 38; für analoge Anwendung der §§ 1168, 1170 f. Wolff/*Raiser* § 156 Anm. 11.

25 Wohl allgM., s. BGHZ 105, 154, 157; Jauernig/*Berger* § 1191 Rn. 11; *Wilhelm* Rn. 1789.

26 S. die Nachw. in Fn. 24.

Forderung gegen den Schuldner ist die Leistung des Eigentümers oder Dritten ohne Einfluss. Es kommt also weder zum Erlöschen noch zur cessio legis der Forderung auf den Eigentümer. Insbesondere lässt sich § 1143 Abs. 1 als eine dem akzessorischen Charakter der Hypothek[27] Rechnung tragende Vorschrift nach § 1192 Abs. 1 nur auf die Grundschuld, nicht dagegen auf die gesicherte Forderung anwenden[28]; für eine cessio legis nach § 426 Abs. 2 schließlich fehlt es an dem Erfordernis einer gleichstufigen Haftung von Eigentümer und Schuldner[29]. Ein dem § 1143 Abs. 1 entsprechendes Ergebnis lässt sich somit allenfalls auf rechtsgeschäftlichem Wege, nämlich durch Abtretung der gesicherten Forderung an den Eigentümer, begründen. Für den Fall, dass der Eigentümer vom Schuldner Ersatz verlangen kann, hat er denn auch aufgrund der Sicherungsabrede einen **Anspruch auf Abtretung** der gesicherten Forderung durch den – infolge der Leistung des Eigentümers befriedigten – Gläubiger[30]. Nimmt der Eigentümer daraufhin den Schuldner aus der abgetretenen Forderung in Anspruch, so stellt sich allerdings das Problem, dass der Schuldner nach § 242 dem Gläubiger gegenüber einwenden könnte, dieser sei infolge der Leistung auf die Grundschuld befriedigt[31], und dieser Einwand nach § 404 an sich auch im Verhältnis zum Eigentümer (als Zessionar der gesicherten Forderung) gegeben ist. Freilich zeigen die Vorschriften der §§ 774 Abs. 1, 1143 Abs. 1, 1211 Abs. 1 S. 1, dass der Einwand aus § 242 (iVm. §§ 412, 404) in den Fällen einer abgestuften Verpflichtung immer dann nicht greifen soll, wenn der **privilegiert** Haftende (also der Bürge oder Eigentümer) den **primär** Haftenden (den Hauptschuldner oder Schuldner der gesicherten Forderung) auf Regress in Anspruch nimmt. Der Schuldner kann dann zwar nach § 774 Abs. 1 S. 3 (iVm. §§ 1143 Abs. 1 S. 2, 1211 Abs. 1 S. 2) einwenden, dass der Regress den im Innenverhältnis bestehenden Abreden widerspricht (Rn. 381); auf den – im Verhältnis zum Gläubiger durchaus gegebenen – Einwand aus § 242 kann er sich aber dem Bürgen oder Eigentümer gegenüber nicht berufen. All dies hat auch bei der Leistung auf die Sicherungsgrundschuld zu gelten, soll doch der Eigentümer auch in diesem Fall im Verhältnis zum Schuldner nur nachrangig haften[32].

V. Übertragung von Grundschuld und Forderung

404 Infolge ihres nichtakzessorischen Charakters ist die Sicherungsgrundschuld als solche möglicher **Gegenstand von Verfügungen**. Abweichend von § 1153 Abs. 1 geht deshalb die Grundschuld nicht schon mit Abtretung der gesicherten Forderung auf den Zessionar über; sie muss vielmehr **selbständig abgetreten** werden. Dabei erfolgt die Abtretung der gesicherten Forderung nach § 398 durch einfache Einigung (also ohne dass es der Einhaltung der Formvorschrift des § 1154 bedurfte), diejenige der Briefgrundschuld dagegen nach §§ 1192 Abs. 1, 1154, 873 Abs. 1, 3. Fall durch Einigung, schriftliche Abtretungserklärung und Briefübergabe; die Abtretung der Buchgrundschuld erfolgt durch Einigung

27 Zur entsprechenden Rechtslage bei § 774 Abs. 1 (cessio legis bei der Bürgschaft, nicht dagegen bei der Garantie) s. MünchKomm/*Habersack* Vor § 765 Rn. 21.

28 So die ganz hM, s. BGHZ 108, 179, 184; *Baur/Stürner* § 45 Rn. 82; Soergel/*Platschek* § 1191 Rn. 45; Jauernig/*Berger* § 1191 Rn. 11; *Wilhelm* Rn. 1789, 1798 f.

29 BGHZ 105, 154, 157 f.

30 Jauernig/*Berger* § 1191 Rn. 11.

31 BGHZ 105, 154, 158; Soergel/*Platschek* § 1191 Rn. 45.

32 Entspricht die Leistung des Eigentümers dagegen dem Innenverhältnis, so kann der Schuldner (analog §§ 1143 Abs. 1 S. 2, 774 Abs. 1 S. 3) den aus dem Innenverhältnis folgenden Einwand auch gegenüber der übergegangenen Forderung geltend machen (Rn. 381). Freilich wird der Eigentümer in einem solchen Fall regelmäßig auf die Forderung leisten (Rn. 379).

und Eintragung, wobei die in § 1192 Abs. 1 angeordnete „entsprechende Anwendung" des § 1154 Abs. 3 aufgrund der dort vorgesehenen „entsprechenden Anwendung" des § 873 zu dessen direkter Anwendung führt! Gläubiger und Schuldner können nach § 399, 2. Fall die Abtretbarkeit der Forderung mit dinglicher Wirkung ausschließen. Entsprechendes gilt zwar auch für die Grundschuld; da aber die Vereinbarung den Charakter einer Inhaltsänderung hat, muss sie nach §§ 873 Abs. 1, 877 in das Grundbuch eingetragen werden[33].

Im Allgemeinen folgt aus dem Sicherungsvertrag, dass der Gläubiger vor Eintritt der **405**
Verwertungsreife, also vor Fälligkeit der gesicherten Forderung, Grundschuld und gesicherte Forderung nicht isoliert abtreten darf[34]; die Trennung von Forderung und Sicherungsgrundschuld würde nämlich den Rückgewähranspruch des Eigentümers gefährden (Rn. 406 f.). Doch hat diese[35] Verfügungsbeschränkung nach § 137 S. 1 **keine dingliche Wirkung**: Der Gläubiger kann also auch schon vor Fälligkeit Forderung und Grundschuld isoliert abtreten. Freilich liegt darin eine zum Schadensersatz verpflichtende Verletzung des Sicherungsvertrags.

Kommt es zur Trennung von Forderung und Grundschuld, kann der mit dem Eigentümer **406**
identische[36] Schuldner im Fall seiner Inanspruchnahme geltend machen, dass er nach dem Inhalt des Sicherungsvertrags nur Zug um Zug gegen Rückgewähr der Grundschuld zur Leistung verpflichtet ist[37]; dieser Einwand muss sich nach § 404 auch der Zessionar entgegenhalten lassen. Macht der (alte oder neue) Gläubiger lediglich eine Teilleistung (etwa eine Rate) geltend, versagt zwar diese Einrede. Aus dem Sicherungsvertrag folgt jedoch, dass der Schuldner entsprechend § 1145 Abs. 1 S. 2 nur **Zug um Zug** gegen **Vermerk der teilweisen Befriedigung** auf dem Grundschuldbrief zur Zahlung verpflichtet sein soll[38]; auch diese Einrede kann der Schuldner nach § 404 gegenüber dem Zessionar erheben.

Nicht anders beurteilt sich die Rechtslage aus **Sicht des Eigentümers**. Er kann sich nach **407**
§ 1157 S. 1 auch im Verhältnis zum neuen Grundschuldgläubiger auf seine **Einreden aus dem Sicherungsvertrag** berufen, also etwa geltend machen, dass die gesicherte Forderung bereits erloschen und der Grundschuldgläubiger deshalb zur Rückgewähr der Grundschuld verpflichtet sei. Diese Befugnis steht auch nicht unter dem Vorbehalt des gutgläubigen einredefreien Erwerbs gemäß § 1157 S. 2, da § 1192 Abs. 1a S. 1 die Anwendung des § 1157 S. 2 auf sich aus dem Sicherungsvertrag ergebende Einreden ausschließt (Rn. 409). Im Ergebnis folgt § 1192 Abs. 1a damit dem Regelungsvorbild der §§ 404, 413 (Rn. 374). Was schließlich die Geltung der **§§ 406 bis 408** im Verhältnis zwischen Grundschuldgläubiger und Eigentümer betrifft, so unterscheidet sich die Rechtslage von derjenigen bei der Hypothek. Dort ist zwischen der Sicherungs- und der

33 Staudinger/*Wolfsteiner* Einleitung zu §§ 1113 ff. Rn. 145; Jauernig/*Berger* § 1191 Rn. 25; aA – gegen entsprechende Anwendung des § 399, 2. Fall – *Maurer* JuS 2004, 1045 ff.

34 BGH WM 1967, 614; Soergel/*Platschek* § 1191 Rn. 29; näher zur Abtretbarkeit von Grundschuld und gesicherter Forderung bei weitem Sicherungszweck *Habersack* WM 2018, 1625 ff. – Die gemeinsame Abtretung ist auch schon vor Fälligkeit zulässig. Im Übrigen steht weder das Bankgeheimnis noch das Bundesdatenschutzgesetz der Wirksamkeit der Abtretung der Darlehensforderung eines Kreditinstituts entgegen, s. BGHZ 171, 180; BGH ZIP 2009, 2329; krit. *Schwintowski/Schantz* NJW 2008, 472 ff.

35 Zur Zulässigkeit eines gänzlichen Abtretungsausschlusses s. Rn. 404.

36 Unter den Voraussetzungen des § 1167 steht dieses Recht auch dem nicht mit dem Eigentümer (als einer Partei des Sicherungsvertrags) identischen Schuldner zu.

37 *Medicus/Petersen* Rn. 507-508; s. ferner BGH NJW 1991, 1821.

38 Zu den Wirkungen eines solchen Vermerks s. Rn. 388; s. ferner *Medicus/Petersen* Rn. 507.

Verkehrshypothek zu unterscheiden: Während bei der streng akzessorischen Sicherungshypothek der Gläubiger infolge der nachträglichen Leistung des Schuldners an den Zedenten nicht nur die Forderung, sondern auch die Hypothek verliert (Rn. 390), lockert § 1156 für die Verkehrshypothek die Akzessorietät dahin gehend, dass die §§ 406 bis 408 in Ansehung der Hypothek keine Anwendung finden und der Gläubiger somit zwar die Forderung, nicht aber das Grundpfandrecht verliert (Rn. 383). Der Bestand der nicht akzessorischen Sicherungsgrundschuld wird dagegen durch das nachträgliche Erlöschen der gesicherten Forderung aufgrund der – im Verhältnis zwischen Schuldner und Zessionar der Forderung zweifelsohne anwendbaren – §§ 406 bis 408 ohnehin nicht berührt. Der Eigentümer erlangt in diesem Fall allerdings einen Anspruch auf Rückgewähr der Grundschuld, den er nach § 1192 Abs. 1a (Rn. 409) auch gegenüber einem gutgläubigen Erwerber der Grundschuld einredeweise geltend machen kann[39]. Auf die Grundschuld als solche (und auf die Leistung auf die Grundschuld) schließlich sind die §§ 406 bis 408 nach §§ 1192 Abs. 1, 1156 S. 1 unanwendbar[40]; der Eigentümer wird vielmehr nur unter der Voraussetzung frei, dass er an den wahren Grundschuldgläubiger oder den nach §§ 893, 1155 legitimierten Scheingläubiger leistet.

VI. Gutgläubiger Erwerb der Grundschuld und der Einredefreiheit

1. Erwerb der Grundschuld

408 Als dingliches Recht kann die Sicherungsgrundschuld nach § 892 auch vom **Bucheigentümer** erworben werden; infolge ihres nicht akzessorischen Charakters gilt dies auch dann, wenn es an einer zu sichernden Forderung fehlt[41]. In Betracht kommt ferner der **abgeleitete Erwerb** einer Grundschuld von dem im Grundbuch zu Unrecht eingetragenen oder nach § 1155 legitimierten Scheingrundschuldgläubiger (Rn. 385, 388); auch insoweit kommt es auf den Bestand der zu sichernden Forderung nicht an. Entspricht somit die Rechtslage bei abgeleitetem Erwerb im Ergebnis durchaus derjenigen bei der Verkehrshypothek, so ist die Begründung doch eine ganz andere. Während nämlich bei der Verkehrshypothek die Akzessorietät durch die Vorschrift des § 1138 gelockert wird und es somit zum abgeleiteten Erwerb einer „forderungsentkleideten" Hypothek kommt (Rn. 386 f.), ist die Sicherungsgrundschuld nicht akzessorisch; auch bei Nichtbestehen der gesicherten Forderung erfolgt also der Erwerb vom Nichtberechtigten nach §§ 892, 1155, ohne dass es der Heranziehung des § 1138 bedarf. Hieran hat auch § 1192 Abs. 1a (Rn. 409) nichts geändert.

2. Erwerb der Einredefreiheit

409 Was den gutgläubigen Erwerb der Einredefreiheit betrifft, so bestimmt § 1157 S. 2 an sich, dass die §§ 892, 894 bis 899, 1140 auch für diese Einreden gelten und es deshalb über §§ 892, 1155 zu einem gutgläubigen einredefreien Erwerb der Grundschuld und damit zum Verlust von Einreden des Eigentümers kommen kann (Rn. 374 f., 396). Dabei betrifft § 1157 im Fall der Sicherungsgrundschuld an sich vor allem (allerdings nicht nur, s. Rn. 396 f.) die gegen die gesicherte Forderung gerichteten **Einwendungen und Einre-**

39 Näher *Kiehnle* BKR 2009, 157 ff.; *Meyer* Jura 2009, 561, 565 ff.

40 Dies gilt auch bei Rechtsgrundlosigkeit der Abtretung der Grundschuld, s. **BGH NJW 2018, 2261** Rn. 9 ff.

41 Der Eigentümer hat allerdings einen Anspruch auf Rückgewähr der Grundschuld, s. Rn. 400, 409 ff.

den des Schuldners; über die Sicherungsabrede werden diese zu Einreden des Eigentümers im Sinne des § 1157. Die Vorschrift des § 1137 ist dagegen Ausdruck der Akzessorietät der Hypothek und deshalb auf die Sicherungsgrundschuld unanwendbar (Rn. 396); die Folge ist, dass auch § 1138 gegenstandslos ist. Durch das **Risikobegrenzungsgesetz**[42] hat sich die Rechtslage freilich insoweit geändert, als nunmehr **§ 1192 Abs. 1a S. 1** bestimmt, dass der Eigentümer Einreden, die ihm aufgrund des Sicherungsvertrags mit dem bisherigen Gläubiger – bei ihm muss es sich nicht um den Veräußerer der Grundschuld handeln – gegen die Grundschuld zustehen (und damit bei Abtretung bereits entstanden waren) oder sich aus dem Sicherungsvertrag ergeben (und bei Abtretung noch nicht entstanden waren), auch jedem Erwerber der Grundschuld entgegenhalten kann, § 1157 S. 2 insoweit also keine Anwendung findet[43]. Die Folge ist, dass sich die Sicherungsgrundschuld eines wesentlichen Teils ihrer Verkehrsfähigkeit beraubt sieht und – ungeachtet der nach wie vor mit ihr verbundenen Vorteile (Rn. 393) – eine „Flucht“ in die Verkehrshypothek nicht ausgeschlossen werden kann.[44] Einreden, die der Eigentümer nach § 1192 Abs. 1a geltend machen kann, richten sich gegen Entstehung, Fortbestand und Fälligkeit der gesicherten Forderung. Hingegen kann der Eigentümer nach § 1192 Abs. 1a nicht einwenden, der Grundschuldgläubiger habe die gesicherte Forderung nicht erworben, diese stehe vielmehr einem Dritten – etwa dem Zedenten der Grundschuld – zu[45].

Fall 62 soll in die Problematik einführen: E hat der G-Bank eine Grundschuld über 100 000 € an seinem Grundstück bestellt. Ausweislich der Sicherungsabrede soll die Grundschuld als Sicherheit der G für ein dem E gewährtes Darlehen in Höhe von 100 000 € dienen. Die G tritt daraufhin Grundschuld und Forderung formgerecht an die Z-Bank ab. Im Zeitpunkt der Abtretung beläuft sich die Schuld des E allerdings nur noch auf 70 000 €; nach erfolgter Abtretung zahlt E zudem die noch offenen 70 000 € durch Ausübung eines ihm vertraglich eingeräumten Sondertilgungsrechts an G. Welche Ansprüche hat Z? 410

1. Was zunächst die Frage eines **Anspruchs aus § 488 Abs. 1 S. 2** betrifft, so kommt ein solcher allenfalls in Höhe von 70 000 € in Betracht. Selbst wenn Z geglaubt haben sollte, die Forderung der G belaufe sich auf 100 000 €, wird sie insoweit nicht geschützt; vorbehaltlich der §§ 405, 2366 ist nämlich der gutgläubige Erwerb einer nicht bestehenden Forderung nicht möglich. Aber auch ein Anspruch in Höhe von 70 000 € scheitert vorliegend an der nach Abtretung erfolgten Zahlung des E. Zwar hat E diese Leistung nicht an den neuen Gläubiger Z erbracht, so dass es an den Voraussetzungen einer Erfül-

42 Gesetz zur Begrenzung der mit Finanzinvestitionen verbundenen Risiken (Risikobegrenzungsgesetz) vom 12.8.2008, BGBl. I S. 1665; für einen Überblick zu den Änderungen des Darlehens- und Grundschuldrechts s. *Langenbucher* NJW 2008, 3169 ff.; speziell zu der gleichfalls durch das Risikobegrenzungsgesetz erfolgten Änderung des § 1193 s. *Derleder* ZIP 2009, 2221, 2223 ff.; *Wellenhofer* JZ 2009, 1077, 1082 ff.; zum zeitlichen Anwendungsbereich des § 1192 Abs. 1a s. BGH NJW 2014, 550 Rn. 9 ff.: Bei einredefreiem Erwerb vor dem für die Anwendbarkeit des § 1192 Abs. 1a maßgebenden Stichtag führt weitere Abtretung an Dritten nach dem Stichtag nicht dazu, dass Einrede wieder erhoben werden kann.

43 Näher dazu BGH NJW 2014, 550 Rn. 6 ff.; OLG Brandenburg ZIP 2014, 164 (nachträgliche Vereinbarungen); *Kiehnle* BKR 2009, 157 ff.; *Meyer* Jura 2009, 561, 562 ff.; *ders.* WM 2010, 58 ff.; *Nietsch* NJW 2009, 3606 ff.; *Redeker* ZIP 2009, 208 ff.; *Wellenhofer* JZ 2009, 1077 ff.; *Weller* JuS 2009, 969, 973 ff.; zur Rechtslage in Fällen, in denen der Eigentümer nicht Partei des Sicherungsvertrags ist, s. *Bülow* WM 2012, 289 ff.

44 Deutlich Staudinger/*Wolfsteiner* § 1192 Rn. 31: „Man kann jedem Kreditgeber nur noch abraten, sich der Grundschuld als Sicherungsmittel zu bedienen.“; s. ferner *Redeker* ZIP 2009, 208 ff.; *Heinze* AcP 211 (2011), 105 ff.

45 **BGH NJW 2018, 3441** Rn. 26 f.

lung im Sinne des § 362 Abs. 1 fehlt; auch ist für eine Zustimmung des Z zur Leistung an G und damit für das Vorliegen der Voraussetzungen des § 362 Abs. 2 nichts ersichtlich. Doch muss Z als Zessionar die Leistung des E an G nach § 407 Abs. 1 gegen sich gelten lassen. Z hat somit keinen Anspruch aus § 488 Abs. 1 S. 2.

2. a) In Betracht kommt jedoch ein **Anspruch auf Duldung der Zwangsvollstreckung aus §§ 1192 Abs. 1, 1147**. Voraussetzung ist zunächst der Erwerb einer Grundschuld durch Z. Ausweislich des Sachverhalts hat G ihre Grundschuld „formgerecht", also nach §§ 1192, 1154 entweder durch Einigung und Eintragung oder durch Einigung, schriftliche Abtretungserklärung und Briefübergabe, übertragen. Dem Erwerb der Grundschuld durch Z steht auch nicht entgegen, dass diese der Sicherung eines Darlehens dienen sollte und es zwischenzeitlich zum Erlöschen der gesicherten Forderung gekommen ist. Da nämlich die Grundschuld nicht akzessorisch ist, findet die den akzessorischen Charakter der Hypothek zum Ausdruck bringende Vorschrift des § 1163 Abs. 1 S. 2 nach § 1192 Abs. 1 auf die Sicherungsgrundschuld keine Anwendung.

b) Ist Z somit Inhaber einer Grundschuld, so könnte dem E allerdings infolge des Erlöschens der gesicherten Forderung eine **Einrede** im Sinne des **§ 1157 S. 1** zustehen. Zu bedenken ist nämlich, dass die der G gewährte Grundschuld, obschon sie nicht akzessorisch ist, nach der Vereinbarung zwischen E und G als Kreditsicherheit dienen sollte. Mit Rückzahlung des Darlehens ist aber ein Sicherungsbedürfnis auf Seiten der G entfallen; der Sicherungszweck der Grundschuld hat sich erledigt. Auch bei Fehlen einer ausdrücklichen Vereinbarung lässt sich deshalb der – der Bestellung der Grundschuld zugrunde liegenden – Sicherungsabrede zwischen E und G entnehmen, dass G in diesem Fall zur Rückgewähr der Grundschuld verpflichtet sein soll (Rn. 400); dieser Anspruch ist entweder auf Übertragung gemäß §§ 1192 Abs. 1, 1154, auf Verzicht gemäß §§ 1192, 1169, 1168 oder auf Aufhebung gemäß §§ 1192 Abs. 1, 1183, 875 gerichtet, wobei Übertragung und Verzicht zur Entstehung einer Eigentümergrundschuld führen, während die Aufhebung das Erlöschen der Grundschuld und damit das Aufrücken nachrangiger Rechte zur Folge hat. Dieser fällige Anspruch auf Rückgewähr begründet nach § 273 Abs. 1 ein Zurückbehaltungsrecht und damit eine Einrede des E, welche dieser der G entgegenhalten könnte.

Es bleibt zu fragen, ob E die Einrede aus § 273 Abs. 1 auch der Z als **Rechtsnachfolgerin** der G entgegenhalten kann. Im Allgemeinen ist dies zu bejahen; nach §§ 413, 404 muss nämlich der Zweiterwerber eines Rechts sämtliche im Zeitpunkt des Erwerbs begründeten Einreden gegen sich gelten lassen. Für die Hypothek bestimmt allerdings § 1157 S. 2, dass § 892 auch für die Einreden des Eigentümers aus § 1157 S. 1 gilt. Da § 1157 nicht Ausdruck des akzessorischen Charakters der Hypothek ist, findet er nach § 1192 Abs. 1 grundsätzlich auch auf die Grundschuld Anwendung. Nach §§ 1192 Abs. 1, 1157 S. 2 kann es somit an sich zu einem Verlust eigener Einreden des Eigentümers kommen, darunter insbesondere solcher Einreden, die sich gegen den Bestand oder die Durchsetzbarkeit der gesicherten Forderung richten und deshalb nach dem Sicherungsvertrag zu Einreden gegen die Sicherungsgrundschuld werden. Vor Inkrafttreten des Risikobegrenzungsgesetzes (Rn. 409) durfte denn auch Z, da eine Eintragung der Einrede in das Grundbuch oder ein entsprechender Vermerk auf dem Grundschuldbrief (§ 1140, dazu Rn. 388) nicht ersichtlich ist[46], nach §§ 1157 S. 2, 892 Abs. 1 S. 1 auf die

46 Einzelne Einreden konnten eingetragen werden; nicht möglich war es dagegen, die Sicherungsabrede als solche einzutragen und die Sicherungsgrundschuld im Grundbuch als solche zu bezeichnen; näher dazu und mit weit. Nachw. *Baur/Stürner* § 45 Rn. 35 f.

Einredefreiheit der Grundschuld vertrauen, es sei denn, dass ihm die Existenz der Einrede bekannt war. Was die den gutgläubigen Erwerb ausschließende **Kenntnis des Zessionars** einer Sicherungsgrundschuld anbelangt, so hatte das Reichsgericht den Erwerber schon dann als unredlich angesehen, wenn er wusste, dass die Grundschuld Sicherungsgrundschuld und deshalb mit Erledigung des Sicherungszwecks rückzuübertragen war[47]. Demgegenüber hatte die bis in das Jahr 2008 hinein ganz hM grundsätzlich[48] verlangt, dass der **Tatbestand der Einrede** bereits im Zeitpunkt der Abtretung **verwirklicht** war und der Erwerber **Kenntnis von dieser konkreten Einrede hatte**[49]. Ein Blick auf die Rechtslage bei der Verkehrshypothek zeigt, dass dieser hM zu folgen war. Der Zessionar einer durch Verkehrshypothek gesicherten Forderung erwirbt nämlich nach § 1138 das dingliche Recht auch bei Nichtbestehen der gesicherten Forderung; vor allem braucht er sich nach § 1156 nicht entgegenhalten zu lassen, dass die gesicherte Forderung durch Leistung an den Zedenten erloschen ist. Die Sicherungsgrundschuld würde aber ihrer Verkehrsfähigkeit beraubt, stünde der Zessionar einer solchen schlechter als der Zessionar einer durch Verkehrshypothek gesicherten Forderung; genau dies aber wäre der Fall, müsste sich der Erwerber der Grundschuld entgegenhalten lassen, dass die gesicherte Forderung durch Leistung an den (früheren)[50] Gläubiger erloschen sei und deshalb der Eigentümer einen Anspruch auf Rückgewähr der Grundschuld habe. War Z somit auch nicht unredlich, so konnte er dennoch keine einredefreie Sicherungsgrundschuld erwerben. Im Einklang mit der Rechtsprechung des Reichsgerichts bestimmt nämlich nun **§ 1192 Abs. 1a S. 1**, dass der Eigentümer die ihm aufgrund des Sicherungsvertrags zustehenden (und damit bei Abtretung bereits entstandenen) oder sich aus dem Sicherungsvertrag ergebenden (und bei Abtretung noch nicht entstandenen) Einreden auch jedem Erwerber der Grundschuld entgegenhalten kann und § 1157 S. 2 insoweit keine Anwendung findet. Z muss sich deshalb auch dem Duldungsanspruch aus § 1147 das Erlöschen der gesicherten Forderung entgegenhalten lassen.

Fall 63 schließlich ist einer Entscheidung des BGH[51] nachgebildet und fragt nach der Möglichkeit des gutgläubigen Erwerbs der Einredefreiheit bei gesetzlichem Erwerb der Grundschuld: B ist Pächter eines dem K gehörenden Grundstücks. Zur Sicherung eines Darlehens hat K an diesem Grundstück dem G eine Grundschuld in Höhe von 1,2 Mio. € nebst 16 % Zinsen bestellt; das dem K von G gewährte Darlehen beläuft sich ebenfalls auf 1,2 Mio. €, ist jedoch lediglich zu 8,75 % zu verzinsen. Als G wegen seiner Forderung nebst Zinsen die Zwangsversteigerung des Grundstücks betreibt, löst B die Grundschuld ab; von dem Darlehen weiß B nichts. B nimmt seinerseits bei H gegen Sicherungsabtretung der infolge der Ablösung erworbenen Sicherungsgrundschuld ein Darlehen in Höhe von 1 Mio. € auf. Auch dem H ist nicht bekannt, dass G dem K ein Darlehen gewährt hatte. Es kommt schließlich zur Zwangsvollstreckung aus der Grundschuld. Dabei meldet H auch 16 % Zinsen für ein Jahr, also 160 000 €, zum Verteilungstermin an. Den erlösten Betrag schreibt H dem Kreditkonto des B gut. K begehrt nun von B Herausgabe des Übererlöses in Höhe von 72 500 €. 411

47 RGZ 218, 225.

48 Eine Ausnahme sollte nach BGHZ 66, 165, 172 für den Fall gelten, dass die Grundschuld eine Forderung aus einem Abzahlungskauf (heute: Teilzahlungsgeschäft) sichert und der Zessionar selbst „in besonders enger Weise" am Grundgeschäft beteiligt war.

49 **BGHZ 59, 1 ff.; BGHZ 85, 388, 390 ff.**; BGHZ 103, 72, 82; BGH NJW 2014, 550 Rn. 8; aA *Wilhelm* JZ 1980, 625 ff.

50 Die Sicherungsgrundschuld kann auch isoliert abgetreten werden (Rn. 404 f.); in diesem Fall müsste sich der Erwerber auf der Grundlage der Mindermeinung auch eine Leistung an den wahren Inhaber der Forderung (der nicht mit dem Inhaber der Grundschuld identisch ist) entgegenhalten lassen.

51 **BGH NJW 1997, 190** = JuS 1997, 270 mit Anm. *K. Schmidt*; näher dazu *Gursky* WM 2001, 2361 ff.; s. ferner BGH ZIP 2005, 1268, 1269 f.

Ein **Anspruch** auf Zahlung von 72 500 € könnte sich **aus § 816 Abs. 1 S. 1** ergeben. Voraussetzung ist danach, dass B als Nichtberechtigter über einen Gegenstand eine entgeltliche Verfügung getroffen hat, die dem berechtigten K gegenüber wirksam ist. Was zunächst das Erfordernis der **Nichtberechtigung** des B betrifft, so fragt sich, ob B im Zeitpunkt der Abtretung an H Inhaber einer einredefreien Grundschuld war. Zwar hat B nach §§ 268 Abs. 3, 1192 Abs. 1, 1150 infolge seiner Leistung an G eine Grundschuld erworben, über die er sodann als Berechtigter verfügen konnte. Der Grundschuld lag jedoch hinsichtlich der Zinsen in Höhe von 7,25 % keine entsprechende Forderung zugrunde; insoweit stand also dem K gegenüber G eine Einrede im Sinne des § 1157 S. 1 zu. Es fragt sich somit, ob B die Grundschuld einredefrei erworben hat; in diesem Fall hätte er nämlich als Berechtigter verfügt, so dass er sich keinem Anspruch aus § 816 Abs. 1 S. 1 ausgesetzt sähe. Die Möglichkeit eines einredefreien Erwerbs der Grundschuld ist zwar in §§ 1192 Abs. 1, 1157 S. 2 vorgesehen, soweit es um einen Erwerb der Grundschuld nach § 892 (ggf. in Verbindung mit § 1155) geht. Für Einreden, die ihre Grundlage in dem Sicherungsvertrag haben, macht allerdings § 1192 Abs. 1a S. 1 hiervon eine Ausnahme; diese Einreden kann der Eigentümer „jedem Erwerber der Grundschuld" und damit auch B entgegensetzen. Schon deshalb hat B insoweit als Nichtberechtigter verfügt.

Wollte man hingegen § 1192 Abs. 1a S. 1 nur bei rechtsgeschäftlichem Erwerb zur Anwendung bringen, wäre ein einredefreier Erwerb durch B zwar nicht schon nach § 1192 Abs. 1a S. 1 ausgeschlossen. Ein solcher Erwerb käme dann indes auch nach §§ 1192 Abs. 1, 1157 S. 2 nicht in Betracht, da jedenfalls § 1157 S. 2 einen Erwerb der Grundschuld „durch Rechtsgeschäft" und damit durch **Verfügungsgeschäft** voraussetzt. Hier ist der Erwerb durch B nach §§ 268 Abs. 3, 1192 Abs. 1, 1150 erfolgt, also nicht auf Grund einer Verfügung des Grundeigentümers oder des früheren Inhabers der Grundschuld, sondern als **gesetzliche Folge der Leistung** des B an G. Zwar fingiert § 893 auch für Leistungen an den Grundeigentümer die Richtigkeit des Grundbuchs, doch wird diese Vorschrift in § 1157 S. 2 nicht in Bezug genommen. Die Nichterwähnung des § 893 in § 1157 S. 2 beruht auch nicht auf einer „Anschauungslücke des Gesetzgebers."[52] Denn § 893 will „den guten Glauben desjenigen schützen, der sich mangels gebotener und zu erwartender Information seines Vertragspartners über die tatsächliche Rechtslage auf das Grundbuch verlässt. Beim Übergang einer Grundschuld kraft Gesetzes ist aber das Vertrauen des Ablösenden, der bisherige Gläubiger werde ihn zuvor über bestehende Einreden in Kenntnis setzen, durch nichts gerechtfertigt. Der bisherige Gläubiger, der seine Grundschuld durch Überweisung der geschuldeten Summe ohne sein Zutun verliert, hat oft nicht einmal Gelegenheit zu einer solchen Information. Dadurch unterscheidet sich der Fall wesentlich von dem eines gutgläubigen Hypothekenerwerbs bei Übertragung der Forderung und dem einer Vormerkung bei Zession der gesicherten Forderung, die von der Gegenmeinung (…) als Beispiele für die Möglichkeit eines gutgläubigen Erwerbs bei einem Rechtsübergang kraft Gesetzes angeführt werden."[53] Auch unabhängig von der Neuregelung in § 1192 Abs. 1a hat B somit die Grundschuld nicht einredefrei erwerben können, so dass er auch aus diesem Grund Nichtberechtigter war.

Allerdings fragt sich, ob B eine dem K gegenüber wirksame Verfügung über die Grundschuld getroffen hat. Hätte K dem G eine Verkehrshypothek bestellt, wäre dies zu beja-

52 So *Canaris* NJW 1986, 1488, 1489; dagegen aber BGH NJW 1997, 190, 191 mit weit. Nachw.; bestätigt in BGH ZIP 2005, 1268, 1270.

53 BGH NJW 1997, 190, 191; zu den ihm Text angesprochenen Fällen eines Erwerbs kraft Gesetzes s. Rn. 338, 386 f.

hen; denn nach § 1138 könnte dann K dem H die fehlende Valutierung der Hypothek nicht entgegenhalten. Hier konnte H hingegen die Grundschuld wegen § 1192 Abs. 1a S. 1 nicht einredefrei erwerben, so dass es an einer dem K gegenüber wirksamen Verfügung zu fehlen scheint. Allerdings wird man in dem Begehren des K auf Herausgabe des Erlöses eine konkludente Genehmigung im Sinne des § 185 Abs. 2 S. 1 zu erblicken haben[54], so dass der auf den nicht valutierten Teil der Grundschuld entfallende Erlös herauszugeben ist[55].

54 Dazu BGH NJW 1989, 2622, 2624; Jauernig/*Stadler* § 816 Rn. 6.

55 BGH NJW 1997, 190, 191.

Stichwortverzeichnis

Die Zahlen verweisen auf Randnummern.